Bildungsübergänge gestalten

Gabriele Bellenberg,
Matthias Forell (Hrsg.)

Bildungsübergänge gestalten

Ein Dialog zwischen Wissenschaft und Praxis

Waxmann 2013
Münster / New York / München / Berlin

Bibliografische Informationen der Deutschen Nationalbibliothek
Die Deutsche Nationalbibliothek verzeichnet diese Publikation in
der Deutschen Nationalbibliografie; detaillierte bibliografische
Daten sind im Internet über http://dnb.d-nb.de abrufbar.

Diese Publikation entstand im Anschluss an die Expertenkonferenz zum
Thema „Bildungsübergänge gestalten", die von der Stiftung Mercator und
der Arbeitsgemeinschaft Schulforschung der Ruhr-Universität Bochum im
Herbst 2012 gemeinsam durchgeführt wurde.

ISBN 978-3-8309-2954-3

© Waxmann Verlag GmbH, Münster 2013
Postfach 8603, 48046 Münster

www.waxmann.com
info@waxmann.com

Umschlaggestaltung: Inna Ponomareva, Münster
Satz: Sven Solterbeck, Münster
Druck: Hubert & Co., Göttingen

Gedruckt auf alterungsbeständigem Papier,
säurefrei gemäß ISO 9706

Printed in Germany

Inhalt

Kapitel 2   Übergang in die Sekundarstufe I

Kapitel 3   Übergang zwischen parallelen Bildungsangeboten
innerhalb der Sekundarstufe I

Kapitel 4   Übergang in die Sekundarstufe II

Kapitel 5   Übergang in das berufliche Bildungssystem

Kapitel 6   Übergang in die Hochschule

Einleitung

Übergänge sind im deutschen Bildungssystem entscheidende Weichenstellungen für Bildungserfolg, beruflichen Einstieg und gesellschaftliche Partizipation. Deshalb hat die Bewältigung von Bildungsübergängen einen maßgeblichen Einfluss auf die Bildungsbiografien von Kindern und Jugendlichen. Gerade an Übergängen im Bildungssystem können sich bestehende soziale Ungleichheiten verstärken. Ihre Gestaltung mit dem Ziel der Chancengleichheit stellt somit die unterschiedlichen Akteure im Bildungssystem vor große Herausforderungen:

- Wie können Übergange vorbereitet und begleitet werden, so dass Kinder und Jugendliche diese nicht als Brüche erleben?
- Wie kann eine gemeinsame Beratung am Übergang aussehen, die auf die Bedürfnisse und Ansprüche der Beteiligten ausgerichtet ist?
- Wie kann bei Übergängen die Entstehung sozialer Ungleichheit vermieden werden?

Die Stiftung Mercator und die AG Schulforschung der Ruhr-Universität Bochum haben mit der Expertenkonferenz zum Thema *Bildungsübergänge gestalten* die unterschiedlichen Perspektiven von Wissenschaftlern, Akteuren und Entscheidungsträgern aufeinander bezogen. Ziel der Tagung war es, einen Dialog zwischen Wissenschaft und Praxis anzustoßen, der sowohl Impulse aus der Wissenschaft in die Praxis als auch von der Praxis in die Wissenschaft transportiert. Die Vorstellung aktueller Forschungsbefunde und die Beschreibung guter Praxis zeigten den rund 200 Teilnehmerinnen und Teilnehmern dabei Perspektiven für eine gelingende Gestaltung von Übergängen auf.

Die in diesem Band zusammengestellten Beiträge sind aus Expertenvorträgen, Foren und Diskussionen entstanden, die im Rahmen der im Herbst 2012 in Bochum durchgeführten Konferenz abgehalten wurden. Während der beiden Konferenztage wurden alle Übergänge in das Schulsystem hinein und aus diesem heraus bearbeitet:

- Vom Kindergarten in die Grundschule
- Von der Grundschule in die Sekundarstufe I
- Zwischen parallelen Bildungsangeboten innerhalb der Sekundarstufe I
- Von der Sekundarstufe I in die Sekundarstufe II
- Von der allgemeinbildenden Schule in das berufliche Bildungssystem
- Von der Schule/dem Beruf in die Hochschule

Den Beiträgen liegen die folgenden Leitfragen zu Grunde:

- Welche Ansatzpunkte für Kooperationen zwischen angrenzenden Institutionen sind strukturell gegeben – und wo können diese noch ausgebaut werden?

- Welche Unterstützung benötigen die Akteure am Übergang, um eine professionelle Beratung und Begleitung leisten zu können?
- Wie können auf der Grundlage einer systematischen Diagnostik Beratungs- und Unterstützungssysteme im Übergang aufgebaut werden?
- Welche Flexibilität benötigen Strukturen für eine an individuellen Potenzialen orientierte *Übergangsgestaltung*?

Zur thematischen Einführung in den Band gibt Klaus-Jürgen Tillmann einen umfassenden Überblick zur biographischen Bedeutung der Bewältigung von Übergängen innerhalb wie auch außerhalb des Bildungssystems und arbeitet in diesem Kontext die gegenläufige Entwicklung der Entstandardisierung von Lebensläufen und der Standardisierung von Bildungslaufbahnen ebenso heraus wie die enge Kopplung von Übergängen und Leistungsauslese.

Die beiden folgenden Beiträge von Andrä Wolter und Gabriele Faust geben einen Überblick über aktuelle Forschungsbefunde der empirischen Bildungsforschung: Gabriele Faust befasst sich mit den Schwierigkeiten und Gelingensbedingungen beim *Eintritt in das Schulsystem* und der Rolle, die Kooperationen und Erwartungen der beteiligten Akteure beider Institutionen – Kindergarten wie Grundschule – dabei spielen. Andrä Wolter hingegen zeigt aktuelle Entwicklungen und Problembereiche auf, die sich in den vergangenen Jahren an den *Übergängen nach der Sekundarstufe I* entwickelt haben.

In der Folge gliedert sich der Band thematisch entlang der oben beschriebenen sechs Bildungsübergänge. Jeder Übergang wird in einem eigenen Kapitel abgebildet und beginnt jeweils mit einer Einführung in das Thema des Übergangs. Während Gabriele Bellenberg in den Übergang Schule zur Hochschule einführt, wurden die übrigen Einleitungstexte durch die Mitglieder des Konferenzbeirates, Ursula Bylinski (*Übergang in das berufliche Bildungssystem*) Werner Fuchs für (*Übergang in die Sekundarstufe II*), Manfred Beck (*Übergang zwischen parallelen Bildungsangeboten der Sekundarstufe I*), Silvia-Iris Beutel (*Übergang in die Sekundarstufe I*) und Gabriele Faust (*Übergang in die Grundschule*) verfasst. Im Anschluss daran folgen in jedem Kapitel Beiträge, die die Gestaltung des jeweiligen Übergangs sowohl aus der Perspektive der Wissenschaft als auch aus Sicht von Praktikern tiefergehender betrachten.

Im ersten Kapitel *Übergang in die Grundschule* geht zunächst Katrin Liebers auf die strukturellen und personellen Herausforderungen eines passgenauen und individuell flexiblen Schulanfangs ein, bevor sich Jens Kratzmann mit Ursachen und Interventionsmöglichkeiten der an den Migrationshintergrund von Schülerinnen und Schülern gekoppelten Ungleichheiten am Übergang vom Kindergarten in die Grundschule auseinandersetzt. Auf diese beiden an empirischen Befunden orientierten Beiträge folgen zwei Beispiele gelungener Übergangspraxis von Gisela Schultebraucks-Burgkart (Grundschule Kleine Kielstraße, Dortmund) und Oliver

Gunter (Internationale Gesamtschule Heidelberg), die jeweils das Übergangskonzept ihrer Schule darlegen und mit Handlungsempfehlungen verknüpfen.

Das zweite Kapitel *Übergang in die Sekundarstufe I* eröffnen Katharina Sartory, Hanna Järvinen und Wilfried Bos mit ihrem Beitrag zur zentralen Schnittstelle des deutschen Bildungssystems, dem Übergang von der Grundschule in das gegliederte Schulwesen. Darin nähern sie sich der Frage nach einer gelingenden Praxis dieses Übergangs aus einer schulentwicklungstheoretischen Perspektive mit dem Fokus auf unterschiedliche Formen der Kooperation zwischen den betroffenen Akteuren, um abschließend das Netzwerkprojekt ‚Schulen im Team' vorzustellen. Im Anschluss heben Sanna Pohlmann-Rother und Maresi Lassek (Grundschule Pfälzer Weg, Bremen) die Bedeutung der Einstellungen aller Beteiligten und die adäquate Beratung beim Übergang zwischen Grundschule und Sekundarstufe I hervor.

Zu Beginn des dritten Kapitels *Übergang zwischen parallelen Bildungsangeboten der Sekundarstufe I* nimmt sich Rolf-Torsten Kramer Übergängen aus einer kulturtheoretischen Perspektive an und diskutiert dabei den Zusammenhang zwischen dem Bildungshabitus von Schülerinnen und Schülern und der Schulkultur. Thematisch daran anschließend stellt Katja Urbatsch die Initiative ‚ArbeiterKind.de' vor, welche Schülerinnen und Schüler aus nicht akademischen Familien zum Studium ermutigt und sie beim Studieneinstieg unterstützt. Im zweiten Teil des dritten Kapitels analysiert Ernst Rösner die Auswirkungen des demographischen Wandels auf das Schulsystem und die Übergangsquoten in die und innerhalb der Sekundarstufe I. Manfred Paul (Hauptschule Aretzstraße, Aachen) schließt das Kapitel mit seiner Vorstellung des Schulverbandes Aachen-Ost ab, dessen Ziel eine Ermöglichung individueller Lernwege von Schülerinnen und Schülern ohne Brüche innerhalb eines Bildungsnetzwerkes von Schulen eines Viertels ist.

Das vierte Kapitel *Übergang in die Sekundarstufe II* behandelt schwerpunktmäßig den Übergang von Haupt- und Realschulabsolventen in die gymnasiale Oberstufe. Grit im Brahm zeigt in diesem Zusammenhang auf, dass das föderal strukturierte Bildungssystem in Deutschland Bildungsumsteigern unterschiedliche Wege zum Abitur ermöglicht und stellt den *Übergang in die gymnasiale Oberstufe als* individuell getroffene *Übergangs*entscheidung heraus, welche zu einer Begünstigung von Bildungsungleichheit beitragen kann. Jutta Obbelode beschreibt in ihrem Beitrag den Umgang mit einer in verschiedener Hinsicht heterogenen Schülerschaft, die am Oberstufen-Kolleg an der Universität Bielefeld aus den unterschiedlichen Schulformen und dem Beruf kommend den Übergang in die Sekundarstufe II wählen.

Im fünften Kapitel *Übergang in das berufliche Bildungssystem* beschäftigt sich setzt sich Mona Granato mit aktuellen Befunden zu Übergangsprozessen und Einmündungschancen junger Menschen mit Migrationshintergrund in den Beruf auseinander und leitet daraus bildungspolitische Handlungsvorschläge mit dem Ziel ab, den Übergang in die berufliche Ausbildung erfolgreich zu gestalten. Am Beispiel der Netzwerkkampagne ‚Berlin braucht Dich' verdeutlicht daraufhin deren

Projektleiter Klaus Kohlmeyer die Wichtigkeit der Unterstützung der wachsenden Zahl an Jugendlichen mit Migrationshintergrund bei der Berufsorientierung und der Schaffung einer geeigneten beruflichen Perspektive. Im Folgebeitrag stehen Übergänge als Bildungsprozesse – exemplarisch der Übergang von der Schule in die Arbeitswelt – im Mittelpunkt der Betrachtung von Manfred Eckert. Darin betont er die Entfaltung der eigenen Biografie unabhängig von gesellschaftlichen oder pädagogischen Maßstäben sowie deren individuelle Begleitung und Förderung als zentrale Aspekte der Ermöglichung gelingender Übergänge. Kerstin László (BQL, Lübeck) stellt dazu mit dem ‚Handlungskonzept Schule und Arbeitswelt‘ ein Projekt aus der Praxis vor, welches in Schleswig-Holstein aufgelegt wurde, um zum einen die Jugendarbeitslosigkeit zu reduzieren, zum anderen die Ausbildungsreife der Schulabgängerinnen und -abgänger zu verbessern. Dieter Münk erörtert im dritten Teil des fünften Kapitels das so genannte Übergangssystem zwischen dem Abschluss der Sekundarstufe I und dem anschließenden Übergang in die Sekundarstufe II bzw. in eine Berufsausbildung sowie Wege der Integration der darin platzierten Gruppe von Jugendlichen in den Arbeitsmarkt. Abschließend gibt Monika von Brasch (INBAS, Offenbach) einen Einblick in die Entwicklung, Strukturen und Qualitätssicherung der hessenweiten OloV-Strategie, die zum Ziel hat, lokale Vermittlungsprozesse am Übergang Schule–Beruf zu optimieren, um Jugendliche schneller und gezielter in Ausbildung zu vermitteln.

Den Abschluss des Bandes bildet das sechste Kapitel zum Thema *Übergang in die Hochschule*. Zunächst weist Ulrich Trautwein auf den Optimierungsbedarf beim Übergang zwischen gymnasialer Oberstufe und Hochschule hin und fundiert dies durch die Beschreibung empirischer Befunde zu zentralen Herausforderungen wie auch Maßnahmen zur Verbesserung dieses Übergangs. Johannes Wildt schließt mit seinem Beitrag an die Modernisierungsdebatte an, die rund um den Übergang in die Hochschule geführt wird. Dabei regt er eine systemische Verknüpfung der Vielzahl praktizierter Einzelmaßnahmen an. Mit der Vorstellung des Programms ‚Chance hoch 2‘ an der Universität Duisburg-Essen, das durch sein zweistufiges Konzept beide Einrichtungen, abgebende wie annehmende, gleichermaßen miteinbezieht, stellt die Projektleitern Gabriele Spengler die Bedeutung der Begleitung über einen längeren Abschnitt der Bildungsbiografie – gerade für Schülerinnen und Schüler mit schwierigen Startbedingung – heraus. In der Folge rückt Andrä Wolter die neben dem Abitur alternativen Zugangswege – vornehmlich aus der beruflichen Bildung bzw. der Erwerbstätigkeit – zur Hochschule und deren Durchlässigkeit in den Mittelpunkt seiner Betrachtung. Daran anschließend zeigen Suat Yilmaz und Marcus Kottmann anhand des Beispiels der regionalen Verortung der Westfälischen Hochschule im nördlichen Ruhrgebiet den Umgang mit einer in hohem Maße disparaten Sozialstruktur und des sich daraus ergebenen Talentförderprogramms von Jugendlichen ohne akademische Vorbilder im eigenen Umfeld auf. Zuletzt arbeitet Henning Dettleff (Bundesvereinigung der Deutschen Arbeitgeberverbände, Berlin) sechs Thesen zum Übergang vom Beruf bzw. der beruflichen Bildung in die Hochschule aus der Perspektive der Wirtschaft auf und diskutiert dabei dessen Relevanz sowohl für die Hochschulen als auch für die Unternehmen sowie die Verantwortung, die beide Akteure in diesem Zusammenhang haben.

Die in diesem Buch versammelten Beiträge illustrieren, wie vielfältig die pädagogischen Aufgaben an den verschiedenen Übergangsstellen des Bildungssystems ausfallen und wie bedeutsam diese für gelingende Bildungsbiografien sind. Hier liegt eine gemeinsame Herausforderung für Wissenschaft und Praxis.

Gabriele Bellenberg, Matthias Forell   Bochum, Juli 2013

Einführung

Die Bewältigung von Übergängen im Lebenslauf – eine biografische Perspektive

Klaus-Jürgen Tillmann

1. Problemstellung

Wenn Erziehungswissenschaftlerinnen und Erziehungswissenschaftler von Übergängen reden, dann denken sie meist an das Bildungssystem, in dem Heranwachsende Schullaufbahnen absolvieren und dabei Hürden zu bewältigen haben. In dieser Sicht geht es dann vor allem um den Schuleintritt und den Einstieg in die weiterführende Schule, um den Beginn der Berufsausbildung oder den Start in die Hochschule. Die empirische Bildungsforschung hat sich in den letzten Jahren mit diesen Übergängen besonders intensiv beschäftigt und dazu einen dichten Kranz an Daten vorgelegt (vgl. z. B. Baumert/Maaz/Trautwein 2009; Lin-Klitzig u.a. 2010). In schulpädagogischen Veröffentlichungen werden diese Übergänge dann pädagogisch eingeordnet und dabei häufig als problematisch, als belastend, als potentiell krisenhaft angesehen (vgl. z. B. Bellenberg u.a. 2011). Dass Übergänge auch Anregungs- und Entwicklungschancen bieten, wird hingegen seltener erwähnt. Sehr häufig geht es dann um pädagogische Programme, die auf die Begleitung und Bewältigung dieser Übergänge angelegt sind. (vgl. z. B. Beck 2002).

Eine solche Sicht der Dinge ist weder unangemessen noch gar falsch. Sie verweist vielmehr auf viele reale Probleme, die sich im schulischen Alltag stellen. Dennoch ist festzustellen: Werden Übergänge so und nur so thematisiert, dann ist der Blick zu eng auf das Bildungssystem und seine Ablauforganisation fixiert. Dies bedeutet implizit, dass es allein um eine möglichst problemlose Überwindung der institutionellen Hürden geht. Zugleich werden Übergänge außerhalb des Bildungsbereichs weitgehend ausgeblendet. Kurz und als Kritik an dieser dominanten Sicht von Bildungsforschung und Schulpädagogik formuliert: Die bisherige Befassung mit Übergängen ist zu schulfixiert, zu sorgenvoll – und sie ist theoretisch wenig ambitioniert (vgl. Equit/Ruberg 2012).

1.1 Fragestellung und Argumentationsgang

Ausgehend von dieser Kritik soll im Folgenden das Thema der Übergänge im Leben von Heranwachsenden umfassender angegangen und auch theoretisch eingeordnet werden. Dabei wird vor dem Hintergrund lebenslauftheoretischer und biografietheoretischer Kategorien eine Analyse in zwei Schritten vorgenommen: Im ersten Schritt wird eine gesellschaftlich-strukturelle Sichtweise eingenommen und die gesellschaftliche Normierung des Lebenslaufs in den Mittelpunkt gestellt. Damit lautet die erste Frage:

1. Welchen Stellenwert haben im gesellschaftlich geregelten Lebenslauf von Heranwachsenden die Übergänge? Wie starr, wie flexibel sind sie angeordnet? Welche Unterschiede finden sich dabei zwischen verschiedenen Lebensbereichen?

In einem zweiten Schritt werde ich mich dem Individuum und seiner Biografie zuwenden und Übergänge aus dieser Perspektive betrachten. Deshalb lautet die zweite Frage:

2. Wie werden unterschiedliche Übergänge von den Subjekten verarbeitet, welche biografische Bedeutungen sind damit verbunden? Welchen Beitrag leistet die Bewältigung von Übergängen für die Herausbildung einer individuellen Persönlichkeit?

Dass bei diesen beiden Fragen mal der Begriff „Lebenslauf", mal der Begriff „Biografie" gebraucht wird, ist kein Zufall, sondern deutet auf die unterschiedlichen theoretischen Hintergründe hin, die den jeweiligen Analyseschritten unterlegt werden. Denn unter „Lebenslauf" wird vor allem die gesellschaftliche Ordnung verstanden, die die Abfolge von Lebensereignissen regelt. Anders formuliert: „Lebenslauf umfasst das Programm, das Gesellschaften für den Ablauf des einzelnen Lebens bereithalten" (Schefold 2012, S. 277). Stellt man hingegen den Begriff der „Biografie" in den Mittelpunkt, dann geht es nicht um gesellschaftlich definierte Verlaufsstrukturen, sondern um das individuell gelebte Leben, dessen subjektive Verarbeitung und die damit verbundenen psychischen Prozesse (vgl. Krüger 1995). Deshalb interessiert sich die Biografieforschung auch ganz besonders für die Herausbildung von Individualität.

Diese analytische Herangehensweise an das Thema führt dazu, abschließend drei Fragen zu stellen, die sich an die etablierte Übergangspraxis in unseren Institutionen richten.

1.2   Was sind „Übergänge"?

Die Sicht der empirischen Bildungsforschung – so meine Eingangs formulierte Kritik – ist zu eng auf das Bildungssystem und die dortigen Statuspassagen fixiert. Um diese Kritik plausibel zu machen, soll zunächst ein Blick auf die familiäre Lage von Kindern geworfen werden. Dabei zeigt sich, dass wir es auch dort mit bedeutsamen Übergängen zu tun haben:

- Wenn ein Elfjähriger die Scheidung seiner Eltern und die Neuzusammensetzung einer Patchwork-Familie erlebt, dann ist das für ihn ein gravierender „Übergang", deren Bewältigung oft seine ganze Kraft kostet.

- Und wenn eine Familie aus beruflichen Gründen in eine andere Stadt zieht und eine 14-Jährige sich an einem neuen Ort in einer neuen Schule zurechtfinden und neue Freunde gewinnen muss, dann muss sie in vielen Lebensbereichen Übergänge bewältigen.

Diese Beispiele machen deutlich, dass „Übergänge" nicht nur als Stufenbewältigungen im Bildungssystem vorkommen, sondern auch als einschneidende Veränderungen in anderen Lebensbereichen. Bei Übergängen handelt es sich somit um Lebensereignisse, die in allen Feldern der menschlichen Existenz vorkommen. Und auch bei Heranwachsenden finden wir Lebensbereiche (Familie, Peers), in der immer wieder massive Übergangsanforderungen gestellt werden. Wenn wir in diesem Sinne von „Übergang" sprechen, geht es nicht um einen kontinuierlichen, gemächlichen Wechsel, sondern immer um eine deutliche Zäsur: Man verlässt einen alten und tritt in einen neuen Zustand ein. Ein solcher Übergang ist nicht einfach ein abrupter Sprung, er geschieht nicht „auf einmal", sondern er hat eine zeitliche Struktur. Nach Rath (2011, S. 12) beginnt er mit einer Ablösung, es folgt eine „Schwellenphase" – gleichsam ein „Dazwischen" –, um dann in eine „Angliederungsphase" einzutreten, bei der es um die Integration in den neuen Zustand geht. Damit sind veränderte Anforderungen verbunden, die vom Subjekt nicht nur Anpassungsleistungen, sondern auch neue Verhaltensstrategien verlangen. Den folgenden Überlegungen liegt ein solches Verständnis von „Übergang" zugrunde.

## 2.	Übergänge und gesellschaftlich normierte Lebensläufe

Fragt man nach dem Stellenwert, den Übergänge im Lebenslauf der Menschen haben, so ist zunächst festzustellen: In entwickelten Gesellschaften sind Lebensläufe – und damit auch Übergänge – zum erheblichen Teil normiert (vgl. Faltermaier 2008): Es ist gesellschaftlich festgelegt, welche Stationen man in welchem Alter durchlaufen sollte. Auf diese Weise entsteht ein Lebenslauf, der in einer konkreten Gesellschaft und in einer bestimmten Epoche als „normal" gilt (vgl. Ecarius 1996; Kohli 1985).

Nun gibt es von einem „normierten" Lebenslauf immer wieder individuelle Abweichungen; dennoch werden damit gesellschaftliche Standards beschrieben, die der einzelne nur schwer ignorieren kann. Bei dieser Herstellung des „normalen" Lebenslaufes spielen Übergänge in mindestens dreifacher Weise eine Rolle:

- Zum einen existieren gesellschaftlich klar vordefinierte Erwartungen, die auf einen Rollenwechsel (eine Statuspassage) in einem bestimmten Alter ausgerichtet sind. Hier geht es um Übergänge, die regelhaft ablaufen und insofern erwartbar sind. Der Schulabschluss gehört genauso dazu wie der Eintritt in das Berufsleben und das Erreichen des Ruhestands. Lebensläufe werden vor allem durch solche erwartbaren und institutionell vordefinierten Übergänge normiert.

- Ergänzt werden solche Lebensläufe durch individuell eingefärbte, durch nicht geplante, nicht auf ein Alter festgelegte Ereignisse, die den Betroffenen ebenfalls in eine Übergangssituation bringen: Arbeitslosigkeit, Verlust des Partners, eine schwere Erkrankung, aber auch ein unerwarteter Karrieresprung können hier als Beispiele gelten. Aber auch solche unerwarteten Übergänge sind gesellschaftlich insoweit vordefiniert, als dass die Strukturen (z. B. freier Arbeitsmarkt) das Eintreten solcher Ereignisse (z. B. Arbeitslosigkeit) möglich oder gar wahrscheinlich machen.

- Und schließlich spielt bei Heranwachsenden eine dritte Form von Übergängen eine Rolle. Dabei geht es um entwicklungspsychologische Veränderungen auf dem Weg vom Kind zum Erwachsenen. Zu den damit verbundenen Übergängen gehört z. B. der Wechsel von der geschlechtshomogenen Spielgruppe der Kinder hin zu der geschlechtergemischten Clique der Jugendlichen, oft verbunden mit dem Eintritt in eine erste heterosexuelle Partnerbeziehungen. Auch hier gibt es gesellschaftliche Vorstellungen von einem gelungenen Übergang.

So gesehen hat man es bei dem Lebenslauf von Heranwachsenden mit mindestens drei Arten von Übergängen zu tun: mit den zeitlich festgelegten, den erwartbaren „Statuspassagen", mit den individuell und ungeplant eingetretenen Ereignissen – und mit den entwicklungspsychologisch induzierten Veränderungen. All diese Übergänge sind – was ihr Auftreten und ihre Bewältigung angeht – mit gesellschaftlichen Erwartungen von „Normalität" verknüpft.

2.1 Die Entstandardisierung des Lebenslaufs in Familie und Beruf

Richtet man den Blick auf einen so definierten Lebenslauf und fragt in einer historischen Perspektive, welcher Wandel sich dort seit dem 2. Weltkrieg vollzogen hat, so stößt man auf interessante Aussagen der Soziologie. Vor allem Ulrich Beck (1986) hat aufgezeigt, dass seit dieser Zeit ein Prozess zunehmend an Dynamik gewonnen hat, der als eine Entstandardisierung von Lebensläufen bezeichnet wird. So hat ein auf Dauer angelegtes Arbeitsverhältnis massiv an Bedeutung verloren, Geschlechterrollen sind flexibler geworden, Familienbilder wurden pluraler. Verglichen mit den 1950er Jahren haben sich damit die Lebensformen erheblich vervielfältigt. Das heißt auch, dass früher fest definierte Statuspassagen und Übergänge flexibler und altersvariabler geworden sind: Der Berufseintritt mit 18, die Heirat zwischen 20 und 25, das erste Kind spätestens mit 25 – all diese sozialen Normierungen des vorigen Jahrhunderts haben sich weitgehend aufgelöst. Heute kann man mit 25 in einer Partnerschaft Vater werden, drei Jahre später das Studium abschließen und in einen Beruf eintreten, mit 30 Jahren die Mutter seiner Kinder heiraten – und mit 35 eine völlig andere Berufstätigkeit in einer anderen Stadt beginnen. Dieses Beispiel will auch zeigen, dass weiterhin die Mehrheit der Menschen Kinder aufzieht und heiratet, dass jedoch die Wege dorthin erheblich flexibel geworden sind (vgl. Ecarius/Fuchs/Wahl 2008). Denn die Ent-Standardisierung des Lebenslaufs hat sich vor allem im familiären Bereich, aber auch im Feld der Berufstätigkeit vollzogen. Hier haben sich neue individuelle Handlungsmöglichkeiten, aber damit auch Handlungszwänge ergeben.

2.2 Die fortdauernde Standardisierung der Lebensläufe im Bildungssystem

Wenn man sich mit dem gleichen Erkenntnisinteresse dem Bildungssystem und den dortigen Prozessen zuwende, so kommt man zu einem deutlich anderen Ergebnis.

Zwar ist es richtig, dass auch im Bildungssystem der Prozess der Individualisierung Spuren hinterlassen hat. Es genügt ein Blick in die Grundschulen, um zu sehen, wie dort durch Formen des „offenen Unterrichts", der jahrgangsübergreifenden Gruppen, der Projektarbeit die Lernprozesse wesentlich stärker auf die individuellen Bedürfnisse der Kinder zugeschnitten wurden. Zugleich gilt, dass Bildungslaufbahnen heute lange nicht mehr so stark sozial und geschlechtsspezifisch vorgeprägt sind wie in den 1950er Jahren (vgl. Bauer/Vester 2008; Horstkemper 1995). Unsere Frage lautet jedoch: Wie sieht es mit der Individualisierung *des Lebenslaufs* aus?

Hier muss man nun feststellen, dass von einer Ablösung von Altersnormen, einer Pluralisierung von Lebensereignissen, einer Individualisierung von Übergängen keine Rede sein kann. Im Gegenteil: Im Bildungssystem hat das Ausmaß, in dem Lebensläufe standardisiert werden, in den letzten Jahrzehnten eher noch zugenommen. Dies liegt vor allem daran, dass immer mehr Regelungen greifen, die die unterschiedlichen Stufen des Kompetenzerwerbs enger als zuvor mit Altersnormen und „Durchlaufgeschwindigkeiten" koppeln: Die Vorverlagerung des Einschulungsalters, die Reduzierung des Sitzenbleibens, die Kürzung der Gymnasialzeit, die Strukturierung von BA- und MA-Studiengänge – diese und andere Maßnahmen laufen alle darauf hinaus, dass von immer mehr Heranwachsenden bestimmte Zielpunkte der Bildungslaufbahn ohne Verzögerungen (und damit meist im jüngeren Alter) erreichen werden. Nimmt man hinzu, dass auch viele der Beteiligten (also Schülerinnen und Schüler und ihre Eltern) dieser knapperen Zeittaktungen nachstreben, so wird überdeutlich: Im öffentlichen Bildungssystem der Gegenwart ist kaum Platz für eine Individualisierung der Lebensläufe. Im Gegenteil: Die Altersbindung von Übergängen wird wieder enger, der Standard-Lebenslauf damit verpflichtender.

Um die Analyse vollständig zu machen, muss man darauf verweisen, dass das Bildungssystem seit den 1950er Jahren massiv expandiert hat. Das bedeutet vor allem, dass immer mehr junge Menschen immer länger weiterführende Bildungsgänge besuchen, dass auch immer mehr junge Menschen studieren: Während Mitte der 1950er Jahre etwa 75% der Heranwachsenden bereits mit 14 oder 15 Jahren das allgemeinbildende Schulsystem verließen (vgl. BMBW 1984, S. 40), befindet sich heute fast 100% der 16-Jährigen und mehr als 50% der 17–19-Jährigen noch in diesen allgemeinen Schulen (vgl. Bildungsbericht 2010, S. 34). Die Normierung der Bildungslaufbahnen ist damit zu einem zunehmend wichtigeren Teil der Lebensrealität von Kindern und Jugendlichen geworden. Und die dabei praktizierten Übergangsverfahren mit ihrem Pflichtcharakter, ihren engen Altersbindungen und ihren weitreichenden Selektionsentscheidungen sind nach wie vor das Hauptinstrument dieser Normierung. Dabei ist kennzeichnend für fast alle diese Übergänge, dass eine Verknüpfung zwischen dem Fortschreiten in der Bildungslaufbahn und einer Leistungsauslese besteht. Jeder Übergang ist mit bestimmten Leistungsanforderungen verknüpft und stellt somit für den einzelnen ein Risiko dar, weil die Gefahr des Scheiterns droht. Ein solcher Übergang ist mit wesentlich stärkeren Belastungen und wesentlich höheren emotionalen Einsätzen verknüpft als eine nicht selektive Passage.

Schaut man auf die schulischen Übergänge und ihre Auslesefunktion, so geraten zunächst vor allem die Statuspassagen in den Blick, die von *allen* Schülern eines Bildungsgangs zu durchlaufen sind. Dabei wird nun aber allzu zu leicht übersehen, dass es zur Erfüllung der Selektionsfunktion noch eine zweite Gruppe von Übergängen gibt, die nur für eine bestimmte Gruppe von Schülerinnen und Schüler reserviert sind – nämlich für die Gescheiterten:

a) Dies beginnt beim „Sitzenbleiben". Wer nicht versetzt wird, muss seine Klasse verlassen und das Schuljahr in der nachrückenden Klasse der Jüngeren wiederholen. Neue Lehrer, neue Mitschüler, und ein schlechter Ruf, der einem vorausgeht: Dies sind keine günstigen Startchancen für die neue Situation. Etwa 23% aller Schülerinnen und Schüler sind hier betroffen; denn so viele bleiben im Laufe ihrer Schulzeit mindestens ein Mal sitzen (vgl. Klemm 2009, S. 9).

b) Wer in der Grundschule schwache Leistungen zeigt, wer gar Gefahr läuft, ein zweites Mal sitzenzubleiben, wird bisher häufig in eine Sonderschule (Förderschule) überwiesen. Er muss seine bisherige Grundschule verlassen und mit neuen Mitschülern in einer wenig angesehenen Schulform lernen. Etwa 5% der Schülerinnen und Schüler eines Altersjahrgangs werden gegenwärtig in Sonderschulen eingewiesen (vgl. Bildungsbericht 2012, S. 5).

c) Wer in Gymnasien und Realschulen dauerhaft die geforderten Leistungen nicht schafft, wer nach einmaligem Sitzenbleiben erneut gefährdet ist, der wird vor allem in den Jg. 6 bis 8 auf die nächst niedrigere Schulform verwiesen, um in einer neuen Schule neu zu beginnen. Bundesweit sind 10% aller Fünfzehnjährigen schon einmal „abgeschult" worden (vgl. Schümer 2004, S. 76).

Hier wird deutlich, dass der selektive Charakter unseres Schulsystems besondere Übergangssituationen für solche Kinder schafft, die den Leistungsanforderungen nicht genügen: Sie werden aus ihren bisherigen Klassen entfernt und einer neuen (angeblich weniger anspruchsvollen) Lerngruppe zugewiesen, in der sie einen „Neustart" versuchen müssen. In diese Übergangsformen für Gescheiterte werden in unserem Schulsystem im Laufe ihrer Schulzeit (Kl. 1–10) etwa 38% aller Heranwachsenden eingewiesen (Addition der obigen Werte). Nimmt man in dieser Weise die Übergänge im Schulsystem in den kritischen Blick, so fallen zwei Merkmale ins Auge:

- die hohe Standardisierung, verbunden mit einer engen Altersnormierung
- die enge Verknüpfung mit Leistung und Auslese.

Deutlich geworden ist auch, dass diese Organisation der Übergänge im Schulsystem nicht neu ist, sondern in einer langen Tradition stehen: Verpflichtende Statuspassagen für alle Kinder, verknüpft mit enger Altersnormierung und folgenreicher Leistungsauslese – das sind die Merkmale, die die schulischen Übergänge auch schon in der 1. Hälfte des 20. Jahrhunderts aufgewiesen haben. Und auch die speziellen Übergangsformen für „Gescheiterte" hat es damals schon gegeben. Neu ist heute allenfalls eine gewisse Modernisierung der Verfahren – etwa durch Standardsetzungen, Lernstandserhebungen und zentrale Prüfungen.

2.3   Gibt es Gegentendenzen?

Betrachtet man das Grundmuster der schulischen Übergänge, so werden Schülerinnen und Schüler und Eltern nach wie vor mit einer tradierten institutionellen Anforderungsstruktur konfrontiert, die inzwischen in einen zunehmenden Kontrast zur sonstigen Lebensrealität im 21. Jahrhundert getreten ist. Denn außerhalb der Schule werden Lebensabläufe immer flexibler gestaltet, Altersnormierungen und festgefügte Abfolgen verlieren an Bedeutung, Übergänge werden zunehmend individualisiert vollzogen und von den Entscheidungen der Betroffenen abhängig gemacht. Zugleich machen diese Menschen Erfahrungen mit Übergängen, die zeitlich nicht geplant und institutionell nur dürftig gerahmt sind, die aber dennoch bewältigt werden müssen. Von solchen Übergängen sind auch Heranwachsende schon betroffen.

Die Frage, ob dieser zunehmende Kontrast zwischen den schulischen und den nicht schulischen Lebenswelten Auswirkungen hat auf die Umgangsweise mit Übergängen – gar Rückwirkungen auf die Schule – ist höchst spannend, ist gegenwärtig jedoch nur spekulativ zu beantworten. In diesem Zusammenhang fällt auf, dass sich immer häufiger bei den Eltern Widerstand regt, wenn schulische Standardisierungen verstärkt werden sollen. So ist zu beobachten, dass Eltern häufig dann protestieren, wenn neue Altersnormen verbindlich gemacht werden sollen: So wird die Vorverlagerung des Einschulungsalters deutlich kritisiert – in Folge davon haben sich z. B. in Berlin die Anträge auf eine spätere Einschulung verdreifacht. Und die Ablehnung der gymnasialen Schulzeitverkürzung wird in der Elternschaft so massiv vertreten (vgl. Tillmann 2012), dass in etlichen Bundesländern (z. B. Hessen, NRW, Schleswig-Holstein) die Gymnasien auch wieder neunjährige Züge zum Abitur anbieten können. Typisch scheint mir, dass Eltern hier ein Wahlrecht einfordern: Sie wollen den Zeitpunkt der schulischen Übergänge selber bestimmen – und damit ein Stück Individualisierung durchsetzen. Ob die neuen Regelungen zur Flexibilisierung der Einschulung – die es in einigen Bundesländern gibt – hier als erster „Einbruch" anzusehen sind, wäre zu diskutieren. Und ob die zunehmende Hinwendung von Eltern zu alternativen Schulmodellen – seien diese privat oder staatlich – hier ebenfalls von Bedeutung ist, lässt sich nur schwer sagen. Aber die Attraktivität einiger dieser Schulmodelle besteht ja gerade darin, „klassische" Übergänge zu vermeiden oder zu entschärfen. Dies gilt für das Bildungshaus vom 3. bis zum 10. Lebensjahr (vgl. z. B. Sambanis 2009). genauso wie für die Gemeinschaftsschule, die von den Klassen 1 bis 10 reicht (vgl. Jungmann 2008).

Insgesamt führt diese lebenslauftheoretische Analyse zu vier Haupterkenntnissen:

1. Während wir in weiten Teilen der Gesellschaft von einer Ent-Standardisierung von Lebensläufen sprechen können, finden wir im Bildungssystem eine eher gegenläufige Tendenz.
2. Diese gegenläufige Tendenz äußert sich in Regelungen, durch die Übergänge zunehmend enger an Altersnormen und kürzere Durchlaufzeiten gebunden werden. Dabei werden bei Leistungsprüfungen modernisierte Verfahren (z. B. Tests) eingesetzt.
3. Auffällig ist außerdem die fortdauernde Kopplung der Übergänge im Bildungssystem an eine gestufte Leistungsauslese. Dies ist für das System ein wichtiges Steuerungselement; für den einzelnen bedeutet es jedoch, dass jeder Übergang auch den Charakter einer Prüfung mit der Chance des Scheiterns besitzt.
4. Es scheint so, als rege sich bei bestimmten Elterngruppen deutlicher Widerstand gegen eine weitere Standardisierung und Altersnormierung im Schulsystem.

3. Übergänge und individuelle Biografien

Diese gegenläufige Struktur zwischen Entstandardisierungen in einem, verschärften Standardisierungen im anderen Bereich gewinnt weiter an Farbe, wenn man zusätzlich zum Begriff des „Lebenslaufs" den der „Biografie" einführt. Weiter vorn wurde schon angesprochen, dass „Lebenslauf" vor allem die objektiven Verlaufsstrukturen kennzeichnet, während mit „Biografie" die subjektiv bedeutsame Lebensgeschichte gemeint ist. Nun sind individuelle Biografien aber nicht gesellschaftlich losgelöst, sondern sie sind eingebunden in die Struktur von Lebensläufen. Diese stellt gleichsam den „objektiven" Rahmen dar, in dem individuelle Biografien gelebt werden können (vgl. Schulze 1995; Krüger 1995). Vor diesem Hintergrund interessiert jetzt, wie die Individuen ihre eigenen Lebensereignisse interpretieren und diese in eine individuelle Biografie integrieren. Dabei geht es vor allem um die Frage, welche Rolle bei dieser subjektiven Verarbeitung denn die Übergänge spielen – und zwar die im und die außerhalb des Bildungssystems.

3.1 Übergänge als Signaturen der Biografie

Wenn „Biografie" die rückblickende und sinngebende Betrachtung der eigenen Lebensgeschichte ist, dann sind Übergänge besonders auffällige Ereignisse in einer solchen Lebensgeschichte. Sie werden deshalb auch besonders häufig und besonders intensiv erinnert. Denn nicht die Kontinuität, sondern die Veränderungen, die „signifikanten Ereignisse" sind es, die zu einer subjektiv sinnvollen Lebensgeschichte zusammengefügt werden. Rath bezeichnet deshalb die Übergänge als „Signaturen der menschlichen Biografie" (2011, S. 10).

Und in der Tat, wir können es an uns selbst beobachten: Wenn wir unsere Lebensgeschichte erzählen, dann spielen Übergänge, spielen erste Ereignisse in einer neuen Phase eine besondere Rolle. Nicht verwunderlich ist das bei gravierenden und unerwarteten Einschnitten, etwa beim Arbeitsplatzverlust eines Elternteils. Aber auch unsere frühen Aktivitäten im Jugendalter – etwa den ersten Urlaub ohne Eltern – haben wir in aller Regel gut in Erinnerung.

Zugleich gilt, dass in jeder individuellen Biografie auch die formalen Statuspassagen des Bildungssystems eine erhebliche Rolle spielen: An die eigene Einschulung, die Abiturfeier, die Gesellenprüfung erinnern sich alle, die daran beteiligt waren, ein Leben lang. Das bedeutet: Auch die uns durch das Bildungssystem aufgeherrschten Übergänge bekommen und behalten ihre biografische Bedeutung. Dabei spielen die Erfahrungen von Erfolg und Misserfolg, die dabei häufig gesammelt wurden, für den Entwurf des eigenen Selbstkonzepts eine ganz zentrale Rolle. Deshalb können sich mit diesen Übergängen auch recht problematische Erfahrungen verknüpfen. So formuliert ein 15-Jähriger Hauptschüler, der gerade sitzengeblieben ist:

> „Wenn ich noch einmal sitzenbleibe, dann ist es ganz aus. Dann habe ich überhaupt keine Möglichkeiten, dann habe ich den Hauptschulabschluss. Dann habe ich praktisch keine Chance – und ich möchte doch was werden." (nach: Arbeitsgruppe Schulforschung 1980, S. 65)

Hier wird der Leistungsanspruch schulischer Übergänge besonders deutlich, und hier wird auch erkennbar, warum das Scheitern daran biografisch besonders schwer zu verarbeiten ist (vgl. Tillmann 2010, S. 188). Hier wird der Leistungsanspruch schulischer Übergänge besonders deutlich, und hier wird auch erkennbar, warum das Scheitern biografisch besonders schwer zu verarbeiten ist. Nun erinnert man sich rückblickend nicht nur an misslungene, sondern viel lieber an gelungene Übergänge. Diese werden dann nicht nur als „Erfolg" (und damit als persönlichkeitsstärkend) erlebt, sondern sie werden oft mit lebensbedeutsamen Lernerfahrungen verknüpft. So wird z.B. der Beginn eines Studiums häufig als ein Eintauchen in ein selbstständiges großstädtisches Leben erfahren, das nicht selten auch mit der Erprobung neuer Lebensentwürfe verknüpft ist.

Diese Beispiele sollen verdeutlichen, was es heißt, Übergänge als „Signaturen der Biografie" zu verstehen: Übergänge werden lang erinnert, sie sind rückblickend wesentliche Elemente bei der Strukturierung des eigenen Lebens. Dabei sind die Verarbeitungen der Übergänge individuell ganz unterschiedlich – sie können als Stärkung, aber auch als Schwächung der eigenen Person erfahren werden. Und sie sind häufig verknüpft mit Selbsterkenntnissen: So bin ich, so bin ich nicht – das will ich, und das nicht.

Weil jede Biografie einmalig ist, ergibt sich daraus auch die Einzigartigkeit des Subjekts, die wir „Individualität" nennen. So sieht es jedenfalls die interaktionistische Subjekttheorie und spricht damit an, wie eng die biografischen Erfahrungen mit der Herausbildung von Identität und Individualität verknüpft sind (vgl. Tillmann 2010, S. 174f.). Wir verfolgen diese Spur weiter und fragen, welche Rolle hier denn die Bearbeitung, die Bewältigung von Übergängen spielt. Dabei ist es auch an dieser Stelle sinnvoll ist, zwischen den erwartbaren Übergängen (den „Statusspassagen") und den übrigen, weniger sicher zu erwartenden Veränderungen zu unterscheiden.

3.2 Individualisierung durch unerwartete Übergänge

Zunächst einmal gilt, dass Biografien sich in den Ereignissen, die als „Übergänge" zu verarbeiten sind, deutlich voneinander unterscheiden: Das beginnt bei der Zahl der Geschwister und der Frage, ob etwa die Ankunft eines Zweitgeborenen – und damit die eigene „Entthronung" als Einzelkind – erlebt wurde. Dies setzt sich fort bei der Struktur der Kleinfamilie und ihrer evtl. Veränderungen: Hat ein Kind es konstant mit den gleichen Erwachsenen (mit Vater und Mutter) zu tun, oder kommt es in der Kleinfamilie zu Veränderungen? Verabschieden sich Bezugspersonen, kommen neue hinzu? Hier sind Veränderungen ganz unterschiedlicher Art möglich, durch die für das Kind Übergangssituationen entstehen. Sie sind häufig nicht nur mit einem Wechsel von Personen, sondern auch von Orten verbunden. Wann und mit welchen Ereignissen ein Kind hier konfrontiert wird, welche Übergänge zu vollziehen sind, wie dies verarbeitet werden kann – dies ist individuell ganz unterschiedlich und lässt sich nicht vorhersagen. Allerdings lässt sich schätzen, dass inzwischen etwa 25% aller Heranwachsenden vor ihrem 16. Lebensjahr mindestens einmal mit einer solchen Situation konfrontiert werden (vgl. Ecarius/Köbel 2012). Diese Beispiele, die sich erweitern ließen, machen insgesamt deutlich: Jedes Kind hat im Bereich seiner privaten Existenz eine ganz individuelle Geschichte von Übergängen und ihren Bewältigungen. Dabei gibt es problematische und weniger problematische Verläufe. Auf jeden Fall sind diese Übergangserfahrungen aber stets ganz individuell eingefärbt. Und das Gelingen oder Misslingen dieser Übergänge ist vor allem von den Bezugspersonen in der Familie, von ihrer Sensibilität und Zuwendung abhängig. Öffentliche Einrichtungen und ihr Personal spielen hier allenfalls in zweiter Linie eine Rolle. Dass die Erfahrungen mit solchen Übergängen identitätsbedeutsam sind, ist genauso einsichtig wie die Feststellung, dass sie erheblich zur Individualisierung beitragen: Denn hier ist kein Übergang wie der andere, die Ereignisse sind jeweils singulär.

3.3   Individualisierung durch erwartbare Übergänge

Deutlich anders sieht es bei den Übergängen aus, die im Bildungssystem als Statuspassagen organisiert werden und die jeweils gleichzeitig von einer Gruppe von Gleichaltrigen zu vollziehen sind. Hier werden Heranwachsende jeweils in Kohorten durch das Bildungssystem geführt. Ein solcher Übergang – etwa beim Wechsel von der 4. zur 5. Klasse – ist in der Regel verknüpft mit dem Wechsel der Räumlichkeiten, des pädagogischen Personals und eines Teils der peers. Außerdem gilt in der neuen Institution ein anderes pädagogisches Programm mit anderen Anforderungen und Zeitabläufen. Bei diesen Übergängen geht es somit nicht um singuläre Ereignisse, sondern um die kollektive Bewältigung standardisierter Anforderungen. Alle Mitglieder der Alterskohorte sind mit der gleichen Situation konfrontiert, alle sollen den gleichen Schritt vollziehen. Biografietheoretisch stellt sich damit die Frage: Werden solche Übergänge von den Betroffenen weitgehend gleich verarbeitet, so dass sie bei allen ähnliche Spuren in der Persönlichkeit hinterlassen? Oder werden auch kollektiv organisierte Übergänge so unterschiedlich erlebt, dass auch sie einen Beitrag zur Individuierung der Subjekte leisten? Dies ist eine in gleicher Weise theoretisch wie empirisch bedeutsame Frage, zu der es bisher aber nur punktuelle Forschungsergebnisse gibt. Die folgenden Antwortversuche müssen daher auch mit Annahmen und Vermutungen arbeiten.

Die *erste Antwort* auf diese Fragen lautet: Übergänge im Bildungssystem haben stets den Charakter, generalisierte Anforderungen an alle zu stellen. Damit verknüpft ist ein Prozess der Vergesellschaftung, der mit der Aneignung von bestimmten Grundorientierungen bei allen Heranwachsenden verbunden ist. So bedeutet der Eintritt in die Grundschule, dass alle erstmals Pünktlichkeit als strenges Kriterium erleben, Lernen als Verpflichtung kennen lernen – etwa bei den Hausaufgaben – und dass sie individuelle Leistung als Bewertungsmaßstab akzeptieren müssen. Schon Parsons (1968) hat dargestellt, dass Kinder, die diese Erwartungen übernehmen, sich auf den Weg zum „brauchbaren" Erwachsenen machen. Dies gilt im Prinzip für alle.

Doch diese erste Antwort bedarf dringend der Ergänzung durch eine *zweite*: Auch die Anforderungen zum kollektiven Übergang werden individuell erlebt, werden subjektiv verarbeitet – und sind in sehr unterschiedliche Lebenssituationen eingebunden. Kurz: Auch die Bewältigung kollektiver Übergänge trägt zur Individuierung bei. Dies soll am Beispiel des Schulbeginns verdeutlicht werden, dabei beziehe ich mich auf eine Alltagsbeobachtungen bei einer befreundeten Familie mit zwei kleinen Mädchen. Das ältere dieser beiden Mädchen wurde vor knapp zwei Jahren eingeschult. Es hat den ersten Schultag sehnlichst erwartet, hat sich schon zu Weihnachten eine Schultasche schenken lassen, hat zu Hause erste Schreibübungen gemacht. Dabei war ihr Verhalten durch eine starke Abgrenzung gegenüber ihrer zwei Jahre jüngeren Schwester geprägt. Der Jüngeren wurde durch das Verhalten der Älteren der Alters- und Kompetenzabstand immer wieder gezielt vor Augen geführt. Der Schuleintritt war für die Ältere somit auch ein wichtiger Sieg über ihre Schwester, der auch im Laufe des 1. Schuljahrs gern ausgekostet wurde. Dieses Beispiel soll verdeutlichen, wie stark die kollektiv organisierten Übergänge individuell eingefärbt sein können. Sie sind jeweils gekoppelt mit anderen Erfahrungen und können deshalb eine höchst unterschiedliche Bedeutung erlangen – vom Ziel der Sehnsucht bis hin zur angstsetzenden Neuerung. Und mit dieser unterschiedlichen Erlebnisqualität sind sie dann Teil einer individuellen Biografie.

Kollektiv organisierte Übergänge im Bildungssystem – so die zusammenfassende Antwort – tragen sowohl zur Vergesellschaftung wie zur Individuierung bei. Sie sind darauf ausgerichtet, übergreifende Orientierungen bei allen herzustellen – und sie bieten zugleich das Material, das in einer individuellen Biografie auch sehr individuell verarbeitet wird.

Dies lässt sich auch an dem nächsten Übergang, dem von der Grundschule in die weiterführende Schule, gut verdeutlichen. Dieser Übergang folgt keiner pädagogischen Logik, sondern ist allein durch politische Setzungen bestimmt. Er ist stärker als alle vorausgegangenen mit der Schulleistung der Kinder verknüpft, er ist sehr stark von den Bildungsvorstellungen der Eltern abhängig, und er greift mehr oder weniger stark in den Freundeskreis der Schülerinnen und Schüler ein. Aus der Sicht eines Kindes können die Entscheidungen, wie dieser Übergang konkret vollzogen werden soll, mehr oder weniger erfreulich sein. Die optimale Variante: Aufgrund eines guten Leistungsbilds kann die gewünschte Schulform erreicht werden. Der Schüler will genau dies, die Eltern stützen es und die meisten Grundschulfreunde kommen mit. Dem steht eine größere Zahl weniger optimaler Varianten gegenüber, eine sei genannt: Die eher mäßigen Leistungen in der Grundschule lassen einen Gymnasialbesuch als zu risikoreich erscheinen. Der Schüler merkt, wie sehr er damit seine Eltern enttäuscht. Gemeinsam entscheiden sie sich für die Realschule, zu der die wichtigen Grundschulfreunde aber leider nicht mitkommen.

Hier wird deutlich, dass der Übergang von der 4. zur 5. Klasse nicht als gemeinsames Voranschreiten einer Kohorte, sondern als diffizile Form der Verzweigung und Positionszuweisung angelegt ist. Diese Laufbahnentscheidungen sind bereits ein Teil der Individuierung: Auf welche Schule, welche Schulform wechselt der einzelne? Geschieht dies auf eigenen Wunsch oder eher auf Druck von Schule und/oder Eltern? Auf diese Weise entstehen ganz unterschiedliche Varianten des Übergangs, die dann wiederum individuell unterschiedlich verarbeitet werden: Schüler, die ohne entsprechende Empfehlung auf das Gymnasium gewechselt sind, können dies als große Chance verstehen und entsprechend motiviert reagieren. Sie können dies aber auch als Bedrohung und Überforderung ansehen und sich nach den Freunden sehnen, die alle eine andere Schule besuchen. Und falls dieser Schüler nach einem Jahr vom Gymnasium zur Realschule „abgeschult" wird, muss das von ihm nicht als eine Versager-Erfahrung verarbeitet werden. Es kann auch als die lang ersehnte Rückkehr zu den alten Freuden erlebt werden.

Deutlich soll auch hier werden: Alle Viertklässler müssen den Abschied von der Grundschule und den Eintritt in eine neue Schule verkraften. Das bedeutet für alle, dass sie am Kriterium der individuellen Leistung gemessen werden. Und es bedeutet meist auch, die Beziehungen zu den Freunden in funktionaler Weise den Laufbahnwünschen unterzuordnen. Doch hinter dieser Gemeinsamkeit – hinter diesen Prozessen der Vergesellschaftung – finden sich ganz unterschiedliche Übergangsvarianten, ganz unterschiedliche Probleme, und damit auch sehr individuelle biografische Bedeutungen. Wie immer diese Erfahrungen verarbeitet werden, sie tragen zur Herausbildung von Individualität bei. Also gilt auch hier, dass die kollektiv organisierten Übergänge im Bildungssystem bei den Beteiligten zu Erfahrungen führen, die dann Teil einer individuellen Biografie werden.

Insgesamt führt diese biografietheoretische Analyse zu drei Haupterkenntnissen:

1. Außerhalb des Bildungssystems sind die Heranwachsenden mit ganz unterschiedlichen, in der Regel nicht geplanten Ereignissen konfrontiert (z. B. Trennung der Eltern), den sie individuell als Übergang zu verarbeiten haben. So gesehen weist jedes Kind zunächst einmal eine individuelle Geschichte unterschiedlicher „privater" Übergänge auf.
2. Innerhalb des Bildungssystems sind Heranwachsende mit standardisierten Übergangssituationen konfrontiert, die sich im Rahmen einer Kohorte vollziehen sollen. Die Analyse zeigt, dass gleiche institutionelle Passagen mit subjektiv sehr unterschiedlichen Anforderungen verknüpft sein können, die wiederum

zu unterschiedlichen Verarbeitungsformen in der individuellen Biografie führen. Das bedeutet, dass auch die kollektiven Statuspassagen im Bildungssystem Erfahrungen bieten, die zur Individualisierung beitragen.

3. Die enge Verknüpfung von Übergang und Leistungsauslese führt dazu, dass biografische Erfahrungen in einem hohen Maß mit den Kategorien von „Erfolg" und „Versagen" verknüpft sind. Individualisierung bedeutet dann auch, in Laufbahnen unterschiedlichen Prestiges eingewiesen zu werden. Dies alles führt dazu, dass bei solchen Übergängen in besonders starkem Maße ein leistungsorientiertes Selbstbild (sei es positiv oder negativ) geprägt wird.

4. Pädagogische Anfragen

Die bisherige Analyse wollte zeigen, wie Lebensläufe gesellschaftlich vordefiniert sind, wie innerhalb dieser gesellschaftlichen Leitplanken individuelle Biografien entwickelt werden – und welche Rolle dabei Übergänge – schulisch wie außerschulische – spielen. Diese Analyse führt zu etlichen Anfragen, die sich an die gegenwärtige Praxis der Übergänge in unserem Bildungssystem richten. Drei Anfragen erscheinen mir besonders wichtig:

Erstens: Die Standardisierung der Übergänge im Bildungssystem steht in einem erstaunlichen Kontrast zu den fortschreitenden Individualisierungsprozessen außerhalb des Bildungssystems. Denn Übergang als gemeinsames Voranschreiten einer Kohorte, als Auslese an der gleichen Hürde – diesen Typus gibt es weder im Berufs- noch im Privatleben, er ist eine Eigenheit des Bildungssystems. Wenn man so will: ein Alleinstellungsmerkmal. Hier ist es notwendig, einmal in grundsätzlicher Weise die Sinnfrage zu stellen: Wir trimmen bei unseren Kinder von der Grundschule bis zum Abitur, ja bis zum Studienabschluss die Fähigkeit, mit genau solchen Übergangsanforderungen klar zu kommen, sich darin zu perfektionieren. Und wenn die Heranwachsenden das dann können, ist diese Fähigkeit im weiteren Leben nicht mehr verwertbar. Wäre es da nicht besser, auch in der Schule Übergangsformen zu praktizieren, die im späteren Leben in ähnlicher Weise vorkommen? Um hier ein Beispiel zu geben: Wie wäre es mit individuell festlegbaren Assessment-Centern statt der zentralen schriftlichen Prüfung für alle? Wie wäre es im Verlaufe der Jg. 9/10 mit einer kleinen Forschungsarbeit im Team statt der Einzelleistungen in themen- und zeitgleichen Abschlussklausuren?

Zweitens: Es ist deutlich geworden, dass die Verkoppelung von Übergängen und Leistungsauslese ein durchgängiges und typisches Merkmal unseres Bildungssystems ist. Was spricht eigentlich für eine solche Koppelung, was dagegen? Ich habe nicht den Eindruck, dass über diese Frage bisher hinreichend intensiv und systematisch nachgedacht wurde. Dagegen spricht auf jeden Fall, dass Übergänge in dieser Weise zu einem Risikofaktor für die individuelle Biografie werden – und dass damit für eine größere Zahl von Heranwachsenden erhebliche Selbstbild-Gefährdungen verbunden sind.

Gäbe es dazu Alternativen, ohne gleich auf die Auslesefunktion des Schulsystems ganz zu verzichten? Ich denke, ja. Man könnte auf jeden Fall die Zahl der Übergänge, die mit einer Leistungsauslese verknüpft sind, reduzieren. Also: Abschaffen des Sitzenbleibens, Abschaffen der Abschulung, nicht selektiver Übergang von der Grundschule in eine gemeinsame Schulform. Und die Erweiterung der Wege zum Abitur (z. B. über Sekundarschulen, über berufsbildende Schulen) gehört auch dazu. Bestehen blieben dann zwar altersspezifisch sinnvollen Einschnitte, aber sie würden über viele Jahre nicht mit einer Auslese verbunden sein. Es gibt viele ausländische Schulsysteme, bei denen man sich solche Strukturen abschauen kann. Und es gibt Reformschulen in Deutschland (so z. B. die Bielefelder Laborschule), die dies seit Jahrzehnten erfolgreich praktizieren.

Die *dritte und letzte Anfrage* ist deutlich selbstkritisch eingefärbt: Warum werden Übergänge in der schulpädagogischen Diskussion vor allem als Risiko, als Bedrohung, als Hemmnis verstanden? Warum wird der Aspekt der Anregung, der Herausforderung, der Entwicklungschance so selten angesprochen? Warum gibt es so viele pädagogische Programme, die diese Übergänge absichern, polstern, gefahrenfrei gestalten wollen? Hat das vielleicht auch mit einem allzu fürsorglichen Blick von Pädagoginnen und Pädagogen zu tun?

Dollase zeigt auf, dass der Übergang vom Kindergarten zu Grundschule bei 10% bis 15% der Kinder Anpassungsprobleme hervorruft, dass hingegen 85% und mehr diesen Übergang mit Freude und Anstrengungen gut bewältigen (vgl. Dollase 2010, S. 38). Diese Kinder mit Übergangsproblemen zu identifiziert und zu unterstützt, stellt sich hier als bedeutsames pädagogisches Aufgabe. Aber sind deshalb Übergangsprogramme für alle notwendig? Ist nicht gerade die Differenz in Anforderungen und Strukturen – also die Diskontinuität – ein Merkmal, das auch für Entwicklungsprozesse unverzichtbar ist?

Der erziehungswissenschaftliche Diskurs zu schulischen Übergängen wird gegenwärtig vor allem von empirischen Analysen und von praktischen Handlungsvorschlägen bestimmt. Er würde an theoretischer Relevanz gewinnen, wenn künftig auch solche eher grundsätzlichen Fragen behandelt würden.

Literatur

Arbeitsgruppe Schulforschung (1980): *Leistung und Versagen. Alltagstheorien von Schülern und Lehrern*. München: Juventa.

Bauer, U./Vester, M. (2008): Soziale Ungleichheit und soziale Milieus als Sozialisationskontext. In: Hurrelmann, K./Grundmann, M./Walper, S. (Hrsg.): *Handbuch Sozialisationsforschung*, 7. Aufl., Weinheim: Beltz, S. 184–202.

Baumert, J./Maaz, K./Trautwein, U. (Hrsg.) (2009): Bildungsentscheidungen. *Sonderheft 12 der Zeitschrift für Erziehungswissenschaft*. Wiesbaden: VS-Verlag.

Bellenberg, G./Höhmann, K./Röbe, E. (Hrsg.) (2011): Übergänge. *Friedrich Jahresheft*. Seelze: Friedrich.

Beck, G. (2002): *Den Übergang gestalten. Wege vom 4. Ins 5. Schuljahr*. Seelze: Kallmeyer.

Beck, U. (1986): *Risikogesellschaft. Auf dem Weg in eine andere Moderne*. Frankfurt/M: Suhrkamp.

Bildungsbericht 2010: Autorengruppe Bildungsberichterstattung (Hrsg.): *Bildung in Deutschland 2010*. Bielefeld: Bertelsmann.

Bildungsbericht 2012: Arbeitsgruppe Bildungsberichterstattung (Hrsg.): *Bildung in Deutschland 2012*. Bielefeld: Bertelsmann.

BMBW (1984): Bundesministerium für Bildung und Wissenschaft (Hrsg.): *Grund- und Strukturdaten*, Bonn.

Dollase, R. (2010): Übergänge gestalten: Vom Kindergarten zur Schule – oder: Zur Verkomplizierung einfacher Vorgänge. In: Lin-Klitzing, S./die Fuccia,D./Müller-Frerich, G. (Hrsg.): *Übergänge im Schulwesen. Chancen und Probleme aus sozialwissenschaftlicher Sicht*. Bad Heilbrunn: Klinkhardt, S. 35–48.

Ecarius, J. (1996): Lebenslauf und Erziehung. In: Krüger, H.H./Helsper, W. (Hrsg.): *Einführung in die Grundbegriffe und Grundfragen der Erziehungswissenschaft*, Opladen: Leske und Budrich, S. 247–256.

Ecarius, J./Fuchs, T.//Wahl, K. (2008): Der historische Wandel von Sozialisationskontexten. In: Hurrelmann, K./Grundmann, M./Walper, S. (Hrsg.): *Handbuch Sozialisationsforschung*, 7. Aufl., Weinheim: Beltz, S. 104–116.

Ecarius, J./Köbel, N. (2012): Aktuelle Familienformen. In: Sandfuchs, U./Melzer, W./Dühlmeier, B./Rausch, A. (Hrsg.): *Handbuch Erziehung*. Bad Heilbrunn: Klinkhardt, S. 316–322.

Equit, C./Ruberg, C. (2012): Übergänge: Bildungsbiografische Perspektive. In: Berkemeyer, N./Beutel, S./Järvinen, H./van Ophysen, S.: *Übergänge bilden*. Köln: Carl Link, S. 3–17.

Faltermaier, T. (2008): Sozialisation im Lebenslauf. In: Hurrelmann, K./Grundmann, M./Walper, S. (Hrsg.): *Handbuch Sozialisationsforschung*. Weinheim: Beltz, 7. Aufl., S. 157–172.

Horstkemper, M. (1995): Mädchen und Frauen im Bildungswesen. In: Böttcher, W./Klemm, K. (Hrsg.): *Bildung in Zahlen. Statistisches Handbuch zu Daten und Trends im Bildungsbereich*. Weinheim: Juventa, S. 188–216.

Jungmann, C. (2008): *Die Gemeinschaftsschule. Konzept und Erfolg eines neuen Schulmodells*. Münster: Waxmann.

Klemm, K. (2009): *Klassenwiederholungen – teuer und unwirksam*. Gütersloh: Bertelsmann-Stiftung.

Kohli, M. (1985): Die Institutionalisierung des Lebenslaufs. Historische Befunde und theoretische Argumente. In: *Kölner Zeitschrift für Soziologie und Sozialpsychologie*, 37. Jg., S. 1–29.

Krüger, H.H. (1995): Bilanz und Zukunft der erziehungswissenschaftlichen Biographieforschung. In: Krüger, H.H./Marotzki, W. (Hrsg): *Erziehungswissenschaftliche Biographieforschung*. Opladen: Leske und Budrich, S. 32–54.

Lin-Klitzing, S./die Fuccia, D./Müller-Frerich, G. (2010): *Übergänge im Schulwesen. Chancen und Probleme aus sozialwissenschaftlicher Sicht.* Bad Heilbrunn: Klinkhardt.

Marotzki, W. (1995): Forschungsmethoden in der erziehungswissenschaftlichen Biographieforschung. In: Krüger, H.H./Marotzki, W. (Hrsg): *Erziehungswissenschaftliche Biographieforschung.* Opladen: Leske und Budrich, S. 55–90.

Parsons, T. (1968): Die Schulklasse als soziales System. In: ders., *Sozialstruktur und Persönlichkeit,* Frankfurt/M.: Europäische Verlagsanstalt.

Rath, M. (2011): Übergänge sind immer. Anthropologische Überlegungen zu einem pädagogischen Thema. In: Bellenberg, G./Höhmann, K./Röbe, E. (Hrsg.): *Übergänge. Friedrich Jahresheft.* Seelze: Friedrich, S. 10–13.

Sambanis, M. (2011): Schultüte überflüssig? Erfahrungen aus dem Projekt Bildungshaus 3–10. In: In: Bellenberg, G./Höhmann, K./Röbe, E. (Hrsg.): *Übergänge. Friedrich Jahresheft.* Seelze: Friedrich, S. 100–101.

Schefold, W. (2012): Lebenslauf. In: Horn, K.P./Kemnitz, H./Marotzki, W./Sandfuchs, U. (Hrsg.): *Klinkardts Lexikon Erziehungswissenschaft,* Bd. 2. Bad Heilbrunn: Klinkhardt, S. 277–278.

Schulze, Th. (1995): Erziehungswissenschaftliche Biographieforschung. Anfänge, Fortschritte, Ausblicke. In: Krüger, H.H./Marotzki, W. (Hrsg): *Erziehungswissenschaftliche Biographieforschung.* Opladen: Leske und Budrich, S. 10–31.

Schümer, G. (2004): Zur doppelten Benachteiligung von Schülern aus unterprivilegierten Gesellschaftsschichten im deutschen Schulsystem. In: Schümer, G./Tillmann, K.J./Weiß, M. (Hrsg.): *Die Institution Schule und die Lebenswelt der Schüler. Vertiefende Analysen der PISA-2000-Daten zum Kontext von Schülerleistungen.* Wiesbaden: VS-Verlag, S. 73–116.

Tillmann, K.J. (2010): *Sozialisationstheorien. Eine Einführung in den Zusammenhang von Gesellschaft, Institution und Subjektwerdung.* Reinbek: Rowohlt (16. Aufl.).

Tillmann, K.J. (2012): Tillmann. Stabilität und Veränderung – die Meinungen der Eltern zur Bildungspolitik. In: Killus, D./Tillmann, K.J. (Hrsg.): *Eltern ziehen Bilanz. Ein Trendbericht zu Schule und Bildungspolitik in Deutschland. 2. Jako-O-Bildungsstudie.* Münster: Waxmann, S. 25–48.

Übergang in das Schulsystem hinein

Vom Kindergarten in die Grundschule – Aktuelle Befunde aus der Bildungsforschung

Gabriele Faust

1. Einleitung

Mit dem Schuleintritt beginnt der Weg der Kinder im Pflichtschulsystem. Dieser Übergang gilt als besonders schwierig: Kindergarten und Grundschule gehören zu verschiedenen Systemen, nämlich der Kindergarten zum Sozial- und die Grundschule zum Schulbereich, ihr Personal ist unterschiedlich ausgebildet und die Ziele und Methoden sind wenig aufeinander abgestimmt. Bis vor kurzem waren beide weitgehend unverbundene Institutionen. Dies hat sich allerdings mittlerweile geändert. Seit den 2000er Jahren traten in allen Bundesländern Erziehungs- und Bildungspläne für die Kindertagesstätten in der Zeit vor der Einschulung in Kraft. Kindergärten sollen aktuell also auch Bildungseinrichtungen und die Ziele und Methoden der ersten beiden Bildungsstufen vertikal aneinander anschlussfähig sein. Zum Verhältnis von Kindergarten und Grundschule hält der „Gemeinsame Rahmen für die frühe Bildung in Kindertageseinrichtungen" der Kultus- und Jugendministerkonferenz von 2004 fest: „Kindertageseinrichtungen und Schulen haben gemeinsame pädagogische Grundlagen. [Diese, erg. G.F.] sind wesentliche Voraussetzungen für die *Entwicklungs- und Bildungskontinuität* ... Die Sicherung der *Anschlussfähigkeit* sollte das Ziel beider Systeme sein." (Gemeinsamer Rahmen, 2004, S. 8, Hervorhebung im Original). Diese Veränderungen schlagen auch deshalb auf die Kindergärten und Grundschulen durch, weil zumindest von den 4- und 5-Jährigen seit Jahren nahezu alle den Kindergarten besuchen (96 %, vgl. Autorengruppe Bildungsberichterstattung, 2012, S. 57).

2. Psychosoziale Probleme und erfolgreiche Übergänge beim Schuleintritt

Als theoretischer Rahmen zum Schuleintritt dominiert der Transitionsansatz. Transitionen sind erwartete oder plötzliche Übergänge im Lebenslauf, in denen das Individuum Lebensbereiche wechselt und dabei Veränderungen in Status, Rolle und/oder Identität erfährt. Auf die Kinder bezogen wird angenommen, dass der Schuleintritt für sie mit tief greifenden, die Identität betreffenden Umstrukturierungen verbunden und von starken Gefühlen begleitet ist. National und international liegen Studien vor, wonach ein Drittel bis zur Hälfte der Schulanfänger psychosoziale Übergangsprobleme hätte (Griebel & Niesel, 2004; Kienig, 2002; Rimm-Kaufman & Pianta, 2000). Wären z.B. Aufmerksamkeitsprobleme, ängstlich-depressive Verstimmungen und körperliche Beschwerden durch den Übergang verursacht, müssten sie im Umfeld des Schuleintritts neu auftreten. Im Rahmen der Längsschnittstudie „BiKS 3–10" („Bildungsprozesse, Kompetenzentwicklung und Selektionsentscheidungen im Vor- und Grundschulalter"[1], 2005–2013) finden sich dafür keine Belege. Alle drei untersuchten Syndrome aus der CBCL (Child Behavior Checklist, Döpfner et al., 1998) sind selten und zeigen im Zeitraum von neun Monaten vor bis neun Monate nach dem Schuleintritt keine Veränderungen in der Häufigkeit des Auftretens (Faust, Kratzmann & Wehner, 2012). Dies spricht für bereits länger bestehende Probleme und ist besser mit der „paradoxen" Theorie von Caspi und Moffitt (z.B. 1993) vereinbar (vgl. ähnlich auch Beelmann, 2006). Danach sind in Übergangssituationen Persönlichkeits- und Verhaltensänderungen eher nicht zu erwarten. Stattdessen werden bereits bestehende Merkmale bestärkt und treten so im interindividuellen Vergleich hervor (deshalb die Bezeichnung „paradoxe" Theorie). Kindern, die unter solchen Problemen leiden, sollte schon im Kindergarten so früh wie möglich Hilfe angeboten werden. Es wäre unvernünftig, damit bis zum Übergang zu warten.

Obwohl es keine Anzeichen für psychosoziale Übergangsprobleme gibt, sehen Eltern und Lehrkräfte gleichwohl Unterschiede zwischen eher erfolgreichen und eher belasteten Schulanfängern. Bei einmaligen Befragungen u.a. zur Selbstständigkeit, Anstrengungsbereitschaft und Bewältigung des Schulalltags in Verbindung mit Einschätzungen der schriftsprachlichen und technisch-mathematischen Fähigkeiten werden vor allem folgende Schulanfänger als weniger erfolgreich gekennzeichnet: Jüngere Kinder unter den fristgerecht Eingeschulten (aber mit Ausnahme der Einschätzung der technisch-mathematischen Fähigkeiten nicht die vorzeitig Eingeschulten), Jungen, Kinder, die mit vier Jahren schlechtere Lernvoraussetzungen hatten und aus Elternhäusern mit niedrigerem Bildungsniveau kommen (Faust et al., 2012). Auf diese Gruppen sollte also verstärkt geachtet werden.

1 Diese Veröffentlichung wurde ermöglicht durch eine Sachbeihilfe der Deutschen Forschungsgemeinschaft (Kennz.: FA 650/1–3) im Bamberger Forschungsprojekt BiKS „Bildungsprozesse, Kompetenzentwicklung und Selektionsentscheidungen im Vor- und Grundschulalter" (FOR 543). Wir danken den an der Studie teilnehmenden Kindern, Erzieherinnen, Erziehern, Eltern, Lehrerinnen und Lehrern für ihre Teilnahme und allen im Rahmen der Datenerhebungen eingesetzten Studierenden für ihre engagierte Mitarbeit.

3. Kooperation von Kindergarten und Grundschule

Seit den 1970er Jahren regeln in allen Bundesländern Erlasse die Zusammenarbeit von Kindergarten und Grundschule, in die auch die Eltern der Schulanfängerinnen und Schulanfänger einbezogen werden sollen. Dazu gehören Veranstaltungen für die Kinder, regelmäßige Treffen der pädagogischen Fachkräfte und Lehrpersonen und die gemeinsame Elternberatung. Seit den 2000er Jahren wird die Verbindlichkeit dieser Zusammenarbeit z.B. durch dafür Beauftragte gestärkt und die Kooperation konzentriert sich stärker auf die Anschlussfähigkeit der Bildungsziele und -prozesse. Zudem ist sie in den Bildungsplänen beider Stufen und Kindergarten- und Schulgesetzen der Länder verankert. Die Aktivitäten sollen von den Kindergärten und Grundschulen getragen werden, die durch die Einschulung der Kindergartenkinder miteinander verbunden sind. Eine 1:1- oder 1:2-Zuordnung, also eine Grundschule übernimmt alle Kinder eines Kindergartens oder aus zwei Einrichtungen, ist allerdings äußerst selten. Häufig sind Kindergärten und Grundschulen vielfältig in sich überlappenden Kombinationen miteinander vernetzt. In einer Brandenburger Erhebung nahmen die Grundschulen durchschnittlich Schulanfänger aus fünf bis zehn Kindergärten auf, in größeren Städten auch mehr (Liebers & Kowalski, 2007, S. 21). Damit alle Kindergärten und die jeweils beteiligten Grundschulen miteinander kooperieren, wären eigentlich größere Kooperationsverbünde notwendig, die sich in wechselnden Gruppierungen treffen.

In der BiKS-Studie zeigte sich, dass die Kooperation in den einbezogenen Stadt- und Landkreisen in Bayern und Hessen zwar nahezu flächendeckend aber sehr verschieden intensiv ist. Am häufigsten werden fünf (von Seiten der pädagogischen Fachkräfte) bzw. sechs (von Seiten der Lehrkräfte) unterschiedliche Kooperationsformen berichtet, d.h. z.B. Besuche von Kindergruppen in Grundschulen oder Kindergärten, Treffen der Pädagogen oder auch gemeinsame Fortbildungen. Nur eine von 68 Grundschulen kooperierte nicht. Während Schulbesuche angehender Erstklässler und ein allgemeiner Informationsaustausch zwischen pädagogischen Fach- und Lehrkräften nahezu überall vorkamen, war die gemeinsame Beratung der Eltern deutlich seltener (Faust, Wehner & Kratzmann, 2011). Durch internationale Studien (Ahtola et al., 2011; LoCasale-Crouch, Mashburn, Downer & Pianta, 2008) wird deutlich, dass möglicherweise noch nicht die richtigen Schwerpunkte gesetzt werden. Kooperationsformen, die vornehmlich auf das Kennenlernen abzielen, sind danach wenig wirksam. Maßnahmen, die entweder die Einschätzungen übergehender Kinder durch die Professionellen der neuen Bildungsstufe oder sogar die Leistungen in der Grundschule verbessern, beziehen sich enger auf die Persönlichkeits- und Lernentwicklung der Kinder. Dazu zählen die konkrete Abstimmung der Lerninhalte vor und nach dem Übergang auf der Grundlage eher allgemein angelegter Rahmenpläne wie in Finnland und der Austausch über die Förderung einzelner Kinder, möglichst anhand von Entwicklungsdokumenten. Diese Koope-

rationsformen werden aber in Deutschland durch die eher detailreichen Bildungspläne nicht forciert oder sie sind nur eingeschränkt verbreitet: In einer nordrhein-
westfälischen Studie wurden nur 38 % der Entwicklungsdokumentationen einzelner
Kinder an die Grundschulen weitergegeben (Eckert, Hanke & Hein, 2012). Auch in
der BiKS-Studie zeigten sich keine Auswirkungen der Kooperationsmaßnahmen
zwischen Kindergärten und Grundschulen auf den erfolgreichen Schuleintritt der
Kinder (Faust et al., 2012).

4. „Schulfähigkeit" in der Sicht von pädagogischen Fachkräften, Lehrpersonen und Eltern

Mit Ausnahme einzelner Bundesländer und der Einschulung im Rahmen der flexiblen Schuleingangsstufe ist der Schuleintritt in Deutschland vom Alter, d.h. der
Vollendung des sechsten Lebensjahrs bis zu einem länderspezifischen Stichtag,
der aktuell zwischen dem 30.6. und dem 31.12. liegt, und dem Entwicklungsstand
abhängig: Schulanfängerinnen und -anfänger müssen „schulfähig" sein. In den
Schulgesetzen der Länder werden dazu der körperliche, geistige, seelische und
soziale, teilweise auch der sprachliche Entwicklungsstand in Deutsch genannt.
Obwohl dafür auch die Anforderungen der jeweiligen Lehrkraft oder Grundschule
entscheidend sind, wird die Schulfähigkeit in der Praxis einseitig an den Merkmalen oder Fähigkeiten und Fertigkeiten der Kinder festgemacht. In der BiKS-Studie
sollten die Eltern der Schulanfänger zunächst offen angeben, was sie unter „Schulfähigkeit" verstehen. Daraus wurde eine Kriterienliste erarbeitet, die den Eltern,
pädagogischen Fachkräften und Erstklasslehrkräften mit der Bitte vorgelegt wurde,
die drei für sie wichtigsten Kriterien auszuwählen. Alle drei Gruppen waren sich
bemerkenswert einig: Auf dem ersten Rang landete die Konzentrationsfähigkeit der
Kinder, auf die Ränge zwei und drei kamen Selbstständigkeit und Sozialverhalten
bzw. der geistige Entwicklungsstand. Buchstaben- und Zahlenkenntnisse wurden
von allen drei Gruppen übereinstimmend am seltensten, von den pädagogischen
Fach- und den Lehrkräften sogar überhaupt nicht genannt (Pohlmann-Rother,
Kratzmann & Faust, 2011).

In den Anforderungen zur Schulfähigkeit sollten die Merkmale berücksichtigt
werden, die die erfolgreiche Bewältigung der Anforderungen der ersten Klassenstufen voraussagen. Nach aktuellen Metaanalysen, die den Schulerfolg bis in mittlere
Klassenstufen nachverfolgen, sind dies bevorzugt die Lernvoraussetzungen in den
schulischen Domänen Schriftsprache und Mathematik, in geringerem Maß auch
die Konzentrationsfähigkeit (Duncan et al., 2007, und Reanalysen z.B. von Grissmer, Aiyer, Murrah, Grimm & Steel, 2010; Romano, Babchishin, Pagani & Cohen,
2010). Die Bedeutung der sozialen Fähigkeiten ist zwar noch genauer zu klären,
nach dem bisherigen Erkenntnisstand sind sie aber von geringerer Bedeutung. Auch

in Deutschland ist seit längerem bekannt, dass die Schule auf den Lernprozessen der frühen Kindheit aufbaut und der Schuleintritt keine „Stunde null" ist (Richter & Brügelmann, 1994). Selbstständigkeit und ein gruppenadäquates Sozialverhalten könnten demnach zwar für Eltern und Lehrpersonen wünschenswerte oder sogar in der Praxis des Schulalltags notwendige Fähigkeiten der Schulanfängerinnen und Schulanfänger sein, aber sie erlauben keine Prognose des Schulerfolgs. Dafür sind in erster Linie die konkreten Lernvoraussetzungen verantwortlich.

5. Einstellungen zur Schulvorbereitung

Soll der Kindergarten nach Ansicht von pädagogischen Fach- und Lehrkräften auf die Grundschule vorzubereiten? Nach aktuellen Interview- und Befragungsstudien (Plehn, 2012; von Bülow, 2011) hat dieses Ziel für die Erzieherinnen und Erzieher einen hohen Stellenwert und wird im Kindergartenalltag vom Eintritt des Kindes an berücksichtigt. Im Jahr vor dem Schuleintritt werden dazu verbreitet spezielle Gruppen angeboten, deren Ziele vor allem in der Förderung der Konzentrationsfähigkeit und des pflichtbewussten und leistungsorientierten Arbeitsverhaltens liegen. Die Kinder sollen auch auf das in der Schule zu erwartende Stillsitzen vorbereitet werden. Buchstaben- und Zahlenkenntnisse fördern fast die Fachkräfte nur dann, wenn das Kind von sich aus danach fragt (vgl. auch Rank, 2008). Insgesamt ist das Wissen über die Grundschule gering und stützt sich vornehmlich auf persönliche Erfahrungen, z.B. als Mutter, oder Informationen aus zweiter Hand, z.B. durch die Eltern ehemaliger Kindergartenkinder. Dabei kommt eine wichtige Rückwirkung einer intensiven Kindergarten-Grundschule-Kooperation in den Blick: Wenn die Erzieherinnen und Erzieher die Grundschularbeit dadurch besser kennen, wird ihr Bild von der aktuellen Grundschularbeit und den Anforderungen an die Kinder realistischer (Plehn, 2012).

Die Lehrerinnen und Lehrer erwarten vom Kindergarten die Förderung sozialer und sprachlicher Kompetenzen sowie von Arbeitstechniken und einer angemessenen Arbeitshaltung (zum Folgenden vgl. von Bülow, 2011). Als schriftsprachspezifische Voraussetzung wird auch die phonologische Bewusstheit, also das Gliedern von Wörtern und Heraushören einzelner Laute in mündlichen Übungen, genannt. Die Kindergärten sollen zwar eine Begegnung und Auseinandersetzung mit Buchstaben und Zahlen anbieten, so dass elementare Kenntnisse und Fähigkeiten wie z.B. die Zahlen bis 6 oder das Schreiben des eigenen Namens in die Schule mitgebracht werden, aber dies soll keineswegs systematisch geschehen. Ein Teil der Lehrkräfte lehnt es ab, überhaupt entsprechende Erwartungen an die Kindergärten zu richten. Zur Begründung wird darauf verwiesen, dass die Motivation der Schulanfängerinnen und Schulanfänger verloren gehen könnte. Die Lehrkräfte befürchten außerdem, dass dadurch die Heterogenität in ihren Schulanfangsklassen noch weiter ansteigen könnte. Die Kindergärten könnten keinen einheitlichen Stand schaffen, zumal daran auch die Elternhäuser beteiligt wären. Zudem seien die Erzieherinnen und Erzieher dafür nicht ausgebildet. Zusammenfassend zeigt sich, dass die Bemühungen in den Kindergärten und die Erwartungen in den Schulen bemerkenswert passungsgleich auf anpassungs- und leistungsbereite Schulanfängerinnen und -anfänger abzielen. Die Lehrkräfte wünschen sich Schulanfängerinnen und Schulanfänger, die alle auf dem gleichen niedrigen Niveau sind, um mit dem schulischen Lernen von Grund auf anzufangen. Die Förderung der Individualität und Kreativität der Kinder, die womöglich auch zu unbequemem Denken und Handeln führen könnte, ist bei beiden Gruppen nicht im Blick.

6. Flexibilität der Strukturen: Bewährung nicht fristgerechter Einschulungen

Da sich das Alter gemäß der Stichtagsregelung (vgl. Abschnitt 4.) und der Entwicklungsstand der Schulanfängerinnen und Schulanfänger nicht entsprechen müssen, können Kinder entweder jünger (also ein Jahr früher und damit „vorzeitig") oder älter (verspätete Einschulung infolge einer „Zurückstellung") die Schule beginnen. Es handelt sich bei diesen Regelungen, die es in fast allen Bundesländern und international in vielen Staaten gibt, um eine in die Schuleintrittsregelungen eingebaute Flexibilität. 2010 kamen in Deutschland 4,5 % vorzeitige und 7,5 % verspätete Einschulungen vor (Autorengruppe Bildungsbericht, 2012, S. 250). 1997 hatte die KMK empfohlen, vorzeitige Einschulungen verstärkt zu nutzen und Zurückstellungen auf Ausnahmen zu begrenzen, um dadurch das Einschulungsalter zu senken (Empfehlungen zum Schulanfang, 1997). Die im Verlauf der 2000er Jahre zu beobachtenden Veränderungen in den Quoten der Zurückstellungen (Anstieg) und der vorzeitigen Einschulungen (Abnahme) lassen sich auch auf die Elternreaktionen nach den Vorverlegungen des Einschulungsstichtags in einzelnen Bundesländern zurückführen: Da nun allgemein jüngere Kinder in die Schule kommen, verzichten die Eltern auf eine noch frühere Einschulung und nutzen ihren Spielraum Kinder, die erst kurz vor dem neuen Stichtag das sechste Lebensjahr vollenden, ein Jahr später in die Schule zu schicken.

Die nicht fristgerechten Einschulungen betreffen in Deutschland keine Randgruppe, sondern nahezu jedes 8. Kind. Sind diese Kinder erfolgreich? Nach deutschen Studien handelt es sich bei Früheingeschulten um eine insgesamt leistungsfähige Gruppe, bei denen allerdings überproportional Klassenwiederholungen vorkommen (Bellenberg, 1999; Lehmann & Peek, 1997). Am Ende der vierten Klasse unterscheiden sich diese Kinder in ihren mathematischen und naturwissenschaftlichen Leistungen nicht von den fristgerecht Eingeschulten, während zurückgestellte Kinder darin schlechtere Leistungen erreichen (vgl. Autorengruppe

Bildungsberichterstattung, 2010, S. 245). In der BiKS-Studie wurde der Effekt des Einschulungszeitpunkts durch zwei Parallelgruppendesigns überprüft. Zu den vorzeitig und verspätet Eingeschulten wurden durch ein Propensity Score Matching aus den fristgerecht eingeschulten BiKS-Längsschnittkindern zwei Kontrollgruppen gebildet, die den nicht fristgerecht Eingeschulten in möglichst vielen relevanten Merkmalen glichen (u.a. Geschlecht, soziale Herkunft, Migrationshintergrund, Kompetenzen im Alter von vier Jahren sowie leistungsbezogene Einschätzungen von Eltern und Lehrkräften). Bei diesem Ansatz zeigten sich am Ende der ersten Klassenstufe Nachteile der Früheingeschulten im Vergleich mit der fristgerecht eingeschulten Kontrollgruppe, u.a. im Rechnen, Hörverstehen und im Wortschatz sowie in der Lehrereinschätzung der technisch-mathematischen Fähigkeiten, die am Ende der zweiten Klassenstufe geringer wurden. Beim Vergleich der Zurückgestellten mit ihrer Kontrollgruppe wurden am Ende der Klasse 1 Vorteile für die Zurückgestellten im Rechnen, Hörverstehen und Wortschatz deutlich, die zum Teil am Ende der Klasse 2 größer wurden (Rechnen und Wortschatz). Die Eltern beurteilten ihre verspätet eingeschulten Kinder in den schriftsprachlichen Fähigkeiten am Ende der Klasse 1 tendenziell, am Ende der Klasse 2 auf dem 5 %-Niveau signifikant besser. Allerdings ist zu berücksichtigen, dass die zurückgestellten Längsschnittkinder in der BiKS-Studie möglicherweise eine nicht repräsentative Gruppe darstellen, da in diesem Jahr in Bayern der 31.10. der Stichtag war und besonders viele Eltern bei der Einschulung die Möglichkeit der Zurückstellung nutzten. Außerdem ist zu bedenken, dass die Kinder zwar am Ende der gleichen Klassenstufe miteinander verglichen werden, aber sich im Alter um ein Jahr unterscheiden (Früheingeschulte sind ein Jahr jünger, Zurückgestellte ein Jahr älter als die jeweilige Kontrollgruppe). Alters- und Beschulungseffekte sind konfundiert und lassen sich durch dieses Design nicht trennen (Kratzmann, Faust & Wehner, eingereicht).

7. Neue Schuleingangsstufe

Bei nicht fristgerechten Einschulungen muss vor dem Schulbeginn über den „richtigen" Zeitpunkt des Schuleintritts entschieden werden. Die Eltern stellen für ihr Kind einen entsprechenden Antrag, über den die Grundschulleitungen entscheiden. Dies wird bei einem Schuleintritt in eine „neue Schuleingangsstufe" vermieden. Neue Schuleingangsstufen werden unter verschiedenen Bezeichnungen (auch „flexible Schuleingangsphase") seit den 1990er Jahren in fast allen Bundesländern erprobt und sind teilweise auch in der Breite vorhanden (Faust, 2006). Dem Konzept nach spielt die Schulfähigkeit bei der Einschulung keine Rolle, stattdessen wird anhand der Lernfortschritte in den ersten zwei Klassenstufen über das Vorrücken in die dritte Klasse entschieden. Dies führt zu unterschiedlichen „Verweildauern" zwischen einem Jahr (bei einer Verkürzung) und drei Jahren (bei einer Verlängerung). In den bundesweit ca. 15 bis 20 Grundschulen, die darüber hinaus einen zweiten Einschulungstermin zum Halbjahr anbieten, sind auch 1 ½ oder 2 ½ bzw. in Ausnahmefällen vielleicht sogar 3 ½ Jahre Verweildauer in den ersten beiden Klassenstufen möglich. Die flexible Berücksichtigung des individuellen Lernstands ist somit in das Modell eingebaut. Damit das längere oder kürzere „Verweilen" allerdings nicht dazu führt, dass das Kind „springt" oder die Klasse wiederholt, also „sitzenbleibt", sondern mit einem Teil seiner Lerngruppe in die dritte Klasse übergehen kann, sind jahrgangsgemischte Lerngruppen notwendig.

Neue Schuleingangsstufen werden in den Bundesländern unter sehr verschiedenen Bedingungen geführt. Teilweise sind es Jahrgangsklassen. Außerdem ist nicht überall gewährleistet, dass in den Grundschulen sozial- und ggf. auch sonderpädagogisches Personal mitarbeitet und insbesondere die schwächeren Schülerinnen und Schüler fördert. Hinzu kommt, dass die jahrgangsgemischten Lerngruppen zwar einen effektiven Umgang mit den durch die Klassenbildung bewusst heterogen zusammengesetzten Lerngruppen ermöglichen, aber das Modell hohe Anforderungen an die Lehrkräfte stellt und sie vor allem in den ersten Jahren stark belastet. Wie Evaluationen in Brandenburg und Baden-Württemberg zeigen, werden Schulanfängerinnen und Schulanfänger in diesem Modell mindestens ebenso gut wie in herkömmlichen Schulanfangsklassen gefördert, teilweise sogar besser. Die Raten des längeren Verweilens sind geringer als die Zurückstellungsraten, weniger Kinder werden an Förderschulen überwiesen und die Kinder sind am Ende der vierten Klassenstufe jünger (Arbeitskreis Wissenschaftliche Begleitung „Schulanfang auf neuen Wegen", 2006; Liebers, Prengel & Bieber, 2008). Durch Fortbildung vor dem Start, Unterrichtskonzepte, die die Heterogenität der Kinder klug nutzen und vor allem den Parallelunterricht von zwei Gruppen im gleichen Klassenraum vermeiden, sowie die Zusammenarbeit der in der neuen Schuleingangsstufe eingesetzten Lehrkräfte lassen sich zudem die Belastungen der Lehrerinnen und Lehrer reduzieren, so dass auch entlastende Effekte zum Zug kommen können. Sie bestehen z.B. darin, dass in den jahrgangsgemischten Gruppen die älteren Kinder für die schnelle Eingewöhnung der Schulanfängerinnen und Schulanfänger sorgen.

8.   Fazit und Ausblick

Der Schuleintritt verursacht zwar keine psychosozialen Belastungen, aber es lassen sich dennoch erfolgreiche und belastetere Schulanfänger unterscheiden. Kooperationsmaßnahmen von Kindergarten und Grundschule, die den Schuleintritt erleichtern sollen, sind zwar recht verbreitet, könnten aber noch ausgebaut werden und sollten vor allem die Eltern stärker einbeziehen. In diesem Zusammenhang wären auch Praktiken zu erproben, die sich nachweislich positiv auf die Kinder auswirken. Die Einstellungen der pädagogischen Fach- und der Lehrkräfte werden

den Anforderungen an eine gelingende stufenübergreifende Förderung noch nicht gerecht. Lehrerwünsche nach homogenen Schulanfangsklassen entbehren jeglicher Grundlage. Eine gemeinsame Diagnostik des Lernstands vor der Einschulung (vgl. den Beitrag von Liebers, in diesem Band) könnte ggf. zu einer besseren Abstimmung führen. Vorzeitige Einschulungen sind möglicherweise mit mehr Belastungen für die Kinder verbunden als bisher angenommen. Umgekehrt könnten Zurückstellungen unter bestimmten Umständen positiver als bisher wahrgenommen sein. Das Modell der neuen Schuleingangsstufe bewährt sich und bietet sich als eine gute Perspektive sein, wenn mit der Inklusion neue Aufgaben auf die Grundschule zukommen. Allerdings müssen die Lehrkräfte damit zurechtkommen und es darf nicht zur Ressourceneinsparung eingesetzt werden. Der Schulanfang könnte auch dadurch übersichtlicher werden, wenn sich die Bundesländer z.B. im Hinblick auf Stichtage und Einschulungsregelungen besser aufeinander abstimmen würden.

Literatur

Ahtola, A./Silinskas, G./Poikonen, P.-L./Kontoniemi, M./Niemi, P./Normi, J.-E. (2011): Transition to formal schooling: Do transition practices matter for academic performance? *Early Childhood Research Quarterly, 26,* 295–302.

Arbeitskreis Wissenschaftliche Begleitung „Schulanfang auf neuen Wegen" (2006): *Schulanfang auf neuen Wegen. Abschlussbericht zum Schulversuch.* Stuttgart: Ministerium für Kultus und Sport.

Autorengruppe Bildungsberichterstattung (2010): *Bildung in Deutschland 2010 Ein indikatorengestützter Bericht mit einer Analyse zu Perspektiven des Bildungswesens im demografischen Wandel.* Bielefeld: Bertelsmann.

Autorengruppe Bildungsberichterstattung (2012): *Bildung in Deutschland 2012 Ein indikatorengestützter Bericht mit einer Analyse zur kulturellen Bildung im Lebenslauf.* Bielefeld: Bertelsmann.

Beelmann, W. (2006): *Normative Übergänge im Kindesalter: Anpassungsprobleme beim Eintritt in den Kindergarten, in die Grundschule und in die weiterführende Schule.* Hamburg: Kovac.

Bellenberg, G. (1999): *Individuelle Schullaufbahnen. Eine empirische Untersuchung über Bildungsverläufe von der Einschulung bis zum Abschluss.* Weinheim: Juventa.

Caspi, A./Moffitt, T. E. (1993): When do individual differences matter? A paradoxical theory of personality coherence. *Psychological Inquiry, 4*(4), 247–271.

Döpfner, M./Plück, J./Bölte, S./Lenz, K./Melchers, P./Heim, K. (1998): *Elternfragebogen über das Verhalten von Kindern und Jugendlichen. Deutsche Bearbeitung der Child Behavior Checklist (CBCL 4–18). Einführung und Anleitung zur Handauswertung.* 2. Aufl. mit deutschen Normen, Arbeitsgruppe Deutsche CBCL.

Duncan, G.J./Dowsett, Ch.J./Claessens, A./Magnuson, K./Huston, A.C./Klebanov, P./Pagani, L.S./Feinstein, L./Engel, M./Brooks-Gunn, J./Sexton, H./Duckworth, K./Japel, C. (2007): School readiness and later achievement. *Developmental Psychology, 43*(6), 1428–1446.

Eckert, M./Hanke, P. /Hein, A.K. (2012): Schutzfaktoren zur Unterstützung der Übergangs-bewältigung von der Kindertageseinrichtung zur Grundschule – Ergebnisse aus dem FIS-Projekt. In: S. Pohlmann-Rother & U. Franz (Hrsg.), *Kooperation von KiTa und Grundschule. Eine Herausforderung für das pädagogische Personal* (S. 57–70). Köln: Link.

Empfehlungen zum Schulanfang. Beschluss der Kultusministerkonferenz vom 24.10.1997. Zugriff am 9.2.2013 unter http://www.kmk.org/fileadmin/veroeffentlichungen_ beschluesse/1997/1997_10_24-Empfehlung-Schulanfang_01.pdf.

Faust, G. (2006): Zum Stand der Einschulung und der neuen Schuleingangsstufe in Deutschland. *Zeitschrift für Erziehungswissenschaft, 9*(3), 328–347.

Faust, G./Kratzmann, J./Wehner, F. (2012): Schuleintritt als Risiko für Schulanfänger? *Zeitschrift für Pädagogische Psychologie, 26*(3), 197–213.

Faust, G./Wehner, F./Kratzmann, J. (2011): Zum Stand der Kooperation von Kindergarten und Grundschule. Maßnahmen und Einstellungen der Beteiligten. *Journal of Educational Research Online, 3*(2), 38–61.

Gemeinsamer Rahmen der Länder für die frühe Bildung in Kindertageseinrichtungen (Beschluss der Jugendministerkonferenz vom 13./14.5.2004/Beschluss der Kultusministerkonferenz vom 3./4.6.2004). Zugriff am 30.11.2007 unter www.kmk.org/aktuell/ Gemeinsamer_Rahmen_Kindertageseinrich_BSJMK_KMK.pdf.

Griebel, W./Niesel, R. (2004): *Transitionen. Fähigkeiten von Kindern in Tageseinrichtungen fördern, Veränderungen erfolgreich zu bewältigen.* Weinheim: Beltz.

Grissmer, D./Grimm, K.J./Aiyer, S.M./Murrah, W.M./Steele, J.S. (2010): Fine motor skills and early comprehension of the world: Two new school readiness indicators. *Developmental Psychology 46*(5), 1008–1017.

Kienig, A. (2002): The importance of social adjustment for future success. In: H. Fabian & A.-W. Dunlop (Eds.), *Transitions in early years. Debating continuity and progression for children in early education* (pp. 23–37).London: RoutledgeFalmer.

Kratzmann, J./Faust, G./Wehner, F. (eingereicht): *Schulerfolg am Ende der ersten Klasse bei nicht fristgerechten Einschulungen.* Manuskript Bamberg.

La Paro, K.M./Pianta, R.C. (2000): Predicting children's competence in the early school years: A meta-analytic review. *Review of Educational Research 70*(4), 443–484.

Lehmann, R.H./Peek, R. (1997): *Aspekte der Lernausgangslage von Schülerinnen und Schülern der fünften Klassen an Hamburger Schulen. Bericht über die Untersuchung im September 1996.* Hamburg: Behörde für Schule, Jugend und Berufsbildung. Amt für Schule.

Liebers, K./Kowalski, D. (2007): *Kooperation von Kindertageseinrichtungen und Grundschulen beim Übergang. Ergebnisse einer repräsentativen Befragung im Land Brandenburg zur Umsetzung des §15 der Grundschulverordnung zur Kooperation von Kita und Schule beim Übergang.* Ludwigsfelde: Landesinstitut für Schule und Medien Berlin-Brandenburg (LISUM). Zugriff am 6.3.2010 unter http://www.transkigs.de/fileadmin/user/redakteur/ Brandenburg/Befragung_bergang_BB.pdf

Liebers, K./Prengel, A./Bieber, G. (Hrsg.) (2008): *Die flexible Schuleingangsphase. Evaluationen zur Neugestaltung des Anfangsunterrichts.* Weinheim & Basel: Beltz.

LoCasale-Crouch, J./Mashburn, A.J./Downer, J.T./Pianta, R.C. (2008): Pre-kindergarten teachers' use of transition practices and children's adjustment to kindergarten. *Early Childhood Research Quarterly, 23*, 124–139.

Plehn, M. (2012): *Die Einschulungsempfehlung von Erzieherinnen. Subjektive Theorien über Schulfähigkeit.* Inauguraldissertation Universität Bamberg: Bamberg.

Pohlmann-Rother, S./Kratzmann, J./Faust, G. (2011): Schulfähigkeit in der Sicht von Eltern, Erzieher/innen und Lehrkräften. *Diskurs Kindheits- und Jugendforschung, 6*(1), 59–75.

Rank, A. (2008): *Subjektive Theorien von Erzieherinnen zu vorschulischem Lernen und Schriftspracherwerb.* Berlin: Wissenschaftlicher Verlag.

Richter, S./Brügelmann, H. (1994): Der Schulanfang ist keine Stunde Null. In: H. Brügelmann & S. Richter (Hrsg.), *Wie wir recht schreiben lernen. 10 Jahre Kinder auf dem Weg zur Schrift* (S. 62–77). Lengwil: Libelle.

Rimm-Kaufman, S.E./Pianta, R. (2000): An ecological perspective on the transition to kindergarten: A theoretical framework to guide empirical research. *Journal of Applied Developmental Psychology, 21*(5), 491–522.

Romano, E./Babchishin, L./Pagani, L. S./Kohen, D. (2010): School readiness and later achievement: Replication and extension using a nationwide Canadian survey. *Developmental Psychology 46*(5), 995–1007.

von Bülow, K. (2011): *Anschlussfähigkeit von Kindergarten und Grundschule. Rekonstruktionen von subjektiven Bildungstheorien von Erzieherinnen und Lehrerinnen.* Bad Heilbrunn: Klinkhardt.

Übergang aus dem Schulsystem heraus

Übergänge zwischen Schule, beruflicher Bildung und
Hochschule – Entwicklungen und Herausforderungen
aus der Sicht der empirischen Bildungsforschung

Andrä Wolter

1.   Einleitung

Der vorliegende Beitrag wird sich mit den bildungssysteminternen Übergängen
nach der Sekundarstufe I primär unter dem Aspekt der Bildungsströme, der Bildungsbeteiligung und der Durchlässigkeit beschäftigen und dabei vor allem auf
Ergebnisse und Datenbestände der nationalen Bildungsberichterstattung zurückgreifen (vgl. Autorengruppe Bildungsberichterstattung 2008, 2010, 2012). Im Mittelpunkt stehen die Entwicklungen und Probleme, die sich in den letzten Jahren an
den zentralen Übergangsstellen oberhalb der Sekundarstufe I abzeichneten.

2.   Übergänge im Bildungssystem: bildungspolitischer
   und bildungswissenschaftlicher Kontext

Übergänge sind schon seit langer Zeit ein prominentes Thema der Bildungspolitik
und der Bildungsforschung, das auf das Engste mit den institutionellen Strukturen
unseres Bildungssystems und mit den dadurch vorgezeichneten individuellen Bildungslebensläufen und den davon abhängigen sehr unterschiedlichen nachschulischen Bildungs- und Lebenschancen verbunden ist (vgl. Baumert/Maaz/Trautwein
2009). An Übergangsstellen werden Bildungsentscheidungen getroffen, mit denen
biographische Weichen gestellt werden, die Lebensverläufe bis in das hohe Alter
prägen und später nur unter beträchtlichen Anstrengungen revidiert werden können. Übergangsstellen und -verläufe können dabei unter zwei Gesichtspunkten betrachtet werden: aus der institutionellen Perspektive des Bildungssystems und aus
der individuellen Perspektive der Bildungs- und Lebensverläufe.

Institutionell gesehen unterliegen Übergänge der sozialen und rechtlichen Normierung und Regulierung. Übergangstellen zeichnen sich u. a. dadurch aus, dass sie
vertikal, z. T. auch horizontal verschiedene Institutionen miteinander verknüpfen.
Solche Gelenkstellen sind sozial strukturierte „Verteilerpunkte", an denen sich sozial-selektive Prozesse vollziehen, die das Problem der Durchlässigkeit aufwerfen. Da
Übergänge Interaktionsstellen zwischen Institutionen bilden, hat der Wandel einer

Institution Konsequenzen für die andere, wie z. B. die Reform der gymnasialen Oberstufe für den Hochschulzugang und das Hochschulstudium zeigt.

Da Institutionen auch mit unterschiedlichen Anforderungen für die Schülerinnen und Schüler (bzw. die Bildungsteilnehmerinnen und -teilnehmer) verbunden sind, sind Übergänge auch individuell zu bewältigen. Dieser Bewältigungsprozess wird oft von persönlichen Schwierigkeiten begleitet (wie z. B. die Studienaufnahme oder auch der Übergang in die Berufsausbildung). Übergänge haben meist weitreichende biographische Folgen. Dies tritt besonders bei „verpassten" Übergängen hervor. So kann das Fehlen des Abiturs selbst bei später erfolgreichen Akademikern, die eine Chance zum Studium auch ohne Abitur hatten, ein lebenslang empfundenes (Bildungs-)Defizit bleiben (Scholz/Wolter 1984).

Übergänge rufen auf beiden Ebenen – den Beziehungen zwischen Institutionen ebenso wie zwischen Institutionen und individuellen Verläufen – immer wieder Passungs- und Abstimmungsprobleme hervor, und zwar auf einer qualitativen Ebene (wie den Anforderungen und Voraussetzungen) ebenso wie auf einer quantitativen Ebene. Dabei können Übergänge von der „abgebenden" oder von der „aufnehmenden" Institution her betrachtet werden, zwischen denen immer wieder Friktionen auftreten. Das Verhältnis zwischen gymnasialer Oberstufe und Hochschule – unter dem Begriff „Studierfähigkeit" – kann hier genauso als Beispiel für solche qualitativen Abstimmungsprobleme angeführt werden wie zwischen Schule und beruflicher Bildung, oft kritisch unter dem Begriff „Ausbildungsreife" diskutiert (Kohlrausch/ Solga 2012). Oft wird hier von der Anschlussfähigkeit aufeinander folgender Institutionen gesprochen.

Unter quantitativen Aspekten können Übergänge von den „Strömen" her analysiert werden, von der sozialen Nachfrage, vom Angebot (z. B. den Kapazitäten, dem Ausbildungs- oder Studienplatzangebot) oder vom Qualifikationsbedarf her. So wird die Bildungsexpansion in Deutschland schon seit den 1960er Jahren immer wieder von der Frage begleitet, ob die steigende Zahl der Übergänge in das Gymnasium und in die Hochschule eigentlich dem volkswirtschaftlichen Bedarf entspricht oder nicht umgekehrt eher zu einer „Ausblutung" der betrieblichen Ausbildungswege führt.

Die lange Zeit nahezu vollständige Abschottung nebeneinander stehender Bildungseinrichtungen voneinander und gegenüber den auf der nächsten Stufe jeweils anschließenden Einrichtungen ist inzwischen einer formal größeren Durchlässigkeit gewichen (z. B. beim Übergang in die gymnasiale Oberstufe oder beim nachträglichen Erwerb von Schulabschlüssen). Dennoch ist die – empirisch gesehen – immer noch vorhandene ausgeprägte Undurchlässigkeit des deutschen Bildungssystems eines der zentralen bildungspolitischen Probleme geblieben. Es bleibt abzuwarten, ob die europäische Initiative für einen europaweiten Qualifikationsrahmen, der durch einen nationalen Qualifikationsrahmen ergänzt wird, nicht nur zu einer höheren internationalen Mobilität, sondern auch zu einer höheren systeminternen Durchlässigkeit der Bildungswege führt.

3.   Struktur der nachschulischen Übergänge

Übergänge vollziehen sich zum einen innerhalb des Bildungssystems, zum anderen zwischen Bildungs- und Beschäftigungssystem. Innerhalb des Bildungssystems können sich Übergänge an den institutionalisierten Übergangsstellen wie auch fortlaufend durch Schulformwechsel (z. B. Abwärts- und Aufwärtsmobilität) vollziehen. An den Übergangsstellen zwischen Bildungs- und Beschäftigungssystem wird in der Regel zwischen erster und zweiter Schwelle unterschieden – die Übergänge von der Schule in die berufliche Bildung (erste Schwelle) und von der beruflichen Bildung in das Beschäftigungssystem (zweite Schwelle). Bei Hochschulabsolventen und -absolventinnen könnte man analog vom Hochschulzugang als erster Schwelle – hier aber noch Teil des Bildungssystems – und vom Übergang von der Hochschule in den Arbeitsmarkt bzw. Beruf als zweiter Schwelle sprechen. Der vorliegende Beitrag konzentriert sich auf die erste Schwelle – also die Übergänge von der Schule entweder in die berufliche Bildung oder in das Studium.

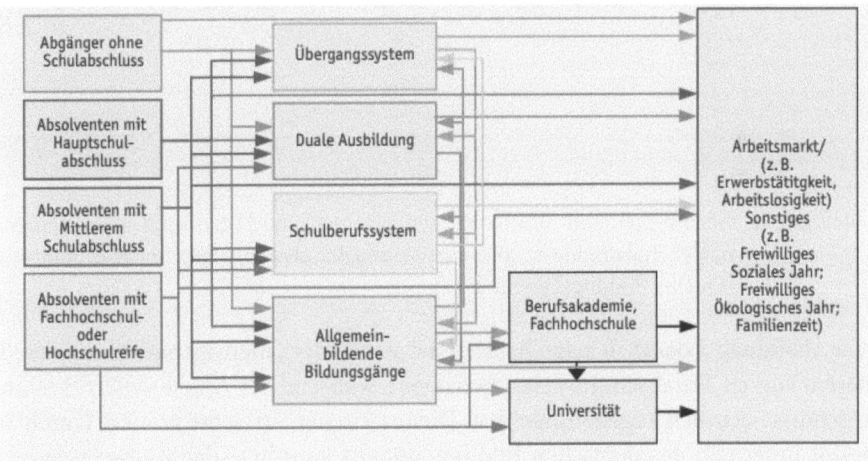

* Bei den Angeboten für Jugendliche, die nicht erfolgreich in eine Ausbildung nach Verlassen bzw. Abschluss der Schule einmünden konnten, wird unterschieden zwischen allgemeinbildenden Bildungsgängen, an denen ein allgemeiner Schulabschluss erworben werden kann, und den Angeboten des Übergangssystems, die der Berufs(ausbildungs)vorbereitung dienen und deren Inhalte optional auf eine spätere Ausbildung angerechnet werden können.

Abbildung 1:   Übergangsmöglichkeiten für Jugendliche im Anschluss an die allgemeinbildende Schule (Quelle: Bildungsbericht 2008)

Im Anschluss an den Schulabschluss – entweder in der Sekundarstufe I oder II – verfügen Jugendliche im Wesentlichen über die in Abbildung 1 dargestellten Möglichkeiten, die auch in Kombinationen auftreten können. An diesen Übergängen sind in der Regel vorangegangene und nachfolgende Ausbildungssequenzen über Zertifikate und Berechtigungen miteinander verknüpft, am deutlichsten beim Hochschulzugang, der an bestimmte Abschlüsse des allgemeinbildenden oder berufsbildenden Bereichs gebunden ist. Mit einem weiterführenden oder höheren Schulabschluss ist dabei eine größere Bandbreite an Optionen verbunden, die den Erwerb dieser Abschlüsse attraktiv macht (Optionslogik).

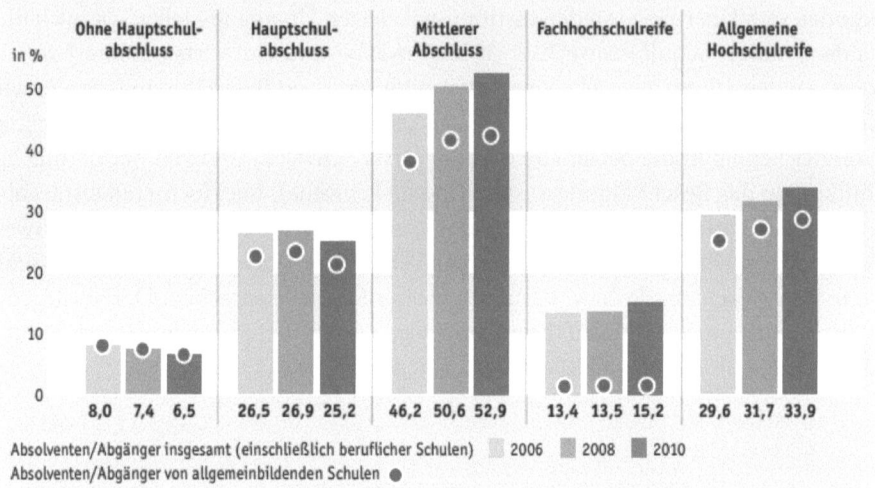

Absolventen/Abgänger insgesamt (einschließlich beruflicher Schulen) ▨ 2006 ▨ 2008 ▨ 2010
Absolventen/Abgänger von allgemeinbildenden Schulen ●

* Im Unterschied zum bisherigen Verfahren wird die Abgänger-/Absolventenzahl nicht auf typische Altersjahrgänge sondern auf die gleichaltrige Bevölkerung bezogen (Quotensummenverfahren). Es kommt zu zeitversetzten Doppelzählungen, wenn Personen Schulabschlüsse nachholen.
Quelle: Sekretariat der KMK (2012), Schüler, Klassen, Lehrer und Absolventen der Schulen 2001–2010

Abbildung 2:   Absolventen und Absolventinnen allgemein- und berufsbildender Schulen nach Schulabschluss, 2006–2010 (in % der gleichaltrigen Bevölkerung) (Quelle: Bildungsbericht 2012)

Wie Abbildung 2 deutlich zeigt, hat sich der Anteil der „niedrigeren" Abschlüsse in diesem kurzen Zeitabschnitt weiter verringert, während der Anteil weiterführender Abschlüsse deutlich zugenommen hat. Die inzwischen erreichte größere Durchlässigkeit innerhalb des deutschen Bildungssystems kann u.a. daran abgelesen werden, dass immer häufiger Schulabschlüsse innerhalb des berufsbildenden Bereichs nachträglich erworben werden. Ferner werden in einem beträchtlichen Umfang mehrere Abschlüsse erworben, wie die Summierung der Daten zeigt.

4. Übergänge von der Schule in die berufliche Bildung

Seit den 1990er Jahren stand der stark unausgeglichene Ausbildungsstellenmarkt, auf dem das Angebot an Ausbildungsstellen deutlich hinter der Nachfrage zurückblieb, im Mittelpunkt der berufsbildungspolitischen Debatte. Diese Diskrepanz führte zu einer massiven Ausdehnung eines Übergangssystems, das als dritter Sektor neben den beiden herkömmlichen Sektoren, der betrieblichen (dualen) Ausbildung und dem Schulberufssystem (z.B. den Berufsfachschulen) steht. Unter der Bezeichnung Übergangssystem werden alle – sehr heterogenen – Maßnahmen, Programme und Einrichtungen zusammengefasst, die nicht zu einem vollqualifizierenden Berufsabschluss führen, sondern einen berufsvorbereitenden oder überbrückenden Charakter haben (Baethge/Solga/Wieck 2007). Das Spektrum reicht von gezielten Fördermaßnahmen, anrechenbaren Zeiten bis hin zu Warteschleifen. In seiner Hochzeit zu Beginn der 2000er Jahre entfielen mehr als 40 % der Neuzugänge in der beruflichen Bildung auf das Übergangssystem, von denen aber viele später noch in ein anderen anderes Teilsystem wechselten. Vom Anspruch her wird das Übergangssystem auch als „Chancenverbesserungssystem" (Krüger 2004) bezeichnet. Die Frage ist, inwieweit es diese Funktion tatsächlich erfüllt und ob es sich tatsächlich um ein „System" oder eher eine Art „Flickenteppich" handelt.

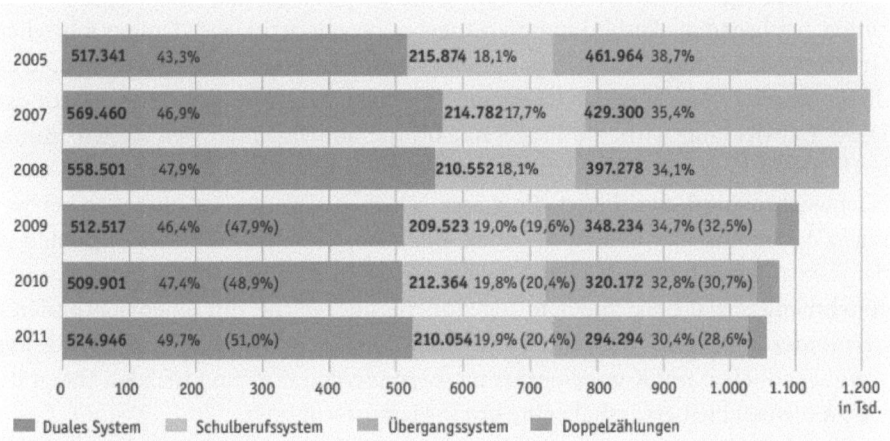

* Seit 2009 sind Doppelzählungen zwischen Schulstatistik und Maßnahmen der BA identifizierbar; korrigierte Werte in Klammern gesetzt
Quelle: Statistische Ämter des Bundes und der Länder, Berechnungen und Schätzungen auf Basis der Schulstatistik; Bundesagentur für Arbeit, Bestand von Teilnehmerinnen und -teilnehmern in ausgewählten Maßnahmen der Arbeitsmarktpolitik mit SGB -Trägerschaft des Teilnehmers

Abbildung 3: Verteilung der Neuzugänge auf die Berufsausbildungssektoren 2005–2011 (Quelle: Bildungsbericht 2012)

Auch wenn viele Jugendliche noch zu einem späteren Zeitpunkt Zugang zur betrieblichen oder schulischen Berufsausbildung gefunden haben, so ist die Expansion des Übergangssystems ein wesentlicher Grund dafür, dass auch in den jüngeren Alterskohorten etwa ein Viertel langfristig problematische Ausbildungswege aufweist (Geier 2013), ein beträchtlicher Anteil von ca. 15 % ohne Berufsabschluss bleibt (Solga/Menze 2013) und damit deutlich geringere Chancen auf dem Arbeitsmarkt hat. Da in Deutschland die zentrale Scheidelinie für den Zugang zum Arbeitsmarkt zwischen Berufsabschluss und fehlendem Berufsabschluss verläuft, zieht eine fehlende berufliche Qualifikation langfristig deutlich geringere Lebenschancen und massive Benachteiligungen nach sich (ebd.).

Die Expansion des Übergangssystems scheint seit etwa 2005 ihren Höhepunkt überschritten zu haben (vgl. Abb. 3). Seitdem nimmt der Anteil der Neuzugänge ab und ist inzwischen auf 29 % (2011) zurückgegangen. Gegenwärtig (2011) entfallen gut die Hälfte der Neuzugänge wieder auf die betriebliche Berufsausbildung und weitere 20 % mit einer wachsenden Tendenz auf das Schulberufssystem. Auch innerhalb der drei Sektoren kommt es zu Verschiebungen zwischen den Ausbildungseinrichtungen und Berufsfeldern. Der Ausbildungsplatzmangel hat zwar abgenommen, ist aber, vor allem bei regionaler Betrachtung, keineswegs verschwunden. Deswegen bleibt regionales Übergangsmanagement ein aktuelles Thema.

Der wichtigste Grund für den Rückgang des Übergangssystems liegt nicht in einem wachsenden Ausbildungsplatzangebot, sondern in aus demographischen Gründen rückläufigen Schulabgangsjahrgängen. Es ist damit zu rechnen, dass dieser Trend anhält, aber das Übergangssystem sich deswegen keineswegs auflöst. Diese Entwicklung wirft die Frage auf, ob die abnehmende, wenngleich immer noch große Bedeutung des Übergangssystems schon einen sich abzeichnenden Nachwuchsmangel signalisiert. Engpässe scheinen gegenwärtig aber nur bei wenigen Ausbildungsberufen zu bestehen, die auch schon früher Schwierigkeiten in der Rekrutierung hatten. Manches deutet daraufhin, dass sich im Übergangssystem zunehmend sozial benachteiligte Jugendliche und solche mit einem besonderen Lernförderungsbedarf konzentrieren. Benachteiligtenförderung und Förderung von Jugendlichen mit Kompetenzarmut, besonderen Lern- und sozialen Integrationsproblemen bleiben deshalb eine große Herausforderung.

Die Entwicklung der Nachfrage nach Ausbildungsplätzen wird jedoch nicht allein von demographischen Faktoren bestimmt. Hier sind nicht nur die veränderten kognitiven Anforderungen in einigen Ausbildungsberufen zu berücksichtigen, sondern auch die Strukturverschiebungen in der Bildungsbeteiligung zwischen Gymnasium und Hochschule einerseits und beruflicher Bildung andererseits (siehe dazu Abschnitt 5).

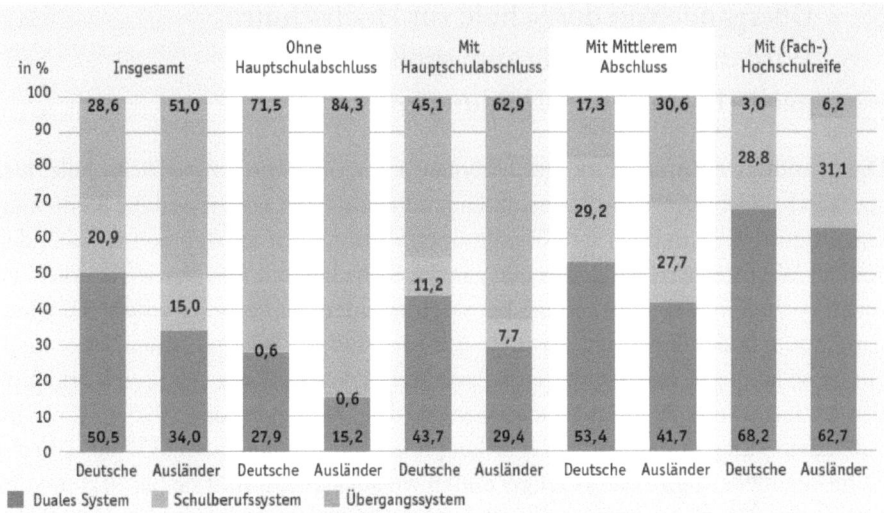

* Ohne Neuzugänge mit Abschluss unbekannt oder sonstigen Abschlüssen

Quelle: Statistische Ämter des Bundes und der Länder, Berechnungen und Schätzungen auf Basis der Schulstatistik; Bundes-agentur für Arbeit, Bestand von Teilnehmerinnen und -teilnehmern in ausgewählten Maßnahmen der Arbeitsmarktpolitik mit SGB-Trägerschaft des Teilnehmers

Abbildung 4:   Verteilung der Neuzugänge auf das Berufsbildungssystem nach schulischer Vorbildung und Staatsangehörigkeit, 2010 (in %) (Quelle: Bildungsbericht 2012)

Die Übergänge von der Schule zur beruflichen Bildung und die Chancen, einen Ausbildungsplatz entweder in der betrieblichen oder der schulischen Berufsaus-bildung zu finden, werden hochgradig von sozial-selektiven Prozessen bestimmt. Das gilt für solche Faktoren wie Schulabschluss, Geschlecht, Migrationsstatus, so-ziale Herkunft oder Region (vgl. hierzu Ulrich 2013). Drei Beispiele sollen dafür genannt werden: Für den Zugang zum dualen System hat sich inzwischen mindes-tens ein mittlerer Schulabschluss als Standard durchgesetzt; im Schulberufssystem war das schon länger der Fall (vgl. Abb. 4). Dagegen weist nur etwa ein Viertel der Hauptschulabgängerinnen und -abgänger friktionslose Übergänge an der ersten Schwelle auf (Geier 2013, S. 40). Im Übergangssystem sind Jugendliche mit oder ohne Hauptschulabschluss weit überrepräsentiert. Jugendliche mit Migrationshin-tergrund weisen eine deutlich geringere Einmündungschance in das duale System (und ebenfalls ins Schulberufssystem) auf. Dasselbe gilt für die jungen Frauen. Die-se Diskriminierungsmuster erweisen sich bislang trotz des Nachfragerückgangs in der beruflichen Bildung als ziemlich stabil.

5. Übergänge von der Schule zur Hochschule: Wird die Hochschule zum größten nachschulischen Ausbildungsort?

Die quantitative Entwicklung des Übergangs von der Schule zur Hochschule, hier statistisch abgebildet über die absoluten Studienanfängerzahlen und die Studienanfängerquote, zeigt in einer langfristigen Betrachtung (seit 1950) einen anhaltenden starken Wachstumstrend, der in den ganzen sechs Jahrzehnten nur vorübergehend unterbrochen wurde – trotz einer eher stagnierenden Studierbereitschaft und Übergangsquote in den Hochschulbereich. Auf rückläufige Anfängerzahlen folgte meist ein umso stärkerer Anstieg in den Folgejahren. Dieses Muster zeigte sich erneut in den letzten Jahren. Während nach einem starken Anstieg in den 1990er Jahren bis 2003, dem Jahr mit der historisch bislang höchsten Anfängerzahl (377.000), in der Mitte der 2000er Jahre die Anfängerzahlen wieder sanken, sind sie bis 2011 auf den historischen Höchststand von 519.000 – bei 525.000 Neuzugängen in der dualen Berufsausbildung – angestiegen. Dies signalisiert zwei Trends von tiefgreifender bildungspolitischer Tragweite (Baethge/Wolter 2012):

- Erstens ist entgegen vor Jahren laut werdender pessimistischer Voraussagen die Expansion des Hochschulsystems keineswegs ausgelaufen. So lag die Studienanfängerquote, der deutlichste Indikator für den Wandel der nachschulischen Bildungsbeteiligung, im Jahr 2011 bei 54 % (vgl. Abb. 5).[1] Dieser Anstieg ist für das Hochschulsystem mit enormen Herausforderungen verbunden. Dies gilt nicht nur für die Studienplatzkapazitäten – der Anstieg fällt weit höher aus als die durch den Hochschulpakt zusätzlich zur Verfügung gestellten Studienplätze –, sondern auch für die durch eine zunehmende Heterogenität gekennzeichnete Zusammensetzung der studentischen Klientel an den Hochschulen.

- Zweitens vollziehen sich offenkundig massive Umschichtungen zwischen (betrieblicher) beruflicher Bildung und Hochschulbildung. Betrug die Differenz zwischen der Zahl der Studienanfängerinnen und -anfänger und jener der Neuzugänge in der betrieblichen Berufsausbildung im Jahr 2005 noch 161.000 Personen, waren es 2011 nur noch ca. 5.000. Diese Gegenüberstellung spiegelt allerdings das Ausbildungsverhalten der jungen Generation nicht vollständig wieder, weil beträchtliche Größenordnungen der Neuzugänge zur Berufsausbildung auch auf die Schulberufsbildung (210.000) und – trotz des demographischen Wandels – auch immer noch auf das Übergangssystem (294.000) entfallen. Aber eine statistische Annäherung ist unübersehbar.

---

1   Berechnet nach dem international üblichen Quotensummenverfahren. Das bedeutet, dass es aufgrund von Mehrfachausbildungen (und anderen Gründen) zu Summen kommt, die über 100 % liegen.

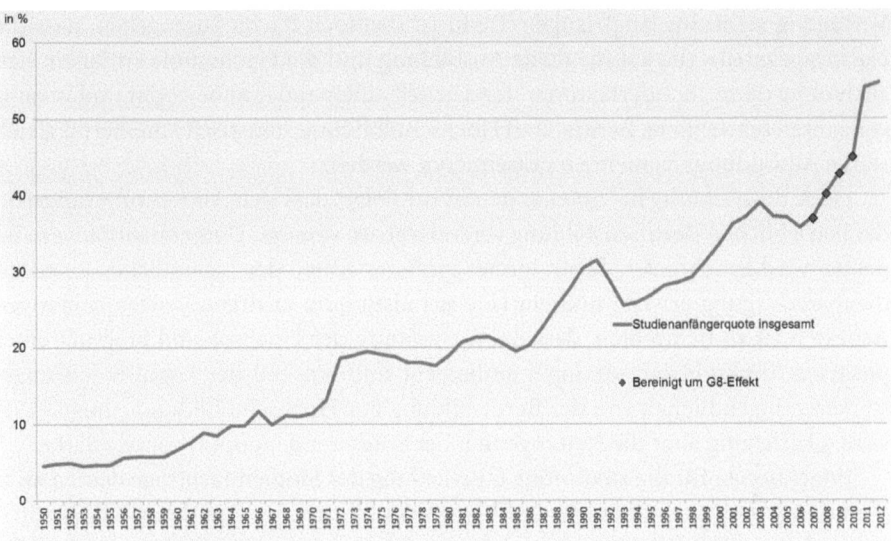

Abbildung 5: Entwicklung der Studienanfängerquote 1950–2012 (Quelle: Statistisches Bundesamt, Studierendenstatistik)

In die aktuelle Entwicklung der Studienanfängerzahlen gehen verschiedene Faktoren ein.

- Erstens ein demographischer: Die Studienanfänger der letzten Jahre stammen noch aus Geburtskohorten, die einen leichten Zuwachs aufweisen. Dieses wird sich in den nächsten Jahren ändern.
- Zweitens spielt ein nachhaltiger Beteiligungsfaktor, primär auf der Ebene der Schulabschlüsse, eine zentrale Rolle: Die Studienberechtigtenquoten steigen langsam, aber kontinuierlich an. Ein Ende dieses Wachstums ist nicht zu erkennen. Die Übergangsquoten in das Hochschulsystem bewegten sich in den letzten Jahren bei leichten Schwankungen insgesamt in derselben Größenordnung. Die Expansionsdynamik entsteht primär im Schulsystem.
- Drittens spielen politische Interventionen eine Rolle: Ein Teil des Wachstums ist auf politische Entscheidungen zurückzuführen, insbesondere die doppelten Abiturientenjahrgänge (2011 in Bayern und Niedersachsen), das Aussetzen der Wehrpflicht sowie die Umwandlung von Berufsakademien in Hochschulen.

Aufgrund dieser Sonderfaktoren für das Jahr 2011 ist die Studienanfängerzahl 2012 auf 493.000 zurückgegangen; die Anfängerquote liegt aber immer noch bei 55 %. Die doppelten Abiturientenjahrgänge werden sich in der Anfängerquote für die Jahre 2012/2013 besonders stark auswirken. Schließlich ist auch in Rechnung zu stellen, dass die Zahl der Studienanfänger auch die Bildungsausländerinnen und -ausländer enthält, von denen später nur ein Teil dem deutschen Arbeitsmarkt zur

Verfügung steht. Im langfristigen Trend ist dennoch davon auszugehen, dass die Nachfrageanteile, die auf die duale Ausbildung und die Hochschule entfallen, sich auch ohne diese „Sonderfaktoren" tendenziell aufeinander zubewegen und in einigen Jahren betriebliche Berufs- und Hochschulbildung statistisch annähernd gleich starke Ausbildungssegmente repräsentieren werden.

Diese Entwicklung hat unter anderem zur Folge, dass sich das Rekrutierungsfeld der betrieblichen Berufsausbildung verändert bzw. verengt: Unter quantitativen Aspekten wird es schmaler, da ein immer größerer Anteil der Jugendlichen eine Studienberechtigung erwirbt und ein Hochschulstudium anstrebt. Unter qualitativen Aspekten ist zu befürchten, dass die Ausweitung der Hochschulbildung mit einer positiven Selektion („creaming") einhergeht und ein Teil der kognitiv leistungsstärkeren Jugendlichen von der Berufsbildung zur Hochschulbildung „umgelenkt" wird, gleichzeitig aber die Heterogenität der Studierendenpopulation verstärkt.[2]

Projektionen für die zukünftige Entwicklung der Studiennachfrage deuten zwar darauf hin, dass nach dem Jahr 2013 – mit dem letzten großen doppelten Abiturientenjahrgang (NRW) – aufgrund demographischer Faktoren die absolute Zahl der Studienanfängerinnen und -anfänger abnehmen wird (Autorengruppe Bildungsberichterstattung 2012, S. 126). Allerdings wird bis 2025 das durchschnittliche Nachfrageniveau der Jahre zwischen 2000 und 2010, die ja schon unbestritten eine Phase massiver Kapazitätsanspannung waren, voraussichtlich nicht unterschritten. Von einer Entlastung der Hochschulen vom Nachfrageüberdruck kann also auch in den kommenden Jahrgängen keineswegs die Rede sein. Die Politik der Kapazitätssicherung wird an Aktualität nicht verlieren. Auch wenn die (absoluten) Anfängerzahlen nach 2014 abnehmen werden, so wird die Anfängerquote voraussichtlich langfristig bei oder sogar über 50 % liegen – das heißt: der Strukturwandel der Bildungsbeteiligung von der beruflichen Bildung zur Hochschule wird sich fortsetzen.

Angesichts der anhaltenden Hochschulexpansion stellt sich die Frage neu, ob mit dem Wachstum und der vermuteten größeren Heterogenität auch eine soziale Öffnung des Hochschulzugangs verbunden ist. Offenkundig erweisen sich hier aber die herkömmlichen Barrieren als sehr stabil (Wolter 2011). Das lässt sich auf verschiedene Weise zeigen: anhand der Übergangsquoten von der Schule in die Hochschule, differenziert nach dem Bildungsstatus der Eltern (vgl. Abb. 6), und anhand der sozialgruppenspezifischen Bildungsbeteiligungsquoten (vgl. Abb. 7).

---

2   Wegen der methodischen Komplexität und prognostischen Unsicherheit soll an dieser Stelle die Frage nicht aufgegriffen werden, in welchem Verhältnis der Strukturwandel der Bildungsbeteiligung zum volkswirtschaftlichen Qualifikationsstrukturwandel steht. Die vorliegenden Arbeitskräftebedarfsprojektionen kommen hier teilweise zu inkonsistenten Ergebnissen (Cordes 2012), insbesondere hinsichtlich des Verhältnisses von Angebot und Bedarf, auch wenn sich insgesamt ein klarer Höherqualifizierungstrend auf dem Arbeitsmarkt abzeichnet.

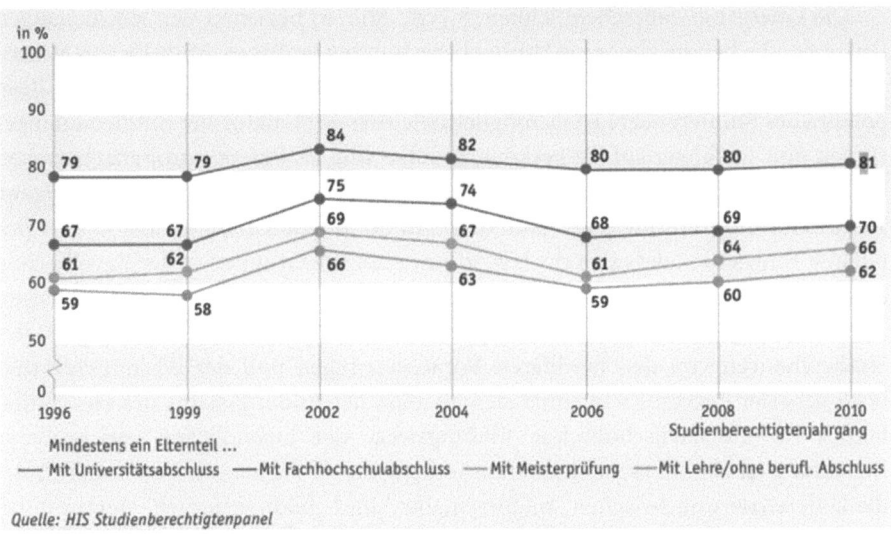

Abbildung 6:   Studierwahrscheinlichkeit der Studienberechtigtenjahrgänge 1996 bis 2010 nach beruflichem Abschluss der Eltern (in %) (Quelle: Bildungsbericht 2012)

Die Übergangsquoten von Studienberechtigten in die Hochschule schwankten in den letzten 10 Jahren um einen Wert von 75 % herum. Sie unterscheiden sich nach Schularten – die höchste Quote erreicht das allgemeinbildende Gymnasium – und nach einer Reihe individueller und sozialer Faktoren. Eine herausragende Bedeutung für die Übergangswahrscheinlichkeit hat die individuelle Schulleistung (meist gemessen über die Abiturnote). Die Wahrscheinlichkeit, ein Studium aufzunehmen, variiert aber auch hochgradig mit der Bildungsherkunft der Studienberechtigten. Abb. 6 zeigt Ergebnisse einer multivariaten Analyse, in der u. a. der Einfluss des Geschlechts, der Schulart und der individuellen Leistung kontrolliert wurde.

Danach liegt selbst bei gleicher Schulleistung (und unter Kontrolle weiterer Faktoren) eine Differenz von 20 Prozentpunkten in der Studierwahrscheinlichkeit zwischen der höchsten Bildungsherkunft (Kinder aus einer Familie, in der mindestens ein Elternteil über einen Universitätsabschluss verfügt) und der niedrigsten (Lehre oder gar kein Berufsabschluss). Über den gesamten Zeitraum ist keine soziale Konvergenz in der Studierwahrscheinlichkeit zu erkennen – trotz des erheblichen Anstiegs der Anfängerzahlen in dieser Zeit. Hierbei ist zu berücksichtigen, dass die Gruppe der Studienberechtigten eine bereits sozial hochgradig vorgefilterte Population darstellt, weil die schärfste soziale Selektion nicht an der Schwelle des Hochschulzugangs, sondern während der ganzen Schullaufbahn auf dem Wege hin zu einer Studienberechtigung stattfindet. Gleichwohl bildet auch der Hochschulzugang noch eine soziale Barriere, wie Abbildung 6 gezeigt hat.

Die Übergangswahrscheinlichkeiten (vgl. Abb. 6) beziehen sich auf diejenigen Personen, die bereits über eine Studienberechtigung verfügen. Mithilfe von Mikrozensusdaten zur sozialen Zusammensetzung der Bevölkerung (genauer: der Eltern potentieller Studierender) ist es möglich, die soziale Struktur der Studienanfängerinnen und -anfänger auf die gesamte Bevölkerung als Referenzgröße zu beziehen und sozialgruppenspezifische Bildungsbeteiligungsquoten beim Hochschulzugang auszuweisen. Damit unterläuft man den – in der öffentlichen Diskussion sehr populären Einwand –, dass sich doch bestimmte soziale Gruppen in der Bevölkerung allmählich auflösen (z.B. die Arbeiterfamilien) und sich dadurch ihre niedrigen Anteilswerte erklären. Bei den Beteiligungsquoten tritt die starke Abhängigkeit der Studierchancen von den familiären Voraussetzungen und der Bildungsherkunft noch schärfer hervor. Es zeichnet sich ab, dass der Bildungsstatus der Herkunftsfamilie für die nachschulischen Bildungswege der Jugendlichen von größerer Bedeutung ist als die sozialökonomische Lage des Elternhauses. Von daher findet die Differenzierung zwischen „bildungsnaher" und „bildungsferner" Herkunft mit Blick auf formelle Bildungsabschlüsse durchaus ein empirisches Fundament.

Die ausschlaggebende soziale Differenzierung der Studierchancen – man könnte schon von einer Polarisierung sprechen – verläuft mehr und mehr entlang des Merkmals „Hochschulabschluss eines Elternteils" (vgl. Abb. 7). Während Jugendliche aus einem Elternhaus, in dem mindestens ein Elternteil bereits über einen Hochschulabschluss verfügt, eine Studierwahrscheinlichkeit von 77 % aufweisen, beträgt diese bei Jugendlichen aus einer „bildungsfernen" Familie gerade noch 13 %. Damit weist die Gruppe mit der höchsten Beteiligungsquote beim Hochschulzugang – Kinder aus jenen Familien, in denen mindestens ein Elternteil ein Studium absolviert hat – eine sechs Mal so hohe Studierchance auf wie die Gruppe mit der niedrigsten Beteiligungsquote. Die Hochschule wird offenbar tendenziell immer mehr zu einer Institution, die nicht mehr primär dem Bildungsaufstieg, sondern eher dem Erhalt bzw. der „Vererbung" eines bereits erreichten akademischen Status in der jeweils nachfolgenden Generation dient. Das familiäre Bildungskapital scheint zur wichtigsten „Ressource" für die Aufnahme eines Studiums zu werden.

Die extrem divergierenden Beteiligungsquoten zeigen jedoch deutlich, dass die Entwicklung der Universitäten zu Einrichtungen, die primär der Selbstreproduktion der akademischen Bildungsschichten dienen, nicht allein eine Folge des wachsenden Akademikeranteils in der Bevölkerung ist, sondern der sozialen Schieflage in der Bildungsbeteiligung, die primär im Schulsystem produziert, aber an der Schwelle des Hochschulzugangs noch einmal verstärkt wird. Weitere Faktoren der sozialen Differenzierung kommen hin: Am wichtigsten ist der Migrationsstatus, wobei hier die Chancen zum Erwerb der Hochschulreife und die Studierchancen nicht nur deutlich zwischen Personen mit oder ohne Migrationshintergrund variieren, sondern auch innerhalb der Migrantenbevölkerung (Autorengruppe Bildungsberichterstattung 2008, S. 91). Das Geschlecht übt einen Einfluss hauptsächlich auf die Studierbereitschaft, die Studienfachwahl sowie die Hochschulart aus. Im Ergebnis zeigt sich trotz des massiven Wachstums der Beteiligung an Hochschulbildung eine erstaunliche Konstanz der sozialstrukturellen Disparitäten und Benachteiligungsmuster.

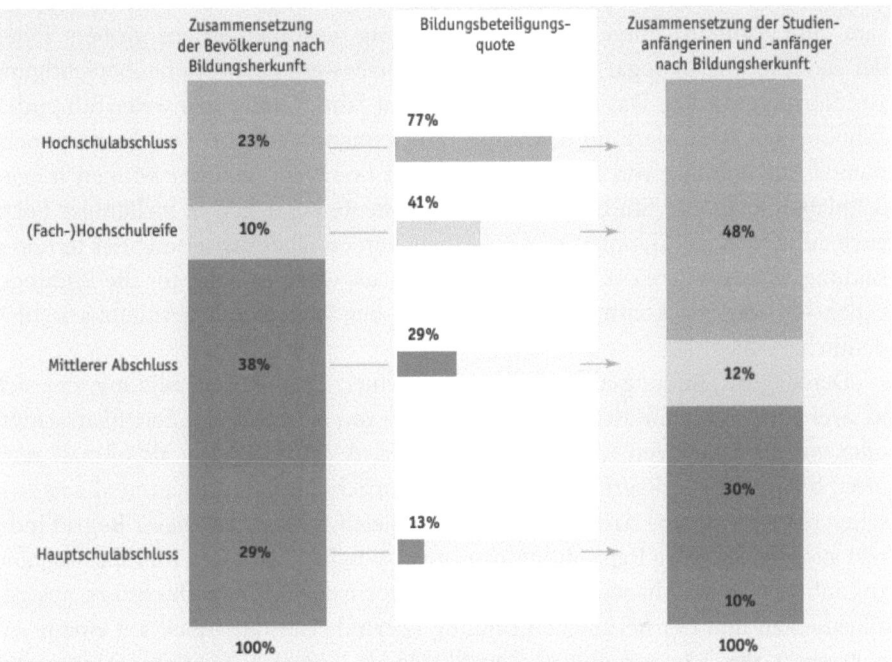

Abbildung 7: Hochschulzugang nach Bildungsherkunft der Eltern, 2009 (Quelle: Bildungsbericht 2012)

6. Schlussfolgerungen: Übergänge, Problemlagen und Herausforderungen

Die Bildungsentwicklung in den letzten Jahrzehnten in Deutschland lässt sich zum Teil als eine „Erfolgsgeschichte", zum Teil aber auch als eine „Misserfolgsgeschichte" lesen (vgl. dazu Seeber u.a. 2012). Beide Seiten kommen in einer erkennbaren Tendenz zur sozialen Polarisierung von Bildungschancen und Bildungsergebnissen zum Ausdruck, die sich besonders deutlich an den Übergangsstellen innerhalb des Bildungssystems und denen zwischen Bildung, Arbeitsmarkt und Beschäftigung manifestierten. Einem kontinuierlich wachsenden Anteil höher und hochqualifizierter Personen steht am anderen Ende des Qualifikationsspektrums ein relativ stabiler Sockel an Bildungsarmut gegenüber. Dabei sind die Teilhabechancen an Bildung nach wie vor von erheblichen sozialen Disparitäten geprägt. Das Span-

nungsverhältnis zwischen Bildungsexpansion auf der einen Seite und Bildungsarmut auf der anderen scheint eine der bestimmenden Dynamiken der aktuellen
Bildungsentwicklung zu sein.

Die Bildungsexpansion hat dazu geführt, dass im Bereich der allgemeinbildenden Schule der mittlere Abschluss inzwischen der häufigste Abschluss und gleichsam zum Standard bürgerlicher Grundbildung geworden ist. In großen Teilen
der Bevölkerung ist sogar das Abitur oder der Erwerb einer Studienberechtigung
zur Norm geworden. Das Gymnasium hat seit Jahren unter den weiterführenden
Schulformen die „Marktführerschaft" (Hurrelmann) erlangt. Durch die zunehmende Entkopplung von Schulabschluss und besuchter Schulart können höhere
Schulabschlüsse und Studienberechtigungen heute zusätzlich in vielfältiger Form
auch außerhalb des Gymnasiums erworben werden. Die Ausweitung der tertiären
Bildung, insbesondere des Hochschulbesuchs, als weiterer Beleg für die Bildungsexpansion wird am kontinuierlichen Anstieg der Studienanfängerquote seit 1950
deutlich.

Der Begriff „Bildungsarmut" bezeichnet einen „Mangel" an Bildung, der sich
in zwei Formen manifestieren kann: als Fehlen von Abschlüssen (Zertifikatsarmut)
oder von Kompetenzen (Allmendinger/Leibfried 2003). Anders als oftmals rezi-
piert, beinhaltet der Begriff Bildungsarmut zunächst keinen Zusammenhang zwischen (ökonomischer) Armut und Bildung. Gleichwohl spricht dieser Begriff indirekt auch den sozialen Reproduktionsprozess zwischen Herkunft, Bildungsweg und
zukünftigen Lebenschancen an. Das Fehlen formaler Bildungsabschlüsse aus der
allgemeinen und der beruflichen Bildung (Zertifikatsarmut) spielt auf einem Arbeitsmarkt, der sich vorrangig an Zertifikaten als „Signalen" für Kompetenzerwerb
orientiert, eine wichtige Rolle für die individuellen ökonomischen Chancen und
die gesellschaftliche Teilhabe. Personen ohne formale Bildungsabschlüsse bilden
den Kern der Risikogruppen auf dem Arbeitsmarkt. Sie sind überdurchschnittlich
häufig erwerbslos oder nicht erwerbstätig, haben geringere Weiterbildungschancen
und werden auch sonst gesellschaftlich eher marginalisiert.

Abbildung 8 zeigt die Problemgruppen im Bildungsverlauf, insbesondere an
den Übergangsstellen, und die langfristigen Auswirkungen dieser Problemlagen auf
den weiteren Lebensverlauf. Die Mehrzahl (aber nicht alle) der in Abbildung 8 enthaltenen Kästchen umschreibt mehr oder minder ausgeprägte Diskriminierungs-
bzw. Benachteiligungsmuster. Je nach Eindeutigkeit des Indikators schwanken die
Werte zwischen ungefähr 15 und 25 % – ein beträchtlicher Sockel. Nicht alle hier
aufgeführten Indikatoren sind hinsichtlich ihrer Aussage eindeutig (z.B. Klassenwiederholungen, Abbruchquoten). Der Blick auf den gesamten Lebensverlauf zeigt
aber den Reproduktionszyklus von sozial über die eigene Familie „vererbter" Bildungsarmut bis hin zur sozialen und ökonomischen Armut in späteren Sequenzen
des Lebensverlaufs.

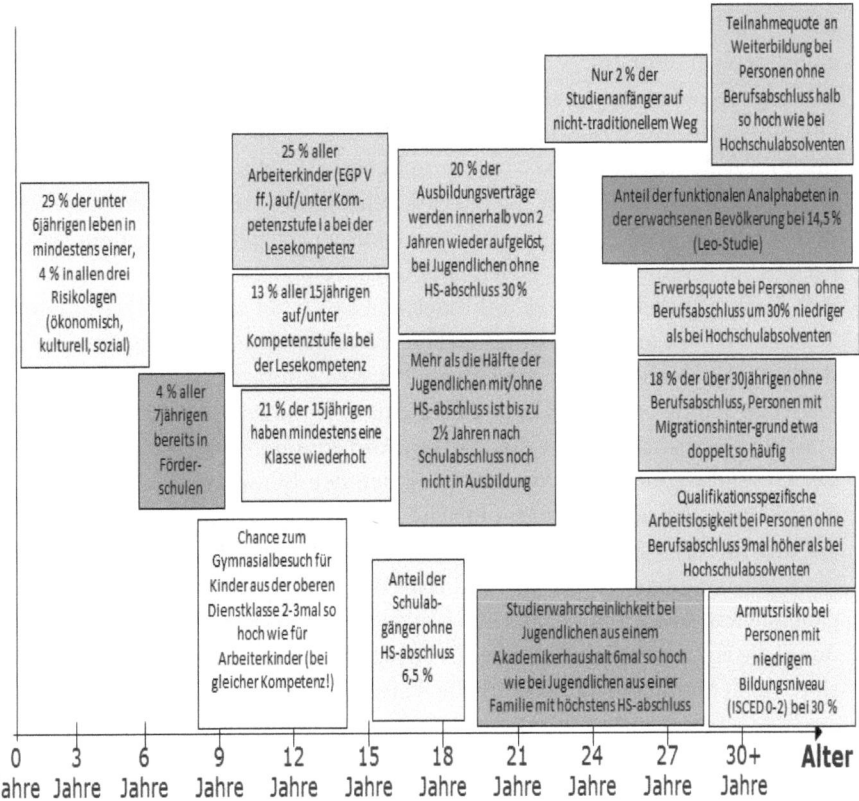

Abbildung 8:   Übergänge und Problemlagen im Lebensverlauf (Quelle: Daten nach
Bildungsbericht 2012, Entwurf Döbert)

Als Schlussfolgerung aus den vorangegangenen datengestützten Analysen ergeben
sich folgende bildungspolitische Herausforderungen:

1) Aus arbeitsmarktpolitischen und gerechtigkeitstheoretischen Gründen gilt es,
entgegen der beobachtbaren Polarisierung von Bildungschancen und -ergebnis-
sen *alle* Potenziale der Kompetenz-/Qualifikationsentwicklung in allen Alters-
gruppen zu nutzen.

2) Zur Förderung und Integration derjenigen Personen bzw. Gruppen, die einem
hohen Risiko an Bildungsarmut ausgesetzt sind, muss die Benachteiligtenförderung insbesondere in der Schule und der beruflichen Bildung massiv ausgebaut
werden, um die Kompetenzentwicklung auf den unteren Kompetenzstufen zu
fördern.

3) Da Bildungsarmut und „bildungsferne“ soziale Herkunft eng zusammenhängen,
gilt es mehr denn je, soziale Ungleichheiten aller Art in der Bildungsbeteiligung
so weit wie möglich abzubauen.

4) Das Ziel der Höherqualifizierung bezieht sich nicht nur auf die ohnehin schon höher Qualifizierten, sondern nach der Logik eines „Fahrstuhleffektes" auf alle, einschließlich derjenigen, die eher zu den Bildungsbenachteiligten zählen. Das Bildungsniveau muss auf allen Ebenen angehoben werden.

5) Die Entwicklung der Bildungsbeteiligung deutet darauf hin, dass herkömmliche institutionelle Grenzen zwischen beruflicher Bildung, Hochschul- und Weiterbildung fließend werden. Langfristig geht daraus voraussichtlich das Erfordernis hervor, neue Ausbildungsformate jenseits der Differenzierung zwischen beruflicher Bildung und Hochschulbildung zu entwickeln.

6) Teil dieser Perspektive ist es, bildungspolitisch nicht mehr in institutionellen Segmenten, sondern in institutionellen Vernetzungen und Kooperationen zu denken. Dazu gehört insbesondere eine engere Kooperation und Abstimmung zwischen Schule und beruflicher Bildung bzw. zwischen Schule und Hochschule – nicht zuletzt auch, um die qualitativen Abstimmungsprozesse zu optimieren.

7) Die Durchlässigkeit und Offenheit zwischen den Bildungswegen zu fördern ist eine weitere zentrale bildungspolitische Herausforderung. In besonderer Weise gilt dies für das Verhältnis von beruflicher Bildung und Hochschulbildung.

8) Nach wie vor gibt es Angebots- und Kapazitätsengpässe an den zentralen Übergangsstellen, sowohl in der beruflichen Bildung wie auch in der Hochschulbildung, die eine wirksame Barriere für erfolgreiche Bildungs- und Berufsverläufe sind. Auch hier liegt eine wesentliche Aufgabe der Öffnung.

Literatur

Allmendinger, J./Leibfried, S. (2003): Bildungsarmut. In: *Aus Politik und Zeitgeschichte.* B21–22 2003. S. 12–18.

Autorengruppe Bildungsberichterstattung (2008): *Bildung in Deutschland 2008.* Bielefeld.

Autorengruppe Bildungsberichterstattung (2010): *Bildung in Deutschland 2010.* Bielefeld.

Autorengruppe Bildungsberichterstattung (2012): *Bildung in Deutschland 2012.* Bielefeld.

Baethge, M./Solga, H./Wieck, M. (2007): *Berufsbildung im Umbruch.* Bonn.

Baethge, M./Wolter, A. (2012): *Zur Neuvermessung des Verhältnisses von (dualer) Berufsausbildung und Hochschulbildung.* Unv. Man. Göttingen/Berlin.

Baumert, J./Maaz, K./Trautwein, U. (Hrsg.) (2009): Bildungsentscheidungen. *Zeitschrift für Erziehungswissenschaft.* Sonderheft 12–09.

Cordes, A. (2012): *Projektionen von Arbeitsangebot und -nachfrage nach Qualifikation und Beruf im Vergleich.* Hannover.

Geier, B. (2013): Die berufliche Integration von Jugendlichen mit Hauptschulbildung. Eine Längsschnittanalyse typischer Übergangsverläufe. In: *WSI Mitteilungen,* 66/1, S. 33–41.

Kohlrausch, B./Solga, H. (2012): Übergänge in die Ausbildung: Welche Rolle spielt die „Ausbildungsreife"? In: *Zeitschrift für Erziehungswissenschaft,* 15/4, S. 753–774.

Krüger, H. (2004): Zur Datenlage vollzeitschulischer Berufsbildung. In: Baethge, M./Buss, K.-P./Lanfer, C. (Hrsg.): *Expertisen zu den konzeptionellen Grundlagen für einen Nati-*

onalen Bildungsbericht – Berufliche Bildung und Weiterbildung/Lebenslanges Lernen. Berlin. S. 141–164.

Scholz, W.-D./Wolter, A. (1984): Hochschulzugang als lebensgeschichtlicher Einschnitt – Ein empirischer Beitrag zu Studienmotiven und Studienerwartungen von Berufstätigen ohne traditionelle Studienberechtigung. In: Kellermann, P. (Hrsg.): *Studienaufnahme und Studienzulassung. Aspekte des Wandels im Zugang zu den Hochschulen*. Klagenfurt. S. 129–159.

Seeber, S./Becker-Stoll, F./Döbert, H./Kerst, C./Seitz, C./Wolter, A. (2012): *Zukunft der Arbeit – Expertenkreis Bildung*. Robert-Bosch-Stiftung. Stuttgart.

Solga, H./Menze, L. (2013): Der Zugang zur Ausbildung: Wie integrationsfähig ist das deutsche Berufsbildungssystem? In: *WSI Mitteilungen*, 66/1, S. 5–14.

Ulrich, J.G. (2013): Regionale Unterschiede in der Integrationsfähigkeit des dualen Berufsbildungssystems. In: *WSI Mitteilungen*, 66/1, S. 23–32.

Wolter, A. (2011): Hochschulzugang und soziale Ungleichheit in Deutschland. In: Heinrich-Böll-Stiftung (Hrsg.): *Öffnung der Hochschule – Chancengerechtigkeit, Diversität, Integration*. Berlin. S. 9–15.

Kapitel 1
Übergang in die Grundschule

Einleitung: Gelingender Schulanfang

Gabriele Faust

Die meisten Kinder beginnen die Schule selbstsicher, optimistisch und mit Freude. Dennoch bedeutet der Schulanfang für jedes Kind den Eintritt in das Pflichtschulsystem mit neuen Rhythmen, Regeln und Anforderungen. Davon sind auch die Eltern betroffen, die den Schulstart ihrer Kinder möglicherweise mit Bangen erwarten und sich vor allem wünschen, dass ihr Kind den Schulanfang gut bewältigt. Zugleich treffen mit dem Kindergarten und der Grundschule zwei Institutionen aufeinander, die in Deutschland traditionell wenig aufeinander abgestimmt sind. In ihr Verhältnis ist durch die neuen Bildungs- und Erziehungspläne für die Kindertageseinrichtungen vor der Einschulung, die es seit ca. einem Jahrzehnt in allen Bundesländern gibt, und durch die Vorschläge zu Diagnostik und Förderung rund um die Einschulung Bewegung gekommen.

Die folgenden vier Beiträge zeigen (1.) den wissenschaftlichen Blick auf die aktuellen Problemlagen beim Übergang vom Kindergarten in die Grundschule und verdeutlichen (2.) beispielhaft, wie eine Schule mit sehr vielen Kooperationspartnern im Elementarbereich, in einem schwierigen sozialen Umfeld und mit vielen bildungsfernen Eltern und Kindern mit besonderem Förderbedarf die Chancen für eine gelingende Zusammenarbeit mit den vorschulischen Einrichtungen und den Eltern als Partnern der Schule aufgreifen und den Schulanfang erfolgreich gestalten kann. Den Stand der pädagogischen Diskussion zum Schulanfang in Familien mit Migrationshintergrund behandelt der folgende Beitrag (3.), an den sich erneut ein Bericht aus einer Grundschule mit vielen mehrsprachigen Kindern (4.) anschließt.

Kurzzusammenfassung der Diskussion und Ergebnisse

Die Diskussionen im Forum I konzentrierten sich am 1. Tag auf drei Themenkreise:

1. Kooperation der Kindertagesstätten und Grundschulen
Die Zusammenarbeit soll die Eltern als gleichberechtigte Partner einbeziehen und grundsätzlich „auf Augenhöhe" stattfinden. In Grundschulen mit Ganztagsangebot gehört das Personal, das die pädagogischen Angebote verantwortet und die Kinder außerhalb der Schulzeiten betreut, ebenfalls dazu. Den Teilnehmern ist es wich-

tig, dass die Dokumentationen, in denen im Elementarbereich die Entwicklung der Kinder über mehrere Jahre sorgfältig festgehalten wurde, nun für die weitere Förderung der Kinder in der Grundschule genutzt werden. Dies sollte durch eine Neuregelung des Datenschutzes, z.B. „Runde Tische" unter Einbezug der Eltern, erleichtert werden. An der Kooperation sollten auf der Ebene von kommunalen Kooperationskreisen, die der Vernetzung der einzelnen Kindertagesstätten und Schulen besser gerecht werden, auch die verschiedenen Akteure aus Jugendhilfe und Schulverwaltung teilnehmen, damit bei Bedarf alle Unterstützungssysteme mobilisiert werden können (Ergänzung durch Susanne Scheib, Arbeitsstelle GOrBiKs-Transfer, LISUM Brandenburg).

2. Diagnostik und Förderung
Wenn sich Kindertagesstätten und Grundschulen am Schulanfang auf ausgewählte diagnostische Verfahren einigen, eröffnen sie sich dadurch zugleich die Chance, ihre jeweiligen Anforderungen und Förderschwerpunkte kennen zu lernen und sich darüber zu verständigen. Nötig ist außerdem ein Einblick in die pädagogische Arbeit der beiden Stufen. Diagnostik und Förderung gehören am Schulanfang untrennbar zusammen, indem die Diagnostik förderorientiert, nicht selektionsorientiert ist.

3. Neue Schuleingangsstufe
Die Teilnehmer heben die Vorteile dieses Schulanfangsmodells für Kinder und Lehrkräfte hervor: Dadurch wird ein geeigneter organisatorischer Rahmen für schneller und langsamer lernende Schulanfänger geschaffen und den Lehrkräften der Umgang mit der Heterogenität der Schülerinnen und Schüler erleichtert. Jahrgangsübergreifende Lerngruppen und die Vorbereitung auf die neuen Aufgaben durch verpflichtende Fortbildung zuvor sind unabdingbar. Die Teilnehmer halten außerdem eine verbesserte personelle Ausstattung wie z.B. in der Flexiblen Eingangsphase in Brandenburg für nötig (dort pro Klasse jeweils 5 Wochenstunden für Sonderpädagogen und Teilungslehrkraft). Die Belastungen durch den jahrgangsübergreifenden Unterricht überfordern nicht länger, wenn die Lehrkräfte sich vom Einzelkämpfertum verabschieden, auch den Kindern Verantwortung geben und deren Lernprozesse begleiten und den Unterricht arbeitsteilig in Jahrgangsteams vor- und nachbereiten.

Am 2. Tag konzentrierte sich die Diskussion in Forum I auf Sprachdiagnostik und Sprachförderung. Angesichts der zahlreichen länderspezifischen Varianten und deren häufigem Wechsel wurde es als eine „nationale Aufgabe" bezeichnet, geeignete Verfahren und Programme zu entwickeln, die den diagnostischen Gütekriterien gerecht werden und sich in Evaluationen als wirksam erwiesen haben. Außerdem sollten verbindliche Standards für Deutsch als Zweitsprache eingeführt werden. Im Einzelnen wurde festgehalten:

4. Sprachdiagnostik

Verfahren zur Diagnose der Sprache (vor allem des deutscher Sprachstands bei mehrsprachigen Kindern) tragen zur Professionalisierung des Personals und zur besseren Abstimmung von Kindertagesstätte und Grundschule bei. Verfahren, die die Gütekriterien Objektivität, Reliabilität und Validität verfehlen, sind unbrauchbar. Die Teilnehmer halten standardisierte Verfahren auch für den Elementarbereich für geeignet, selbst dann wenn dadurch Informationen zum Fördererfolg von Einrichtungen gewonnen werden können. Testungen sollten „culture-fair" sein.

5. Sprachförderung

Sprachförderung für Kinder im Vorschul- und Grundschulalter sollte in den Alltag eingebettet und „ganzheitlich", aber gleichzeitig systematisch sein. Professionelle Qualifikationen sind dafür unabdingbar. Deutsch als Zweitsprache sollte kontinuierlich vom Elementarbereich bis zum Eintritt in den Beruf angeboten werden, mit Ganztagsschulen als passendem Rahmen. Da ein früher Eintritt in den Elementarbereich mit spätestens drei Jahren die Deutschkenntnisse der Kinder sogar auf das Niveau von Muttersprachlern bringen kann, forderten die Teilnehmer Verbindlichkeit und Kostenfreiheit des Kindergartenbesuchs und regten zur Finanzierung den Verzicht auf das Betreuungsgeld an. Bei der Sprachförderung sollten die Kinder im Mittelpunkt stehen und die Familien einbezogen werden, ebenso alle beteiligten Bildungsinstitutionen einschließlich der weiterführenden Schulen.

Schulanfang – passgenau und flexibel

Kathrin Liebers

1. Welche Herausforderungen bringt der Übergang von der Kindertagesstätte in die Schule für das Kind und für die Lehrer mit sich?

Der Schulanfang kann aus bildungssoziologischer Perspektive als eine erste institutionalisierte Gelenkstelle für soziale Disparitäten identifiziert werden, an der primäre und sekundäre Herkunftseffekte wirken (Maaz et al. 2010, Bellenberg/Klemm 2011). Ein Teil der schulpflichtig werdenden Kinder scheitert bereits an diesem ersten institutionalisierten Übergang infolge Zurückstellung, Wiederausschulung oder Überweisung in Vorklassen und Förderschulen und dies trotz einer weitgehenden *Entstandardisierung* des Schuleintritts im Zuge eines veränderten Verständnisses von Schulfähigkeit (Faust-Siehl et al. 1996, KMK 1997), einer Zunahme inklusiver Bildungsangebote und umfänglicher Maßnahmen der vorschulischen Förderung scheitert (Autorengruppe Bildungsberichterstattung 2012).

Lange Zeit fehlten verlässliche Befunde zum Anteil von Kindern mit Übergangsproblemen am Schulanfang. Inzwischen liegen erste gesicherte Daten aus Längsschnittstudien wie BiKS 3–8 (Bildungsprozesse, Kompetenzentwicklung und Selektionsentscheidungen im Vor- und Grundschulalter/Faust 2012, siehe auch den Beitrag in diesem Band) und Beelmann (2006) vor. Diese zeigen, dass für die meisten Kinder der Übergang in die Schule gut und ohne größere Anpassungsschwierigkeiten verläuft. Nur 4 % bzw. 5 % der Kinder zeigten aus Sicht der Erzieherinnen und Erzieher , Lehrerinnen und Lehrer und Eltern ein halbes Jahr vor sowie nach dem Schuleintritt ängstlich-depressives Verhalten, Aufmerksamkeitsprobleme oder körperliche Beschwerden. Die Kinder, welche in diesen beiden Studien Übergangsprobleme nach dem Schulanfang hatten, sind fast ausschließlich Kinder, bei denen sich bereits neun Monate vor der Einschulung Schwierigkeiten im Lernen oder im Verhalten in der Kindertagesstätte beobachten ließen. Die Autoren der Studien vermuten, dass diese bestehenden Verhaltensweisen unter den Bedingungen des Übergangs deutlicher zutage treten und schlussfolgern daraus zweierlei:

1. Für eine große Zahl von Kindern verläuft der Übergang zufriedenstellend, sodass aufwendig und breit angelegte Maßnahmen zur Gestaltung des Übergangs für alle Kinder in Frage gestellt werden könnten.
2. Es könnte jedoch hilfreich sein, Kinder mit Entwicklungsverzögerungen oder -störungen gezielt und so früh wie möglich zu identifizieren, um ihnen schon in

der Kindertagestätte Hilfsangebote bieten und damit späteren Lern- oder Verhaltensproblemen präventiv begegnen zu können (Wehnert et al. 2010).

Nach dem Übergang stellt sich im Anfangsunterricht die Aufgabe, für jedes Kind *adaptive* und *individuell sinnstiftende Lernumgebungen* und Lerngelegenheiten zu schaffen. Dabei gilt es, am vorhandenen Vorwissen und an den jeweiligen Interessen des Kindes anzuknüpfen und dessen Bedürfnissen im Hinblick auf Kompetenzerfahrung, Freiheitsspielräume und soziales Eingebundensein gerecht zu werden (Kammermeyer/Martschinke 2006). Der Schulanfang kann dann als gelungen betrachtet werden, wenn sich ein Kind in der Schule wohlfühlt, Freunde findet, die gestellten Anforderungen bewältigt und die Bildungsangebote für sich optimal nutzen kann (vgl. Liebers 2008: 110). Die Idee eines gelungenen Übergangs für alle Kinder ist an einen ökosystemisch fundierten Schulfähigkeitsbegriff gebunden, bei dem das Konstrukt Schulfähigkeit als soziale Kompetenz der Akteure bzw. Flexibilität des gesamten Systems beschrieben und nicht zuvorderst an Merkmalen des Kindes festgemacht wird (Kammermeyer 2001, Faust-Siehl/Speck-Hamdan 2001).

Im folgenden Beitrag wird diskutiert, welche konzeptionellen Ansätze für die Gestaltung des Übergangs existieren und welchen Beitrag Kooperation zwischen Kindertagesstätte und Grundschule dabei leisten kann. Des Weiteren wird untersucht, welche Rolle einer systematischen Diagnostik im Übergang zukommt und wie flexibel der Schulanfang selbst gestaltet werden muss, um der Individualität des Kindes gerecht zu werden.

2. Welche konzeptionellen Ansätze wurden bislang zur Gestaltung des Übergangs von der Kindertagestätte zur Grundschule entwickelt?

Eine zentrale Aufgabe aller am Übergang beteiligten Professionen liegt in der Gestaltung von den Bildungsbiografien der Kinder orientierter sowie an den Entwicklungs- und Kompetenzstand des Kindes anschlussfähigen und herausfordernden Bildungsprozessen. Dabei sind Kontinuität wie z.B. das Anknüpfen an für Kinder aus der Kindergartenzeit vertraute Raum-, Zeit- und Lernsettings mit einer produktiven Diskontinuität, also bislang unbekannten Raum-, Zeit- und Lernsettings, in eine für das jeweilige Kind förderliche Balance zu bringen (vgl. dazu Geiling/Liebers/Prengel 2011).

In den letzten 15 Jahren erleben Initiativen und Programme zur Optimierung des Übergangs infolge verschiedener Empfehlungen der Kultusministerkonferenz (KMK 1997, JFMK/KMK 2009), umfangreicher Förderprogramme seitens der Bund-Länder-Kommission (bis 2006), des Bundesministeriums für Bildung und Forschung (BMBF), der Länder und großer privater Stiftungen einen erneuten

Aufschwung[1] in Deutschland. Eine Vielzahl von Programmen setzt auf eine Optimierung des Übergangs für Kinder durch eine stärkere Verzahnung der Bildungskulturen in den historisch, rechtlich, strukturell und konzeptionell unterschiedlich verfassten Institutionen von Kindertagesstätte und Schule. Darunter lassen sich folgende Programme subsumieren:

- In einer Gruppe von Initiativen und Programmen wird in der intensivierten Kooperation der Pädagoginnen und Pädagogen aus den beiden Einrichtungen eine Chance gesehen, den Übergang für Kinder gleitender gestalten. Dazu zählen Modellprojekte wie z.b. *Frühes Lernen – Kindergarten und Schule kooperieren* in Bremen, *ponte* in Berlin, Brandenburg, Sachsen, Thüringen und dem Saarland, das Modellprojekt *Brückenjahr* in Niedersachsen, das Projekt *Verzahnung schulvorbereitendes Jahr und Eingangsphase* in Sachsen oder die *Bildungshäuser 3–10* in Baden-Württemberg.
- Einige Projekte folgen konzeptionell dem Ansatz, die Kooperation mit der Entwicklung einer institutionsübergreifenden Bildungsphilosophie zu verbinden, ein Gedanke, der zunächst vor allem im Projekt *TransKiGs* explizit entwickelt und erprobt wurde. Viele der o.g. Projekte sind diesem Ansatz in ihren weiteren Projektverläufen gefolgt und in einigen Ländern wurden entsprechende gemeinsame Orientierungsrahmen für die Bildung in Kindertagesstätte und Grundschule vorgelegt, so zum Beispiel in Brandenburg, in Nordrhein-Westfalen und Mecklenburg-Vorpommern.
- Zwei Länder, Hessen und Thüringen, haben gemeinsame curriculare Grundlagen für die Kindertagesstätte und die Schule in Form von *Bildungsplänen für Kinder bis zehn Jahren* entwickelt, um so die Anschlussfähigkeit von Bildungsprozessen auf der Planungsebene zu sichern.
- Einige aktuelle Forschungsprojekte sind auf die Entwicklung einer *institutionsübergreifenden Beobachtung, Dokumentation und Förderung im Übergang* gerichtet, um Kinder besser individuell im Übergang und am Schulanfang begleiten zu können (vgl. dazu Kap. 3).

Daneben gibt es diverse Ansätze zur Optimierung des Übergangs, bei denen Kinder für den Übergang mithilfe von Förderprogrammen gestärkt werden sollen, z.B. hinsichtlich der *Transitionskompetenz* (Fthenakis 2003) oder der sozial-emotionalen Kompetenz sowie mithilfe von spezifischen schulvorbereitenden Bildungsangeboten wie das *KIDZ* in Bayern, *Schulvorbereitungsjahr* in Sachsen oder *Schulreifes Kind* in Baden-Württemberg. Hinter diesen Ansätzen stehen Befunde zur Wirksamkeit früher spezifischer Förderung (vgl. Duncan et al. 2007). Es gibt jedoch auch pragmatische Begründungen: So können wegen der ungleichen Anzahl und regionalen Verteilung von Kindertagesstätten und Grundschulen nicht alle Einrichtungen

---

1   Eine erste große Programmwelle gab es in den 1970er Jahren (vgl. dazu Liebers 2008).

über intensivierte Kooperationsbeziehungen verfügen, zudem gelingt Kooperation oft erst in Ansätzen und manchmal auch nur unzureichend (Liebers/Kowalski 2007, Seckinger 2010, Eckert/Hanke/Hein 2012).

Insgesamt gibt es derzeit nur vereinzelte/wenige Forschungsbefunde, die Aussagen zur Wirksamkeit der Verzahnung und Kooperation zwischen den am Übergang beteiligten Einrichtungen auf die Übergangsphase und die Lernentwicklung der Kinder ermöglichen. Breit angelegte, kontrollierte Längsschnittstudien zur Evaluation der Wirksamkeit der einzelnen, oben genannten Vorhaben fehlen bislang überwiegend. Bei einigen Studien stehen die abschließenden Ergebnisse noch aus oder diese beziehen sich zunächst nur auf wenige bzw. ausgewählte Modellstandorte. Hinzu kommen nur teilweise kontrollierbare Rahmen- und Implementierungsbedingungen der Modelle sowie zahlreiche Kovarianten. Die Längsschnittstudie von Fried et al. (2012) erbringt zu TransKiGs keine Befunde, die eine förderliche Wirksamkeit des Modellvorhabens ausweisen. Allerdings kann kritisch hinterfragt werden, inwieweit von Evaluationen, in einem Zeitraum, in denen Innovation in den Einrichtungen zunächst entwickelt und dann schrittweise umgesetzt werden, wirksame Effekte auf die Lernleistungen der Kinder im Übergangsprozess erwartet werden können. Bedeutsame Zusammenhänge zur Kooperation von Einrichtungen im Übergang konnte erstmals die „finnische Studie" von Athola et al. (2011, S. 300) nachweisen, in der sich ein wirksamer Einfluss von Kooperation dann zeigte, wenn die vorschul- und schulbezogenen Curricula gemeinsam von den Pädagoginnen und Pädagogen abgestimmt sowie schriftliche Informationen wie Bildungspläne, Bildungsdokumentationen und Portfolios über Kinder aus der Kita in die Schule weitergegeben wurden, wohingegen andere häufige Maßnahmen der Kooperation wie gemeinsame Projekte ohne nachweisbare Effekte blieben.

3. Wie kann der Übergang von der Kindertagesstätte zur Grundschule durch systematische Diagnostik unterstützt werden?

Für einen gelingenden Schulstart eines jeden Kindes stellt sich die Herausforderung an die pädagogischen Fachkräfte, eine Passung zwischen den Anforderungen der Schule und den individuellen Lernvoraussetzungen der Kinder herzustellen. Eine systematische, an der Bildungsbiografie von Kindern orientierte Entwicklungs- und Lernprozessbegleitung im Sinne eines *child monitoring* (Fthenakis 2003) kann dazu beitragen, von den ersten Entwicklungsschritten an positive und ungünstige Entwicklungen erkennen und Kinder differenziert zu fördern. Zugleich kann die Weitergabe von Bildungsdokumentationen und diagnostischen Informationen die

Lernentwicklung der Kinder nach dem Übergang positiv beeinflussen, wie die bereits oben zitierten Befunde der Studie von Athola et al. (2011) zeigen.

Im Hinblick auf eine an der Bildungsbiografie orientierte pädagogische Diagnostik, die Entwicklungs- und Lernprozesse pädagogisch begleitet und nicht von den traditionellen Institutionsgrenzen gerahmt wird, zeigt sich, dass dafür international theoretische Modelle und Instrumente vorliegen. Für Deutschland ist jedoch explizit das Fehlen valider Instrumente zu benennen, die sowohl anschlussfähig sind zu den verschiedenen Formen der im Elementarbereich verwendeten Bildungsdokumentationen als auch zu den Assessment-Verfahren der Erfassung von Lernvoraussetzungen im Primarbereich (Geiling/Prengel/Liebers 2010).

Zwar wurden in den letzten Jahren in verschiedenen Modellprojekten unterschiedliche, zumeist informelle Möglichkeiten/Ansätze einer institutionsübergreifenden Beobachtung und Dokumentation für die Übergangsphase entwickelt, deren konzeptionelle Grundlagen sind jedoch nur zu einem Teil theoriegeleitet oder diese sind nur in Einzelfällen ausreichend auf ihre diagnostische Güte hin überprüft worden.

Seit 2009 werden im BMBF-Förderbereich „Kooperation von Elementar- und Primarbereich" Instrumentarien entwickelt und validiert, welche eine anschlussfähige Beobachtung und Dokumentation in Kindertagesstätte und Schule ermöglichen sollen. Dazu zählen die Übertragung und Erprobung von Dokumentationssystemen aus dem internationalen Raum wie das *Work Sampling System* (Uni Landau), und die Entwicklung von Programmen wie das *Prozessorientierte Verfahren der Bildungsdokumentation in inklusiven Settings (Uni Hannover)* oder die *Individuelle Lernentwicklungsanalyse im Übergang – ILEA T* (Uni Halle).[2]

Eine Herausforderung stellt die Weitergabe von schriftlichen Informationen zur Lernentwicklung aus der Kindertagesstätte an die Schule in Deutschland dar. So konnte zum Beispiel in der FIS-Studie gezeigt werden, dass sich nahezu alle Erzieherinnen und Erzieher (94%) mündlich mit den Lehrerinnen und Lehrer über einzelne Kinder austauschen (Eckert/Hanke/Hein 2012, S. 67). Die Bildungsdokumentationen werden allerdings nur von 38% der Pädagoginnen und Pädagogen regelmäßig an die Schule weitergeben (a.a.O.). Begründet wird dies von Fachkräften in Gesprächen zumeist mit den geltenden Datenschutzgesetzen, dem fehlenden Einverständnis der Eltern und mit Befürchtungen über negative Folgen für Kinder. Faust (2012) verweist auf das Dilemma, dass Lehrerinnen und Lehrer auf diese Weise zwar die Chance haben sich unvoreingenommen ein Bild vom einzelnen Kind machen zu können, aber gleichsam ihren Schulanfängerinnen und -anfänger „letztlich ‚blind' gegenüber [stehen] und [] den Start in die Schule nicht auf das einzelne Kind bezogen unterstützen" können (a.a.O., S. 19).

---

2 Alle Vorhaben und Referenzliteratur einsehbar unter http://www.dlr.de/pt/desktopdefault. aspx/tabid-7562/12806_read-32088/, Stand 20.01.2013.

Dabei hat sich in einer aktuellen Befragung von Eltern und Erzieherinnen und Erzieher in Sachsen-Anhalt und Brandenburg im Projekt ILEA T gezeigt, dass die Weitergabe von Portfolios bzw. Lernentwicklungsdaten in einer gemeinsamen Übergangspraxis anders gehandhabt werden könnte: 93% der Erzieherinnen und Erzieher geben an, dass sie die Weitergabe von Daten für bedeutsam halten und 86% würden einer Weitergabe zustimmen. 92% der Eltern sehen dies genauso und wären zumindest hypothetisch mit einer Weitergabe der Entwicklungsdokumentation an die Schule einverstanden (Geiling/Liebers i.Dr.).

4. Wie viel Flexibilität ist am Schulanfang für eine individualisierte Übergangsgestaltung notwendig?

Ein flexibler Schulanfang ist also sowohl durch eine weitgehende *Entstandardisierung* auf administrativer Ebene gekennzeichnet als auch durch strukturelle, personelle und konzeptionelle Merkmale definiert, die sicher stellen, dass die Grundschule der Verschiedenheit der Voraussetzungen und Bedürfnisse aller schulpflichtigen Kinder gerecht werden kann (Faust 2008). Dazu sind komplexe Änderungen erforderlich, die besonders den Primarbereich betreffen. Neben der o.g. Kooperation von Kindertagesstätte und Grundschule sowie der bereits dargestellten systematischen Übergangs- und Schuleingangsdiagnostik, die im Anfangsunterricht ergänzt wird durch eine Lernprozessdiagnostik, sind folgende Eckpunkte essenziell:

- Es bedarf einer individuellen, einer zielgruppenspezifischen und einer gemeinsame Förderung von Kindern im (ggf. jahrgangsübergreifenden) Anfangsunterricht. Kinder mit spezifischen Förderbedarfen erhalten eine präventive förderdiagnostische Begleitung.
- Die individuelle Verweildauer der Kinder von einem Jahr bis zu drei Jahren in der Eingangsphase sowie flexible Schulaufnahmetermine zum Halbjahr des Schuljahres zur Gewährung von ausreichend Lernzeit ist organisatorisch, konzeptionell und personell zu flankieren.
- Eine vorzeitige Schulaufnahme ab dem Alter von fünf Jahren ist insbesondere für Kinder mit erhöhtem Lernbedarf durch geeignete Unterrichtsmodelle zu ermöglichen, um durch die Gewährung von mehr Lernzeit die „Schulfähigkeit" in der Schule erarbeiten zu können.

Veränderte Schuleingangsphasenmodelle sind in den letzten Jahren in den meisten Ländern in sehr unterschiedlicher Form schulgesetzlich fixiert oder über Verordnungen und Modellvorhaben eingeführt worden. Nur in einem Teil der veränderten Schuleingangsphasen werden flexible und nichtselektive Praktiken ausdrücklich unterstützt (z.B. Bayern, Berlin, Brandenburg, Schleswig-Holstein). Ebenso unterscheiden sich die Modelle in den Ländern dahingehend, wie sie die notwendige Flexibilität durch veränderte Anfangsunterrichtsmodelle pädagogisch-organisatorisch flankieren, beispielsweise durch Formen jahrgangsübergreifenden Unterrichts, die z.B. in Berlin, Brandenburg, Hessen, Niedersachsen, Thüringen, Bayern, Schleswig-Holstein, Hamburg und Nordrhein-Westfalen möglich sind. Zugleich unterscheiden sich die Modell im Hinblick auf den Einsatz zusätzlichen pädagogischen Personals für Maßnahmen der individuellen und flexiblen Förderung, welches in einigen Ländern regulär vorhanden ist, in anderen nicht. Als problematisch ist einzuschätzen, dass sich Schulanfang und Schulfähigkeit in einigen Ländern als eher traditionell besetzte soziale und regionale Konstrukte erweisen, die eine gewisse Veränderungsresistenz aufweisen. Auf die inzwischen umfänglichen, wenn auch nur schwer vergleichbaren Forschungsbefunde zur veränderten Eingangsphase (vgl. Götz 2011) kann an dieser Stelle nicht näher eingegangen werden.

Literatur

Ahtola, A./Silinskas, G./Poikonen, P.-L./Kontoniemi, M./Niemi, P./Normi, J.-E. (2011). Transition to formal schooling: Do transition practices matter for academic performance? *Early Childhood Research Quarterly*, 26, 295–302.

Autorengruppe Bildungsberichterstattung (2010): Bildung in Deutschland 2010. *Ein indikatorengestützter Bericht mit einer Analyse zu Perspektiven des Bildungswesens im demografischen Wandel*. Bielefeld.

Beelmann, W. (2006): *Normative Übergänge im Kindesalter: Anpassungsprobleme beim Eintritt in den Kindergarten, in die Grundschule und in die weiterführende Schule*. Hamburg: Kovac.

Bellenberg, G./Klemm, O. (2011): Die Grundschule im deutschen Schulsystem. In: Einsiedler, W. u.a. (Hrsg.): *Handbuch Grundschulpädagogik und Grundschuldidaktik*. 3. Auflage. Bad Heilbrunn, S. 45–51.

Duncan, G.J./Dowsett, Ch.J./Claessens, A./Magnuson, K./Huston, A.C./Klebanov, P./Pagani, L.S./Feinstein, L./Engel, M./Brooks-Gunn, J./Sexton, H./Duckworth, K./Japel, C. (2007): School readiness and later achievement. *Developmental Psychology*, 43(6), 1428–1446.

Eckert, M./Hanke, P./Hein, A.K. (2012): Schutzfaktoren zur Unterstützung der Übergangsbewältigung von der Kindertageseinrichtung zur Grundschule – Ergebnisse aus dem FIS-Projekt. In Pohlmann-Rother, S./Franz, U. (Hrsg.), *Kooperation von KiTa und Grundschule. Eine Herausforderung für das pädagogische Personal* (S. 57–70). Köln: Link.

Faust, G. (2008): Die Entwicklung der flexiblen Eingangsphase im Land Brandenburg im Vergleich der Bundesländer. In: Liebers, K./Prengel, A./Biebers, G. (Hrsg.): *Die flexible Schuleingangsphase. Evaluationen zur Neugestaltung des Schulanfangs*. Weinheim: 20–29.

Faust, G. (2012): Zur Bedeutung des Schuleintritts für Kinder – eine wirkungsvolle Kooperation von Kindergarten und Grundschule. In: Pohlmann-Rother, S./Franz, U. (Hrsg.): *Kooperation von KiTa und Grundschule. Reihe Praxishilfen*. Carl Link, Cronach, 2012, 11–22.

Faust-Siehl, G./Garlichs, A./Ramseger, J./Schwarz, B./Warm U. (1996): Die Zukunft beginnt in der Grundschule. Empfehlungen zur Neugestaltung der Primarstufe. *Arbeitskreis Grundschule – Der Grundschulverband.* Rororo: Reinbek.

Faust-Siehl, G./Speck-Hamdan, A. (Hrsg.) (2001): Schulanfang ohne Umwege. Beiträge zur Reform der Grundschule, 111, Grundschulverband – *Arbeitskreis Grundschule e.V.*: Frankfurt am Main.

Fried, L./Hoeft, M./Isele, P./Stude, J./Wexeler, W. (2012): *Schlussbericht zur wissenschaftlichen Flankierung des Verbundprojekts „TransKiGs".* Dortmund.

Fthenakis, W.E. (2003a): Empfehlungen an die Politik. In: BMFSFJ (Hrsg.): *Auf den Anfang kommt es an! Perspektiven zur Weiterentwicklung des Systems der Tageseinrichtungen für Kinder in Deutschland.* Weinheim.

Geiling, U./Liebers, K. (eingereicht): Individuelle Lernentwicklungs-Analysen im Übergang von der Kita in die Grundschule aus Elternperspektive. In: Kopp, B./Martschinke, S./ Munser-Kiefer, M./Haider, M./Kirschhock, E./Ranger, G./Renner, G. (Hrsg): Individuelle Förderung und Lernen in der Gemeinschaft – Jahrbuch Grundschulforschung. Wiesbaden: Springer-VS. S. 118-122

Geiling, U./Liebers, K./Prengel, A. (Hrsg.) (2011): *Handbuch ILEA T. Individuelle Lernentwicklungsanalyse im Übergang. Pädagogische Diagnostik als verbindendes Instrument zwischen frühpädagogischen Bildungsdokumentationen und Individuellen Lernstandsanalysen im Anfangsunterricht.* Universität Halle-Wittenberg (abrufbar unter http://ilea-t. reha.uni-halle.de).

Geiling, U./Prengel. A./Liebers, K. (2010): *Individuelle Lern-Entwicklungs-Analysen im Übergang. Ein verbindendes Instrument zwischen frühpädagogischen Bildungsdokumentationen und Individuellen Lernstandsanalysen im Anfangsunterricht.* Projektantrag an das BMBF vom 28.05.2010.

Götz, M. (2011): Schuleingangsstufe. In: Einsiedler, W. et al. (Hrsg.): H*andbuch Grundschulpädagogik und Grundschuldidaktik.* Bad Heilbrunn: Klinkhardt.

JFMK/KMK (2009): *Der Übergang von der Tageseinrichtung für Kinder in der Grundschule sinnvoll und wirksam gestalten – Das Zusammenwirken von Elementarbereich und Primarstufe optimieren. Beschlussfassung der Jugend- und Familienministerkonferenz am 04./05. Juni 2009 in Bremen.* Download: www.kmk.org/fileadmin/veroeffentlichungen_beschluesse/2009/2009_06_18-Uebergang-Tageseinrichtungen-Grundschule.pdf.

Kammermeyer, G. (2001): Schulfähigkeit. In: Faust-Siehl, G./Speck-Hamdan, A. (Hrsg.): *Schulanfang ohne Umwege*: Frankfurt/M.

Kammermeyer, G./Martschinke, S. (2006): *Was ist guter Anfangsunterricht? Ergebnisse aus der KILIA-Studie.* Vortragsfolien zur Jahrestagung der DGfE-Kommission Grundschulforschung: Münster.

KMK (1997b): *Empfehlungen zum Schulanfang. Berichtsentwurf vom 08.10.1997.* Vorlage des Schulausschusses und der Amtschefkonferenz für die 280. Plenarsitzung der Kultusministerkonferenz: Bonn.

Liebers, K. (2008): *Kinder in der flexiblen Schuleingangsphase. Wie gelingt der Schulanfang in der FLEX?* Wiesbaden: VS-Verlag für Sozialwissenschaften.

Liebers, K./Kowalski, D. (2007): *Kooperation von Kindertagesstätten und Grundschulen beim Übergang.* Ergebnisse einer repräsentativen Befragung im Land Brandenburg http:// www.transkigs.de/evaluationsbericht_bb.html, zuletzt am 3.1.2011.

Maaz, K./Baumert, J./Gresch, C./McElvany, N. (2010): Der Übergang von der Grundschule in die weiterführende Schule. Leistungsgerechtigkeit und regionale, soziale und ethisch-kulturelle Disparitäten. *Bildungsforschung Band* 34, Bonn.

Seckinger, M. (2010): Kooperation zwischen Kindergarten und Schule: kein einfaches Unternehmen. In: Diller, A./Leu. H.R./Rauschenbach, T. (Hrsg.): *Wie viel Schule verträgt der Kindergarten? Annäherung zweier Lernwelten.* DJI, München: 201–213.

Wehner, F./Pohlmann-Rother S. (2010): Einschulungsentscheidung von Eltern. Welche Aspekte bewegen Eltern zu einer vorzeitigen oder verspäteten Einschulung? *Kita spezial* 1, 44–46.

Auf den Anfang kommt es an

Die Gestaltung des Schulanfangs an der Grundschule Kleine Kielstraße, Dortmund

Gisela Schultebraucks-Burgkart

Die Grundschule Kleine Kielstraße – 1994 neu gegründet – liegt in einem Stadtteil mit besonderem Erneuerungsbedarf; all die bekannten ökonomischen, physischen und sozialen Belastungsfaktoren finden wir im Schulbezirk wieder. Wie sich diese Aufwachsbedingungen auf die Kinder auswirken, welch enge Verflechtung zwischen Herkunft und Bildungserfolg besteht, ist in zahlreichen Studien nachgewiesen. An einem solchen Standort wird Schule zum wichtigen Lern- und Lebensort für Kinder, der es ihnen ermöglichen soll, tragfähige Grundlagen zu erwerben. Besondere Bedeutung hat insbesondere der Schulanfang, der Übergang von der KiTa zur Schule und die flexible Schuleingangsphase.

1.   Verantwortungsgemeinschaft für das Kind

In unserer Schule werden Kinder aus 16 verschiedenen Einrichtungen eingeschult. Die Zusammenarbeit mit den Einrichtungen verläuft auf zwei Ebenen. Die individuellen, das einzelne Kind begleitenden Absprachen werden mit jeder Einrichtung getroffen, die ein Schulanfängerkind an unsere Schule übergibt. Sie ist eingeladen, an der Anmeldung ihrer Kinder teilzunehmen, sie erhält – mit Einverständnis der Eltern – eine schriftliche Rückmeldung über die Eindrücke aus dem Schulspiel. Sie wird gebeten, den Elterngesprächskreis und die vorschulischen Förderangebote organisatorisch zu unterstützen.

Auf der konzeptionellen Ebene arbeiten wir mit den sechs Einrichtungen, die uns für das Delfin-4-Verfahren zugeordnet sind, an grundlegenden Fragen des Übergangs mit folgenden Schwerpunkten:

- Transparenz über Formen des frühkindlichen und des schulischen Lernens, z. B. durch gegenseitige Hospitationen
- aufeinander aufbauende Elternarbeit
- Gestaltung anschlussfähiger Bildungsprozesse und Erprobung fachlicher Kooperation in Projekten, wie dem vorschulischen Literaturprojekt

2. Den Entwicklungsstand erheben und Förderung planen

Am Tag der Anmeldung findet meist der erste Kontakt zwischen künftigen Schulanfängern, Eltern und Schule statt. Während die Eltern bei Kaffee und Keksen Informationen über die Schule und insbesondere über die Angebote für Eltern, wie z.B. Sprachkurse erhalten, durchlaufen die Kinder verschiedene, in eine Geschichte eingebettete Stationen, die kompetenzorientierte Ersteindrücke zum individuellen Entwicklungsstand bezogen auf Kontaktbereitschaft, Kooperationsfähigkeit, alltagsorientiertes Wissen, Sprachstand, mathematische Vorerfahrungen, Gesamtkörperkoordination, Konzept des eigenen Körpers, Graphomotorik sowie visuelle, auditive und rhythmische Differenzierungsfähigkeit ermöglichen. Die letzte Station ist das Gespräch mit der Schulleiterin gemeinsam mit Eltern und Kind. Hier werden die Eltern über die nächsten Schritte im Einschulungsverfahren informiert; ein Termin zur Besprechung der ausgewerteten Eindrücke wird vereinbart.

Das Beobachtungsteam wertet die Eindrücke an den einzelnen Stationen gemeinsam aus und schreibt die Rückmeldungen an die KiTa. In einem persönlichen Gespräch werden die einzelnen Eindrücke erläutert, bestätigt oder modifiziert. Fördervorschläge werden entwickelt. Auch mit den Eltern werden die Einblicke ausführlich besprochen. Ihnen werden – schriftlich fixiert in einem Förderbrief – Möglichkeiten, das Kind in bestimmten Bereichen spielerisch zu fördern, aufgezeigt. Die Zeit bis zum Schuleintritt wird genutzt, um die Entwicklung der Kinder in den unterschiedlichen Bereichen zu unterstützen.

Drei Förderangebote finden in der Schule statt. Die mathematische Spielstunde ermöglicht Kindern das Sammeln von Erfahrungen im Umgang mit Zahlen, Mengen, Größen, Farben und Formen. Es wird gemeinsam mit Erzieherinnen und Erziehern durchgeführt. In die motorische Förderung sind die Eltern mit eingebunden. Hier werden grundlegende Bewegungsfertigkeiten vermittelt und Übungen aus dem feinmotorischen Bereich durchgeführt. In einem Bewegungspass halten die Eltern fest, was sie mit ihrem Kind „geturnt" haben. Die Kinder in der Gruppe „Startklar" erhalten Förderangebote in den Bereichen basaler Wahrnehmung.

Die vorschulischen Förderangebote und die allen angebotenen Projekte bieten den Kindern die Möglichkeit, die Schule und auch die Lehrerin und die künftigen Mitschüler kennenzulernen. Gerade Kindern, denen der bevorstehende Orts- und Bezugsgruppenwechsel eher schwer fällt, können so Vertrauen fassen und an Sicherheit gewinnen.

3. Jahrgangsübergreifendes Arbeiten in der flexiblen Schuleingangsphase

Jahrgangsübergreifendes Lernen fördert soziales und kognitives Lernen. Regeln, Rituale, Arbeitsabsprachen werden durch erfahrene Kinder „nebenbei" vermittelt, zeitaufwändige Einführungen entfallen. Kinder erfahren sich in unterschiedlichen sozialen Rollen: als Unterstützung benötigend und als Unterstützung gebend. Die Lernumgebung wird vielfältiger. Schnell lernende Kinder fühlen sich stärker herausgefordert. Sie können entsprechend ihres Vorwissens ohne Wechsel der Lerngruppe an anspruchsvolleren Inhalten arbeiten. Durch das Vermitteln des Wissens an andere werden eigene Lernerfahrungen reflektiert und gefestigt. Die flexible Schuleingangsphase sieht die Möglichkeit vor, bis zu drei Jahren verweilen zu können. In der Jahrgangsmischung haben auch langsamer lernende Kinder die Möglichkeit, in ihrer Lerngruppe und bei ihrer Lerngruppe bleiben zu können. Sie müssen nicht ihren Bezugsrahmen wechseln und noch einmal alle Inhalte des niedrigeren Jahrgangs wiederholen, selbst die, die sie schon beherrschen, sondern können dort weiterarbeiten, wo sie stehen und verstärkt in ihren Übungsbereichen arbeiten. Die Rolle der Lehrerin verändert sich: Sie wird zur Lernbegleiterin.

Für die Arbeit in der Schuleingangsphase gibt es verbindliche Absprachen, die von allen Lehrerinnen und Lehrern eingehalten werden. Dazu gehören verbindliche, schulintern erarbeitete fachliche Unterrichtskonzepte, die strukturierte Kooperation im Jahrgangsteam, die Vereinbarungen zur Rhythmisierung des Tages, der Woche, des Jahres, zu Arbeitsformen, zur Ausstattung und Gestaltung der Klassenräume und die begleitende Beobachtung.

In der zweiten Woche nach Schulbeginn wird die aktuelle Lernausgangslage jeden Kindes in den Bereichen phonologische Bewusstheit, visuelle Wahrnehmung, rhythmische Differenzierungsfähigkeit, Motorik und Körperkoordination und mathematische Vorerfahrungen erhoben. Dabei wird deutlich, welche Entwicklungen in diesen Bereichen seit der Anmeldung im November stattgefunden haben, welchen Erfolg die vorschulischen Fördermaßnahmen hatten.

Die Ergebnisse sind Ausgangspunkt für die Erarbeitung individueller Förderpläne, die in der Folge mit Hilfe fortlaufender Beobachtung überprüft und aktualisiert werden. Dabei sind Diagnostik, Handlungsplanung, Umsetzung und Evaluation laufend miteinander verknüpft.

Der Unterricht in der Schuleingangsphase zielt darauf ab, die individuellen Möglichkeiten eines Kindes umfassend zu fördern und flexibel auf Entwicklungen zu reagieren. Er ist so konzipiert, dass Kinder auf unterschiedlichen Fähigkeitsstufen gemeinsam an einem Thema lernen können.

4.   Eltern als Partner gewinnen

Das Interesse von Eltern am schulischen Geschehen, das Begleiten des schulischen Weges wirkt sich lernförderlich aus: Kinder, deren Eltern sich mitverantwortlich fühlen, haben größere schulische Erfolge. Doch wie können Eltern erreicht werden, die in der Regel eine große Distanz zur Institution Schule haben, die oft geprägt sind durch eigene negative Schulerfahrungen, die ein anderes Schulsystem kennengelernt haben, die z.T. nicht lesen und schreiben können?

Die Schule wirbt um die Eltern, „wärmt" sie an, nutzt den fruchtbaren Moment des bevorstehenden Schulanfangs, an dem sich Eltern vor allem eins wünschen: dass ihr Kind die Schule erfolgreich durchläuft. Um ihr Kind angemessen unterstützen zu können, benötigen Eltern umfassende Informationen und Ermutigung, an ihre Selbstwirksamkeit zu glauben.

Das Miteinbeziehen der Eltern beginnt schon vor der eigentlichen Schulzeit. Bereits bei der Anmeldung werden die Eltern zum monatlichen Elterngesprächskreis eingeladen. Beim ersten Treffen werden die Fragen und Anliegen der Eltern aufgenommen. Sie ergeben sich aus den Überlegungen „Was braucht mein Kind, um einen guten Schulstart zu haben?" Die so erfassten Themen der Eltern sind sich jedes Jahr ziemlich ähnlich. Bisherige Schwerpunkte waren das Lernen in der jahrgangsübergreifenden Klasse, die häusliche kindliche Förderung im sprachlichen und im mathematischen Bereich, der angemessene Umgang mit Fernsehen und Computer und die Angebote für Kinder und Eltern im Stadtteil. Die intensive Kommunikation mit den Eltern verhindert Unsicherheiten bezüglich schulischer Konzepte, macht Unterstützungsmöglichkeiten deutlich, fördert Erziehungsverantwortung, baut Vertrauen auf.

Zu dieser allgemeinen Information kommt die individuelle Information, die die Eltern eine Woche nach der Anmeldung durch den Förderbrief für ihr Kind erhalten. Eltern als Partner zu sehen, bedeutet auch, sie als Experten für ihr Kind ernst zu nehmen. Bereits zwei Wochen nach der Einschulung werden die Eltern zum ersten Elternsprechtag eingeladen, der mit „vertauschten Rollen" stattfindet. Nicht die Lehrerin erzählt von ihren Beobachtungen und ihrer Einschätzung des Kindes, sondern die Eltern kommen zu Wort. Die Lehrerinnen und Lehrer wollen von den Eltern etwas über ihr Kind erfahren, sie wollen wissen, was den Eltern wichtig ist, was sie über ihr Kind wissen sollten. Für viele Eltern ist dies eine neue und ungewohnte Erfahrung.

Das Gespräch endet mit der Erläuterung und Unterzeichnung des sog. „Schriftlichen Versprechens". Es soll mehr Transparenz schaffen sowohl über die Eigenverantwortung als auch über die Erwartungen an den anderen Partner. Es betont Erziehung und Bildung als gemeinsame Aufgabe, die abgestimmt und zielgerichtet aufeinander bezogen werden muss. Die elterliche Unterstützung wird wertgeschätzt und als wichtiger Faktor eines erfolgreichen Weges betont.

Migrationsgekoppelte Ungleichheit beim Übergang vom Kindergarten in die Grundschule

Jens Kratzmann

Die großen international vergleichenden Schulleistungsstudien PISA und IGLU haben in Deutschland besonders starke Disparitäten zwischen Kindern und Jugendlichen mit und ohne Migrationshintergrund festgestellt. Gleichwohl Kinder mit Migrationshintergrund nach den jüngsten Veröffentlichungen in ihren schulischen Leistungen aufgeholt haben, konnten die Disparitäten bisher immer noch nicht beseitigt werden (Schwippert et al. 2012, Stanat et al. 2010). Ein zentraler Ansatzpunkt wird in der frühen Kindheit und beim Übergang in die Grundschule gesehen. Im Folgenden werden Ursachen für migrationsgekoppelte Ungleichheit und Interventionsmöglichkeiten bezogen auf den Übergang vom Kindergarten in die Grundschule aufgezeigt.

1. Strukturelle Rahmenbedingungen

Strukturell betrachtet lässt sich der Einschulungszeitpunkt mit dem Migrationshintergrund in Zusammenhang bringen. Nach Daten des Sozioökonomischen Panel oder des DJI Kinderpanel werden Kinder zugewanderter Eltern häufiger vom Schulbesuch zurückgestellt. Demgegenüber werden Kinder mit einem zugewanderten und einem in Deutschland geborenen Elternteil häufiger vorzeitig eingeschult und seltener vom Schulbesuch zurückgestellt (Kratzmann & Schneider 2009, Joos 2006).

Aber auch schon früher im Lebenslauf finden sich strukturelle Unterschiede zwischen Kindern mit und ohne Migrationshintergrund in der Inanspruchnahme der Betreuung im Kindergarten. Zwar gab es in den letzten Jahrzehnten eine zunehmende Angleichung der Kindergartenbesuchsquoten, aber es bestehen immer noch Unterschiede im Kindergarteneintrittsalter. Aus der aktuellen IGLU-Studie geht beispielsweise hervor, dass Viertklässler mit beidseitigem Migrationshintergrund oder in deren Familien nicht Deutsch gesprochen wird, deutlich seltener mindestens drei Jahre einen Kindergarten besucht haben (Schwippert et al. 2012: 197). Aufgrund der bereits im Alter von 3 Jahren vorhandenen Kompetenzunterschiede zwischen Kindern mit und ohne Migrationshintergrund, vor allem im sprachlichen Bereich (Dubowy et al. 2008), kann dieser spätere Kindergartenbesuch bereits als ein ungleichheitsverstärkender Aspekt gesehen werden. Derzeit muss davon ausgegangen werden, dass sich diese sprachlichen Kompetenzunterschiede im Laufe der Kindergartenzeit vergrößern (Ebert et al. 2012). Es gibt aber auch verschiedene Hinweise darauf, dass zumindest ein früher Eintritt in den Kindergarten für den Aufbau deutschsprachiger Kompetenzen hilfreich sein kann (Becker 2010). Sicher ist vor allem, dass ein einjähriger Kindergartenbesuch dazu nicht ausreichend ist. Insofern ist es eine strukturelle Herausforderung, Barrieren gegenüber dem Kindergartenbesuch abzubauen.

Ein weiterer struktureller Aspekt ist der Anteil an Kindern mit Migrationshintergrund in der Tagesstätte. Durch eine starke Konzentration von Zuwanderern auf bestimmte Stadtgebiete gibt es in bestimmten Kindertagesstätten entsprechend hohe Anteile an Kindern mit Migrationshintergrund (Leu 2008). Dies ist als struktureller Nachteil zu sehen, wenn die pädagogische Qualität, die Kinder in der Tagesstätte erfahren, mit dem Anteil an Kindern mit Migrationshintergrund in Zusammenhang steht. Es gibt Hinweise darauf, dass es für Kinder bezüglich der Erweiterung der deutschen Sprachkenntnisse nicht förderlich ist, wenn sie eine Einrichtung mit einem hohen Anteil an Kindern mit Migrationshintergrund besuchen (Ebert et al. 2012). Ein Grund hierfür könnte die Qualität des Sprachverhaltens der Erzieherinnen und Erzieher sein, die in Einrichtungen mit einem hohen Anteil an Kindern mit Migrationshintergrund geringer zu sein scheint (Kratzmann et al. in Vorbereitung). Hier gilt es Wege zu finden, wie die Qualität des Sprachverhaltens in diesen Einrichtungen verbessert werden kann.

2.   Einstellungen

Einstellungen von Pädagoginnen und Pädagogen können auf den Bildungsverlauf von Kindern mit Migrationshintergrund Einfluss nehmen, wenn sie mit stereotypen Vorstellungen konfrontiert werden. Unter ethnischen Stereotypen versteht man alle generalisierten Meinungen über die Charakteristiken einer nach ethnischen Kriterien bestimmte Gruppe (Ganter 1997). Anhand von Experimentalstudien wurde gezeigt, dass sich die Angst, ein negatives Stereotyp zu erfüllen, auf das Leistungsvermögen auswirkt. Dieser Effekt ist als „Stereotype threat"-Effekt bekannt geworden. Dabei spielt es keine Rolle, ob Stereotype tatsächlich vorhanden sind. Alleine das Gefühl stereotypisiert zu werden reicht aus, um eine negative Wirkung auf die Entwicklung zu entfalten (Schauenburg 2011). Ein weiterer hemmender Faktor liegt in den Erwartungen von Lehrkräften oder Erzieherinnen und Erziehern. Die entwicklungsangemessene Bereitstellung von Lerngelegenheiten und Unterstützung beim Lernen gelten als wichtige Faktoren, die sich positiv auf die kognitive Entwicklung der Kinder auswirken. Eine Unterschätzung der Fähigkeiten aufgrund von Stereotypen kann dazu führen, dass zu geringe Erwartungen an ein Kind gestellt werden, sein Entwicklungspotenzial nicht genutzt und es nicht seinen

Fähigkeiten entsprechend herausgefordert wird. Der kognitive Entwicklungsfortschritt wird damit beeinträchtigt.

In der Fachliteratur liest man immer wieder von solchen Erfahrungen und es sind besonders Zuwanderer aus der Türkei, die von Diskriminierungs- und Ungleichbehandlungserfahrungen berichten:

„Bei meinem ersten Kind habe ich solche Schwierigkeiten erlebt, aber das Problem war nicht meine türkische Herkunft, sondern mein Kopftuch. Weil, eine türkische Freundin trägt kein Kopftuch, ihr gegenüber war der Lehrer offener, er hat sich um ihre Tochter mehr gekümmert. Ihre Tochter war nicht erfolgreicher als mein Sohn, aber der Lehrer hat einiges dafür getan, dass ihre Tochter auf eine bessere Schule gehen kann. Also dies habe ich erlebt, kann ich auch zeigen, also weil ich ein Kopftuch trage, hat mein Sohn verloren" (zit. nach: Kratzmann 2011, 156f.).

Viele solcher Beispiele lassen sich in qualitativen Forschungsarbeiten finden, aber auch bei größer angelegten Umfragen gibt ein großer Teil der Zuwanderer an, bereits Diskriminierungs- und Ungleichbehandlungserfahrungen gemacht zu haben (Halisch 2008). Gefühlte Ungleichbehandlungen sind also demnach bei Kindern, Jugendlichen und Familien mit Migrationshintergrund weit verbreitet. Gleichwohl stellt sich die Frage nach deren Ausmaß. Tatsächlich lassen sich aus qualitativen Interviews Erzieherinnen und Erzieher finden, die eine generalisierende Haltung gegenüber Kindern mit Migrationshintergrund und deren Familien haben. Diese Haltung zeichnet sich durch häufige undifferenzierte Aussagen gegenüber Zuwandererfamilien aus. Bestimmte Eigenschaften werden allen oder dem Großteil der Zuwanderer undifferenziert zugeschrieben. Dominierend ist bei Erzieherinnen und Erziehern jedoch die differenzierende Haltung. Diese zeichnet sich gegensätzlich dazu durch individuell differenzierte Aussagen aus, die bestimmte Eigenschaften nicht mit der kulturellen Herkunft in Verbindung bringt (Kratzmann & Pohlmann-Rother 2012). Zu ähnlichen Ergebnissen führt auch ein quantitatives Vorgehen, in dem unter Berücksichtigung des Kompetenzstandes und der sozialen Herkunft keine systematischen Unterschätzungen von Kindern mit Migrationshintergrund durch Erzieherinnen und Erzieher nachgewiesen werden konnten (Kratzmann, im Druck). Diese Ergebnisse lassen sich in den internationalen Forschungsstand einreihen, die zwar teilweise Benachteiligungseffekte aufzeigen können, die jedoch immer sehr klein sind (Downey & Pribesh 2004, Strand 2007).

Auf der Ebene der Einstellungen lässt sich also schlussfolgern, dass durchaus die Gefahr besteht, migrationsgekoppelte Ungleichheiten durch stereotype Haltungen und zu niedrig angesetzte Erwartungen zu verstärken. Betrachtet man die Äußerungen von Migranten selbst, so lässt sich feststellen, dass diese häufig von gefühlten Ungleichbehandlungen berichten, was deren Entwicklungsverläufe beeinflussen könnte. Empirisch nachweisen lassen sich solche auf Stereotypen beruhende Ungleichbehandlungen in Bildungsinstitutionen allerdings kaum. Es handelt sich daher nicht um ein generelles Problem, sondern tritt lediglich vereinzelt auf. Dennoch sollten sich alle an Bildungsprozessen beteiligten stets ihre eigenen Haltungen und ihr darauf gründendes Verhalten bewusst machen.

3.   Diagnostik und Beratung

Im Rahmen von Schuleingangsuntersuchungen wurde festgestellt, dass der sprachliche Kompetenzstand zu Beginn der Grundschulzeit bei einem Teil der Kinder mit Migrationshintergrund nicht ausreichend für einen erfolgreichen Schulstart ist (Mengering 2005). Dies setzt sich über die Grundschulzeit hinweg fort (Bellin 2009) und zeigt sich dann auch in der IGLU-Studie. Zwar konnten sich Kinder mit Migrationshintergrund verbessern, dennoch erreichen immer noch rund 27 % der Kinder mit Migrationshintergrund in Klasse 4 nur maximal die Lesekompetenzstufe II, wohingegen dies bei Kindern ohne Migrationshintergrund nur rund 10 % sind (Schippert et al. 2012).

Aufgrund dieser Befunde wurden in den letzten Jahren in nahezu allen Bundesländern Diagnoseverfahren zur Erhebung des Sprachstandes vor der Einschulung eingeführt, an die sich eine Fördermaßnahme der deutschen Sprachkenntnisse bei auffälligen Kindern anschließt (vgl. Lisker 2010). Die Bundesländer gehen hier allerdings sehr unterschiedliche Wege, denn nahezu jedes Bundesland setzt ein eigenes Verfahren ein. Zudem wird an den einzelnen Diagnoseverfahren unterschiedliche Kritik geäußert. Kritisiert wird beispielsweise die unbefriedigende wissenschaftliche Begründung und empirische Absicherung, die dann Fehldiagnosen mit sich bringt, die Nicht-Beachtung der Komplexität des Spracherwerbs (lediglich einzelne Aspekte werden beleuchtet und mit Normen verglichen) oder eine mangelnde Abstimmung zwischen Diagnose und anschließender Förderung (Eckhardt et al. 2011). Bezüglich der Sprachstandsdiagnose und der daran anschließenden Sprachförderung besteht demnach noch erheblicher Verbesserungsbedarf.

Ein zweiter Punkt, der sich an die Diagnostik anschließt, ist die Beratung und Zusammenarbeit mit Eltern. Gerade beim Übergang in die Grundschule kann ein gemeinsames Gespräch zwischen Eltern, Lehrkräften und Erzieherinnen und Erziehern helfen, die individuelle Situation der Familien zu besprechen und notwendige vorbereitende Schritte rechtzeitig einzuleiten. Jedoch wird nur in etwa der Hälfte der Kindertagesstätten und Grundschulen eine gemeinsame Elternarbeit praktiziert (Faust et al. 2012). Zudem scheinen Eltern mit Migrationshintergrund im Kindergarten auf Ungleichbehandlungen bei der Beratung zu treffen. Auch hierzu äußern sich manche Eltern mit Migrationshintergrund negativ. Sie fühlten sich vor allem im Alltag zu wenig beachtet und unterstützt und führen dies auf ihren Migrationshintergrund zurück (Kratzmann 2011).

Unzureichende Diagnostik und Beratung bringen dann Fehlzuweisungen in die Grundschule mit sich. Es kommt zu nachträglichen Zurückversetzungen aus der ersten Klasse aufgrund falscher Einschätzungen des Sprachstandes der Kinder und verpasster Interventionsmöglichkeiten (Kratzmann 2011). Eine verlässliche Diagnostik des Sprachstandes und eine vorurteilsfreie Beratung der Eltern sind daher wichtige Voraussetzungen für einen gelingenden Übergang in die Grundschule.

4.   Platzierung

Nach der These der institutionellen Diskriminierung kommen die erhöhten Zurückstellungsquoten von Kindern mit Migrationshintergrund durch die Eigenlogik des Schulsystems zustande. Demnach müssen Kinder mit Migrationshintergrund besondere Hürden überwinden, um normal eingeschult zu werden (Gomolla & Radtke 2009). Die Einschulung von Kindern mit Migrationshintergrund sei deshalb nicht leistungsgerecht. Vielmehr würden aufgrund von Stereotypen und Fehleinschätzungen Kinder mit Migrationshintergrund systematisch benachteiligt werden (vgl. Kap. 2).

Einer Prüfung im Rahmen der BiKS-Studie halten diese Thesen jedoch nicht stand. Hier wurde jährlich im Vorfeld der Einschulung von Erzieherinnen und Erziehern eine Prognose über den Einschulungszeitpunkt der Kinder erfragt. Unter Berücksichtigung der Kompetenzen und der sozialen Herkunft der Kinder konnte kein zusätzlicher Effekt des Migrationshintergrundes festgestellt werden (Kratzmann, im Druck). Ebenso haben sich im Falle differierender Einschulungswünsche zwischen Elternhaus und Institutionen stets die Eltern durchgesetzt (Kratzmann 2011). Demnach sind es nicht institutionelle Prozesse an der Übergangsstelle zur Grundschule, die migrationsgekoppelte Differenzen produzieren, sondern vielmehr Entscheidungsprozesse der Eltern, in denen der eigene Migrationshintergrund zum Tragen kommt. Die Eltern sind daher ein wichtiger Ansatzpunkt für einen gelingenden Übergang in die Grundschule.

5.   Fazit

Der Übergang in die Grundschule wird als eine Schnittstelle angesehen, die migrationsgekoppelte Ungleichheiten verstärkt. Ziel dieses Beitrags war es, Ursachen für diese Ungleichheiten aufzuzeigen, um darauf Interventionsmaßnahmen abzuleiten. Nach den dargestellten Befunden entstehen migrationsgekoppelte Ungleichheiten nicht erst am Übergang vom Kindergarten in die Grundschule. Vielmehr zeichnen sich diese bereits deutlich früher ab. Interventionsmaßnahmen sind daher nicht nur auf die Übergangsstelle zu konzentrieren, sondern sollten bereits früher ansetzen und möglichst kontinuierlich weitergeführt werden.

Zentral für einen gelingenden Übergang sind ausreichende Kenntnisse der deutschen Sprache. Es gibt Hinweise darauf, dass ein rechtzeitiger Kindergartenbesuch im Alter von drei Jahren gerade für Kinder, die erstsprachlich mit einer anderen Sprache aufwachsen, helfen kann, deutsche Sprachkenntnisse aufzubauen bzw. zu erweitern. Ein einjähriger Kindergartenbesuch reicht hierfür nicht aus. Daher sollten Zugangsbarrieren zum Kindergarten für Kinder mit Migrationshintergrund abgebaut werden. Gleichzeitig müssen für Kindergärten mit einem hohen Anteil an Kindern mit Migrationshintergrund in besonderer Weise Wege gefunden werden, die Entwicklung deutscher Sprachkenntnisse zu fördern. Direkt damit im Zusammenhang steht die Diagnostik sprachlicher Schwierigkeiten. Die derzeit angewendeten Verfahren sind bisher unzureichend wissenschaftlich fundiert und führen teilweise zu Fehldiagnosen. Zudem fehlt bisher eine Abstimmung von Diagnostik und daran anschließender Förderung. Hier gilt es geeignete Diagnoseverfahren zu finden, die eine rechtzeitige Intervention ermöglichen.

Ein weiterer Punkt ist in den Einstellungen von Pädagoginnen und Pädagogen in den Bildungsinstitutionen zu sehen. Nach wie vor haben Zuwanderer häufig das Gefühl, aufgrund ihrer Herkunft ungleich behandelt zu werden, was sich beispielsweise in Beratungssituationen aber auch im alltäglichen Geschehen in den Bildungsinstitutionen zeigt. Gleichwohl stereotype Einstellungen und Ungleichbehandlungen wohl eher die Ausnahme sind, gilt es dennoch für Pädagoginnen und Pädagogen in Bildungsinstitutionen, die eigenen Haltungen und das Verhalten stets auf Stereotype zu hinterfragen und dabei auch mögliche Wirkungen nach außen zu bedenken. Bereits das Gefühl der Ungleichbehandlung reicht aus, um den Bildungserfolg zu beeinträchtigen. Dies ist insbesondere in Beratungssituationen bezüglich des Übergangs in die Grundschule zu beachten.

Literatur

Becker, B. (2010): Wer profitiert mehr vom Kindergarten? Die Wirkung der Kindergartenbesuchsdauer und Ausstattungsqualität auf die Entwicklung des deutschen Wortschatzes bei deutschen und türkischen Kindern. *Kölner Zeitschrift für Soziologie und Sozialpsychologie, 62* (1), 139–163.

Bellin, N. (2009): *Klassenkomposition, Migrationshintergrund und Leistung: Mehrebenenanalysen zum Sprach- und Leseverständnis von Grundschülern.* Wiesbaden: VS Verlag für Sozialwissenschaften.

Downey, D. B./Pribesh, S. (2004): When Race Matters: Teachers' Evaluations of Students' Classroom Behavior. *Sociology of Education, 77* (4), 267–282.

Dubowy, M./Ebert, S./Maurice, J./von Weinert, S. (2008): Sprachlich-kognitive Kompetenzen beim Eintritt in den Kindergarten: Ein Vergleich von Kindern mit und ohne Migrationshintergrund. *Zeitschrift für Entwicklungspsychologie und Pädagogische Psychologie, 40* (3), 124–134.

Ebert, S./Lockl, K./Weinert, S./Anders, Y./Kluczniok, K./Rossbach, H.-G. (2012): Internal and external influences on vocabulary development in preschool age. *School Effectiveness and School Improvement: An International Journal of Research, Policy and Practice.* DOI: 10.1080/09243453.2012.749791

Eckhardt, A. G./Grgic, M./Leu, H. R. (2011): Vermessung der Kindheit im Rahmen von Sprachstandserhebungen? In: *Diskurs Kindheits- und Jugendforschung,* H.3, 263–280.

Faust, G./Wehner, F./Kratzmann, J. (2012): Zum Stand der Kooperation von Kindergarten und Grundschule: Maßnahmen und Einstellungen der Beteiligten, In: *Journal für Bildungswissenschaft online,* 3, 38–61.

Ganter, S. (1997): *Stereotype und Vorurteile: Konzeptualisierung, Operationalisierung und Messung.* Mannheim: Mannheimer Zentrum für Europäische Sozialforschung.

Gomolla, M./Radtke, F.-O. (2009): *Institutionelle Diskriminierung: Die Herstellung ethnischer Differenz in der Schule* (3. Aufl.). Wiesbaden: VS Verlag für Sozialwissenschaften.

Halisch, J. (2008): *Frankfurter Integrationsstudie 2008* Frankfurt am Main: Magistrat der Stadt Frankfurt, Amt für multikurelle Angelegenheiten, efms Bamberg. Verfügbar unter: http://www.frankfurt.de/sixcms/media.php/738/Ffm_Integrationsstudie_08.pdf [25.2.2009].

Joos, M. (2006): Strukturelle Betreuungsverhältnisse von deutschen, türkischen und russlanddeutschen Kindern. In C. Alt (Hrsg.), *Kinderleben – Integration durch Sprache? Bedingungen des Aufwachsens von türkischen, russlanddeutschen und deutschen Kindern.* (S. 259–289). Wiesbaden: VS Verlag für Sozialwissenschaften.

Kratzmann, J. (2011): *Türkische Familien beim Übergang vom Kindergarten in die Grundschule: Einschulungsentscheidungen in der Migrationssituation.* Empirische Erziehungswissenschaft: Bd. 32. Münster u.a.: Waxmann.

Kratzmann, J. (in Druck): Migrationsgekoppelte Ungleichheit durch niedrigere Erwartungen im Kindergarten? Fähigkeitseinschätzungen und Prognosen durch Erzieherinnen. Manuskript eingereicht in der *Kölner Zeitschrift für Soziologie und Sozialpsychologie.*

Kratzmann, J./Pohlmann-Rother, S. (2012): Ethnische Stereotype im Kindergarten? Erzieherinnenhaltungen gegenüber Zuwanderern aus der Türkei. *Zeitschrift für Pädagogik, 58* (6), 855–876.

Kratzmann, J./Schneider, T. (2009): Soziale Ungleichheiten beim Schulstart: Empirische Untersuchungen zur Bedeutung der sozialen Herkunft und des Kindergartenbesuchs auf den Zeitpunkt der Einschulung. *Kölner Zeitschrift für Soziologie und Sozialpsychologie, 61* (2), 211–234.

Kratzmann, J./Smidt, W./Pohlmann-Rother, S./Kuger, S. (in Vorber.): *Interkulturelle Orientierungen und pädagogische Prozesse im Kindergarten.*

Leu, H. R. (2008): Kinder mit Migrationshintergrund in Kindertageseinrichtungen. In: Forschungsverbund Deutsches Jugendinstitut/Universität Dortmund (Hrsg.). *Zahlenspiegel 2007. Kindertagesbetreuung im Spiegel der Statistik* (S. 159–169). München: Deutsches Jugendinstitut.

Lisker, A. (2010): *Sprachstandsfeststellung und Sprachförderung im Kindergarten sowie beim Übergang in die Schule.* München (Expertise im Auftrag des Deutschen Jugendinstituts).

Mengering, F. (2005): Bärenstark – Empirische Ergebnisse der Berliner Sprachstandserhebung an Kindern im Vorschulalter. *Zeitschrift für Erziehungswissenschaft, 8* (2), 241–262.

Schauenburg, B. (2011): Stereotype und Erwartungseffekte. In: U. Neumann, U. & J. Schneider (Hrsg.): Schule mit Migrationshintergrund (S. 169–180). Münster: Waxmann.

Schwippert, K./Wendt, H./Tarelli, I. (2012): Lesekompetenzen von Schülerinnen und Schülern mit Migrationshintergrund. In: W. Bos/I. Tarelli/A. Bremerich-Vos/K. Schwippert (Hrsg.): *IGLU 2011. Lesekompetenzen von Grundschulkindern in Deutschland im internationalen Vergleich* (S. 191–207). Münster: Waxmann.

Stanat, P./Rauch, D. P./Segeritz, M. (2010): Schülerinnen und Schüler mit Migrationshintergrund. In: E. Klieme/C. Artelt/J. Hartig/N. Jude/O. Köller/M. Prenzel et al. (Hrsg.), *PISA 2009. Bilanz nach einem Jahrzehnt* (S. 200–230). Münster: Waxmann.

Strand, S. (2007): *Minority Ethnic Pupils in the Longitudinal Study of Young People in England (LSYPE)*. Centre for Educational Development Appraisal and Research, University of Warwick. Verfügbar unter: http://www.dcsf.gov.uk/research/data/uploadfiles/DCSF-RR002.pdf [4.8.2010].

Gelingensfaktoren für die Schulen zum Übergang vom Kindergarten in die Grundschule

Oliver Gunter

1.　Rahmenbedingungen für Kindergarten und Schule

Kostenfreie, verbindliche Ganztags-Kindergärten

Aus schulischer Sicht ist allem voran eine verlässliche und verbindliche Kindergartenzeit für alle Kinder sehr sinnvoll. Dabei ist auch an unserer Schule eine Häufung von Kindern mit Migrationshintergrund feststellbar, die meist nur kurz und mit häufigen Fehlzeiten, in Ausnahmefällen auch gar nicht im Kindergarten angemeldet werden.

Neben den finanziellen Problemen sind hier sicher auch kulturell unterschiedliche Haltungen Teil des Problems. Notwendig, und gerade bei Kindern mit Migrationshintergrund schon alleine zur besseren Enkulturation und frühzeitigen Sprachentwicklung wichtig, wäre eine kostenfreie Kindergartenzeit, die mit dem dritten, spätestens vierten Lebensjahr beginnen sollte.

Kindergartenarbeit

Kindergärten sollten eine gelungene und abwechslungsreiche Rhythmisierung von strukturierten und unstrukturierten Angeboten anbieten. Bei Kindern mit Migrationshintergrund und allen, die sprachlich entwicklungsverzögert sind, sollten intensive Sprachprogramme ebenso verbindlich umgesetzt werden, wie ein enger Kontakt zu Ergo- und Logotherapeuten sinnvoll ist. Fortbildungen für Erzieherinnen und Erziehern in Bezug auf Sprachentwicklung und mathematische Vorläuferfertigkeiten sollten bereits in der Ausbildung, dann aber auch berufsbegleitend regelmäßig stattfinden.

In Heidelberg wurde für die städtischen Kitas mit QuaSi ein Qualitätssicherungssystem eingeführt, das bereits gute Fortschritte erzielt.

Qualifikation von Erzieherinnen und Erziehern

Menschen in sozialen Berufen sind leider chronisch unterbezahlt, was sich dauerhaft negativ auf die Qualität der Arbeit auswirkt. Eine enorm hohe Fluktuation herrscht im Erzieherberuf vor. Auch an unserer Primarstufe (mit 13 pädagogischen Fachkräften im Ganztag) wirkt sich dies negativ aus.

Eine gute Erzieherin sollte (neben den üblichen pädagogischen Leitgedanken) mindestens ein Instrument spielen können und eine einfache musikalische Früherziehung umsetzen können. Die Musik macht's.

Früherziehung

Angebote wie Englisch (in Heidelberg inzwischen auch Chinesisch) im Kindergarten sind eher als Alibiangebote anzusehen, die Eltern das Gefühl der bestmöglichen Förderung für ihr Kind vermitteln. Hierfür ist auch später noch Zeit.

Schulreifeuntersuchung

Eine kleine Verbesserung stellen die in Baden-Württemberg mittlerweile bei den Vierjährigen durchgeführten Schulreifeüberprüfungen in den Gesundheitsämtern dar. Falls tatsächlich sprachmotorische Probleme o.a. auffallen sollten, kann noch gut vor der Schulzeit behandelt werden.

Problematisch ist die häufig sehr oberflächliche Testung durch (zeitlich) überforderte Ärzte.

2.   Kooperationsarbeit

Die (überwiegend durch die Kooperationslehrerin) durchgeführte Kooperationsarbeit zwischen Kindergarten und Grundschule muss dringend intensiviert werden. Dabei benötigen die Schulen Lehrerdeputat, das sich aus der Anzahl der zu betreuenden Kinder und Kindergärten errechnet. Pauschal eine Stunde zu vergeben, wie dies in diesem Schuljahr erstmals in BW umgesetzt wird, ist ein Tropfen auf den heißen Stein. Ebenso muss hier eine Verpflichtung für alle Kooperationslehrerinnen und -lehrer eingeführt werden, dass nicht nur die künftigen Kinder der eigenen Grundschule gefördert werden, sondern auch Kinder, die später an anderen Grundschulen eingeschult werden. Der Blick auf das Wohl und einen gelungenen Schuleintritt jedes einzelnen Kindes scheint noch nicht in allen Köpfen angekommen zu sein.

An der IGH bietet die Kooperationslehrkraft in fünf Kindergärten (2012 kamen Erstklässler aus 23 Kindergärten) *„Vorschulunterricht"* an. Alle künftigen Erstklässler haben im ersten und im zweiten Halbjahr *Besuchstage* in der Grundschule, so dass ihnen die Schule beim eigentlichen Schulbeginn bereits vertraut ist.

Erste Schulwochen

Alle ersten Klassen haben *Patenklassen* (Dritt- oder Viertklässler). Gemeinsame Projekte, aber auch die kleinen Hilfen im Alltag sind es, die nicht nur in den ersten Schulwochen viel Sicherheit und Zusammengehörigkeitsgefühl aufbauen helfen.

Einen großen Beitrag leisten die *Klassenerzieherinnen und -erzieher*, die für die Erstklässler als feste Bezugspersonen bis am Nachmittag da sind. Erstklässler sind zunächst nur ein bis maximal zwei Mal in AGs zugeteilt, ansonsten bleiben sie in ihrer Spielgruppe bei der Klassenerzieherin.

Pausenhelfer sorgen in den Rennpausen dafür, dass die Schulregeln eingehalten und kleine Streitereien friedlich gelöst werden.

Informationsveranstaltungen, Anmeldegespräche, Elternabende und Schulstart

Mehrere Monate vor den Anmeldetagen im Februar finden die Infoveranstaltungen der Grundschulen für die neuen Erstklässler statt. Ausführlich werden dabei die Angebote der Ganztagsschule beschrieben. Nach wie vor müssen selbst Eltern, die ihre Kinder vom dritten Lebensjahr in Ganztags-Kitas betreuen ließen, von den Vorzügen der Ganztagsschule überzeugt werden. Häufig sind es befreundete Familien, die Vorurteile verstärken eine Abgrenzung von sozial benachteiligten Bevölkerungsschichten anstreben (insbesondere in Heidelberg) und sehr kostspielige private Nachmittagsförderungen bevorzugen.

Bereits vor den Anmeldegesprächen bietet die Kooperationslehrkraft Elterngespräche im Kindergarten an. Rückmeldungen von den Erzieherinnen und Erziehern über die einzelnen Kinder nehmen zu; dabei ist das Einverständnis und das Vertrauen der Eltern in das gemeinsame Ziel, dem Kind einen gelungenen Einstieg ermöglichen zu wollen, entscheidend. Kindergarten und Kooperationslehrerin besprechen dabei einen gemeinsam erarbeiteten Entwicklungs- und Beobachtungsbogen mit den Eltern. Transparenz schafft dabei viel Vertrauen.

Bei der Anmeldung wird bei Kindern, die nicht am Vorschulunterricht teilnahmen, oder bei denen die Schulreife nicht eindeutig geklärt ist, eine spielerische Testreihe durchgeführt (*Mit Mirola durch den Zauberwald*, Finken Verlag). Zum Anmeldegespräch liegt der Schulleitung dieser Beobachtungsbogen ebenso vor, wie der Förder- und Infobogen aus der Kiga-Kooperation.

Bis zur Zusammensetzung der Klassen liegen der Schulleitung und der Koop-Lehrerin Informationen zu den meisten der aufzunehmenden Kinder vor, damit die Klassen möglichst gleich besetzt werden können.
- Welche Klassenlehrerin kann die eine oder andere Problematik besser auffangen?

- Sind genügend deutschsprachige Kinder in jeder Klasse?
- Ist die Anzahl von Kindern mit besonderem Aufmerksamkeitsbedarf leistbar?
- …

Noch vor der Einschulung lernen die Eltern die Klassenleitungen, also Lehrerperson und Erzieherin/Erzieher im Elternabend kennen. Viele offene Fragen und Sorgen können so geklärt werden.

Der erste Schultag – am Samstag nach Schulbeginn – ist etwas Besonderes und wird gebührend mit Theaterstück und Grundschulchor gefeiert. Die Eltern der zweiten Klassen empfangen die neuen Eltern und alle Verwandten am ersten Schultag mit Kaffee und Kuchen, während die Kinder ihre erste kleine Schulstunde genießen.

Nach ca. vier bis sechs Schulwochen werden beim zweiten Elternabend erste Erfahrungen reflektiert, die Jahresplanung und die Lehrmethodik ausführlich besprochen.

Flexible Schuleingangsphase, Jahrgangsmischung und individualisierte Lehrmethoden

Sicher wäre gerade auch die Flexibilisierung der Einschulungszeitpunkte eine gute Möglichkeit für die Ministerien, aktiv in die Schulentwicklung einzugreifen. Mit einer für alle Grundschulen verbindlichen Einschulung im Sommer/Herbst und im Frühjahr müssen sich die Schulen automatisch mit einer veränderten Lehrmethodik auseinandersetzen. Offene Arbeitsformen, die schrittweise die Methodenkompetenzen der Kinder im Anfangsunterricht entwickeln, sind dabei ebenso sinnvoll wie eine Jahrgangsmischung in den Klassen 1 und 2.

Vorgaben der Schulaufsicht und professionelle Schulentwicklung

Schulentwicklung, Lehreraus- und Fortbildung benötigen klare Strukturen eines *Change Managements*, wie es in der freien Wirtschaft längst üblich ist.

Jede Freiwilligkeit der einzelnen Schulen ist in der Schulentwicklung ebenso fehl am Platz wie der föderalistische Irrsinn, dass 16 Bundesländer ihr eigenes Süppchen kochen. Flexibilität ist wichtig; im Grundsatz müssen aber *verbindliche, gemeinsame Leitlinien und Ziele* vorgegeben werden.

Ein Schul- und Bildungssystem, das sich in vielen Bereichen auf die Freiwilligkeit der Beteiligten stützt, steht seiner Professionalisierung aus meiner Sicht selbst im Wege.

Politik kann notwendigen Entwicklungen im Bildungssystem sehr im Wege stehen. Ein Denken in Wahlperioden verhindert langfristige Entwicklungsziele. Das

Problem, dass politisch keine klare Linie gefunden wird, wohin sich Schule und Unterricht konkret entwickeln sollen, sorgt zudem für viel Unruhe in den Kollegien, bewirkt unnötige, überhastete und meist schlecht vorbereitete Reförmchen, die teilweise mehr unter Aktionismus einzustufen sind, anstatt dringend benötigte Verbesserungen zu bewirken.

Als ein Negativbeispiel kann für BW die Einführung des Grundschulenglisch beschrieben werden, das reichlich dilettantisch eingeführt wurde und bis heute in manchen Schulen mehr Alibifunktion inne hat, als dass die Kinder ein zählbar positives Sprachverständnis entwickeln. In Klasse 5 wird dann wieder von vorne angefangen.

Zurecht heftig diskutiert wird bei Eltern auch die Einführung von G8, das einen immensen Druck auf Gymnasialkinder bewirkt, und – durch die Hintertür – Ganztagsschulen ohne Rhythmisierung und Mensa nötig macht. GFS – die „ganze Familie schafft" zeigt auf, wohin sich das Thema Chancengleichheit in BW entwickelt.

Eine kinderarme Gesellschaft, die seit Jahren betont, dass es auf jedes Kind ankomme, und deren Politiker immer wieder proklamiert, dass alle Schulkinder so intensiv wie möglich individuell gefördert werden müssen, muss verbindlichere und zwingende Maßnahmen ergreifen.

Dass der Politbetrieb hinderlich sein kann, zeigt sich gerade auch bei der Diskussion um (deutlich günstigere) Kosten für Prävention und (sehr hohe) Sozialausgaben für Einzelfallhilfen bis hin zur Hartz-Unterstützung junger Langzeitarbeitsloser.

Bildung benötigt einen längeren Atem und längere Entwicklungszeiten als es die Ziele von Parteien, nämlich erst einmal wieder gewählt zu werden, leisten können.

3.   Elternarbeit

Etliche Eltern (mit unterschiedlichstem Bildungshintergrund) bitten geradezu um professionelle Unterstützung und Ratschläge in der Erziehung ihrer Kinder. Bereits im Kindergarten stellen regelmäßig angebotene *Themenabende zu klassischen Erziehungsfragen* eine gute Unterstützung dar. Hier fehlt es, neben einem allgemein gültigen Erziehungskanon, durchaus auch an kompetentem Personal in Kiga und Schule, das diese Infoabende und Workshops leiten könnte.

An der IGH bieten wir über die Schulsozialarbeit eine intensive Beratung und unregelmäßige Samstagsseminare für Eltern an.

Immer wieder ansatzweise angeboten, dann aber doch aus unterschiedlichen Gründen nicht zustande gekommen, sind an unserer Schule *Sprachkurse für fremdsprachige Eltern*. Die Sprachbarriere stellt für viele Familien und ihre Kinder noch immer eine große Hürde dar, sich auf Land, Leben und Leute in Deutschland einzulassen.

Je nach kulturellem Hintergrund von Eltern sind grundlegende und rechtsstaatlich verankerte *Erziehungsgrundsätze*, wie gewaltfreie Erziehung und Bestrafungsmethoden, noch immer ein Thema. Die Schulsozialarbeit hat an unserer Schule in dieser Hinsicht alle Hände voll zu tun, um nachhaltige Überzeugungsarbeit zu leisten. Nicht selten nehmen ausländische Väter weder die Lehrerin noch die deutschen Erziehungsmethoden für voll.

Der *Beratungsbedarf* ist insgesamt hoch und wird in Zukunft immer mehr Raum einnehmen müssen; entsprechend benötigen Schulen für diese wichtige Arbeit deutlich mehr *Anrechnungszeiten im Deputat* als dies bislang zugestanden wird. Die Individualisierung von Unterricht bewirkt ebenfalls einen notwendigen regelmäßigeren Austausch zwischen Lehrkräften und Eltern.

4. Ganztagsschulen

Strukturelle Voraussetzungen

Die Ganztagsschule bietet, soweit sie nicht als Sparmodell entwickelt werden muss, nicht nur Kindern mit Migrationshintergrund deutlich bessere *Bildungs- und Entwicklungschancen* als das traditionelle Modell der Vormittags-Grundschulen.

Eine Konsequenz aus den Diskussionen zum Thema Chancengleichheit muss die Entwicklung eines *kindgerechten Ganztagsschulsystems* sein. Dabei sind *gebundene Formen* häufig die verlässlichere Variante, da offene Ganztagsschulen oft nur mit dem heutzutage schwer zu findendem ehrenamtlichem Personal Arbeitsgemeinschaften anbieten können. Überforderte Übungsleiter, häufige Personalwechsel und ein hoher Betreuungsbedarf dieser AG-Leiter sind die Folge.

Das Land sollte dabei die *Ganztags-Deputatszuweisungen* soweit erhöhen, dass nicht nur eine Basisversorgung über acht Stunden täglich möglich ist, sondern auch intensive Kleingruppenförderungen, Theater-AGs u.a. umgesetzt werden können. Ganztagsschulen benötigen ebenso zwingend eine funktionierende *Krankheitsreserve*.

Ganztagsgrundschulen wurden in BW häufig entlang der Richtlinien für die weiterführenden Schulen entwickelt. So werden auch in Besprechungen mit Stadt und Land immer wieder Vergleiche zu den Konzepten der Ganztags-Werkrealschule herangezogen. Kinder benötigen *verlässliche Bezugspersonen* und eben kein häufig wechselndes und ungeschultes Personal. Auch für die weiterführenden Schulen ist eine Versorgung durch Lehrkräfte anzustreben. Mögliche Impulse durch Externe müssen vom Kollegium intensiv betreut werden, so dass dadurch kein Personal eingespart werden kann.

Räumliche Voraussetzungen

Einer dringenden Reform bedarf das *Modellraumprogramm* des Landes BW für Ganztagsschulen. Räume für Bewegung, für Ruhe, Entspannung und Rückzug, eine lebenswerte Umgebung, in der sich Kinder wie Erwachsene wohl fühlen können, sollten zum Standard werden. Bislang liegt es am Ermessen der Kämmereien, ob mehr als 55qm für 28 Kinder plus Lehrkraft genehmigt werden.

Lernen in der Ganztagsschule

Kinder lernen, sich mit anderen Kindern auseinanderzusetzen, sich in einer Gruppe zurechtzufinden und erleben sich als mitverantwortlich in der Schulgemeinschaft. Erst im November betonte Prof. Werning, Hannover, während des Heidelberger Fachtags für Inklusion die entscheidende Bedeutung einer *„gesunden Mischung"* in den Klassen und im Ganztag.

Kinder mit Migrationshintergrund benötigen Sprachvorbilder. An der Ganztagsschule erhalten sie darüber hinaus deutlich mehr Zeit zur Entwicklung von Sprachkompetenz, als sie diese im Elternhaus je erlernen könnten. Neben *speziell zugeschnittenen Förderprogrammen* stellen dabei auch die *vielfältigen Angebote im Ganztagsprogramm* (Sport, Theater, Forschen, Musik etc.) eine große Unterstützung dar.

Schule stellt heute viel mehr Lebensraum für Kinder dar, als dies früher der Fall war. Zumindest gilt dies für alle Kinder, deren Eltern berufstätig sind, oder die in verschiedenen Betreuungseinrichtungen angemeldet sind. Vereinsangebote, Musikunterricht, aber auch das freie selbstversunkene Spielen muss im Ganztag ebenso Berücksichtigung finden, wie die klassischen Sozialisierungsprozesse von Kindern, die sich in Spiel, Sport und Lernen mit anderen arrangieren und die ihre Rolle in Gruppen und Gemeinschaften finden müssen.

Eine umfassende Bewegungs- und Gesundheitserziehung wirkt dabei den gesellschaftlichen Veränderungen entgegen und zeigt den Kindern Zugänge zu einer gesunden Lebensweise auf. Als Sarah Wiener Projektschule bietet die IGH allen Grundschülern täglich ein gesundes Frühstück und zahlreiche Koch-AGs an.

Ein breit gefächertes Ganztagsprogramm mit Akrobatik, Musik, Theatergruppen, Schülerfirma, Sportangeboten, Forschen & Experimentieren, und vielem mehr geht auf individuelle Neigungen und Talente der Kinder ein und bietet ausreichend Anreize, neue Interessen zu entdecken und sich auf ein Thema intensiv einzulassen. AGs werden für ein Jahr belegt.

Sozialcurriculum und Schulsozialarbeit an der Schule

Demokratische Schulstrukturen und das Verständnis, dass alle, Lehrerinnen und Lehrer wie Schülerinnen und Schüler, ihre Schule gemeinsam gestalten und entwickeln, wirken nachhaltig positiv auf das Schulklima.

Die in Heidelberg seit 15 Jahren institutionalisierte Schulsozialarbeit ist dabei eine notwendige und vorbildliche kommunale Unterstützung. Der Schulsozialarbeiter muss dabei inhaltlich eng an das Kollegium angebunden sein.

5. Kollegium

Basis aller schulischen Arbeit ist eine engagierte und professionelle Grundhaltung, jedes Kind anzunehmen und es auf seinem Weg so kompetent wie irgend möglich begleiten zu wollen.

An der IGH können wir mit einem teilgebundenen Ganztag *Klassenteams aus Lehrerinnen und Lehrern sowie Erzieherinnen und Erziehern* ermöglichen, die gemeinsam für die Kinder verantwortlich sind.

Das breite *Aufgabenspektrum von Grundschullehrerinnen und -lehrern*, insbesondere an Ganztagsschulen, erfordert längst eine intensive und arbeitsteilige Zusammenarbeit. Verbindliche *Teamstrukturen* (nach Jahrgängen, Fachbereichen, Klassenteams) helfen dabei, die Belastungen auf viele Schultern zu verteilen. Wichtige *Kontrollmechanismen* innerhalb eines Kollegiums werden gleichzeitig unterstützt, indem beispielsweise Materialien und geplante Unterrichtseinheiten in mehreren Klassen eingesetzt werden und anschließend gemeinsam reflektiert werden.

Damit ist eine wesentliche Kompetenz von Lehrkräften benannt: ein *offener Umgang und Austausch* mit anderen Kolleginnen und Kollegen, ebenso wie die selbstverständliche Einbindung weiterer „Experten", wie Erzieherinnen und Erzieher, der Schulsozialarbeiter, Therapeuten etc. ist eine Grundvoraussetzung für erfolgreiche schulische Teamarbeit.

Regelmäßige *Team- und Tandemstunden* zweier Lehrkräfte sind bei Klassen bis 28 Schülerinnen und Schüler eine Notwendigkeit und sollten auch in der Deputatsberechnung Berücksichtigung finden. Damit verbunden können reflektorische *Trainingsmodelle* im *schulinternen Lehrerfortbildungsprogramm* installiert werden.

Neben den oben beschriebenen notwendigen Qualitäten eines Kollegiums muss bei einem konsequenten Richtungswechsel hin zum Ganztagsschulsystem auch politisch wertgeschätzt werden, dass Lehrkräfte an Ganztagsschulen einen deutlich höheren *Arbeitsumfang* zu leisten haben, als an Vormittagsgrundschulen. Lösungen könnten sein:

- Finanzielle Staffelungen für Grundschullehrkräfte und Ganztagslehrkräfte
- Anpassung der Deputate und Besoldungen aller Schularten

- Deputatsanrechnungen für Ganztagslehrkräfte
- Honorierung und Wertschätzung der Leitungsarbeit der Grundschulrektoren

Ein *Belohnungssystem* für alle Schulen, das der jeweiligen Schule mehr Deputat zuweist, sobald entscheidende Schulentwicklungsschritte erfolgt sind, würde viele Prozesse enorm beschleunigen.

Schulen in Veränderungsprozessen benötigen Entlastung, damit die zahlreichen Sitzungen und Konferenzen keine dauerhafte Überlastung des Kollegiums mit sich bringen. Aus eigener Erfahrung sind Schulsanierungen, die Umsetzung einer Ganztagskonzeption und die Entwicklung neuer Unterrichtsstrukturen sehr zeitaufwändige Themen, die als undotierte Zweit- und Drittjobs aufgesattelt werden. Die Landesregierungen setzen bei der Schulentwicklung offensichtlich auf pure Leidenschaft und eine enorme Eigenmotivation der Beteiligten, oder sie haben die Problematik noch gar nicht erkannt. Kein Unternehmen würde ein Change Management einführen, das an der Basis, nämlich in den Schulen selbst, keinerlei zusätzliche Zeitressourcen zur professionellen Durchführung zur Verfügung stellt.

Lehrerausbildung

In Baden-Württemberg startet im Sommersemester 2013 das integrierte Semesterpraktikum mit deutlich mehr Praxisbezug der Studentinnen und Studenten. Dies ist zunächst eine seit langem eingeforderte Verbesserung. Leider wird dabei eine kompetente und intensive Betreuung durch die Hochschuldozenten teilweise wegrationalisiert. Lehrerinnen und Lehrer können diese wichtigen fachdidaktischen und –methodischen Beratungen nicht adäquat leisten.

Weiterbildung

Die Lehrerfortbildungssysteme haben sich in den vergangenen Jahren inhaltlich verbessert. Dennoch gibt es noch viel zu viele Fortbildungen, von denen Lehrkräfte desillusioniert berichten. Professionelle Fortbildner, die ausreichend Einblick und Kenntnis vom Arbeitsalltag der Lehrerinnen und Lehrer haben, die aber gleichzeitig einen kritischen Außenblick wahren, sind rar gesät. Hier spielt auch die Bezahlung der Fortbildner eine Rolle. „Profis" der freien Wirtschaft benötigen schon viel Idealismus, um sich auf die Honorarsätze des Landes herabzulassen. Schulinternen Fortbildnern fehlt derweil der nötige Außenblick, den Mitarbeitern der psychologischen Beratungsstellen schlicht Lehrerfahrung.

Die Freiwilligkeit von Fortbildungen muss dringend abgeschafft werden. Schulleitungen und die Schulaufsicht benötigen auch in diesem Punkt dringend ein Instrument, mit dem dienstunfähige Lehrerinnen und Lehrer eingefordert werden können, sich auf den neuesten Stand zu bringen.

In besonderen Fällen sollte auch eine Form von Fortbildungsmonaten eingeführt werden, durch die sich auch verbeamtete Lehrkräfte wieder für ihren Beruf qualifizieren können.

Schulen, die Lehrerinnen und Lehrer regelmäßige Fortbildungen ermöglichen, leiden unter häufigen Vertretungsproblemen. Mehrere Lösungsansätze würden Abhilfe schaffen:

- eine verlässliche KV-Reserve für jede Schule schaffen
- Fortbildungen sollten stufenweise in Ferienabschnitte gelegt werden
- das Land sollte verbindliche Planungs- und Fortbildungswochen einführen (Ende große Ferien, evtl. Ostern)
- im Beamtensystem rechtliche Möglichkeiten schaffen, wie mit gefährdetem oder dienstunfähigem Personal umgegangen werden kann
- das Beamtensystem durch ein Angestelltensystem mit Zeitverträgen ersetzen

Sicher sind diese Ansätze unbequem. Wer aber echte qualitative Verbesserungen im Schulsystem erreichen möchte, kann nicht an allen Bequemlichkeiten festhalten. Mit den Gewerkschaften müsste entsprechend ein offener Dialog über ein Geben und Nehmen erfolgen.

Diagnostik

Die Schulen sind derweil noch darauf angewiesen, umfangreiche Überzeugungsarbeit in den Kindergärten und bei den Eltern zu leisten, damit überhaupt Informationen zum einzelnen Kind übermittelt werden. *Datenschutz* zum Einen, die Bequemlichkeit und fehlende finanzielle Mittel der verschiedensten Kindergartenträger zum Anderen stehen konsequent aufeinander aufbauenden (Sprach-)Förderprogrammen derzeit noch entgegen.

Ein Ziel sollte im Sprachbereich ein *individuell ausgearbeiteter Förderbogen* für jedes Kind vom Kindergartenalter bis hin zur weiterführenden Schule sein. *Screenings, Diagnostik, individuelle Förderpläne in Kiga und Schule* helfen, die Sprachentwicklung der kommenden Generationen effektiv zu verbessern.

Auch für den Fachbereich Mathematik sollte ein derartiger „*roter Faden*" vom Kindergarten (mathematische Vorläuferfertigkeiten) an entwickelt werden.

Evaluation

Ein weiterer Schritt muss die konsequente Evaluation der durch die Sprachförderung erfolgten Lernfortschritte sein.

Grundsätzlich sollte auch über die Effizienz isolierten Fachunterrichts nachgedacht werden bzw. dieser kritisch hinterfragt und ebenso evaluiert werden. Neun bis zwölf Jahre enormer Zeitaufwand für Rechtschreibung innerhalb des Deutschunterrichts darf keine orthografisch derart schwachen Abiturienten zulassen. Nach wie vor werden etliche Themen abgehakt, aber nicht verstanden und gelernt.

Förderung

Die Uni Heidelberg hat mit *Deutsch für den Schulstart* ein gut strukturiertes Sprachförderprogramm entwickelt, welches mit unterschiedlichen Modulen im Kindergarten (Vorschulkinder) wie auch in Klasse 1 und 2 eingesetzt werden kann. Besonders Migrationskinder benötigen häufig zusätzliche Fördermaßnahmen, die je nach sprachlichem Hintergrund, individuell zugeschnitten werden müssen. An der IGH Primarstufe fördern von der Uni ausgebildete pädagogische Fachkräfte und Studierende der Pädagogischen Hochschule in insgesamt sechs Kleingruppen. Eine klassische „WinWin-Situation" für Kinder, Schule und Hochschule hat sich seit fast acht Jahren manifestiert.

An der Primarstufe erfolgt bei allen Erstklässlern im ersten Quartal zunächst eine Grobsichtung potenzieller Sprachförderkinder. Ausgebildete Förderkräfte testen die genannten Kinder im Anschluss; eine entsprechende Förderstufe und entsprechende Kleingruppe wird jedem Kind individuell zugewiesen. Ab Herbst erhalten alle Förderkinder dann für ein Schuljahr vier Wochenstunden Förderunterricht.

Vorbereitungsklasse für Kinder mit Deutsch als Fremdsprache

Nullsprachler erhalten an unserer Schule individuell zugeschnittene Einzel- oder Kleingruppenförderungen. Die Wortschatzarbeit orientiert sich dabei an lebensnahen und kindgerechten Themenbereichen. Die enge Anbindung dieser Kinder an ihre Regelklasse erachten wir dabei für wichtig. In intensiven Sprachförderstunden lernen die Kinder in strukturierten Lerneinheiten und lebensnahen Lernszenarien. Eine VK-Lehrerin ist als Interkulturelle Lernbegleiterin ausgebildet. In ihrer Peergroup lernen diese Kinder aber auch ungesteuert spielerisch und werden durch Patensysteme rasch integriert. In aller Regel können Kinder mit guter Intelligenz dem Unterricht nach ca. einem halben Schuljahr folgen. Gute Freundschaften sind im Grundschulalter meist noch viel schneller geschlossen.

LRS-Kurse

Kinder mit extremer Lese- und Rechtschreibschwäche erhalten an der IGH ebenfalls in Kleingruppen intensive zusätzliche Übungseinheiten. Dabei haben sich kürzere, möglichst tägliche Einheiten als ideal erwiesen.

Vorab wird anhand der Hamburger Schreibprobe getestet. Den Eltern von LRS-Kindern empfehlen wir häufig auch für weitergehende externe Testungen (AWO, Kinder- und Jugendpsych., Päd-Audiologie o.a.).

Über die Möglichkeiten des Nachteilsausgleichs und weiterführender Absprachen mit den Eltern ist die Entwicklung einer Lernmotivation bei diesen Kindern besser erreichbar.

Deutsch 3+4 (jeweils in Kooperation mit PH und Uni Heidelberg)

In allen dritten und vierten Klassen werden jeweils vier Wochenstunden binnendifferenziert im Tandem unterrichtet. Vom Institut für Deutsch als Fremdsprache (Uni HD) ausgebildete externe Förderkräfte unterstützen die Lehrkräfte dabei bei Lesetrainings, Wortschatzarbeit, bieten schwächeren Kindern individuelle Hilfen etc.

Software-gestütztes Lernen am PC

Sowohl im Unterricht als auch im Förderunterricht setzen wir gezielt diverse Lernsoftwares ein, die teilweise auch in der Legasthenietherapie eingesetzt werden.

Die Kinder lernen jeweils an individuell zugewiesenen Aufgaben anhand ihrer Fehlerschwerpunkte. Im Einzelfall testet die Beratungslehrerin vorab u.a. anhand des Salzburger Rechtschreibtests.

Übungszeiten und Wochenplanarbeit in allen Klassen

Drei bis viermal in der Woche vertiefen die Kinder aller Klassen den bereits gelernten Unterrichtsstoff in der Übungszeit nach der Mittagspause. Eine konzentrierte Stillarbeitsphase hat sich dabei an unserer Schule gut etabliert. Selbstständig arbeitende Kinder können nach Fertigstellung des Wochenplans mit Freiarbeitsmaterialien oder in Kleingruppen weiterarbeiten. Die pädagogischen Fachkräfte und Lehrerinnen und Lehrer unterstützen die maximal 15 Kinder großen Lerngruppen.

Mit Schüler-helfen-Schülern besteht an der IGH seit etlichen Jahren ein Helfersystem mit Mittel- und Oberstufen-Schülerinnen und -Schüler, die den Grundschülern bei der Wochenplanarbeit helfen oder individuelle Hilfen geben.

Übergang zur weiterführenden Schule

Mit der Aufhebung der verbindlichen Grundschulempfehlung in BW liegt zunächst eine große Verantwortung bei den Eltern, welche weiterführende Schule für das Kind gewählt werden soll. Mindestens so entscheidend ist aber eine professionelle Begleitung der weiterführenden Schulen selbst. Gerade bei den Gymnasien scheinen teilweise noch sehr große Unterschiede im Denken über den Umgang mit Chancengleichheit und Heterogenität (oder gar Inklusion) vorzuherrschen.

Eine Generation der „Gescheiterten" und der Schulwechsler ist zu befürchten. Auch hierzu fehlen konsequente wissenschaftliche Studien über Abbrecher und deren psychische wie berufliche Werdegänge.

In Deutschland stellt die rechtsverbindliche Einführung von inklusivem Unterricht eine einmalige Chance dar, das Schulsystem endlich umfassend zu modernisieren.

Die Politik muss dabei Maßstäbe setzen und mutige Entscheidungen treffen, die gegen die eine oder andere Lobby bestehen muss. Die Schulleitungen benötigen die Mittel und die Unterstützung, Reformen konsequent umsetzen zu können. Die Kollegien benötigen kompetente Beratung und Fortbildung, zu aller erst aber Entlastung um die Umstrukturierungen angehen zu können.

Zum Nulltarif und ohne zwingende Vorgaben wird es wieder einmal nur ein oberflächliches Reförmchen geben, das bei allen Eltern noch mehr Schul- und Politikverdrossenheit erzeugen wird.

Kapitel 2
Übergang in die Sekundarstufe I

Einleitung: Chancen wahren, den Wechsel miteinander gestalten, Eltern beraten – von der Grundschule ins gegliederte Schulwesen

Silvia-Iris Beutel

Der das deutsche Bildungswesen so zentral kennzeichnende Wechsel von der Grundschule zum weiterführenden und strukturell gegliederten Schulsystem liegt – im Sinne einer pädagogisch professionell zu bearbeitenden Gestaltungsaufgabe der sich hierbei jeweils berührenden Schulen – trotz einiger inzwischen sichtbarerer Reformansätze in der Fläche überwiegend brach. Übergänge sind mehrheitlich sich ereignende Zwangsläufigkeiten, selten chancenreich genutzte pädagogische Lernwege zum Wohle der Lernenden.

So stellen sich hier folgende Fragen, die mit perspektivischen Überlegungen aus den Workshops in das Thema von der Grundschule ins Sekundarschulwesen einführen sollen:

* Welche Ansatzpunkte für Kooperationen zwischen Grundschule und weiterführenden Schulen sind bereits vorhanden, wo und wie können diese weiter ausgebaut werden?
  Um Übergänge pädagogisch professionell, individualisierend und lernförderlich zu gestalten, werden verbindliche Kooperationskontexte für die Grundschul- und Sekundarschullehrkräfte benötigt. Ein zielgruppenbezogenes Übergangsmanagement mit Netzwerkcharakter innerhalb der Kommunen mit ihren Schulstandorten und -profilen kann hierfür ein Ausgangspunkt sein. Inhaltliche Entwicklungsaufgaben liegen dann im Aufbau einer heterogenitätssensiblen Lernkultur sowie in schulinternen Curricula, in Diagnostik und Beratung, die für die beteiligten Schulen und die jeweilige „Bildungsregion" verbindlich werden. Zudem können Übergabekonferenzen und Konzepte zur Elternbildung hinzutreten, die jeweils kontextnah entwickelt, implementiert und substanziell in den Bildungswegen vor Ort verankert werden müssen.

* Welche Unterstützung benötigen die Lehrerinnen und Lehrer, die diesen Übergang professionell managen und als positive Lernerfahrung gestalten sollen, um eine adäquate pädagogische Beratung und Begleitung leisten zu können? Wel-

che Unterstützung benötigen dabei die Eltern der betroffenen Kinder – und vor allem: Welche Unterstützung benötigen die Kinder selbst bei dieser schulischen Systempassage?

Es ist für eine pädagogisch sinnvolle Gestaltung dieses Übergangs wichtig zu wissen, unter welchen qualitativen Bedingungen Lernen und Unterricht sowohl an den Übergängen von abgebenden Grundschulen als auch bei aufnehmenden weiterführenden Schulen stattfindet. Insofern ist der „Übergang" auch eine Aufgabe der Passung von Lernformen und Lernkulturen. Netzwerktreffen, Pädagogische Werkstätten und effektive Hospitationsreisen zu Schulen mit schon vorhandener Übergangsexpertise können das hierzu notwendige Konzept- und Handlungswissen befördern. Hilfreich für die Entwicklung und Unterstützung eines passgenauen Übergangsmanagements ist zweifelsohne eine tragfähige Struktur des pädagogisch gestalteten Ganztags mit ausgewiesenen Paten- und Helfersystemen. Das Unterrichtsangebot kann erweitert werden. Denkbare Erweiterungen sind interessenbezogene Neigungskurse, individuelle Wahlprofile, Förderunterricht und individualisierte Lernsettings etwa in der Studienzeit und in individuellen Lernzeiten. Ferner sollten kontinuierliche Beratungsanlässe zur Entwicklung von Lernkompetenz und zu Basiskompetenzen wie Transition und Resilienz in den Focus der Schüler- und Elternberatung gehören.

- Ein wichtiger Aspekt dabei ist die Einschätzung des Lernens und der künftigen Lernwege der Kinder – hier liegt eine diagnostisch anspruchsvolle und biographisch verantwortungsgenerierende Aufgabe. Wie können auf der Grundlage einer systematischen Diagnostik Beratungs- und Unterstützungssysteme im Übergang aufgebaut werden?

Zur Sicherung institutioneller und lernbiographischer Anschlüsse sind den Lernweg begleitende Dokumentationen aus Schüler- und Lehrerhand wie Lerntagebücher, Logbücher, Portfolios, aber auch Lernstandsüberprüfungen sowie kompetenzausweisende Zeugnisse, an die sich regelmäßige Bilanz- und Zielgespräche sowie auf wechselseitiger Verpflichtung beruhende Lernverträge anschließen, unerlässlich. So zeigen bereits viele Schulen – insbesondere im Primarbereich –, wie ein neues Lern-und Leistungsbeurteilungssystem aussehen kann, das dem Auftrag der Schule nach Bildung, Gerechtigkeit und demokratischer Erfahrung nachkommt. Die oft nicht bewusst reflektierte große Unterschiedlichkeit in den Konzepten von Lernen und Leistung sowie v.a. in den Formen und Zielen der Leistungsbeurteilung sind eine der zentralen Herausforderungen in der professionellen Kultur zwischen abgebenden und aufnehmenden Schulen.

- Und schließlich: Welche Flexibilität benötigen wir in diesem Übergang, um eine an individuellen Potenzialen der Kinder orientierte Übergangsgestaltung zu realisieren?

Das Idealbild einer allokationswirksamen funktionalen Schule ist die Vorstellung, durch die Grundschulempfehlungen und Maßnahmen der individuellen Diagnostik komme jeder Schüler und jede Schülerin an den für ihn oder sie je richtigen Lernort im gegliederten Schulwesen. Zugleich liegt dadurch insbesondere bei den Grundschulen eine durch pure Leistungsdiagnostik kaum zu legitimierende Steuerungsaufgabe für die Zuweisung bzw. Eröffnung je verschiedener Laufbahnen (und damit auch Lebenschancen) im gegliederten Schulwesen. Die durch empirische Forschung immer wieder nachgewiesene zu geringe Validität der Schulartempfehlung ist vor diesem Hintergrund eine pädagogische Herausforderung des Übergangsmanagements ebenso wie sie bis heute eine bildungspolitische Problemlage darstellt. Die Annahme, Übergänge würden durch die Schulartempfehlung in Deutschland effektiv gesteuert, ist so gesehen längst überholt.

Demgegenüber muss eine kompetenzorientierte, individualisierende Diagnostik und Pädagogik die Übergangspassagen in beiden Institutionen kooperativ begleiten. Alle Schulen im derzeit anzutreffenden System müssen deshalb stärker, als dies bislang der Fall ist, eine passgenaue Nutzung von Übergangsmöglichkeiten innerhalb der Schularten kultivieren.

Die Beiträge aus Forschung und Praxis lassen erkennen, dass das Übergangsmanagement eine dringliche institutionenübergreifende Schulentwicklungsaufgabe für Lehrkräfte ist. Sie zeigen auch, dass diese Aufgabe Resonanz und Schwerpunktsetzung in den Angeboten und Unterstützungsofferten in den Kommunen finden muss. Wenn sich mit dem Stichwort „Kommunale Bildungslandschaften" nicht nur die Addition vorhandener Schulen und Schularten verbinden soll, sondern auch deren pädagogisch inhaltlich sinnvolle Bezugnahme aufeinander – möglichst unter Einbeziehung der weiteren Akteure im Bildungsangebot von Kommunen und Stadtteilen – dann wird deutlich, dass Übergänge nicht nur eine Aufgabe an den Gelenkstellen des Bildungssystems sind, sondern idealiter gut gestaltete pädagogische Herausforderungen als Teil solcher Bildungslandschaften. Angesichts der Komplexität des föderalen und gegliederten deutschen Schulsystems ergeben sich insbesondere für eher bildungsferne Elternhäuser und Familien anderer Nationalitäten und Erstsprachen besondere Anforderungen an eine Schulzeitbegleitung, die dezidiert die Übergangsfrage einschließen. Es bleibt aber vor allem festzuhalten, dass die Kinder sich an dieser so bedeutsamen schulischen Weichenstellung nicht als Zuschauer und Teil der von außen geführten Schülerströme erfahren, sondern mit ihren Eltern als mündige, mitgestaltende und entscheidungsfähige Akteure gewürdigt sehen sollten.

Der Übergang von der Grundschule zum gegliederten Schulwesen – Chancen wahren und stärken[1]

Katharina Sartory, Hanna Järvinen und Wilfried Bos

1. Einleitung

Die strukturelle Ausgestaltung des Sekundarschulsystems der Bundesrepublik Deutschland unterscheidet sich aufgrund der Kulturhoheit der Länder in Sachen Bildungsfragen von Bundesland zu Bundesland (Bellenberg, 2012). Neben der Hauptschule, Realschule und dem Gymnasium existieren je nach Bundesland weitere Schulformen, die alle Bildungsgänge anbieten. Lediglich das Gymnasium bildet in allen 16 Bundesländern eine konstante Schulform. Nach der Grundschulzeit, die je nach Bundesland entweder vier oder sechs Schuljahre beträgt, muss demnach für Schülerinnen und Schüler eine passende Schulform gewählt werden (Bos, Tarelli, Bremerich-Vos & Schwippert, 2012). Dies betrifft in Nordrhein-Westfalen jährlich ca. 170 000 Schülerinnen und Schüler (Information und Technik Nordrhein-Westfalen, 2013). Den divergierenden Wertigkeiten der Bildungsabschlüsse, die an den einzelnen Schulformen erlangt werden können und die den weiteren Bildungsweg der Schülerinnen und Schüler bestimmen, zeigen deutlich, welche Bedeutsamkeit dem Übergang von der Grundschule zur weiterführenden Schule zukommt. Gleichzeitig konnte bereits in vielen empirischen Studien herausgestellt werden, dass der Übergang von der Grund- zur weiterführenden Schule zum einen als eine Gelenkstelle gilt, die zur Entstehung von Bildungsungleichheiten beiträgt und zum anderen ein kritisches Lebensereignis für Schülerinnen und Schüler (Filipp, 1995) darstellt, das von den Betroffenen auf ganz unterschiedlicher Weise bewältigt wird (Becker & Lauterbach, 2010; McElvany, Razakowski & Dudas, 2012). Er kann im Sinne einer Bereicherung für die weitere Entwicklung, als auch negativ, im Sinne eines Scheiterns, verlaufen (ebd.). Dies lässt sich nicht zuletzt auch an den sehr unterschiedlichen Rahmenbedingungen und Arbeitsweisen der einzelnen Schulformen und –stufen erklären (vgl. z.B. van Ophuysen, 2012).

Ausgehend von der gesellschaftlichen und bildungsbiographischen Bedeutsamkeit des Übergangs von der Grundschule zur weiterführenden Schule ist es nicht verwunderlich, dass dieser bereits seit mehreren Dekaden ein intensiv beforschtes Feld darstellt (z. B. Baumert, Maaz & Trautwein, 2009; Maaz, Baumert, Gresch & McElvany, 2010). Einen ersten Einblick, welche Maßnahmen zur Gestaltung des

---

[1] Vgl. auch den Beitrag *Schulnetzwerke im Übergang: Das Beispiel Schulen im Team* (Järvinen, Otto, Sartory & Sendzik, 2012).

Übergangs in der Grundschule von Bedeutung sein könnten, gibt Stefanie van Ophuysen (2005).

Bislang wenig untersucht und konzeptionell ausgearbeitet sind jedoch Strategien einer gelingenden Praxis des Übergangs aus einer schulentwicklungstheoretischen Perspektive. Diese muss, um nicht hinter den aktuellen Erkenntnisstand zu fallen, Übergänge als systemische Aufgabe und gemeinschaftlichen Gestaltungsauftrag im Mehrebenensystem der Schule auffassen (Altrichter, Brüsemeister & Heinrich, 2005; Fend, 2008). In diesem Zusammenhang kommt auch Netzwerken als neuen Lernarrangements, die Problemlagen aufgreifen, auf vorhandene Synergien aufbauen und dabei eine neuartige Abstimmung und Koordination der beteiligten Akteure voraussetzen, eine immer bedeutendere Rolle zu (Chrispeels & Harris, 2006).

Auf das Innovationspotential institutionsübergreifender Vernetzung setzt auch das im Beitrag vorgestellte Schulentwicklungsprojekt „Schulen im Team – Übergänge gemeinsam gestalten". Nach einem allgemeinen Einstieg in die Thematik, welcher die vielschichtigen Herausforderungen bei der pädagogisch sinnvollen Gestaltung des Übergangs von der Grundschule zur weiterführenden Schule beleuchtet, wird der Vernetzungsansatz als ein möglicher Gestaltungsrahmen für den Übergang vorgestellt. Daraufhin wird der Wissensstand über zentrale Herausforderungen für die Gestaltung des Übergangs im Rahmen eines Vernetzungsansatzes gebündelt und damit einhergehende Forschungslücken herausgearbeitet. Der Beitrag schließt mit der Vorstellung des Kooperationsmodells im Projekt „Schulen im Team – Übergänge gemeinsam gestalten", das auf das Prinzip der kommunal verankerten Vernetzung von Schulen setzt und dabei einen Ansatz einer dialogisch angelegten Schulentwicklung verfolgt.

2. Eine problemzentrierte Sicht auf den Übergang

Selektion

Trotz der unterschiedlichen Regelungen zum Übergang in den einzelnen Bundesländern bildet die Übergangsempfehlung, welche die Grundschule am Ende der Grundschulzeit für jedes Kind ausstellt, einen basalen Faktor für den Übergang. Dieser Empfehlung steht der Elternwille gegenüber, der je nach Bundesland mehr oder weniger intensiv in die tatsächliche Übergangsentscheidung eingebunden wird. Für Nordrhein-Westfalen gilt, dass die Übergangsempfehlung der Lehrkräfte einen hohen Verbindlichkeitsgrad aufweist und dem Willen der Eltern im Falle einer Abweichung nur Folge geleistet wird, wenn die Kinder erfolgreich an einem Prognoseunterricht bzw. Probeunterricht der jeweiligen gewünschten Schulform teilnehmen (McElvany et al., 2012). Jedoch zeigen aktuelle Ergebnisse der Internationalen Grundschul-Lese-Untersuchung (IGLU) (Bos et al., 2012), dass zwischen den Schullaufbahnpräferenzen der Eltern und denen der Lehrkräfte beträchtliche Übereinstimmungen bestehen. Betrachtet man darüber hinaus die Tabelle 1, welche die Schullaufbahnpräferenzen der Lehrkräfte und Eltern für Deutschland 2001, 2006 und 2011 im Vergleich zeigt, ist auffällig, dass innerhalb beider Gruppen die Schullaufbahnpräferenzen für die Hauptschule von 2001 bis 2011 fortlaufend rückläufig sind, im Gegenteil dazu Schullaufbahnpräferenzen für das Gymnasium jedoch gestiegen sind[2]. Im Fall einer Differenz zwischen Eltern und Lehrkräften kann beobachtet werden, dass Eltern ihren Kindern tendenziell eine höhere Schulform empfehlen würden.

Tabelle 1: Schullaufbahnpräferenzen der Lehrkräfte und Eltern für Deutschland 2001, 2006 und 2011 in Zeilenprozent

Schullauf-bahnpräferenz	Hauptschule	Realschule	Gymnasium	Schule mit Mehreren Bildungsgängen
Lehrkräfte				
2011	21.6	36.6	41.8	-
2006	24.8	35.5	39.7	-
2001	29.3	35.7	34.9	-
Eltern				
2011	11.9	28.3	45.5	14.3
2006	14.7	27.0	47.3	11.0
2001	22.1	26.2	40.8	7.8

Differenzen zu 100 Prozent ergeben sich durch Rundungsfehler.

Eine Erklärung für diese Abweichungen dürfte darin bestehen, dass Schullaufbahnpräferenzen der Eltern auf persönlichen Werteorientierungen sowie Annahmen über die weiteren Entwicklungsverläufe der Kinder basieren, während Lehrkräfte sich auf kriterienorientierte Prognosen stützen (Bos et al., 2007). Lehrkräfte müssen ihre diagnostische und prognostische Kompetenz noch vor dem tatsächlichen Übergang unter Beweis stellen, wenn es darum geht, eine optimale Übergangsempfehlung für die Kinder auszusprechen (vgl. hierzu McElvany et al., 2012). Sie sind dazu aufgefordert, bei ihrer Urteilsbildung objektiv zu verfahren, gleichzeitig jedoch Kriterien einzubeziehen, die für den weiteren Schulerfolg der Kinder bedeutsam sein können. Dafür müssen sie ihre Schülerinnen und Schüler während der gesamten Grundschulzeit genau beobachten, detaillierte Informationen über diese sammeln

2   Die Schullaufbahnpräferenzen der Eltern wurden anhand der Frage erhoben, welche Schulform das Kind voraussichtlich im nächsten Jahr besuchen wird. Die Schullaufbahnpräferenzen der Lehrkräfte hingegen anhand des erwarteten Schulabschlusses, sodass Schulen mit mehreren Bildungsgängen nicht berücksichtigt werden konnten.

und sie am Ende so aufarbeiten, dass richtige Schlussfolgerungen aus ihnen gezogen werden können. Das Sammeln dieser Vielzahl hochkomplexer Informationen über die Schülerinnen und Schüler geschieht trotz der enormen Bedeutung der richtigen Schulformwahl für den Einzelnen eher beiläufig im Schulalltag. Dabei bleibt zusätzlich häufig unklar, welche Kriterien überhaupt relevant bzw. bedeutsam sind und mit welchen Methoden und Diagnoseinstrumenten diese Beobachtungen über die Schülerinnen und Schüler festgehalten werden können (van Ophuysen & Harazd, 2011). Auch empirische Studien vermögen bislang noch nicht, diese Unklarheiten sowie die hohe Komplexität der Übergangsentscheidung hinreichend abzubilden. So zeigt zwar beispielsweise die Internationale Grundschul-Lese-Untersuchung (Bos et al., 2012) im Jahr 2011, dass die Leseleistung zur Vorhersage der schulischen Kompetenzen der Schülerinnen und Schüler als guter Indikator dient, den Lehrkräfte für ihre Übergangsempfehlung hoch gewichten, gleichzeitig lassen sich aber auch große Überlappungen der einzelnen Schullaufbahnempfehlungen, bezogen auf die Schulform, vorfinden. Schülerinnen und Schüler erhalten demnach trotz gleicher Testleistungen Empfehlungen für die Hauptschule, für die Realschule oder aber für das Gymnasium. Darüber hinaus belegt die Studie, dass auch Hintergrundmerkmale von Schülerinnen und Schülern und ihrer Familien – die nicht im direkten Zusammenhang mit der Leistung der Schülerinnen und Schüler stehen – einen Einfluss auf die Schullaufbahnempfehlung der Lehrkräfte ausüben (hierzu auch Maaz et al., 2010). Die soziale Lage der Schülerinnen und Schüler wurde mittels der EGP-Klassen (Erikson, Goldthrope & Portocarero, 1979), also über die soziale Lage des Elternhauses, operationalisiert. Hierbei werden Personen, je nach ihrer beruflichen Stellung, klar voneinander abgegrenzten Gruppen zugeteilt. Tabelle 2 zeigt die relative Chance für eine Gymnasialpräferenz der Lehrkräfte bzw. Eltern nach der sozialen Lage der Schülerfamilien. Wie in Modell III zu sehen, ist die Chance für Schülerinnen und Schüler aus der Oberen Dienstklasse selbst unter Kontrolle der kognitiven Fähigkeiten sowie der Lese-, Mathematik- und Naturwissenschaftskompetenzen noch 3.41-mal so hoch wie die einer Schülerin bzw. eines Schülers aus einer (Fach-) Arbeiterfamilie. Mit anderen Worten bedeutet dies, dass Schülerinnen und Schüler bei gleichen Leistungen eine unterschiedliche Schullaufbahnpräferenz seitens der Lehrkräfte bzw. der Eltern erhalten, wenn der soziale Hintergrund mit berücksichtigt wird. Dies steht dem Gebot auf Chancengleichheit entgegen.

Tabelle 2: Relative Chancen [odds ratios] für eine Gymnasialpräferenz der Lehrkräfte bzw. der Eltern nach sozialer Lage (EGP) der Schülerfamilien

Sozioökonomische Stellung der Familie (EGP-Klassen)	Gymnasialpräferenz der Lehrkräfte			Gymnasialpräferenz der Eltern		
	Modell I	Model II	Modell III	Modell I	Modell II	Modell III
Obere Dienstklasse (I)	4.71**	4.33**	3.41**	5.21**	4.68**	3.76**
Untere Dienstklasse (II)	2.64**	2.48**	1.94**	2.69**	2.53**	2.04**
Routinedienstklasse (III)	_ns	_ns	_ns	1.80**	1.78**	1.75**
Selbstständige (IV)	_ns	_ns	_ns	_ns	_ns	_ns
(Fach-)Arbeiter (V, VI)	Referenzgruppe (*odds ratio* = 1)					
Un- und angelernte Arbeiter (VII)	0.62**	0.66**	_ns	0.66**	0.71*	_ns
Mc-Fadden R²	0.10	0.18	0.31	0.10	0.18	0.29

Signifikanzniveau: s=nicht signifikant; *=signifikant (p < .05); signifikant (p < 0.1)
Modell I: Ohne Kontrolle von Kovarianten
Modell II: Kontrolle von kognitiven Fähigkeiten
Modell III: Kontrolle von kognitiven Fähigkeiten und der Lese-, Mathematik- und Naturwissenschaftskompetenzen (nationale Skalierung)

Zudem zeigt die Studie, dass über die kognitiven Leistungen hinaus auch andere Merkmale, wie beispielsweise Leistungsangst oder Anstrengungsbereitschaft, die Übergangsentscheidung beeinflussen, sodass sich Leistungsangst als nicht kognitives Merkmal – bei gleichen Noten – ungünstig, aber Anstrengungsbereitschaft positiv auf die Schullaufbahnpräferenz der Lehrkräfte auswirkt (Arnold, Bos, Richert & Stubbe, 2007). Obgleich die Studie wichtige Hinweise gibt, welche Kriterien derzeit in die Schullaufbahnempfehlung einfließen, beantwortet sie nicht, welche Merkmale in die Schullaufbahnempfehlung eingehen *sollten* und anhand welcher Methodik sie festgehalten werden können. Dies weist einmal mehr auf die Notwendigkeit adäquater Diagnoseinstrumente hin.

Transparenz über Angebot und Anforderungen

Das deutsche Bildungssystem ist trotz zahlreicher Debatten und Kontroversen über die Struktur des Bildungssystems zumindest in baldiger Zeit nicht ohne Übergänge zu denken, sodass der oben aufgeführten Selektionsproblematik konstruktiv begegnet werden muss. Neben der Suche nach geeigneten Diagnoseinstrumenten ist es daher wichtig, für alle am Übergang beteiligten Personen Transparenz über Angebote und Anforderungen der Schulen zu schaffen. Eine Möglichkeit, dieses Vorhaben zu realisieren, kann darin bestehen, nach geeigneten Formen der Kommunikation zwischen Lehrkräften sowie Lehrkräften und Eltern zu suchen (van Ophuysen & Harazd, 2011).

Eine mögliche Form dieser Kommunikation können Beratungsgespräche zwischen Lehrkräften und Eltern darstellen. Durch Beratungsgespräche werden die Eltern aktiv in den Übergangsprozess einbezogen, sodass sie über Lern- und Leistungsentwicklung ihrer Kinder informiert sind und auf Grundlage dieser Informationen frühzeitige Überlegungen über die weitere Schullaufbahn der Kinder vornehmen können (ebd.; vgl. auch Kultusministerkonferenz, 1970). Durch die frühzeitige Aufklärung über Anforderungen der weiterführenden Schulen und über den Lernstand und die Lernentwicklung der Kinder sollen Eltern intervenierend eingreifen können, damit die Möglichkeit, Schullaufbahnempfehlungen zu korrigieren bzw. sie zu verfestigen, besteht (McElvany, 2010). Auch Lehrkräfte profitieren von Beratungsgesprächen, da sie für die weitere pädagogische Diagnose wichtige Informationen, z. B. über die Bildungsaspiration der Eltern, sammeln können und darüber hinaus einen Eindruck über zur Verfügung stehende Kapazitäten der Eltern erhalten (Füssel, Gresch, Baumert & Maaz, 2010).

Koch (2006) weist in diesem Zusammenhang zudem auf das Problem hin, dass Grundschullehrkräfte häufig wenig Wissen über das Anforderungsniveau der weiterführenden Schulen besitzen. Dieser Umstand ergibt sich nach Koch dadurch, dass Lehrkräfte in der eigenen Schullaufbahn für gewöhnlich nur ein Gymnasium kennengelernt haben, sodass keine Schlüsse auf andere Gymnasien oder Schulformen gezogen werden können. Das Wissen über die Anforderungen anderer bzw. weiterführender Schulen könnte Lehrerinnen und Lehrer, durch eine erhöhte Transparenz dieser und der eigenen Schule, dazu befähigen, eine passgenaue, individuelle Beratung für die Schullaufbahnen der Schülerinnen und Schüler zu gewährleisten.

Eine Verknüpfung zwischen Diagnostik und Beratung erscheint daher unter diesen Gesichtspunkten als sinnvoll. Die Verbindung dieser beiden Aspekte kann beispielsweise unter dem Dach eines umfassenden Beratungskonzepts gedacht werden, wobei wichtige Säulen, die dieses Beratungskonzept tragen, wie folgt aussehen können:

- Verbindliche Kooperationen von abgebenden und aufnehmenden Schulen,
- Abstimmungen der Schulen über die Kompetenzerwartungen und die verschiedenen Konzepte durch institutionenübergreifende Lehrerkooperation,
- Aufbau diagnostischer Werkstätten,
- Erarbeitung bzw. Entwicklung eines Dokumentationsbogens, anhand dessen diagnostische Informationen gespeichert und aufbereitet werden können,
- Aufbau einer Feedbackkultur,
- Koordinierung von Beratungsangeboten zwischen Grund- und weiterführender Schule,
- Etablierung von Beratungsgesprächen zwischen Lehrkräften und Eltern,

- die auf Basis der Gleichberechtigung geführt werden und zu einem wechselseitigen Informationsaustausch auffordern, sodass Eltern für die außerschulische Perspektive und Lehrkräfte für die innerschulische Perspektive gleichsam als Experten gelten,
- deren Zeitpunkt möglichst früh gewählt wird, sodass die Empfehlung auf einer langen Entwicklungsbeobachtung beider Parteien fußt (Beck, 2005; van Ophuysen & Harazd, 2011; Beutel & von der Gathen, 2012).

Die angeführten Punkte zeigen deutlich, dass es vor allem auch um Fragen der Anschlussfähigkeit im Lernen gehen muss, sodass sich im nächsten Teil mit der Anschlussfähigkeit im deutschen Schulsystem beschäftigt werden soll.

Anschlussfähigkeit

Neben der Wahl einer geeigneten Schulform am Ende der vierten bzw. sechsten Klasse, die für die am Übergang beteiligten Personen eine Herausforderung darstellt und darüber hinaus eine enge Kooperation zwischen Lehrkräften und Eltern erfordert, existieren weitere Weichen, die für einen gelingenden Übergang gestellt werden müssen. Damit das individuelle Lernen nach dem erfolgten Übergang bestmöglich, also ohne Brüche, realisiert werden kann, dürfen Fragen der Anschlussfähigkeit im Lernen nicht unberücksichtigt bleiben.

Innerhalb dieser Debatte wird oft auf die Grundschulen als „Zulieferschule" fokussiert. Diese einseitige Betrachtung birgt jedoch die Gefahr, dass der Bildungsweg stark instrumentalisiert wird, wenn ausschließlich Aspekte wie Nützlichkeit oder Brauchbarkeit des erlernten Wissens aus der Grundschule für die weiterführende Schule hervorgehoben werden und dabei die Bedeutung des Lernens für das Individuum sowie die Bedeutung der Bildung an sich nicht rechtmäßig anerkannt werden. Dennoch müssen sich Fragen der Anschlussfähigkeit auch mit curricular bedingten Problemen auseinandersetzen. So kann sich die Arbeit der Grundschulen unterschiedlich nah an den curricularen Anforderungen ausrichten und damit die Qualität des Unterrichts von Grundschule zu Grundschule variieren. Damit geht einher, dass weiterführende Schulformen mit Schülerinnen und Schüler konfrontiert werden, die teilweise über sehr disparate Lernausgangslagen verfügen. Häufig sind die weiterführenden Schulen jedoch auf diese Aufgabe nicht ausreichend vorbereitet. Auch werden häufig Kompetenzen, die in den Grundschulen aufgebaut worden sind, in den weiterführenden Schulen nicht weiter ausgebaut (Kiper, 2012). Deshalb ist es essenziell, dass institutionelle, methodisch-didaktische und curriculare Ungleichheiten gemeinsam von Grund- und weiterführenden Schulen bearbeitet werden. Anders gewendet sind Grund- sowie weiterführende Schulen zu einer inhaltlichen Passung der Lehrpläne bzw. Abstimmung der Curricula aufgefordert, sodass der Übergang für die Schülerinnen und Schüler die Möglichkeit eines kontinuierlichen Wissensaufbaus ermöglicht (Beutel & von der Gathen, 2012; Griebel & Niesel, 2011). Hanna Kiper (2012) schlägt für solch ein Vorhaben einen Prüfkatalog vor, anhand dessen die Verzahnung bzw. Optimierung der Curricula vorbereitet werden kann:

- Kann dem Curriculum explizit entnommen werden, welches Wissen für ein Lebenslanges Lernen sowie für eine Bewältigung des Alltags erforderlich ist?
- Wie kompatibel ist das Curriculum mit dem jeweiligen Fach? Können die Grundvorstellungen des Fachs erlernt werden?
- Inwieweit werden Aussagen über den Lernprozess getroffen, der die Kinder dazu befähigen soll, ihr Wissen zu erwerben, auszuweiten und zu vernetzen?
- Geben die vorgeschriebenen Lehrbücher bzw. Lernmaterialen Auskunft darüber, wie das Wissen vermittelt werden soll? Lassen sich „Lücken" im Curriculum ausmachen, die einen flüssigen Lernprozess verhindern und die geschlossen werden müssten?
- Decken sich die in den Schulbüchern enthaltenen Aufgabenstellungen, Arbeitsaufträge und Materialien mit den curricularen Vorgaben? Kann dem Curriculum entnommen werden, auf welches Anforderungsniveau sich die Lerninhalte beziehen, sodass der Lernprozess entsprechend organisiert werden kann?

Für die schulübergreifende Arbeit an Lehrplänen und Standards sind folgende Herangehensweisen denkbar (vgl. z.B. Burwitz-Melzer & Legutke, 2004):

- Gemeinsame Entwicklung von Kompetenzprofilen
- Entwicklung schulformübergreifender Unterrichtsmaterialien
- Ein gemeinsamer Lehrplan, z. B. für die Jahrgangsstufen 3–6
- Entwicklung gemeinsamer Projekte
- Teilnahme an Fachkonferenzen der weiterführenden Schule und vice versa
- Gegenseitige Unterrichtshospitationen, Gegenseitige Schulbesuche

Der Übergang von der Grundschule in die weiterführende Schule kann demnach besonders sinnvoll und weitestgehend lückenlos gestaltet werden, wenn sich die einzelnen Schulformen das übergeordnete Ziel setzen, den Bildungsweg der Kinder von Anfang bis Ende zu begleiten und zu moderieren, indem sie miteinander kooperieren. Eine Voraussetzung dafür ist unter anderem, dass die verschiedenen Schulformen ihre Bildungsangebote abstimmen bzw. miteinander verzahnen. Zudem sollte eine Öffnung der Bildungsangebote erfolgen, damit Schülerinnen und Schüler sowie Eltern über die Kompetenzanforderungen der weiterführenden Schulen informiert sind und die Unterstützung erhalten, die sie unter Umständen benötigen. Zu diesem Zweck „[…] bedarf es nicht nur der Kooperation von Einzelschulen, sondern auch regionaler und überregionaler Verbundmodelle […],[denn]

Tore, auch Bildungstore müssen gehütet [und] Reisende und Neuankömmlinge begleitet werden" (Meidinger, 2010, S. 33).

3. Netzwerke als mögliche Form institutionalisierter Kooperationen

Eine Möglichkeit, den Übergang von der Grundschule in die weiterführende Schule passgenauer, lückenloser und somit bedarfsorientierter zu gestalten, könnte die Etablierung fest institutionalisierter Netzwerke darstellen. Hier lassen sich insbesondere in den letzten Jahren unterschiedliche Akteure beobachten, die in netzwerkartigen Zusammenschlüssen mit verschiedenen Hintergründen an spezifischen Themen arbeiten (vgl. exemplarisch dazu die Buchreihe Netzwerke im Bildungsbereich). Zum einen lassen sich Zusammenschlüsse zwischen Schulen und außerschulischen Partnern, wie beispielsweise Firmen, Sportverbänden oder Universitäten, nennen. Zum anderen lassen sich Vernetzungen zwischen verschiedenen Schulen und hier auch zwischen verschiedenen Schulformen oder zwischen unterschiedlichen Schulstufen, unter anderem zur Gestaltung des Übergangs (Behr-Heintze & Lipski, 2005; Berkemeyer, Bos, Manitius & Müthing, 2008; Kuper & Goldenbaum, 2011), finden. Darüber hinaus existieren Mischformen, in denen Kooperationen sowohl mit außerschulischen Partnern als auch mit anderen Schulen bestehen. Insbesondere in pädagogischen Kontexten kann der Netzwerkbegriff inhaltlich unterschiedlich besetzt sein (Berkemeyer & Bos, 2010). In den letzten Jahren lässt sich beispielsweise verstärkt die Reformperspektive durch Netzwerke beobachten, die dabei von den folgenden Annahmen geleitet wird:

- Vernetzung als Reformstrategie fokussiert insbesondere den Aufbau spezifischer Beziehungsqualitäten zwischen Schulen mit dem Ziel, gemeinsame Probleme bearbeiten zu können (Berkemeyer et al., 2008).
- Angelehnt an theoretische Ansätze des Situierten Lernens (Lave & Wenger, 2005/1991) werden schulische Netzwerke als eine Zusammenkunft verschiedener Praxisgemeinschaften verstanden, die durch ihre Kooperationsarbeit und durch eine Konfrontation unterschiedlicher Praxen Synergieeffekte und Innovationen freisetzen und somit in einer besonderen Weise das Lernen von- und miteinander begünstigen (Baitsch, 1999).
- Mit dem Vernetzungsansatz wird also zum einen die Hoffnung verbunden, die Bedürfnisse der einzelnen Lehrkraft in den Blick zu nehmen, zum anderen aber auch organisationsspezifische Probleme der Einzelschule zu fokussieren und Lösungen gemeinsam erarbeiten zu können.

Hinweise darauf, ob diese Annahmen auch in der Praxis Widerklang finden, bieten ausgewählte Befunde zu schulischen Netzwerken[3]:

- Schulnetzwerke unterstützen die Initiierung von Entwicklungsprozessen auf Einzelschulebene, etwa durch die Einführung von Managementprozessen (Gottmann, 2009; Rolff, 2005).
- Schulische Vernetzung regt Kooperationen und eine vertrauensvolle Zusammenarbeit zwischen Lehrkräften unterschiedlicher Schulen an (Berkemeyer, Bos, Järvinen & van Holt, 2011a; Gräsel & Fussangel, 2010).
- Schulische Vernetzung trägt zur Professionalisierung und Wissenserweiterung sowie einer gesteigerten Innovationsbereitschaft und Einstellungsänderung von Lehrkräften bei (Berkemeyer, Järvinen, Otto & Bos, 2011b; Berkemeyer, Järvinen & van Ophuysen, 2010; Gräsel, Fussangel & Pröbstel, 2006; Earl, Katz, Elgie, Jaafar & Foster, 2006).
- Durch die Arbeit von Netzwerken sind bei Schülerinnen und Schülern Steigerungen im Lernen, in der Leistung und im Engagement zu verzeichnen (Berkemeyer et al., 2011a).

Die Befunde legen nahe, dass es mit Hilfe des Netzwerkansatzes möglich wird, Kooperationen als Lerngelegenheiten und Wissensumschlagplätze (Jackson, 2006) über die Einzelschule hinweg zu gestalten. Der Netzwerkansatz mit seinem Fokus auf Kooperationen von lernenden Lehrkräften stellt somit eine gute Grundlage dar, um die beschriebenen Herausforderungen beim Übergang von der Primar- zur Sekundarstufe inhaltlich bearbeiten zu können. Schulische Vernetzung kann dabei als Form gedacht werden, entlang derer Grenzen sich Möglichkeiten zur Abstimmung von Lern- und Lehr- sowie von Diagnose- und Beratungsformen zwischen Grund- und weiterführenden Schulen in Form von institutionalisierten Kooperationen eröffnen, was gleichzeitig auch zur einer progressiven Entwicklung der Einzelschule führen kann.

Bei der Unterstützung schulischer Netzwerkarbeit in der Gestaltung des Übergangs kann kommunalen Koordinierungsinstanzen, wie den Regionalen Bildungsbüros in Nordrhein-Westfalen, eine bedeutsame Rolle als Manager des Vernetzungsprozesses zukommen, wie ansatzweise bereits im Projekt „Schulen im Team – Transferregion Dortmund" (zum Projektdesign Berkemeyer, Järvinen & Mauthe, 2009) herausgestellt werden konnte (Otto & Sendzik, 2011). Doch auch Erkenntnisse aus weiteren Initiativen (Modellprojekte, Bundes- und Landesprogramme), welche in der Region eine neue und bedeutsame Steuerungsarena für Reformen im Bildungssystem sehen, geben Hinweise auf die Potentiale regionaler

---

3 Zusammenfassend sei hierzu der Review-Artikel Ergebnisse nationaler und internationaler Forschung zu schulischen Innovationsnetzwerken von Berkemeyer, Manitius, Müthing & Bos (2009) genannt.

und kommunaler Koordinierungsinstanzen in Bezug auf die Gestaltung des Übergangs. Die Befunde der Forschung zu den Initiativen verweisen etwa darauf, dass die Übergangsthematik (Übergang Kindergarten – Grundschule, Grundschule – weiterführende Schule, Schule – Beruf) im Mittelpunkt des Interesses der Koordinierungsinstanzen steht und sie ihre Handlungen in diesem Bereich als Unterstützungsleistungen definieren (Brödel, Affeldt & Niedlich, 2007; Emminghaus & Tippelt, 2009; Manitius & Berkemeyer, 2011). Eine Form der Unterstützung für eine institutionalisierte Kooperation zum Übergang in der Region kann etwa in den momentan in vielen Kommunen entstehenden, und häufig von den Regionalen Bildungsbüros initiierten, Bildungsberichten gesehen werden. Die Berichte stellen Wissen über den „Status Quo" vor Ort ebenso wie über die spezifischen Bedarfe aller Beteiligten zur Verfügung, welches Grundlage für die Entwicklung von Zielen und Maßnahmen zum Übergang sein kann (Emminghaus & Tippelt, 2009; Tippelt, 2011, Weisker, 2012). Insgesamt bleibt jedoch festzuhalten, dass bisher zu wenig empirisch gesichertes Wissen über die Leistungen kommunaler Koordinierungsinstanzen vorliegt, um Aussagen darüber zu treffen, inwiefern Unterstützungsleistungen dieser Akteure tatsächlich auf den unterschiedlichen Ebenen dazu beitragen können, den Übergang strukturierter und lückenloser unter Einbindung möglichst aller relevanten Akteure zu gestalten. Um dieses Defizit zu beheben und mehr über die Potentiale kommunal koordinierter Vernetzung von Schulen zur verbesserten Gestaltung des Übergangs zu erfahren und somit die Grundlage für gute Praxis zu schaffen, stellen sich der Forschung derzeit folgende zentrale Herausforderungen:

- *Systematisierung des realisierten Outputs*
  Dies umfasst sowohl die systematische Erfassung der aus der schulischen Netzwerkarbeit hervorgegangenen Strategien, Konzepte und Materialien als auch die Einschätzung der beteiligten Akteure hinsichtlich des Nutzens sowie der Qualität der Produkte und des Prozesses.

- *Rekonstruktion der Handlungspraktiken kommunaler Koordinierungsinstanzen*
  Für ein tiefergehendes Verständnis über potentielle Unterstützungsleistungen der kommunalen Akteure müssen deren mit dem Management des Übergangs verbundenen Ziele und Handlungen genauer beleuchtet werden.

- *Formen der Handlungskoordination*
  Weiterhin gilt es zu klären, in welcher Art und Weise Abstimmungsprozesse zur Gestaltung des Übergangs zwischen schulischen Akteuren, kommunalen Koordinierungsinstanzen und weiteren relevanten Akteuren, wie beispielsweise Eltern, Vereinen oder anderen Bildungseinrichtungen in der Region verlaufen.

Die Bearbeitung dieser Felder sind als zentral anzusehen, um den Übergang nachhaltig, bedarfsgerecht und kommunal gestalten zu können und werden deshalb auch im Forschungsdesign des im Folgenden darzustellenden Projekts „Schulen im Team – Übergänge gemeinsam gestalten" aufgegriffen und bearbeitet.

Das Projekt „Schulen im Team – Übergänge gemeinsam gestalten"

Das Projekt „Schulen im Team – Übergänge gemeinsam gestalten" setzt als drittes Teilprojekt des „Schulen im Team"-Programmes auf die gleichen Prinzipien wie die Vorgängerprojekte (Järvinen, Otto & Berkemeyer, 2011). Es unterscheidet sich jedoch in der thematischen Ausrichtung von den vorangegangenen Versionen, die sich auf fachbezogene Unterrichtsentwicklung fokussierten und dabei den Netzwerken freie Hand bei der Wahl ihrer Netzwerkschwerpunkte ließen. „Schulen im Team – Übergänge gemeinsam gestalten" setzt auf unterschiedlichen Ebenen zu einer veränderten Gestaltung des Übergangs von der Grundschule zur weiterführenden Schule an, sodass nicht nur die Netzwerke miteinander kooperieren, sondern das gesamte kommunale Schulsystem eine Neugestaltung als gemeinsame Aufgabe versteht. Die Bearbeitung des Übergangs von der Grundschule zur weiterführenden Schule soll systematisch auf der Meso-Ebene, also beim Schulträger, angelegt werden. Im Sinne der Breitenwirkung erhalten daher insgesamt acht Modellkommunen, Bochum, Dortmund, Duisburg, Essen, Hagen, Krefeld, Mülheim an der Ruhr und Oberhausen, für den Zeitraum von vier Jahren (vom Februar 2011 bis Januar 2015) die Möglichkeit, insgesamt 26 „Schulen im Team" – Netzwerke, bestehend aus über 130 Schulen mit dem thematischen Schwerpunkt „Übergang von der Grundschule zur weiterführenden Schule" aufzubauen und zu begleiten. Unterstützt und beraten werden sie bei dieser Aufgabe durch das Institut für Schulentwicklungsforschung an der TU Dortmund.

Dabei verfolgt das Projekt das übergreifende Ziel, die Gestaltung von Übergängen als eine gemeinsame Verantwortung der Bildungsakteure einer Region zu verankern. Dies setzt voraus, dass die Netzwerkidee, die dem Projekt zugrunde liegt, auf Seiten der Akteure positiv eingeschätzt wird. Eine hohe Bereitschaft zur Kooperation, eine engagierte Teilnahme an projektrelevanten Aktivitäten sowie eine positive Einschätzung des Mehrwertes des Projekts sind für diese Zielerreichung essentiell. Für ein Projekt, das so stark auf die Kooperation zwischen den Akteuren baut, bildet zudem der Aufbau eines positiven Kooperationsklimas ein weiteres bedeutsames Ziel. Dies kann nur gelingen, wenn sich die jeweiligen Kooperationspartner untereinander Wertschätzung entgegenbringen und sich über die gemeinsamen Ziele verständigen. Eine mögliche Hilfe, um diese Zielsetzungen zu realisieren, kann ein zwischen der Kommune, den am Projekt beteiligten Schulen sowie weiteren relevanten Akteuren vereinbarter kommunaler Orientierungsleitfaden bzw. Handlungsplan zum Übergang, welcher Entwicklungsziele und –maßnah-men benennt, sein. Er kann im Rahmen des Projekts – und darüber hinaus – dazu beitragen, eine gemeinsame Perspektive zu schaffen, Strategien zu entwickeln und Qualität zu sichern.

Neben dem übergreifenden Ziel der gemeinsamen Gestaltung des Übergangs al-ler Bildungsakteure einer Region, lassen sich weitere akteursspezifische Projektziele ausmachen. Aus kommunaler Sicht bilden solche Ziele die Vernetzung mit anderen Kommunen sowie den Aufbau und die Moderation von schulischen Netzwerken. Als ein Fernziel kann die Schaffung von mehr Transparenz durch kommunales Mo-nitoring zum Übergang gefasst werden. Auf der Ebene der Schulnetzwerke kann als bedeutsames Ziel die Initiierung von Austausch- und Lernprozessen genannt werden. Dazu gehört die Erarbeitung von Strategien und Konzepten sowie die Entwicklung von „Netzwerkprodukten" in Form von Texten und Infomaterialien. Ziel der Entwicklung solcher Innovationsstrategien sollte am Ende ein gelingender Transfer in die Einzelschule bilden, innerhalb derer die Strategien umgesetzt, er-probt und weiterentwickelt werden.

Die inhaltliche Arbeit am Übergang

Damit die Bearbeitung des Übergangs im Rahmen des Projekts nicht allein als ein Verwaltungsakt, sondern als ein komplexer pädagogischer Prozess bearbeitet wird, bietet das Projekt den Kommunen für die Netzwerkarbeit mit ihren Schulnetzwer-ken die Wahl zwischen fünf inhaltlichen Projektmodulen an, welche die in den vor-angegangenen Kapiteln beschriebene Mehrperspektivität der Übergangsgestaltung widerspiegeln und an unterschiedlichen Ebenen ansetzen können. Diese lassen sich wie folgt festhalten:

Modul 1: Monitoring
Dieses Modul zielt auf eine bildungssoziologische wie steuerungstheoretische Di-mension des Übergangs. Übergänge sollen systematisch, beispielsweise anhand der amtlichen Statistik, analysiert und dokumentiert werden. Dies macht einen Abgleich zwischen tatsächlichem und gewünschtem Übergangsverhalten in einer Kommune möglich. Auch die Beobachtung und Dokumentation des Zusammen-hangs zwischen Schulform und der sozialen Herkunft der Schülerinnen und Schü-ler sowie eine Dokumentation der Repetenten- und Schulabgängerquote wären unter anderem in diesem Modul denkbar.

Modul 2: Lernkultur
In diesem Modul wird nach geeigneten Lehr- und Lernformen gesucht, die den Übergang begleiten und als gemeinsame Lernformen der abgebenden und aufneh-

menden Schulen verstanden werden können. Vorstellbar wäre hier beispielsweise der Aufbau von „Helfer- und Chefsystemen", in denen die Schülerinnen und Schüler der verschiedenen Schulformen kooperieren oder die Gründung von Lernpatenschaften und stufenübergreifenden Projekten, um den Schülerinnen und Schülern aus den Grundschulen vorab ein Einblick in den Alltag der weiterführenden Schulen zu geben.

Modul 3: Beratung

Um auch den systemischen Charakter von Übergängen zu berücksichtigen, geht es in diesem Modul um die Erarbeitung bzw. Weiterentwicklung sowie die Erprobung von Beratungskonzepten für alle beteiligten Akteure. Praktisch kann dies die Schaffung von verbindlichen Kooperationen abgebender und aufnehmender Schulen bedeuten. Auch eine Integration von Beratungsangeboten in einzelne Stadtteile wäre hier denkbar, wobei dafür eine enge Zusammenarbeit mit den Kommunen notwendig ist.

Modul 4: Diagnostik

Dieses Modul beschäftigt sich mit der Frage, wie ein akkurates Lehrerurteil für die Übergangsentscheidung getroffen werden kann und wie dieses als Basis einer Eingangsdiagnostik verwendet werden kann. Mögliche Ziele könnten in diesem Modul die Entwicklung relevanter Kriterien sein, die sowohl von abgebender als auch von annehmender Schule anerkannt werden sowie eine Erstellung eines Dokumentationsbogens, der der Speicherung und Aufbereitung von diagnostischen Informationen dient.

Modul 5: Curriculum und Standards

Dieses Modul stellt in Rechnung, dass Bildungsbiografien auch entlang einer Kompetenzentwicklung erfolgen, die auf Übergänge zunächst keine Rücksicht nimmt. Es zielt daher auf Standards, die in der Grundschule gelegt werden müssen, um (möglichst lückenlose) Anschlüsse an Kompetenzanforderungen der weiterführenden Schulen zu ermöglichen und auf mögliche Maßnahmen der weiterführenden Schulen, welche dabei unterstützend wirken können. Ein förderlicher Austauschprozess zwischen Grund- und weiterführender Schule könnte hier einen ersten Schritt zur Realisierung darstellen.

Unterstützung erhalten die Kommunen und Schulnetzwerke bei der Bearbeitung der Module durch Prof. Dr. Wilfried Bos (TU Dortmund), Prof. Dr. Silvia-Iris Beutel (TU Dortmund) und Prof. Dr. Stefanie van Ophuysen (WWU Münster), die das wissenschaftliche Konsortium des Projekts bilden. Darüber hinaus erhalten die Schulnetzwerke professionelle Fortbildungen in Form von überregionalen Impulstagen zu den fünf Projektmodulen. Weitere überregionale Veranstaltungsformate bieten den Projektkommunen und ihren Netzwerken zusätzlich die Möglichkeit, Ideen und Erfahrungen auszutauschen, Wissen weiterzugeben und gezielt Fragen zu ihrer bisherigen Arbeit zu stellen.

Wissenschaftliche Begleitforschung

Die wissenschaftliche Begleitforschung des Projekts fokussiert im Wesentlichen fünf zentrale Fragestellungen, die sich sowohl auf der Ebene der Kommunen, bzw. des Regionalen Bildungsbüros als auch auf der Ebene der Einzelschulen ansiedeln und jeweils anhand verschiedener Subfragestellungen ausdifferenziert werden.

Die erste Fragestellung lässt sich auf der Ebene der Regionalen Bildungsbüros verorten. Hier wird nach der Zielsetzung bei der Durchführung des kommunalen Übergangsmanagements gefragt. Um über eine rein deskriptive Beschreibung der Zielsetzung hinaus zu gelangen wird anlehnt an neo-institutionelle Ansätze (Meyer & Rowan, 1977; Berkemeyer, Otto & Olschewsky, 2010), welche die Legitimität formaler Strukturen fokussieren und dabei insbesondere die Umwelt einer Organisation, die sich durch eigene Referenzsysteme auszeichnet, in den Blick nehmen, gefragt, welche Faktoren die Zielsetzung überhaupt beeinflussen. Im Sinne des Boundary-spanning Ansatzes (Aldrich & Herker, 1977; Honig, 2006) oder der Prinzipal-Agent-Theorie (Jensen, 1983; Ebers & Gotsch, 2001), die sich mit Fragen über Kooperationen und Arbeitsteilung beschäftigen, erscheint in Hinblick auf die Ziele die Frage bedeutsam, ob sich diese zwischen den einzelnen Ebenen im Regionalen Bildungsbüro unterscheiden oder aber Gemeinsamkeiten aufweisen.

Die zweite leitende Fragestellung des Projekts, die nach der Relevanz verschiedener Akteure bzw. Akteursgruppen für die Gestaltung des Übergangs aus Sicht des Regionalen Bildungsbüros fragt, wird durch folgende Subfragen konkretisiert:

- Auf welche bestehenden Strukturen greift das Regionale Bildungsbüro bei der Gestaltung des Übergangs zurück?
- Werden neue Strukturen aufgebaut?
- Kommt es zu einer weitergehenden Vernetzung der Akteure bzw. Akteursgruppen?
- Kommt es zu einer Verdichtung der Strukturen?

Zur Analyse sollen dabei Arbeiten zur Governance Perspektive (Fürst, 2001; Niedlich & Brüsemeister, 2011) Berücksichtigung finden. Der Analysegegenstand wird hier in seiner ganzen Komplexität betrachtet und es wird dabei nach Formen bzw. nach Auswirkungen von Handlungskoordination gefragt (Beobachtung, Beeinflussung und Verhandlung; Altrichter, Brüsemeister & Wissinger, 2007) die zum Tragen kommen.

Auf der Mikroebene wird schließlich fokussiert, wie die Gestaltung des Übergangs unter Beteiligung des Regionalen Bildungsbüros von den Schulen wahrgenommen wird und welche Faktoren die Schulen bei der Unterstützung durch das Regionale Bildungsbüro als bedeutsam erachten. Gewinnbringend erscheint hier die Berücksichtigung verschiedener Theorien (Berkemeyer, 2011; Fussangel, Rürup & Gräsel, 2010), die Netzwerke als Unterstützungssysteme für eine spezifische Zielerreichung, beispielsweise die Gestaltung des Übergangs, betrachten.

Um am Ende des Projekts konkrete Strategien und Konzepte, die im Zuge der interschulischen Netzwerkarbeit, zur Gestaltung des Übergangs, entstehen, benennen zu können, sollen im Prozess entstandene Produkte hinsichtlich ihres Nutzens und ihrer Qualität seitens der Lehrerkollegien eingeschätzt werden.

Für die Untersuchung der Forschungsfragen werden verschiedene Verfahren aus der empirischen Sozialforschung gewählt. Für die erste und zweite Fragestellung sowie deren Subfragen, werden halbjährlich mit den unterschiedlichen Ebenen des Regionalen Bildungsbüros Experteninterviews geführt. Begleitend dazu ist die operative Projektleitung des Regionalen Bildungsbüros dazu aufgefordert, ein monatliches Dokumentpapier in Form einer egozentrierten Netzwerkkarte (Hollstein & Straus, 2006) auszufüllen. Zum Ausfüllen dieser Netzwerkkarten sollen die Mitarbeiter für den Zeitraum eines Monats reflektieren bzw. vermerken, mit wem sie im Rahmen des kommunalen Übergangsmanagements persönlichen Kontakt (z. B. per Telefon, Priorität oder im Rahmen eines Treffens) gehabt haben. In einem weiteren Schritt soll eingeschätzt werden, wie bedeutsam der jeweilige Akteur für das kommunale Übergangsmanagement ist, bevor die Häufigkeit des Kontakts vermerkt wird. Die Daten aus diesem Verfahren liefern wichtige Hinweise zu Akteuren, die für das Übergangsmanagement bedeutsam sein können. Ferner dienen sie als Gesprächsanlass für die halbjährlichen Interviews. Zur tieferen Bearbeitung des Erkenntnisinteresses, wie die Beteiligung des Regionalen Bildungsbüros bei der Gestaltung des Übergangs von der Grund- zur weiterführenden Schule von den Schulen wahrgenommen wird, sollen sowohl Interviews als auch eine Fragebogenerhebung mit Netzwerkkoordinatorinnen bzw. Netzwerkkoordinatoren durchgeführt werden. Die Einschätzung des Nutzens und der Qualität der in der Netzwerkarbeit entstandenen Produkte wird anhand von Netzwerkportfolios, die die einzelnen Netzwerke im Laufe des Projekts erstellen, ermittelt. Zusätzlich zu den Netzwerkportfolios wird am Ende des Projekts eine Fragebogenerhebung der Netzwerkkoordinatorinnen bzw. der Netzwerkkoordinatoren, der Schulleiter sowie der Lehrerkollegien stattfinden, in der u. a. ebenfalls die Wahrnehmung vom Nutzen und der Qualität der Netzwerkprodukte abgefragt wird.

4. Fazit

Die vorangegangenen Kapitel konnten zeigen, dass der Übergang von der Grund-zur weiterführenden Schule als zentrale Schnittstelle im deutschen Bildungssystem für alle daran beteiligten Akteure mit verschiedenen Herausforderungen verbunden ist, die es zu bewältigen gilt. Wie weiter anhand wissenschaftlicher Erkenntnisse dargestellt werden konnte, spielen Kooperationen bezüglich einer adäquaten Gestaltung des Übergangs eine basale Rolle. Durch Kooperationen der vom Übergang betroffenen Akteure kann Transparenz über Angebote und Anforderungen geschaffen werden, zudem können Kooperationen darin münden, dass Perspektiven der verschiedenen am Übergang beteiligten Akteure gebündelt in die Übergangsempfehlung einfließen.

Basierend auf den Forschungsbefunden, wurde in einem weiteren Schritt das Netzwerkprojekt „Schulen im Team – Übergänge gemeinsam gestalten" vorgestellt, welches einen fruchtbaren Boden bei der Bearbeitung der unterschiedlichen Dimensionen im Übergang von der Grund- zur weiterführenden Schule bietet. Dabei greift das Projekt aktuelle Trends des Schulentwicklungsdiskurses auf, indem es den systemischen Charakter der Veränderung im Mehrebenensystem Schule betont und die Idee der Vernetzung als Lern- und Innovationsstrategie nutzt. Dabei wird der Fokus auf das Regionale Bildungsbüro als zentrale koordinierende Instanz in der Region gesetzt, welche die schulischen Netzwerke langfristig und bedarfsorientiert begleiten und unterstützen soll, um schließlich die in den Netzwerken entwickelten Produkte und Strategien in die Breite zu tragen.

Inwieweit der dargestellte Projektansatz der dialogischen kommunalen Schulentwicklung von „Schulen im Team – Übergänge gemeinsam gestalten" die damit verbundenen Hoffnungen hinsichtlich der Verbesserung der Übergangspraxis in den acht Projektkommunen tatsächlich einlösen kann und welche innovativen Produkte im Zuge dieser Arbeit entstehen werden, gilt es in den nächsten Jahren im Rahmen der wissenschaftlichen Begleitung zu erkunden und zu erfassen. Das bisherige Engagement der Projektkommunen und der beteiligten Schulen lassen aber bereits zu einem frühen Zeitpunkt auf ertragreiche Strategien und Konzepte schließen, die hilfreich und handlungsleitend auch für weitere Vernetzungsvorhaben sein können.

Literatur

Aldrich, H./Herker, D. (1977): Boundary Spanning roles and Organization Structure. *Academy of Management Review*, 2(2), 217–230.

Altrichter, H./Brüsemeister, T./Heinrich, M. (2005): Merkmale und Fragen einer Governance-Reform am Beispiel des österreichischen Schulwesens. *Zeitschrift für Soziologie*, 4(30), 6–28.

Altrichter, H./Brüsemeister, T./Wissinger, J. (Hrsg.) (2007): *Educational Governance. Handlungskoordination und Steuerung im Bildungssystem*. Wiesbaden: VS.

Arnold, K.-H./Bos, W./Richert, P./Stubbe, T. C. (2007): Schullaufbahnpräferenzen am Ende der vierten Klassenstufe. In: W. Bos/S. Hornberg/K.-H. Arnold/G. Faust/L. Fried/E.-M. Lankes/K. Schwippert/R. Valtin (Hrsg.), *IGLU 2006. Lesekompetenzen von Grundschulkindern in Deutschland im internationalen Vergleich*. (S. 271–297). Münster: Waxmann.

Baitsch, C. (1999): Interorganisationale Lehr- und Lernnetzwerke. In: Arbeitsgemeinschaft Qualifikations-Entwicklungs-Management (Hrsg.), *Kompetenzentwicklung '99. Aspekte einer Lernkultur. Argumente, Erfahrungen, Konsequenzen* (S. 253–274). Münster: Waxmann.

Baumert, J./Maaz, K./Trautwein, U. (Hrsg.) (2009): Bildungsentscheidungen. *Zeitschrift für Erziehungswissenschaft*. Sonderheft 12. Wiesbaden: VS.

Beck, G. (2005): Kinder begleiten vom 4. zum 5. Schuljahr. Erfahrungen mit Schul- und Kindheitsforschung. In: G. Breidenstein/A. Prengel (Hrsg.). *Schulforschung und Kindheitsforschung, ein Gegensatz?* (S. 55–70). Wiesbaden: VS.

Becker, R./Lauterbach, W. (Hrsg.) (2010): *Bildung als Privileg. Erklärungen und Befunde zu den Ursachen der Bildungsungleichheit*. Wiesbaden: VS.

Behr-Heintze, A./Lipski, J. (2005): *Schulkooperationen. Stand und Perspektiven der Zusammenarbeit zwischen Schulen und ihren Partnern: ein Forschungsbericht des DJI*. Schwalbach: Wochenschau Verlag.

Bellenberg, G. (2012): *Schulformwechsel in Deutschland. Durchlässigkeit und Selektion in den 16 Schulsystemen der Bundesländer innerhalb der Sekundarstufe I*. Gütersloh: Bertelsmann Stiftung.

Berkemeyer, N. (2011): Unterstützungssysteme der Schulentwicklung – zwischen Konkurrenz, Kooperation und Kontrolle. In: H. Altrichter & C. Helm (Hrsg.), *Akteure & Instrumente der Schulentwicklung* (S. 115–128). Zürich: Schneider Hohengehren.

Berkemeyer, N./Bos, W. (2010): Netzwerke als Gegenstand erziehungswissenschaftlicher Forschung. In: C. Stegbauer/R. Häußling (Hrsg.), *Handbuch Netzwerkforschung* (S. 755–770). Wiesbaden: VS.

Berkemeyer, N./Bos, W./Järvinen, H./van Holt, N. (2011a): Unterrichtsentwicklung in schulischen Netzwerken: Analysen aus dem Projekt „Schulen im Team". *Zeitschrift für Bildungsforschung*, 1(2), 115–132.

Berkemeyer, N./Bos, W./Manitius, V./Müthing, K. (Hrsg.). (2008): *Unterrichtsentwicklung in Netzwerken. Konzeptionen, Befunde, Perspektiven*. Münster: Waxmann.

Berkemeyer, N./Järvinen, H./Mauthe, A. (2009): Schulen im Team. Kommunales Management von Schulnetzwerken. In: N. Berkemeyer/H. Kuper/V. Manitius/K. Müthing (Hrsg.), *Schulische Vernetzung. Eine Übersicht zu aktuellen Netzwerkprojekten* (S. 171–188). Münster: Waxmann.

Berkemeyer, N./Järvinen, H./van Ophuysen, S. (2010): Wissenskonversion in schulischen Netzwerken – Eine inhaltsanalytische Untersuchung zur Rekonstruktion von Lernprozessen. *Journal for Educational Research Online* 2 (1), 168–192.

Berkemeyer, N./Manitius, V./Müthing, K./Bos, W. (2009): Ergebnisse nationaler und internationaler Forschung zu schulischen Innovationsnetzwerken. *Zeitschrift für Erziehungswissenschaft*, 12 (4), 667–689.

Berkemeyer, N./Otto, J./Olschewsky, C. (2010): Schulträger im Wandel. Zur neuen Rolle des Schulträgers in der Reform des Schulsystems. In: W. Böttcher/J. N. Dicke/N. Hogrebe (Hrsg.), *Evaluation, Bildung und Gesellschaft. Steuerungsinstrumente zwischen Anspruch und Wirklichkeit* (S. 229–240). Münster: Waxmann.

Beutel, S.-I./von der Gathen, J. (2012): „Der zweite Übergang" – die Verzahnung von Lernen und Bildung bei ‚Grundschulen' und ‚Sekundarschulen'. In: N. Berkemeyer/S.-I. Beutel/H. Järvinen/S. van Ophuysen (Hrsg.), *Übergänge bilden – Lernen in der Grund- und weiterführenden Schule* (S. 183–207). Neuwied: Wolters Kluwer (Praxishilfe Schule).

Bos, W./Hornberg, S./Arnold, K.-H./Faust, G./Fried, L./Lankes, E.-M./Schwippert, K./Valtin, R. (2007): *IGLU 2006. Lesekompetenzen von Grundschulkindern in Deutschland im internationalen Vergleich.* Münster: Waxmann.

Bos, W./Tarelli, I./Bremerich-Vos, A./Schwippert, K. (2012): *IGLU 2012. Lesekompetenzen von Grundschulkindern in Deutschland im internationalen Vergleich.* Münster: Waxmann.

Brödel, R./Affeldt, H./Niedlich, S. (2007): Implementierung von Übergangsmanagement im Programm „Lernende Regionen – Förderung von Netzwerken". In: T. Eckert (Hrsg.), *Übergänge im Bildungswesen* (S. 23–40). Münster: Waxmann.

Burwitz-Melzer, E./Legutke, M. (2004): Die Übergangsproblematik. *Fremdsprachliche Unterricht Englisch*, 2–8.

Chrispeels, J./Harris, A. (2006): Conclusion: Future Directions for the Field. In: A. Harris & J. Chrispeels (Hrsg.), *International perspectives on school improvement* (S. 295–307). Abingdon: Routledge.

Earl. L./Katz, S./Elgie, S./Jaafar, S. B./Foster, L. (2006): *How networked learning communities worked.* Verfügbar unter: http://networkedlearning.ncsl.org.uk/collections/network-research-series/reports/how-networked-learning-communities-work.pdf. Letzter Zugriff am 13.01.2013.

Ebers, M./Gotsch, W. (2001): Institutionenökonomische Theorien der Organisation. In: A. Kieser (Hrsg.), *Organisationstheorien* (4. Auflage) (S. 199–251). Stuttgart: Kohlhammer.

Emminghaus, C./Tippelt, R. (2009): *Lebenslanges Lernen in regionalen Netzwerken verwirklichen: Abschließende Ergebnisse zum Programm „Lernende Regionen – Förderung von Netzwerken".* Bielefeld: Bertelsmann.

Erikson R./Goldthorpe J. H./Portocarero, L. (1979): Intergenerational class mobility in three Western European societies: England, France and Sweden. In *British Journal of Sociology* 30 (4), S. 341–415.

Fend, H. (2008): *Schule gestalten. Systemsteuerung. Schulentwicklung und Unterrichtsqualität.* Wiesbaden: VS.

Filipp, H.-S. (1995): Ein allgemeines Modell für die Analyse kritischer Lebensereignisse. In: H.-S. Filipp (Hrsg.), *Kritische Lebensereignisse* (S. 3–52). Weinheim: Beltz.

Fürst, D. (2001): Regional Governance– ein neues Paradigma der Regionalwissenschaften? *Raumforschung und Raumordnung*, 59(5–6), 370–380.

Fussangel, K./Rürup, M./Gräsel, C. (2010): Lehrerfortbildung als Unterstützungssystem. In: H. Altrichter/K. Maag Merki (Hrsg.), *Handbuch Neue Steuerung im Schulsystem (Educational Governance, 7)* (S. 327–354). Wiesbaden: VS.

Füssel, H.-P./Gresch, C./Baumert, J./Maaz, K. (2010): Der institutionelle Kontext von Übergangsentscheidungen: Rechtliche Regelungen und die Schulformwahl am Ende der Grundschulzeit. In: K. Maaz/J. Baumert/C. Gresch/N. McElvany (Hrsg.), *Der Übergang von der Grundschule auf die weiterführende Schule. Leistungsgerechtigkeit und regionale, soziale und ethnisch-kulturelle Disparitäten* (S. 87–106). Berlin: BMBF.

Gräsel, C./Fussangel, K./Pröbstel, C. (2006): Lehrkräfte zur Kooperation anregen – eine Aufgabe für Sisyphos? *Zeitschrift für Pädagogik*, 52 (2), 205–219.

Gräsel, C./Fussangel, K. (2010): Die Rolle von Netzwerken bei der Verbreitung von Innovationen. In: N. Berkemeyer/W. Bos & H. Kuper (Hrsg.), *Schulreform durch Vernetzung. Interdisziplinäre Betrachtungen* (S. 117–129). Münster: Waxmann.

Griebel, W./Niesel, R. (2011): *Übergänge verstehen und begleiten. Transitionen in der Bildungslaufbahn von Kindern.* Berlin: Cornelsen.

Hollstein, B./Straus, F. (Hrsg.). (2006): *Qualitative Netzwerkanalyse. Konzepte, Methoden, Anwendungen.* Wiesbaden: VS.

Honig, M. (2006): Street-Level Bureaucracy Revisited: Frontline District Central-Office Administrators as Boundary Spanners in Education Policy Implementation. *Educational Evaluation and Policy Analysis*, 28(4), 357–383.

Information und Technik Nordrhein Westfalen (2013): *Grundschulen in NRW.*http://www.it.nrw.de/statistik/d/daten/eckdaten/r513schul2.html [Stand, 08.01.2013]

Jackson, D. (2006): *Networked learning communities: Setting school to school collaboration within a system context.* Nottingham: National College for School Leadership.

Järvinen, H./Otto, J./Berkemeyer , N. (2011): Neue Wege kommunaler Schulentwicklung. In: H. Buchen/L. Horster/H.-G. Rolff (Hrsg.), *Handbuch Schulleitung und Schulentwicklung* (Loseblatt-Sammlung). Stuttgart: Raabe Verlag.

Järvinen, H./Otto, J./Sartory, K./Sendzik, N. (2012): Schulnetzwerke im Übergang. Das Beispiel „Schulen im Team". In: N. Berkemeyer/S.-I. Beutel/H. Järvinen/S. van Ophuysen (Hrsg.), *Übergänge bilden – Lernen in der Grund- und weiterführenden Schule* (S. 208–237). Neuwied: Wolters Kluwer (Praxishilfe Schule).

Jensen, M. C. (1983): Organization Theory and Methodology. *The Accounting Review*, 58(2), 319–339.

Koch, K. (2006): Der Übergang von der Grundschule in die weiterführende Schule als biographische und pädagogische Herausforderung. In: A. Ittel/L. Stecher/H. Merkens/J. Zinnecker (Hrsg.), *Jahrbuch Jugendforschung* (6. Ausgabe) (S. 69–92). Wiesbaden: VS.

Kiper, H. (2012): Übergänge im Schulsystem und das Curriculum – Kritische Anfragen. In: N. Berkemeyer/S.-I. Beutel/H. Järvinen/S. van Ophuysen (Hrsg.), *Übergänge bilden – Lernen in der Grund- und weiterführenden Schule* (S. 47–70) Neuwied: Wolters Kluwer (Praxishilfe Schule).

Kultusministerkonferenz (1970/1994): *Empfehlungen zur Arbeit in der Grundschule.* Beschluss der Kultusministerkonferenz vom 02.07.19701 in der Fassung vom 06.05.1994, Verfügbar unter: http://www.kmk.org/fileadmin/veroeffentlichungen_beschluesse/1970/1970_07_02_EmEmpfehlung_Grundschule.pdf. Letzter Zugriff am 13.01.2013.

Kuper, H./Goldenbaum, A. (2011): Verantwortung im Verhältnis pädagogischer Praxis und pädagogischer Professionalität – eine Einleitung. In: H. Kuper & A. Goldenbaum (Hrsg.), *Schulen übernehmen Verantwortung. Konzeption, Praxisberichte und Evaluation* (S. 9–12). Münster: Waxmann.

Lave, J./Wenger, E. (2005/1991): *Situated learning. Legitimate peripheral participation.* Cambridge [England], New York: Cambridge University Press.

Maaz, K./Baumert, J./Gresch, C./McElvany, N. (Hrsg.) (2010): *Der Übergang von der Grundschule in die weiterführende Schule. Leistungsgerechtigkeit und regionale, soziale und ethnisch-kulturelle Disparitäten.* Berlin: BMBF.

Manitius, V./Berkemeyer, N. (2011): Regionale Bildungsbüros – ein neuer Akteur der Schulentwicklung. In: F. Dietrich/M. Heinrich/N. Thieme (Hrsg.), *Neue Steuerung – alte Ungleichheiten? Steuerung und Entwicklung im Bildungssystem.* (S. 53–64). Münster: Waxmann.

McElvany, N. (2010): Der Übergang aus Lehrerperspektive: Deskriptive Ergebnisse. In: K. Maaz/J. Baumert/C. Gresch/N. McElvany (Hrsg.), *Der Übergang von der Grundschule auf die weiterführende Schule. Leistungsgerechtigkeit und regionale, soziale und ethnisch-kulturelle Disparitäten* (S. 283–294). Berlin: BMBF.

McElvany, N./Razakowski, J./Dudas, D. (2012): Übergangsentscheidungen am Ende der Grundschule: Akteure, Kriterien und Selektivität. In: N. Berkemeyer/S.-I. Beutel/H. Järvinen/S. van Ophuysen (Hrsg.), *Übergänge bilden – Lernen in der Grund- und weiterführenden Schule* (S. 160–179). Neuwied: Wolters Kluwer (Praxishilfe Schule).

Meidinger, H.-P. (2010): Der Übertritt auf eine weiterführende Schule – konkret und grundsätzlich. In: S. Lin-Klitzing/D. Di Fuccia/G. Müller-Frerich (Hrsg.), *Übergänge im Schulwesen. Chancen und Probleme aus sozialwissenschaftlicher Sicht* (S. 19–34). Bad Heilbrunn: Julius Klinkhardt.

Meyer, J. W. & Rowan, B. (1977): Institutionalized Organizations: Formal Structure as Myth and Ceremony. In: *The American Journal of Sociology* 83 (2), S. 340–363.

Niedlich, S./Brüsemeister, T. (2011): Modelle regionalen Bildungsmanagements – Ansätze zur Behebung sozialer und bildungsbezogener Ungleichheiten? In: F. Dietrich/M. Heinrich/N. Thieme (Hrsg.), *Neue Steuerung – alte Ungleichheiten? Steuerung und Entwicklung im Bildungssystem* (S. 201–218). Münster: Waxmann.

Otto, J./Sendzik, N. (2011): Schulen im Team: Transferregion Dortmund – Einblicke in ein kommunal gestaltetes Netzwerkmanagement. In: *Journal für Schulentwicklung* 15 (3), S. 26–33.

Rolff, H.-G. (2005): Von der Schulentwicklung zum Qualitätsmanagement – eine Gesamt(Meta-)Evaluation der niedersächsischen Qualitätsnetzwerke. In: Niedersächsisches Kultusministerium (Hrsg.), *Qualitätsnetzwerke. Qualitätsentwicklung in Netzwerken. Abschlussbericht*, (S. 77–85). Verfügbar unter: http://www.nibis.de/nli1/quali/quin_net/06materialien/broschueren/bericht_2.pdf Letzter Zugriff am 13.01.2013.

Tippelt, R. (2011): Dezentralisierung, Organisation und Kooperation. Bildungsforschung zwischen Steuerungsanspruch und Orientierungsaufgabe. In: F. Dietrich/M. Heinrich/N. Thieme (Hrsg.), *Neue Steuerung – alte Ungleichheiten? Steuerung und Entwicklung im Bildungssystem* (S. 243–255). Münster: Waxmann.

van Ophuysen, S. (2005): Gestaltungsmaßnahmen zum Übergang von der Grundschule zur weiterführenden Schule. In: H. G. Holtappels/K. Höhmann (Hrsg.), *Schulentwicklung und Schulwirksamkeit. Systemsteuerung, Bildungschancen und Entwicklung der Schule* (S. 141–152). Weinheim: Juventa.

van Ophuysen, S. (2012): Der Grundschulübergang aus der Perspektive der Schülerinnen und Schüler – Befunde aus quantitativen Studien. In: N. Berkemeyer/S.-I. Beutel/H. Järvinen/S. Ophuysen (Hrsg.), *Übergänge bilden – Lernen in der Grund- und weiterführenden Schule* (S. 98–121). Münster: Waxmann.

van Ophuysen, S./Harazd, B. (2011): *Der Übergang von der Grundschule zur weiterführenden Schule – Gestaltung, Beratung, Diagnostik.* Kiel: Leibniz-Institut für die Pädagogik der Naturwissenschaften und Mathematik.

Weisker, K. (2012): *Grundpfeiler vernetzter Kooperation: Vertrauen – Akzeptanz – Wertschätzung. Aktuelle Entwicklungen in der Bildungsregion Krefeld* (Loseblatt-Sammlung). Stuttgart: Raabe Verlag.

Den Wechsel miteinander gestalten – Elternberatung und Übergang

Stand der Forschung

Sanna Pohlmann-Rother

1. Struktur, Organisation und Kooperation zwischen Primar- und Sekundarstufe

Der Übergang in die weiterführenden Schulen stellt in Deutschland eine frühe Weichenstellung dar, die in den meisten Bundesländern nach der vierten Grundschulklasse erfolgt. In Berlin und Brandenburg wechseln die Grundschüler überwiegend nach der sechsten Klasse in den Sekundarbereich. Gegenwärtig lässt sich in der Sekundarstufe die Tendenz zu einem Zwei-Säulen-Modell beobachten, in dem neben dem Gymnasium teilintegrierte Schulformen mit den Bildungsgängen der Haupt- und Realschule existieren (z.B. Regel-, Mittel-, Sekundar-, Stadtteilschule) (vgl. Autorengruppe Bildungsberichterstattung 2012). Je nach zur Verfügung stehenden Schulformen variiert der Verlauf des Übergangs. Auch die Verteilung des Entscheidungsrechts zwischen Eltern und Schule sowie die Einzelheiten des Übergangsverfahrens (z.B. Notengrenzen für einzelne Schulformen) wechseln häufiger. Probleme bestehen in der geringen prognostischen Qualität von Übergangsempfehlungen (vgl. Schuchart & Weishaupt 2004) sowie in den unterschiedlichen Bildungschancen der Schüler in Abhängigkeit ihrer sozialen Herkunft (vgl. Arnold et al. 2007).

Auf individueller Ebene geht der Wechsel in das Sekundarschulsystem für die Schüler mit grundlegenden Veränderungen einher (vgl. Hacker 1988, Koch 2004). Neben den schulischen Rahmenbedingungen (z.B. Klassen- vs. Fachlehrerprinzip, größeres Fächerangebot und größeres Schulgebäude im Sekundarbereich, zudem ggf. längerer Schulweg) wandeln sich auch der Leistungsbereich (ggf. höherer Leistungsdruck) sowie die sozialen Beziehungen (Abschied von Mitschülern und Grundschullehrkräften, Kennenlernen neuer Mitschüler und Lehrpersonen). Um Kinder auf diesem Weg pädagogisch zu begleiten, sind der Aufbau persönlicher Ressourcen, wie die Stärkung von Selbstvertrauen und sozialer Fähigkeiten von Bedeutung. Im Rahmen des Unterrichts kann der Übergang z.B. im Sachunterricht thematisiert werden, indem Informationen über unterschiedliche Schulformen eingeholt, individuelle Pläne über die weitere Schullaufbahn besprochen und die Schüler selbst in den Entscheidungsprozess eingebunden werden. Curricular ist durch die Zusammenarbeit von Grundschul- und Sekundarschullehrern die inhaltliche und methodische Anschlussfähigkeit beider Bildungsstufen zu sichern, was sowohl in Bildungsplänen verankert als auch durch gemeinsame Kooperationskreise organisiert werden kann (vgl. Faust 2011). Studien weisen darauf hin, dass stufenübergreifende Kooperationsmaßnahmen, wie z.B. eine feste Kontaktperson, gegenseitige Hospitationen, der Austausch über Unterrichtsinhalte und –methoden, selten sind (vgl. van Ophuysen 2005). In einer Befragung im Rahmen der Längsschnittstudie BiKS (Bildungsprozesse, Kompetenzentwicklung und Selektionsentscheidungen im Vor- und Grundschulalter) gab knapp die Hälfte der Viertklasslehrkräfte aus Bayern und Hessen an, die Lehrpläne der weiterführenden Schulen nicht zu kennen und nur mit wenigen oder gar keinen Lehrkräften der Sekundarschulen Kontakt zu haben (vgl. Pohlmann & Faust 2006). Dabei können bereits ein Besuch der neuen Schule sowie das Kennenlernen der Lehrkräfte Ängste auf Seiten der Schüler abbauen (vgl. Schürer, Harazd & van Ophuysen 2006).

2.   Einstellungen und Haltungen von Lehrkräften beim Übergang

Bisher wurde nur in wenigen Untersuchungen der Frage nachgegangen, wie Lehrkräfte ihre Aufgabe im Übergangsgeschehen wahrnehmen und welche Erwartungen sie mit der Empfehlung verknüpfen. Im Rahmen der Berliner Übergangsstudie wurden die Lehrkräfte gefragt, für wie bedeutsam sie ihre Empfehlung halten. Über die Hälfte der befragten Lehrpersonen schätzt ihre Empfehlung als „ziemlich entscheidend" ein (McElvany 2010a, S. 289), was sich mit empirischen Befunden deckt, die einen engen Zusammenhang zwischen Übergangsempfehlung und Schulformanmeldung nachweisen (vgl. Ditton & Krüsken 2006, Ditton 2007). Nehmen Lehrkräfte mehr Entscheidungsspielraum wahr und messen der Übergangsempfehlung eine höhere Bedeutung zu, führt dies zu einem höheren Belastungserleben, da sich die Situation des Übergangs als Bedrohung und damit als Belastung darstellt (McElvany 2010b, S. 307). Im Rahmen der Längsschnittstudie BiKS wurden die Subjektiven Theorien von bayerischen und hessischen Lehrkräften zum Übergang anhand von Interviews erhoben. Die in einem qualitativen Vorgehen konstruierten Lehrertypen werden im Folgenden kurz vorgestellt (vgl. ausführlich Pohlmann 2009):

Die erste Gruppe *(Resigniert-konfliktmeidender Typ)* orientiert sich bei der Empfehlung vorrangig am Notendurchschnitt und zeigt ein flexibles Empfehlungsverhalten, d.h. die Lehrkräfte berücksichtigen die Bildungspräferenzen der Eltern. Sie fühlen sich von diesen stark unter Druck gesetzt und haben die Erfahrung gemacht, dass Eltern – selbst bei bindender Lehrerempfehlung – einen Weg finden, ihre Präferenzen durchzusetzen. Um Konflikten mit Eltern aus dem Weg zu gehen, versuchen diese Lehrkräfte die Noten im Vorhinein an die gewünschte Empfehlung anzupassen:

Ich sage immer, wenn einer den Notendurchschnitt bei mir hat, dann ist es mir egal. [...] Wenn jetzt ein Kind mehr auf Drei steht, dann versucht man mit einem Referat oder mit einer mündlichen Note, ehrlich gesagt, die bessere Note irgendwie zu bekommen, obwohl es eigentlich nicht richtig ist (Lehrerin aus Bayern).

Für die zweite Gruppe *(Kritisch-konfliktoffener Typ)* sind bei der Empfehlung nicht vorrangig der Notendurchschnitt, sondern auch leistungsfernere Aspekte, wie Frustrationstoleranz oder Charaktereigenschaften, relevant. Eine ausschließliche Orientierung am Notendurchschnitt sehen diese Lehrer aufgrund des klasseninternen Bezugssystems kritisch, welches je nach Lerngruppe ein unterschiedliches Notenbild generiert. Sie zeigen ein restriktives Empfehlungsverhalten und geben den Präferenzen der Eltern nicht nach. Dies führt häufig zu Auseinandersetzungen und Meinungsverschiedenheiten mit den Eltern, was die Lehrkräfte als sehr belastend wahrnehmen.

Die Angehörigen der dritten Gruppe *(Zugewandt-kooperativer Typ)* befürworten übereinstimmend den Elternwillen als Entscheidungskriterium. Dementsprechend kritisieren die bayerischen Lehrkräfte die in ihrem Bundesland vorgesehene bindende Lehrerempfehlung. Dieser Typ zeichnet sich durch ein flexibles Empfehlungsverhalten aus, was zu einem positiven Verhältnis mit den Eltern führt. Die Lehrkräfte beharren gegenüber den Eltern nicht auf einer vorher festgelegten Entscheidung, sondern gelangen im Beratungsgespräch gemeinsam mit ihnen zu einer Lösung. Im Zweifelsfall möchten sie Eltern und Kindern bei der Entscheidung keine Steine in den Weg legen, so dass sie in Grenzfällen eine Empfehlung für die höhere Schulform aussprechen. Anders als beim resigniert-konfliktmeidenden Typ ist das flexible Empfehlungsverhalten nicht Ausdruck von Frustration, sondern basiert auf der Überzeugung, dass Eltern über den weiteren Bildungsweg ihres Kindes entscheiden sollten.

Die vierte Gruppe *(Formal-distanzierter Typ)*, der ausschließlich hessische Lehrkräfte zugeordnet wurden, zeigt ein restriktives Empfehlungsverhalten. Dies führt gelegentlich zu Diskrepanzen zwischen Lehrerempfehlung und Elternwunsch, die sich aber nicht zu Konflikten ausweiten, da die Verantwortung in Hessen bei den Eltern liegt. Die Lehrkräfte zeigen gegenüber den Eltern eine distanzierte Haltung, nehmen ihr Verhältnis zu ihnen aber nicht als belastend wahr. Da in Hessen der Elternwille gilt, was die Mitglieder dieses Typs mehrheitlich begrüßen, entsteht kein Druck auf Seiten der Lehrkräfte:

Dass man letzten Endes sagen kann, ich sage ihnen noch einmal klar und deutlich, unserer Meinung nach ist es nicht der richtige Bildungsweg. Aber es steht ihnen frei als Eltern, das

*trotzdem zu versuchen. Das nimmt diesen Druck raus. Ich denke, man würde sich sonst
schon unter Druck gesetzt fühlen* (Lehrerin aus Hessen).

Die Darstellung der Lehrertypen verdeutlicht, dass Schüler und Eltern im Übergangsgeschehen auch innerhalb eines Bundeslandes mit unterschiedlichen Bedingungen konfrontiert werden. Vor allem Eltern hoher sozialer Schichten sind sich
der Interpretationsspielräume beim Übergang bewusst und nutzen diese, um ihre
Bildungspräferenzen durchzusetzen, was zu einem spannungsreichen Verhältnis
zwischen Lehrkräften und Eltern führen kann.

3.   Elternberatung

Alle Bundesländer gestalten den Übergang als Prozess, in den Eltern bereits vor
Erhalt der Empfehlung oder Beantragung des Übertrittszeugnisses eingebunden
werden. In allen Ländern finden im ersten Halbjahr der vierten Klasse Informationsveranstaltungen statt, bei denen Eltern über die angebotenen Schulformen der
Sekundarstufe I und deren Besonderheiten, wie Zugangskriterien und Leistungser-
wartungen, sowie über die einzelnen Schritte des Übergangsverfahren in Kenntnis
gesetzt werden. Ein erster informeller Austausch, unabhängig von wem initiiert,
findet zu unterschiedlichen Zeitpunkten statt. Knapp 60% der Lehrkräfte geben das
erste Halbjahr der vierten Klasse vor den Weihnachtsferien als ersten Zeitpunkt
des Elternkontakts an (vgl. McElvany 2010a). Zu diesem relativ späten Zeitpunkt
treffen jedoch bereits ausgebildete Elternpräferenzen auf die Empfehlungen der
Lehrkräfte, was – wie oben aufgezeigt – zu Diskrepanzen und Meinungsverschiedenheiten führen kann. Von Bedeutung wäre ein frühzeitiger Austausch zwischen
Lehrkräften und Eltern, in dem Eltern Informationen über den Leistungsstand und
die –entwicklung ihres Kindes erhalten, so dass sie die weitere Schullaufbahn ihres
Kindes realistisch abschätzen, eigene Vorstellungen korrigieren oder aktiv zur Förderung ihres Kindes beitragen können. In diesem Sinne kann eine frühe Elternberatung zur Übereinstimmung von Elternwunsch und Lehrerempfehlung beitragen,
auch wenn Lehrkräfte eine frühe Kontaktaufnahme von Seiten der Eltern oft als
Beeinträchtigung ihrer pädagogischen Arbeit erachten.

Obwohl die Kooperation mit den Eltern sowie die „Bereitschaft und Fähigkeit,
auf Eltern eingehen zu können, die Position von Eltern nachvollziehen zu können,
mit Eltern vertrauensvoll und zugleich ‚grenzenbewusst' (…) zusammenarbeiten
zu können" (Terhart 2000, S. 53) als professionelle Kompetenz angesehen wird, werden Lehrkräfte in ihrer Ausbildung darauf unzureichend vorbereitet (vgl. Speck-
Hamdan 2003). Dementsprechend hoch sind die Anforderungen, die im Rahmen
der Elternberatung an die Grundschullehrkräfte gestellt werden. Durch eine frühzeitige Elternarbeit könnten z.B. im Hinblick auf das Lern- und Arbeitsverhalten

eines Schülers gemeinsame Absprachen getroffen und Maßnahmen abgestimmt werden. Außerdem ließe sich das frühe Kennenlernen der Eltern und ihrer Beweggründe von der Lehrkraft nutzen, Interventionen einzuleiten, die dazu beitragen, die Wahrnehmung der Eltern zu schulen und eine Annäherung der Perspektiven beider Seiten zu erleichtern. Weichen Lehrer- und Elternpräferenzen trotzdem voneinander ab, könnten Unstimmigkeiten benannt und konkretisiert werden, um das Kind anhand bestimmter Kriterien zu beobachten. Durch diese Transparenz ließe sich eine gemeinschaftliche Basis für die weitere Beratung schaffen. Wird trotzdem keine Einigkeit gefunden, könnte z.B. eine Lehrkraft der weiterführenden Schulen als dritte Instanz involviert werden. Auf diese Weise wäre es nicht nur möglich, zwischen beiden Seiten zu vermitteln, sondern auch Informationen und Perspektiven der weiterführenden Schulformen in den Beratungsprozess zu integrieren (vgl. Harazd 2007, Speck-Hamdan 2003).

4. Diagnostik

Im Übergangsgeschehen nehmen Lehrkräfte eine zentrale Rolle als Diagnostiker und Prognostiker ein und stehen vor der schwierigen Aufgabe, mit ihrer Übergangsempfehlung das akademische Potenzial ihrer Schüler zu beurteilen. Sie müssen eine komplexe Diagnose erstellen, wobei Informationen über die einzelnen Schüler – meist gesammelt über Jahre – innerhalb der Vorgaben ihres Bundeslandes zu gewichten und integrieren sind. Zugleich müssen sie eine möglichst zuverlässige Prognose über die weitere Entwicklung der Kinder im Alter von 10–11 Jahren unter Abwägungen der Kosten, des Nutzens und der Risiken treffen. Bei der Gestaltung der Empfehlung spielen Zeugnisnoten eine zentrale Rolle (vgl. Arnold et al. 2007, Ditton & Krüsken 2006). Lehrkräfte haben aber aufgrund ihres pädagogischen Freiraums die Möglichkeit, Noten anzupassen, um ihre Empfehlung eindeutiger zu machen. In der Berliner Studie geben ca. 66% der Lehrkräfte an, ihre Notengebung in der dritten Klasse überhaupt nicht anzupassen, um die bevorstehende Empfehlung abzusichern. In Bezug auf das Halbjahreszeugnis Mitte Klasse 4 sind dies nur noch ca. 38% und für das Zeugnis am Ende der 4. Klasse ca. 52%. Tabelle 1 gibt einen Überblick über die Antworten der Lehrkräfte, die ihre Noten in unterschiedlicher Weise anpassen (McElvany 2010a, S. 287).

Neben den Noten berücksichtigen Lehrkräfte bei der Erstellung ihrer Empfehlung in unterschiedlicher Weise auch den Eltern- und Schülerwunsch, die Ergebnisse von Vergleichsarbeiten und weitere weichere Kriterien, wie z.B. Arbeitsverhalten, Frustrationstoleranz, Ausdauer und Aufmerksamkeit. Bei Zweifeln entscheiden sich in der Berliner Studie ca. 50% für die höhere und etwa ebenso viele Lehrkräfte für die niedrigere Schulform (Ebd. 2010a), wohingegen beim Übergang nach Klasse

6 im Rahmen der Berliner Element-Studie etwa 75% der Lehrkräfte bei Zweifeln die niedrigere Schulform wählen (vgl. Maaz et al. 2008).

Tabelle 1: Anpassung der Noten durch Lehrkräfte, Angaben in Prozent (Quelle: McElvany 2010a, S. 288)

	Ende 3. Klasse (n=217)	Halbjahr 4. Klasse (n=227)	Ende 4. Klasse (n=218)
1 (überhaupt nicht)	66,4	38,3	51,8
2	13,4	22,9	17,9
3	8,3	12,8	9,6
4	7,8	11,5	9,6
5	3,7	11,9	9,2
6 (sehr stark)	0,5	2,6	1,8

Um Lehrern ihre Aufgabe im Übergangsgeschehen zu erleichtern, sind systematische Weiterbildungsmaßnahmen zum Erwerb diagnostischer Kompetenz von Bedeutung. Durch den Einsatz standard-bezogener Tests können Lehrer die Chance erhalten, ihr eigenes diagnostisches Urteil mit dem Testergebnis zu vergleichen. Ohne dass dadurch die Noten oder die Übergangsempfehlungen von zentralen Tests abhängig gemacht werden, könnten Lehrkräfte auf diese Weise mit einem externen Maßstab zur Einschätzung der Schülerkompetenzen konfrontiert und ggf. auf mögliche Einseitigkeiten des eigenen Urteils hingewiesen werden. In Folge dessen könnte eine Selbstreflexion über die eigenen Wissensgrundlagen in Gang gesetzt werden und dadurch das Wissen verbessert, präzisiert und aktualisiert werden (vgl. Helmke, Hosenfeld & Schrader 2004). Außerdem sind durch solche Untersuchungen Rückmeldungen über den Erfolg der eigenen pädagogischen Arbeit möglich (vgl. Klieme et al. 2007). Darüber hinaus werden Ziele und Anforderungen der Schule für alle Beteiligten transparent. Auch durch einen Austausch zwischen Primar- und Sekundarstufenlehrern über die Leistungsentwicklung einzelner Schüler können Grundschullehrkräfte eine Rückmeldung zu ihrer Empfehlung erhalten, was sie entweder in ihrem Empfehlungsverhalten bestärken oder dazu veranlassen könnte, ihr Vorgehen kritisch zu überdenken und zu ändern.

5.   Richtige Platzierung – Flexibilität der Strukturen

Trotz der Bemühungen um eine größere Durchlässigkeit und Offenheit im Bildungswesen gilt der Übergang in die weiterführenden Schulen nach wie vor als entscheidende Weichenstellung. Aufstiege in höhere Schulformen sowie das Nachholen von Abschlüssen sind schwierig und spätere Korrekturen der Schullaufbahn gelingen häufiger den Angehörigen höherer sozialer Schichten (vgl. Henz 1997).

Die Durchlässigkeit in der Sekundarstufe I ist jedoch überwiegend in Form von Abwärtsmobilität institutionalisiert: Immer noch gibt es in allen Bundesländern mehr Abwärts- als Aufwärtswechsler (vgl. Bellenberg & Klemm 1998, Schümer, Tillmann & Weiß 2002, Bertelsmann Stiftung & Institut für Schulentwicklungsforschung 2012).

Im Jahr 2000 betrug die Mobilitätsquote unter den 15-Jährigen für Deutschland (ohne Bayern, Berlin und Hamburg) 14,4%. In 77% der Fälle lagen Schulformabstiege und in 23% der Fälle Aufstiege vor (Baumert, Trautwein & Artelt 2003, S. 309). Hinzu kommt, dass die Durchlässigkeit zwischen den Schulformen bzw. die Aufstiegsoption in den meisten Fällen aufgrund mangelnder curricularer Anschlussfähigkeit zwischen den verschiedenen Schulformen nicht möglich ist. Neben dem Argument der Durchlässigkeit wird auch die Entkopplung von Schulabschlüssen und Schulformen genannt, um die Schwächen des Übergangsverfahrens am Ende der Grundschulzeit auszugleichen. Die Entkopplung von Bildungsgang und Schulabschluss ist im Sekundarbereich I so weit fortgeschritten, dass im Jahr 2010 nur noch ca. 54% der Hauptschulabschlüsse an Hauptschulen und 45% der Realschulabschlüsse an Realschulen erworben wurden (vgl. Autorengruppe Bildungsberichterstattung 2012).

Wenn die auf alternativen Wegen gegebene Erreichbarkeit unterschiedlicher Schulabschlüsse die Bedeutung der Übergangsentscheidung entlasten sollte, müsste jedoch sicher gestellt sein, dass hinter gleichen Zertifikaten, die an unterschiedlichen Schulformen erworben werden, gleiche Leistungsniveaus stehen und gleiche Abschlussnoten auch gleiche Kompetenzen bedeuten. Verschiedene Befunde weisen allerdings darauf hin, dass identischen Schulabschlüssen erheblich variierende Kompetenzen gegenüberstehen (vgl. Watermann & Baumert 2000, Köller, Baumert & Schnabel 1999). Mit Blick auf Mathematik und die Naturwissenschaften konstatieren Watermann und Baumert (2000, S. 206) im Rahmen der auf das Ende der Pflichtschulzeit bezogenen TIMS-Studie: „Am leichtesten […] erwirbt man die Abschlüsse an Gesamtschulen, am strengsten geht das Gymnasium mit seinen Frühabgängern um." Auch im Rahmen der BIJU-Studie, in der mathematische Leistungen in gymnasialen Oberstufen von Gesamtschulen und von Gymnasien Nordrhein-Westfalens verglichen wurden, zeigten sich deutliche Unterschiede. Schüler der Mathematik-Leistungskurse an Gesamtschulen erreichten im Mittel nicht das Leistungsniveau der Grundkurse an Gymnasien (vgl. Köller, Baumert & Schnabel 1999). Insofern führen bisher weder die – ohnehin geringe – Durchlässigkeit der Bildungsgänge noch die Entkopplung von Schulform und Schulabschluss zu grundlegenden Veränderungen des Systems oder zur Verbesserung der Bildungschancen unabhängig von der sozialen Herkunft.

Literatur

Arnold, K.-H./Bos, W./Richert, P./Stubbe, T. C. (2007): Schullaufbahnpräferenzen am Ende der vierten Klassenstufe. In: W. Bos/S. Hornberg/K.-H. Arnold/G. Faust/L. Fried/E.-M. Lankes et al. (Hrsg.), *IGLU 2006. Lesekompetenzen von Grundschulkindern im internationalen Vergleich* (S. 271–297). Münster: Waxmann.

Autorengruppe Bildungsberichterstattung (Hrsg.) (2012*): Bildung in Deutschland 2012. Ein indikatorengestützter Bericht mit einer Analyse zur kulturellen Bildung im Lebenslauf.* Bielefeld: Bertelsmann.

Baumert, J./Trautwein, U./Artelt, C. (2003): Schulumwelten – institutionelle Bedingungen des Lehrens und Lernens. In: Deutsches PISA-Konsortium (Hrsg.), *PISA 2000. Ein differenzierter Blick auf die Länder der Bundesrepublik Deutschland* (S. 261–331). Opladen: Leske & Budrich.

Bellenberg, G./Klemm, K. (1998): Von der Einschulung bis zum Abitur: Zur Rekonstruktion von Schullaufbahnen in Nordrhein-Westfalen. *Zeitschrift für Erziehungswissenschaft, 1* (4), 577–596.

Bertelsmann Stiftung/Institut für Schulentwicklungsforschung (Hrsg.) (2012): *Chancenspiegel. Zur Chancengerechtigkeit und Leistungsgerechtigkeit der deutschen Schulsysteme. Zusammenfassung zentraler Befunde.* Bielefeld: Bertelsmann Stiftung.

Ditton, H. (Hrsg.) (2007): *Kompetenzaufbau und Laufbahnen im Schulsystem. Ergebnisse einer Längsschnittuntersuchung an Grundschulen.* Münster: Waxmann.

Ditton, H./Krüsken, J. (2006): Der Übergang von der Grundschule in die Sekundarstufe I. *Zeitschrift für Erziehungswissenschaft, 51* (3), 348–372.

Faust, G. (2011): Übergänge in den Sekundarbereich. In: W. Einsiedler/M. Götz/A. Heinzel/F. Hartinger/J. Kahlert/U. Sandfuchs (Hrsg.), *Handbuch Grundschulpädagogik und Grundschuldidaktik* (3. Aufl., S. 252–256). Bad Heilbrunn: Klinkhardt.

Hacker, H. (1988): Übergänge fordern uns heraus. *Die Grundschule, 20* (10), 8–10.

Harazd, B. (2007): *Die Bildungsentscheidung. Zur Ablehnung der Schulformempfehlung am Ende der Grundschulzeit.* Münster: Waxmann.

Helmke, A./Hosenfeld, I./Schrader, F.-W. (2004): Vergleichsarbeiten als Instrument zur Verbesserung der Diagnosekompetenz von Lehrkräften. In: R. Arnold & C. Griese (Hrsg.), Schulleitung und Schulentwicklung. Voraussetzungen, Bedingungen, Erfahrungen (S. 119–144). Hohengehren: Schneider.

Henz, U. (1997): Der Beitrag von Schulformwechseln zur Offenheit des allgemein bildenden Schulsystems. *Zeitschrift für Soziologie, 26* (1), 53–69.

Klieme, E./Avenarius, H./Blum, W./Döbrich, P./Gruber, H./Prenzel, M./Reiss, K./Riquarts, K/Rost, J./Tenorth, H.-E./Vollmer, H. J. (2007). *Zur Entwicklung nationaler Bildungsstandards: Eine Expertise.* Bonn & Berlin: Bundesministerium für Bildung und Forschung.

Koch, K. (2004): Von der Grundschule zur Sekundarstufe. In: W. Helsper/J. Böhme (Hrsg.), *Handbuch der Schulforschung* (S. 549–566). Wiesbaden: VS Verlag für Sozialwissenschaften.

Köller, O./Baumert, J./Schnabel, K. U. (1999): Wege zur Hochschulreife: Offenheit des Systems und Sicherung vergleichbarer Standards. Analysen am Beispiel der Mathematikleistungen von Oberstufenschülern an Integrierten Gesamtschulen und Gymnasien in Nordrhein-Westfalen. *Zeitschrift für Erziehungswissenschaft,2* (3), 385–422.

Maaz, K./Neumann, M./Trautwein, U./Wendt, W./Lehmann, R./Baumert, J. (2008): Der Übergang von der Grundschule in die weiterführende Schule: Die Rolle von Schüler- und Klassenmerkmalen beim Einschätzen der individuellen Lernkompetenz durch die Lehrkräfte. *Schweizerische Zeitschrift für Bildungswissenschaften*, 9, 519–548.

McElvany, N. (2010a): Der Übergang aus Lehrerperspektive: Deskriptive Ergebnisse. In: K. Maaz/J. Baumert/C. Gresch/N. McElvany (Hrsg.), *Der Übergang von der Grundschule in die weiterführende Schule. Leistungsgerechtigkeit und regionale, soziale und ethnisch-kulturelle Disparitäten* (Bildungsforschung, Band 34, S. 283–294). Bonn, Berlin: Bundesministerium für Forschung und Bildung.

McElvany, N. (2010b): Die Übergangsempfehlung von der Grundschule auf die weiterführende Schule im Erleben der Lehrkräfte. In: K. Maaz/J. Baumert/C. Gresch/N. McElvany (Hrsg.), *Der Übergang von der Grundschule in die weiterführende Schule. Leistungsgerechtigkeit und regionale, soziale und ethnisch-kulturelle Disparitäten* (Bildungsforschung, Band 34, S. 295–312). Bonn, Berlin: Bundesministerium für Forschung und Bildung.

Pohlmann, S./Faust, G. (2006): *Zur Rolle der Lehrer bei der Formation der Übergangsentscheidung am Ende der Klasse 4 – Anlage und erste Ergebnisse. Vortrag auf der 15. Jahrestagung der DgfE-Kommission „Grundschulforschung und Pädagogik der Primarstufe".* Münster.

Pohlmann, S. (2009): *Der Übergang am Ende der Grundschulzeit. Zur Formation der Übergangsempfehlung aus der Sicht der Lehrkräfte.* Münster: Waxmann.

Schuchart, C./Weishaupt, H. (2004): Die prognostische Qualität der Übergangsempfehlungen der niedersächsischen Orientierungsstufe. *Zeitschrift für Pädagogik, 50* (6), 882–902.

Schümer, G./Tillmann, K.-J./Weiß, M. (2002): Institutionelle und soziale Bedingungen schulischen Lernens. In: Deutsches PISA-Konsortium (Hrsg.), *PISA 2000. Die Länder der Bundesrepublik Deutschland im Vergleich* (S. 203–218). Opladen: Leske & Budrich.

Schürer, S./Harazd, B./van Ophuysen, S. (2006): Übergangsgestaltung durch schulstufen-übergreifende Lehrerkooperation. In: R. Hinz & T. Pütz (Hrsg.), *Professionelles Handeln in der Grundschule. Entwicklungslinien und Forschungsbefunde* (S. 90–96). Hohengehren: Schneider Verlag.

Speck-Hamdan, A. (2003): Der Übergang nach Klasse 4 und die Verantwortung der Schule. *Schulverwaltung. Ausgabe Niedersachsen und Schleswig-Holstein, 13* (11), 296–300.

Terhart, E. (Hrsg.) (2000): *Perspektiven der Lehrerbildung in Deutschland. Abschlussbericht der von der Kultusministerkonferenz eingesetzten Kommission.* Weinheim: Beltz.

van Ophuysen, S. (2005): Gestaltungsmaßnahmen zum Übergang von der Grundschule zur weiterführenden Schule. In: H. G. Holtappels/K. Höhmann (Hrsg.), *Schulentwicklung und Schulwirksamkeit* (S. 141–152). Weinheim & München: Juventa.

Watermann, R. & Baumert, J. (2000): Mathematische und naturwissenschaftliche Grundbildung beim Übergang von der Schule in den Beruf. In: J. Baumert, W. Bos/R. Lehmann (Hrsg.), *TIMSS/III. Dritte Internationale Mathematik- und Naturwissenschaftsstudie – Mathematische und naturwissenschaftliche Bildung am Ende der Schullaufbahn* (Band. 1, S. 199–259). Opladen: Leske & Budrich.

Gestaltung des Übergangs von der Primarstufe in die Sekundarstufe

Maresi Lassek

Grundsätzliche Erfahrungen aus der pädagogischen Praxis orientiert am Beispiel von zwei Bremer Schulen und mit dem Leitgedanken: Anschlussfähigkeit für die Schülerinnen und Schüler herzustellen liegt in der gemeinsamen Verantwortung beider Schulstufen.

1.   Der Übergang von 4 nach 5 ist kein Kinderspiel und alles andere als inklusiv

Nach wie vor ist der Weg von der Grundschule in die weiterführende Stufe von Brüchen gekennzeichnet und durch Selektionsmechanismen erschwert. Diese Situation wirkt sich in den verschiedenen Bundesländern durch jeweils unterschiedliche schulstrukturelle Bedingungen mehr oder minder belastend für die Familien und für die Kinder aus und beeinflusst die pädagogische Arbeit in den Grundschulen.

Das Stufensystem in Kopplung mit der Aufteilung in verschiedene Bildungsgänge nach der Grundschule schreibt dem Übergang eine Steuerungsfunktion zu, da Zugangsberechtigungen für die nachfolgende Stufe verteilt werden müssen. Der Übergang von einer Grundschule für (fast) alle Kinder in ein selektives System erfolgt in Deutschland viel zu früh nach vier Jahren, was internationale Studien immer wieder bemängeln.

Auswirkungen auf die Grundschule

Pädagogische Entwicklungen in der Grundschule haben vor allem den Ansatz, alle Kinder gemeinsam auf einen nachhalig wirkenden schulischen Lernweg zu bringen und dabei die Individualität bzw. die individuellen Lernvoraussetzungen und -entwicklungen zu berücksichtigen. Es geht nicht um Vergleichen und Bewerten, sondern um eine Lern- und Leistungskultur deren Ziel darin besteht, selbstverantwortliches Lernen zu unterstützen und individuelles Lernen in der Gemeinschaft mit anderen zu stärken.

Der frühe Übergang erfolgt unter bundeslandspezifischen Kriterien, welche die Aufnahme in die 5. Klasse regeln. Den Orientierungsmaßstab hierfür setzt in der Regel der gymnasiale Bildungsweg. Ob die Zugangsberechtigung unter der Maßgabe der Elternentscheidung, einer von der Grundschule ausgesprochenen Empfehlung, einer von der Grundschule getroffenen Entscheidung oder schlicht aufgrund eines bestimmten Notendurchschnitts gegeben wird, hängt vom jeweiligen Bundesland ab. Allen Bedingungen gemeinsam ist, dass der Übergang fehlerbehaftet ist, weil die Prognose zu früh verlangt wird. Dies wiederum setzt Grundschullehrkräfte unter Druck und lässt sie Arbeitsweisen auf den Übergang hin ausrichten, um die Kinder sozusagen auf den Ernstfall vorzubereiten und deren Belastbarkeit auf die Probe zu stellen.

Auswirkungen auf Kinder und Familien

In besonderer Weise beschäftigt der Übergang die Familien. Nicht nur, dass überlegt werden muss, welche weiterführende Schule die beste für das Kind sein mag, die Sorge um den dafür benötigten „Grundschulabschluss" setzt Maßstäbe. Daran wird die Grundschule gemessen, aber auch das Kind. Der Kampf um einen Platz in der Schule der Wahl reicht zuweilen bis auf die Wahl des Kindergartens zurück und darauf, welche Grundschule es sein muss, um in der Sekundarstufe den gewünschten Schulplatz zu bekommen. Die Selektion im Schulsystem erfährt durch Selektionsmechanismen, die Eltern in Gang setzen, eine zusätzliche Verstärkung.

Die überhöhte Bedeutung von Noten und Zeugnissen hat u. a. hier ihren Ursprung. Bei der Beratung von Eltern und Kindern treten die individuellen Bedingungen und Entwicklungsmöglichkeiten hinter die systemischen Gegebenheiten zurück. Mit der Verteilung von Zugangsberechtigungen soll die Grundschule eine Steuerungsfunktion übernehmen, die Kindern nicht gerecht werden kann. Eine Anpassungsleistung wird dem Kind abverlangt und nicht den Schulen. Gerade an dieser Stelle sind wir weit von der Umsetzung einer inklusiven Schule entfernt.

Beteiligte am Übergang und deren Verantwortung

Schülerinnen und Schüler

Eltern

Lehrerinnen und Lehrer GS und Sek I

Erwartungen der Beteiligten

Vorrangige Bedeutung beim Übergang wird dem Zeugnis, als Dokument für die Vergabe der Zugangsberechtigung für die gewünschte Schulform, zugesprochen. Kompetenzen, die bis zum Ende der Grundschulzeit erworben wurden, sollen das Zurechtkommen in der neuen Schule sichern.

Weniger im Fokus stehen Bedingungen, die für die Schülerinnen und Schüler zu einem gelingenden Übergang beitragen und entscheidende Wirkung auf das Wohl- und Sicherfühlen, für das Lernklima und auf die Leistungsbereitschaft haben wie:

- viel zu wissen über die neue Schule und die Gestaltung von sozialen Beziehungen, z. B., ob Freunde zusammenbleiben, wie sich die älteren Schülerinnen und Schüler gegenüber den jüngeren verhalten, welche Regeln und (informellen) Rituale an der Schule Bedeutung haben,
- Informationen über Lehrerinnen und Lehrer sowie über Räumlichkeiten und Lernangebote zu haben.

Die Übergangsgestaltung muss daher über die formalen Abläufe und Absprachen vor den Sommerferien hinaus mit weitergehenden konzeptionellen Überlegungen im Jahresplan (Schulprogramm) der Schulen verankert sein.

Für die abgebenden und aufnehmenden Lehrerinnen und Lehrer sollte erfahrbar sein, welch konstruktive Ansätze entstehen, wenn Offenheit zwischen den Schulstufen geschaffen wird und wie entlastend sich dies auf die eigene Arbeit in der Phase des Übergangs bzw. im vierten Schuljahr auswirkt. Dazu gehört auch, dass Situationen veranlasst werden, in denen Schülerinnen und Schüler mit dem Übergang vertraut werden und eigene Erfahrungen sammeln können. Obligatorische Schulbesichtigungen sind eindeutig zu wenig. Die großen Hürden, die unser System aufbaut verlangen nach flexiblen und kreativen Schritten.

2.   Ein Beispiel für Übergangsgestaltung aus Bremen

Grundsätzlich hat in Bremen Inklusion hohe Priorität in allen Schulstufen. Im Grundschulbereich gehören Förderzentren mit den Schwerpunkten Lernen, Sprache und Verhalten seit langem der Vergangenheit an. Im Sekundarbereich sind die Förderzentren in Auflösung begriffen, alle Schülerinnen und Schüler werden in die beiden bestehenden Schulformen (Gymnasium und Oberschule) integriert.

Ausgangsbedingung für den Übergang von 4 nach 5 ist des Weiteren ein Schulkonsens zwischen den politischen Parteien, der in einer Vereinbarung zur Schulstruktur die vierjährige Grundschule und im Sekundarbereich den Bestand einer fest definierten Anzahl von Gymnasien sowie die Umwandlung aller übrigen Schulen in Oberschulen festlegt. Die Oberschulen führen zu allen Bildungsabschlüssen.

Auf der Basis dieser Ausgangslage kooperieren die Grundschule am Pfälzer Weg und die Oberschule an der Koblenzer Straße. Die Erfahrungen aus der nunmehr vierjährigen Zusammenarbeit am Übergang sind nachfolgenden Beispielen zugrunde gelegt.

3. Gestaltung von Kooperation – Haltungen und Erwartungen bedenken

Wie bei vielen pädagogischen Fragestellungen spielen die Haltungen von Lehrerinnen und Lehrern auch an dieser Stelle eine bedeutsame, aber nicht immer genügend beachtete Rolle wie z. B. die Akzeptanz der Bedeutung des Überganges für die Schülerinnen, Schüler und Eltern, die eigene Verantwortung, die Prognosesicherheit, das Respektieren der individuellen Entwicklungsbiografien, die Anerkennung der Leistungen der jeweils anderen Schulstufe.

Aus dem Ergebnis einer kleinen Befragung in beiden Lehrerkollegien werden nachfolgend Aussagen beispielhaft zitiert. Die Ergebnisse lassen vermuten, dass durch die Kooperation der beiden Lehrerkollegien pädagogische Ansätze übergreifend wahrgenommen wurden. Kompetenzorientiertes sowie selbstverantwortliches Lernen – eingebunden in ein soziales Miteinander – werden als Grundlage für eine erfolgreiche schulische Sozialisation im Unterrichtsgeschehen beider Schulen gefördert.

Antworten der Grundschullehrkräfte auf die Frage nach Erwartungen zum Übergang:

* Das in der Grundschule Gelernte sichert das Zurechtkommen in der neuen Schule/Schulform.
* Die aufnehmende Schule ruft die Kompetenzen der Kinder ab (geübte Arbeitstechniken, Kommunikationsmöglichkeiten z.B. in Schreib- und Mathematikkonferenzen, Arbeiten in verschiedenen Gruppen- und Sozialformen).
* Die Anknüpfung an fachbezogene Inhalte gelingt.
* Lern- und Arbeitsmethoden werden aufgenommen und weiterentwickelt (z. B. kooperatives Lernen).
* Es wird Zeit gegeben für die Bildung der neuen Klassengemeinschaft.
* Patenschaften mit Älteren erleichtern das „Fußfassen".
* Der individuelle Unterstützungsbedarf wird berücksichtigt.
* Rhythmisierte Lernzeiten und angemessene Arbeitspensen verhindern Überforderung.
* Das soziale Miteinander (Esspausen, Kommunikationsmöglichkeiten, Übernahme von Verantwortung usw.) bekommt Raum.

Aussagen der Lehrkräfte der Oberschule auf die Frage nach Erwartungen an die Schülerinnen und Schüler:

Beispiele für Erwartungen im Fach Deutsch
- Flüssig altersgerechte Texte lesen und verstehen können.
- Selbständig Texte schriftlich und mündlich formulieren können (z. B. bei fachübergreifender Bearbeitung offener Aufgabenformate).

Beispiele für Erwartungen im Fach Mathematik
- Sicher in Grundrechenarten sein und tragfähige Grundvorstellungen im Zahlenaufbau besitzen.
- Kenntnisse von geometrischen Körpern haben.
- Längen, Zeit, Gewicht und Geld messen können.
- Vertraut sein mit offenen Aufgabenformaten und Schätzaufgaben.

Beispiele für Erwartungen in den Naturwissenschaften
- einfache Experimente planen, durchführen und auswerten können.
- das Vorgehen erklären und Phänomene beschreiben können.
- Übung im Präsentieren von Experimenten haben.

Beispiele für Erwartungen an prozessbezogene Kompetenzen
- Argumentieren, Kommunizieren, Probleme lösen können.
- Sich zu Aufgaben- und Themenstellungen austauschen, argumentieren und Ergebnisse präsentieren können.
- Soziale Kompetenzen entwickelt haben, die die Arbeit in Gruppen zu verschiedenen Aufgabenstellungen oder in Projekten ermöglichen.
- Vertraut sein mit offenen Aufgaben und dem Austausch über vielfältige Lösungsmöglichkeiten.
- Gewöhnt sein an kooperative Lernformen und deren Anwendung in unterschiedlichen Lernsituationen.

4. Gestaltung von Kooperation beim Übergang – Strukturen im System kreativ nutzen

Jede Schule im Sekundarbereich nimmt Schülerinnen und Schüler aus mehreren Grundschulen auf, jede Grundschule hat Verbindungen zu mehreren Schulen des Sekundarbereichs. Die Vernetzung in viele Richtungen macht es unmöglich, mit allen Institutionen in gleicher Weise zusammen zu arbeiten. Priorität hat daher für die beiden Beispielschulen, exemplarisch mit einem Standort Vorgehensweisen zu erproben und Erfahrungen zu sammeln. Je nach Umsetzbarkeit werden gelingende Aktionen mit weiteren Kooperationspartnern verabredet.

Der erste Schritt in der Zusammenarbeit bestand darin, möglichst viele Kontakte zwischen den Schulen herzustellen, Kontakte, die Informationsaustausch ermöglichen mit dem Ziel, Ideen für die Kooperation entstehen zu lassen, Vertrauen aufzubauen und ein Bewusstsein dafür zu entwickeln, dass die Bildungsbiografien von Kindern/Jugendlichen kontinuierlicher gestaltet werden müssen. Lehrkräfte aus Grundschulen und Schulen des Sekundarbereichs wissen erfahrungsgemäß meist wenig über das jeweils andere System, über Arbeitsformen, verwendete Materialien, pädagogische Grundsätze usw. Kooperation der beiden Schulen entstand über:

die Zusammenarbeit der *Schulleitungen*
- Austausch über Konzepte
- Überlegungen zu Teamstrukturen
- Einbeziehen der Gremien – Einrichten einer gemeinsamen Planungsgruppe
- Planung von Begegnungen (Schüler, Lehrkräfte, Eltern)
- Erstellung eines Jahreszeitplans
- Planung und Gestaltung gemeinsamer Fortbildungen und Hospitationen

die Zusammenarbeit zwischen *Lehrerinnen, Lehrern und Sonderpädagoginnen* durch den Austausch über
- Organisatorische Strukturen
- Lernkultur und Arbeitsweisen
- Raumgestaltung
- Regeln und Rituale
- Arbeitsmaterialien
- Fachinhalte
- Umgang mit schwierigen Schülern

Hinzu kommen pädagogische Gespräche über Schülerinnen und Schüler
- Übergabegespräche zum Schuljahresbeginn
- Halbjahresgespräche
- Hospitationen der Klassenleitungen des zukünftigen 5. Jahrgangs in der Grundschule
- Hospitationen der Grundschullehrkräfte nach dem Übergang (zum Halbjahr Klasse 5)
- Vorbereitung der Klasseneinteilung durch die Grundschullehrkräfte

Die diagnostische Kompetenz der Lehrerinnen und Lehrer und deren Prognosesicherheit bezogen auf den Übergang werden durch erweiterte Kenntnisse über die weiterführende Schulstufe erhöht.

Das Miteinanderreden verändert die Haltung gegenüber den Kolleginnen und Kollegen der anderen Schulstufe. Darüber hinaus stärkt der informelle Austausch alle Beteiligten und trägt zur Öffnung bei.

Für die *Schülerinnen und Schüler* geht es um Begegnungen im Laufe des Schuljahres und die konkrete Übergangsgestaltung. Beide Schulen legen in der pädagogischen Arbeit Wert auf Partizipation und Stärkung der Selbstverantwortung. Aktionen sind:

*   Schülergespräche in der Grundschule
*   und Schüler-Eltern-Lehrergespräche in der Oberschule.
*   In Arbeit ist, die Struktur für die Portfolios anzugleichen, damit auch hierbei Kontinuität für die Schülerinnen und Schüler entstehen kann.
*   Schülerinnen und Schüler aus den 9. Klassen kommen gegen Ende des Schuljahres in die Grundschule, berichten von ihrer Schule und stellen sich den Fragen der Viertklässler.
*   Die Viertklässler hospitieren in der neuen Schule vor den Sommerferien.

Die Begegnung und das Gespräch mit älteren Schülern nehmen Fremdheit und Ängste.

Eltern werden in verschiedener Weise in die Übergangssituation eingebunden. Für sie geht es um möglichst viel Transparenz über das Schulleben und die Lerngestaltung sowohl in Grundschule als auch in der Sekundarstufe. Eltern erhalten in Informationsveranstaltungen und an Hospitationstagen Einblicke in die Schulen. Elternvertreterinnen und Elternvertreter werden zu Fortbildungen eingeladen. Individuelle Beratung für das eigene Kind erfolgt im Halbjahr vor dem Übergang. Informationen zum Übergangsverfahren sind obligatorisch.

Den Eltern soll neben Informationen über die Schulstufen, über Fördermöglichkeiten, Profile, Verbindendes sowie Trennendes zwischen Grundschule und den Schulen der Sekundarstufe vor allem das Vertrauen vermittelt werden, dass sie sich mit ihren Fragen an die Lehrkräfte und Schulleitungen wenden können. Vertrauensaufbau bildet sozusagen eine Grundlage für die Beratung über die Schullaufbahn des Kindes. Eltern sollen wahrnehmen, dass die individuellen Möglichkeiten ihres Kindes beim Übergang gut bedacht werden und dies nicht nur im Vergleich mit anderen Kindern, sondern entwicklungsbezogen auf ihr Kind.

Auch „schulunerfahrene" und eher distanzierte Eltern gewinnen durch Information und Beteiligung Vertrauen.

5.   Schlussüberlegungen

Die mit dem Übergang verbundenen Brüche sind dem Stufensystem, der viel zu kurzen gemeinsamen Lernzeit und vor allem dem selektiven Schulsystem in Deutschland geschuldet. Das verursacht eine erhebliche Belastung des Übergangs von der Grundschule in die Sekundarstufe und führt zu den bekannten Benachteiligungen. Unterschiede im Vergleich der Bundesländer resultieren aus dem Grad der Selektivität der aufnehmenden Schularten (zwei, drei, vier oder mehr Schulformen/ Bildungsgänge), der Durchlässigkeit der Systeme und der Bedingung, an welchen Schulformen, welche Abschlüsse erreichen werden können. Je knapper die Plätze in begehrten Bildungsgängen sind, desto stärker wirkt der Auswahldruck auf alle Beteiligten. Umso weniger entsteht aber auch Druck insbesondere auf den klassischen gymnasialen Bildungsgang, sich mit der Entwicklung pädagogischer Konzepte in der Grundschule (abgebende Stufe) auseinander zu setzen und daran anzuknüpfen.

Folgen zeigen sich in der Prognoseunsicherheit für Schulzuweisungen und der Benachteiligung von Kindern aus Nichtakademikerfamilien und/oder mit familiärem Zuwanderungshintergrund. Die Aussagekraft und Objektivität von Noten und Zeugnissen als Vergleichsinstrumente wird erheblich überschätzt. Die Bedeutung einer Individuellen Lernberatung steht nach wie vor im Hintergrund.

Das gegliederte Schulsystem muss sich zukünftig daran messen lassen, wie es auf die Herausforderung der Inklusion reagieren kann und welche Funktion der Übergang dabei erhält.

Grundsätzlich kann als Erfahrung gelten, dass jedes Kind seine eigene Lern- und Entwicklungszeit hat. Unterschiede bei der Einschulung werden mit bis zu drei Entwicklungsjahren beschrieben. Es ist kein Ziel, diese Unterschiede bis zum Ende der Grundschulzeit zu nivellieren. Beim Übergang von der 4. in die 5. Klasse muss diese Bandbreite wahrgenommen werden, beide Lernsysteme müssen für das einzelne Kind mehr Kontinuität in dessen Lernbiografie herstellen. Das können Primarstufe und Sekundarstufe im Interesse aller Kinder nur gemeinsam erreichen.

Kapitel 3
Übergang zwischen parallelen Bildungsangeboten innerhalb der Sekundarstufe I

Einleitung: Bildungskarrieren fördern – „Abstiege" vermeiden: Übergänge im Bereich der Sekundarstufe

Manfred Beck

Übergänge innerhalb der Sekundarstufe sind lediglich analytisch isoliert zu betrachten. Sie sind wesentlich vorgeprägt von Entscheidungen, die beim Übergang von der Primarstufe in die Sekundarstufe getroffen wurden. Fragen der Prognosequalität („Fehlplatzierungen"), der Beratungsintensität und des Schwellenabbaus determinieren die Wahrscheinlichkeit von Schulformwechseln innerhalb der Sekundarstufe.

Spätestens seit den PISA-Studien ist es Allgemeingut, dass in Deutschland Bildungsbeteiligung und schulischer Kompetenzerwerb stark an die soziale Herkunft der Schülerinnen und Schüler gekoppelt ist.

Diesen Zusammenhang aufzuheben stellt eine wesentliche Aufgabe unseres Bildungssystems dar. Dies gilt in besonderem Maße für die Schulen des gegliederten Systems, in denen strukturell bedingt weniger flexibel auf individuelle Entwicklungen reagiert werden kann.

Im gegliederten System wird eher selten der Schulformwechsel als Möglichkeit der Entwicklung von Potenzialen („Aufstieg") betrieben. Sehr viel gängiger ist der Schulformwechsel zu einer Schulform mit geringerem Anspruchsniveau („Abschulung"). In beiden Fällen bedarf es professioneller individueller Unterstützung zur Bewältigung dieses Übergangs.

In zwei Workshops wurde zur Analyse und Problembewältigung die Bedeutung von Schulkulturen und Bildungshabitus betrachtet, empirische Daten zum Schulformwechsel betrachtet und Möglichkeiten der Vermeidung bzw. Optimierung solcher Übergänge beleuchtet.

Wissenschaftlicher Input

Torsten Kramer führte aus, wie sich der Bildungshabitus von Schülerinnen und Schülern als Ergebnis der bisherigen Lern- und Bildungsgeschichte ausprägt. Die Gestaltung von Bildungskarrieren erfordert eine möglichst gute Passung von Schulkultur (definiert als Set pädagogischer Handlungen, Praktiken und Idealen einer Schule) und Bildungshabitus. Qualifizierte Selektionsentscheidungen einerseits und individuell fördernde Schulkultur andererseits helfen Brüche zu vermeiden, die durch Schulformwechsel entstehen.

Ernst Rösner zeigte anhand von Daten aus Nordrhein-Westfalen das veränderte Übergangsverhalten von der Grundschule in die Sekundarstufe seit 1970 auf. Insbesondere ab etwa dem Jahr 2000 steht einem dramatischen Rückgang an Hauptschul- und einem erheblichen an Realschulübergängen ein geringer bei den Gymnasien und ein leichter Zuwachs bei den Integrierten Gesamtschulen gegenüber.

Er führte ferner aus, dass die häufig beschworene Durchlässigkeit des gegliederten Systems primär eine „nach unten" ist, wobei die Varianz zwischen einzelnen Schulen derselben Schulform erheblich sein kann. Der Verlust an Schülern von Klasse 5 bis Klasse 10 reichte an Gymnasien etwa von 5,6 % bis 29,5 % (sic!).

Auch aktuelle Daten aus dem Schuljahr 2011/2012 zeigen, dass in Nordrhein-Westfalen das Missverhältnis zwischen „Aufsteigern" und „Absteigern" im gegliederten System immer noch erheblich ist.

Rösner sieht drei Lösungsmöglichkeiten: Verbot der Abschulung („administrative Lösung"), Veröffentlichung der Abschulungsquote als Leistungsversagen der Schule („publizistische Lösung") und das Ersetzen des gegliederten Systems durch schulen des gemeinsamen Lernens („strukturelle Lösung").

Die pädagogische Praxis

Die Beiträge der Wissenschaftler wurden ergänzt durch die Präsentation von Katja Urbatsch („Arbeiterkind.de"), deren Organisation mit rund 70 lokalen Gruppen in Deutschland einen Beitrag dazu leistet, Kinder aus nicht akademischen Familien zu Bildungsaufstieg und Hochschulstudium zu motivieren und sie auf diesem Weg zu unterstützen. Dazu wird ein Bündel von Maßnahmen vorgehalten, das u.a. eine Internetplattform, ein Beratungstelefon, Selbsthilfegruppen und ein Mentorensystem umfasst.

Als zweiten Praxisbeitrag stellte Manfred Paul das Übergangsmanagement im Schulverband Aachen-Ost vor, in dem ein Gymnasium, eine Realschule, eine Hauptschule und ein Berufskolleg u.a. versuchen, durch ein System von individueller Beratung und Förderung sowie enger Kooperation der Kollegien bis hin zu gemeinsamen Konferenzen und gegenseitigen Hospitationen Übergänge möglichst reibungslos zu gestalten.

Fazit

Die Übergangsproblematik innerhalb der Sekundarstufe ist im gegliederten System strukturell angelegt und äußert sich primär in Form eines „Abstiegs". So lange keine administrative oder strukturelle Lösung erfolgt, sind Strategien erforderlich, die Abschulungsproblematik abzuschwächen und die Bildungschancen von Kindern aus bildungsfernen Milieus zu verbessern.

Kooperationen aller am Bildungsgeschehen Beteiligten einer Bildungsregion können dazu einen Beitrag leisten, weil sie die Flexibilität der Strukturen erhöhen.

Ferner sollte die Passung von Schulkultur und Bildungshabitus angestrebt werden, aber auch eine individuelle Förderung und Begleitung von Schülerinnen und Schülern aus benachteiligten Bevölkerungsgruppen.

Im Bereich der Sekundarstufe erscheint es dringend geboten, die professionellen Kompetenzen der Lehrkräfte im Bereich individueller Förderung zu steigern. Ferner sollten zur Vermeidung von „Abstiegen" Beratungs- und Stützsysteme optimiert werden.

Bildungshabitus und Schulkultur – Zu einer kulturtheoretischen Perspektive auf Bildungsungleichheiten und die Gestaltung schulischer Übergänge

Rolf-Torsten Kramer

Der folgende Beitrag widmet sich dem Thema schulischer Übergänge aus einer kulturtheoretischen Perspektive und fragt, was diese Perspektive zum Problem der Erklärung von Bildungsungleichheiten und zur optimaleren Gestaltung von schulischen Übergängen – hierbei besonders beim Übergang von der Grundschule in die Sekundarstufe I – beitragen kann. Dazu werden zunächst aktuelle Perspektiven auf Bildungsungleichheiten und schulische Übergänge skizziert und auf das Problem theoretisch schlüssiger und konsistenter Erklärungen hingewiesen (1.). Im Anschluss werden dann die Konzepte Bildungshabitus und Schulkultur vorgestellt und bereits auf besonders deutliche Übergangsproblematiken fokussiert, die als ungünstige Passungskonstellation theoretisch gefasst werden können (2.). Im dritten Abschnitt wird die geschärfte Perspektive auf Übergangsprobleme noch einmal gebündelt (3.), bevor dann zum Abschluss Gestaltungsmöglichkeiten aufgeführt werden, die sich aus der vorgestellten kulturtheoretischen Perspektive ableiten lassen (4.).

1.   Bildungsungleichheit und Übergänge im Bildungssystem – aktuelle Perspektiven und das Problem einer theoretisch konsistenten Erklärung

Die Themen Bildungsungleichheit und Übergänge gehören in der ungleichheitsbezogenen empirischen Bildungsforschung eng zusammen (vgl. Maaz/Hausen/McElvany/Baumert 2006; Becker/Lauterbach 2007; Becker 2009; Baumert/Maaz/Trautwein 2009). Hier werden in Anschluss an Boudon und das Modell der primären und sekundären Effekte der sozialen Herkunft Bildungsentscheidungen an Übergängen als besonders zentraler Mechanismus der Entstehung von Bildungsungleichheiten ausgewiesen (Maaz/Baumert/Trautwein 2009). Während als primäre Herkunftseffekte die „Erziehung, Ausstattung und gezielte Förderung im Elternhaus" bezeichnet werden, die zu einer ungleichen Fähigkeitsausstattung der Kinder führen, werden als sekundäre Herkunftseffekte die „elterlichen Bildungsentscheidungen im Familien- und Haushaltskontext" genannt, die von ökonomischen Ressourcen und der Sozialschichtzugehörigkeit abhängen (vgl. Becker/Lauterbach 2007, S. 12; auch

Becker 2007, S. 163ff.). Primäre Sozialschichteffekte beziehen sich somit auf die sozialisatorischen Einflüsse auf die Kompetenzentwicklung, die sich in unterschiedlichen Schulleistungen ebenso zeigen wie in „schichtspezifisch habitualisierten Lerngewohnheiten" oder einer unterschiedlichen „Wertschätzung von Lernen und Bildung" (Maaz u.a. 2010, S. 71). Sekundäre Sozialschichteffekte bezeichnen unterschiedliche Bildungsaspirationen und unterschiedliches Entscheidungsverhalten, die Ausdruck sind einer „verinnerlichten Sozialschichtzugehörigkeit" und einer jeweils vorliegenden oder fehlenden „sozialen Distanz" zwischen dieser Herkunft und einem Bildungsabschluss (ebd., S. 72). Die Bildungsentscheidungen, denen im Zusammenspiel von primären und sekundären Effekten der sozialen Herkunft dann eine stärkere Bedeutung zugeschrieben wird, erfolgen in dieser Modellierung kalkülhaft nach dem Muster von Kosten-Nutzungs-Bewertungen, in denen Kosten und Erträge vor dem Hintergrund der Erfolgswahrscheinlichkeit abgewogen werden.

Die empirischen Befunde bestätigen besonders das Auftreten von sekundären Herkunftseffekten bei schulischen Übergängen durch Bildungsaspirationen, aber auch – beim Übergang in die Sekundarstufe I – durch die Vergabe von Grundschulempfehlungen, „die nicht ausschließlich nach leistungsbezogenen Kriterien" erfolge (Maaz u. a. 2010, S. 77; vgl. Baumert/Schümer 2001a; Ditton 2007; Arnold u. a. 2007). So sind etwa die Chancen, dass Eltern mit Abitur auch für ihr Kind das Gymnasium anstelle einer anderen Schulform wünschen 8,84mal so groß gegenüber Eltern, die maximal einen Hauptschulabschluss besitzen (vgl. Maaz u. a. 2010, S. 77). Dieser sekundäre Sozialschichteffekt ist auch bei Grundschulempfehlungen nachweisbar, wenngleich er weniger deutlich ausfällt. In den Ergebnissen der IGLU-2006-Studie betrug der gemessene Effekt der Gymnasialempfehlung 2,64 gegenüber dem Effekt von 3,83 bei der Gymnasialpräferenz der Eltern (vgl. Arnold u. a. 2007). Damit – so wird geschlussfolgert – sind die Empfehlungen der Lehrer sehr viel weniger an die soziale Herkunft gekoppelt als die Bildungsaspirationen der Eltern und wirken gleichzeitig sozial selektiv und sozial korrigierend (vgl. Maaz u. a. 2010, S. 77). Da jedoch die Grundschulempfehlung primär auf den Noten des letzten Zeugnisses beruht, „erweist" sich dieser institutionelle Urteilsprozess „nur in relativ geringem Maße anfällig für Sozialschichteinflüsse" (ebd.). Damit kommt den elterlichen Bildungsaspirationen eine besondere Bedeutung bei der Entstehung der Bildungsungleichheiten zu.

Eine Schlüsselstellung nimmt bei den schulischen Übergängen der Übergang in die Sekundastufe I ein. Aber auch für spätere Übergänge lassen sich sekundäre Herkunftseffekte finden. Im Rahmen der dritten Mathematik- und Naturwissenschaftsstudie wurden für den Übergang in die gymnasiale Oberstufe bei Kontrolle der Fachleistungen „signifikante Effekte des kulturellen Kapitals (odds ratio = 2,33) und des Bildungsabschlusses der Eltern (odds ratio = 1,92)" gefunden (ebd., S. 78). Bei gleichen Fachleistungen lagen damit unterschiedliche Übergangsentscheidungen vor. Und auch für den Hochschulübergang konnten primäre und sekundäre Effekte der sozialen Herkunft gefunden werden. So steigt die Absicht, ein Studium zu beginnen, deutlich an, wenn ein Elternteil die allgemeine Hochschulreife aufwies (ebd.). Ähnlich wurden auch in der TOSCA-Studie die Annahmen der Wert-Erwartungs-Theorie bestätigt (vgl. Maaz 2006). Die Studienaufnahme war desto wahrscheinlicher, je höher die Bildungsmotivation und je niedriger die Investitionskosten waren (vgl. Maaz u. a. 2010, S. 79).

Neben Übergängen werden weitere Entstehungskontexte für Bildungsungleichheiten untersucht. Mit Bezug auf Bourdieu und seine These der fehlenden kulturellen Passung von unterprivilegierten Schichten zum Bildungssystem (Bourdieu/Passeron 1971) diskutieren Maaz u. a. (2010), ob Bildungsungleichheiten innerhalb einer Institution des Bildungssystems entstehen. Hier müssten sich Wechselwirkungen zwischen Personen- bzw. Statusmerkmalen und „dem Angebot bzw. der Nutzung schulischer Ressourcen und Opportunitäten" finden lassen (ebd., S. 80). Hier lassen sich jedoch keine überzeugenden empirischen Belege z. B. für „eine sozial (und ethnisch) selektive Erwartungs-, Wertschätzungs- und Belohnungsstruktur in Bildungsinstitutionen" oder „ein „misfit" zwischen sozialem und kulturellem Habitus von unteren Sozialschichten und Minoritäten und schulischen Verhaltensnormen und Sprachcodes" anführen. Eher gibt es gegenteilige Befunde. In einer Längsschnittstudie zur Entwicklung von Schülerleistungen (BIJU) konnte kein systematischer Zusammenhang zwischen Leistungsentwicklung und sozialer Herkunft gefunden werden (vgl. ebd., S. 81). Stattdessen zeigen Studien, dass soziale Disparitäten in der Kompetenzentwicklung im Verlauf eines Schuljahres unverändert bleiben, „während in der Sommerpause eine beachtliche Wechselwirkung mit der Sozialschicht auftrat" (ebd., S. 82; Ehmke/Hohensee/Siegle/Prenzel 2006; Alexander/Entwisle/Olson 2007). Besonders mit den Studien zum so genannten Sommerlocheffekt wird eine systematische Benachteiligung von sozial schwächer gestellten Schülerinnen und Schülern ausgeschlossen und eher die disparitätsmindernde Wirkung von Schule betont (vgl. Maaz u. a. 2010, S. 83; auch schon Baumert/Schümer 2001a, S. 352). Die Pauschalthese Bourdieus vom Mittelschichtcharakter der Schule wird als ausdifferenzierungsbedürftig zurückgewiesen.

Für diese notwendige Ausdifferenzierung wird auf das Konzept der differenziellen Lern- und Entwicklungsmilieus verwiesen. Bereits in der PISA-2000-Studie wurde verdeutlicht, dass als Ergebnis der äußeren Differenzierung in der Sekundarstufe I eine „Homogenisierung der Schulleistungen innerhalb der einzelnen Schule" festzustellen ist und sich „sehr unterschiedliche institutionelle Lernmilieus ausbilden" (vgl. Baumert/Schümer 2001b). Obwohl es hier deutliche Überlappungen zwischen den Schulformen und eine z. T. breitere Varianz innerhalb von Schulformen gibt, wird doch insgesamt die starke Kopplung von Leistungsdifferenzierung und sozialer Segregation deutlich. Zwar unterscheiden sich „auch Schulen derselben Schulform erheblich" (Maaz u. a. 2010, S. 86f.), aber „die entscheidende Trennlinie" verlaufe zwischen den Hauptschulen und den Gymnasien (vgl. Baumert/Stanat/ Watermann 2006, S. 95f.). Dabei werden institutionelle Effekte (z. B. Stundentafeln, Lehrpläne oder Unterrichtskulturen) von Kompositionseffekten unterschieden, die sich auf die „leistungsmäßige, soziale, kulturelle und lernbiografische Zusammensetzung der Schülerschaft" beziehen (Maaz u. a. 2010, S. 87). Hier werden auf der Grundlage empirischer Befunde Schereneffekte zugunsten der selektiveren Schulformen gesehen. Noch deutlicher wird dieser Zusammenhang in der Länderstudie von PISA 2000 formuliert:

> „Der Schluss, den man aus diesen Ergebnissen ziehen muss, ist offenkundig. Sowohl Schulformen als auch Einzelschulen innerhalb derselben Schulform stellen institutionell vorgeformte differenzielle Entwicklungsmilieus dar. Schüler und Schülerinnen mit gleicher Begabung, gleichen Fachleistungen und gleicher Sozialschichtzugehörigkeit erhalten je nach Schulformzugehörigkeit und je nach besuchter Einzelschule unterschiedliche Entwicklungschancen." (Baumert/Trautwein/Artelt 2003, S. 288)

Trotz uneinheitlicher Befundlage scheinen die Ergebnisse dafür zu sprechen, dass „die Schulstruktur in gegliederten Systemen einen erheblichen Einfluss auf die Entstehung unterschiedlicher Lern- und Entwicklungsumwelten hat. Daraus wird jedoch nicht der Schluss gezogen, dass die Schule als Institution an der Herstellung von Bildungsungleichheiten ursächlich beteiligt ist. Weder sei „die sozioökonomische Stellung der Familie primär gruppenbildendes Merkmal innerhalb einer Schulform", noch dürfte der Zusammenhang zwischen sozialer Zusammensetzung der Schülerschaft einer Schule zum in PISA gemessenen Kompetenzniveau so interpretiert werden, „dass die soziale Zusammensetzung einer Schule ursächlich für den mehr oder minder erfolgreichen Kompetenzerwerb" sei (Baumert/Schümer 2001b, S. 466). Wie Sünker (2004) festgestellt hatte, scheint man hier die Konsequenz aus den eigenen Befunden zu meiden. Stattdessen wird verharmlost, was eine theoretische Erklärung der Bildungsungleichheiten sein kann: „eine Art Matthäus-Effekt, der Personen mit besseren Startvoraussetzungen" immer weiter begünstigt (vgl. Baumert u. a. 2003, S. 300).

Somit wird der Blick wieder weggelenkt von den Institutionen des Bildungssystems und nach Entstehungsbedingungen der Bildungsungleichheit außerhalb der Schulen gefragt. Die unterschiedlichen Eingangsvoraussetzungen für die Bildungsbiografie werden hier mit Boudon als primäre Effekte der sozialen Herkunft bestimmt. Damit muss man von differenten Sozialisations- und Entwicklungsmilieus ausgehen, die Fähigkeitsunterschiede zu Beginn der institutionalisierten Bildungslaufbahn bedingen, aber auch im weiteren Bildungsverlauf wirksam bleiben (vgl. Maaz u. a. 2010, S. 89). Mit den schon zuvor genannten Studien zum Sommerlocheffekt wird dabei noch einmal unterstrichen, dass „die Schule im Vergleich zum Lernen in sozialen Milieus geradezu eine disparitätsmindernde Rolle spielt" und sich andeutet, „dass Bildungsungleichheiten zumindest nicht losgelöst von den außerschulischen Faktoren betrachtet werden können" (ebd. und S. 92). Dass nun umgekehrt eine Perspektive auf die Entstehung der Bildungsungleichheiten zu kurz greift, die nicht auch die Mitwirkung und die Eigenanteile des Bildungssystems – ihrer Institutionen und ihrer Akteure – berücksichtigt, wird jedoch nicht gesehen (vgl. als Gegenperspektive Bourdieu/Passeron 1971).

Damit zeigt sich innerhalb der aktuellen ungleichheitsbezogenen empirischen Bildungsforschung der Trend, die Entstehung von Bildungsungleichheiten unter Absehung eventueller Anteile und Mitwirkungen des Bildungssystems vorrangig mit Wirkungen und Effekten der Herkunftskontexte zu erklären und damit komplexe Zusammenhänge mechanistisch zu verkürzen. Besonders herausgestellt und mit empirischen Befunden belegt werden die schichtspezifischen Bildungsentscheidungen der Eltern (sekundäre Effekte der sozialen Herkunft) und die nachhaltigen Wirkungen der ungleichen familiären Sozialisations- und Entwicklungsmilieus (primäre Effekte der sozialen Herkunft), die von Schule zwar schon ausgeglichen, aber noch nicht umfassend kompensiert werden können. Zwar wird damit zugestanden, dass von einem „Wechsel zwischen homogenen institutionellen Lerngelegenheiten und unterschiedlichen Anregungspotenzial in den jeweiligen sozialen Milieus" auszugehen ist (Maaz u. a. 2010, S. 89f.), die These eines ungleich gearteten Passungsverhältnisses, das bevor- oder benachteiligen könne, wird jedoch vehement zurückgewiesen (vgl. oben). Damit kommt es aber in der empirischen Erforschung und der theoretischen Erklärung zu einer Schräglage, die eine tatsächliche Aufklärung der Entstehung von Bildungsungleichheiten erschwert und zudem problematische Gestaltungsperspektiven vorgibt. Während auf der einen Seite eine Diskreditierung schulferner sozialisatorischer Milieus erfolgt, die besonders deutlich im Vorwurf gebündelt werden kann, die Eltern würden die falschen Bildungsentscheidungen für ihre Kinder (z. B. beim Übergang in die Sekundarstufe I) treffen, wird auf der anderen Seite einer umfassenden Intervention in diese sozialisatorischen Milieus der Boden bereitet, die einer Kolonialisierung ihrer Lebenswelten gleichkommt. Analog zur Debatte um die Schulfähigkeit bei der Einschulung wird stillschweigend die Rechtmäßigkeit der schulischen Anforderungen unterstellt und ausgeblendet, dass die Schule sich eventuell noch viel stärker als bisher (z. B. im Zusammenhang mit Heterogenität) diskutiert auf die Unterschiedlichkeit der sozialisatorischen Milieus einzulassen habe.

Um also zu verhindern, dass Versagen im Bildungssystem in der Deutlichkeit den Akteuren (hier besonders den Eltern) zugeschrieben wird, und um gleichzeitig weitere Gestaltungsperspektiven aufzuzeigen, soll im Weiteren die kulturtheoretische Perspektive vorgestellt und diskutiert werden. Damit wird zudem auch aufgezeigt, dass besonders in der Fokussierung der Bildungsentscheidungen eine folgenreiche Engführung vorliegt, weil in diesem rational-choice-Ansatz Aspekte der nicht intentionalen Hervorbringung der Bildungsungleichheiten ausgeblendet bleiben. Mit dem kulturtheoretischen Ansatz sollen im Gegensatz dazu besonders solche nicht intentionalen und nicht bewussten Hervorbringungen aufgezeigt werden (vgl. dazu insgesamt Kramer 2011, 2013a und b; Kramer/Helsper 2010).

2. Bildungshabitus und Schulkultur – Passungskonstellationen als Gegenstand der Kulturtheorie

Die hier vorgestellte kulturtheoretische Perspektive verbindet sich v. a. mit Pierre Bourdieu, der bereits in den 1960er Jahren empirische Befunde und Überlegungen zur Erklärung der Bildungsungleichheiten vorgetragen hatte und die für den deutschen Sprachraum zu Beginn der 1970er Jahre zugänglich geworden sind (vgl. Bourdieu/Passeron 1971, 1973). Die theoretische Perspektive zeichnet sich dabei vor allem durch ein konsequent relationales ‚Architekturprinzip‘ aus, das sich besonders auch in weiteren – erst später entstandenen bzw. zugänglich gewordenen – Arbeiten von Bourdieu vollständig offenbart. Diese Annahmen und Konzepte sollen nun vorgestellt werden.

Bereits in der mit dem Titel „Die Illusion der Chancengleichheit" vorgelegten deutschsprachigen Übersetzung machen Bourdieu und Passeron (1971) deutlich, dass Bildungsungleichheiten weder nur durch das Bildungssystem noch ausschließlich durch das System der sozialen Klassen zu erklären ist, sondern dazu die Relationen und Wechselbeziehungen aufzuschließen sind, die zwischen dem Bildungssystem und dem System der sozialen Klassen bestehen. In diesen Relationen spielen herausragende Selektionsereignisse – etwa der Ausschluss von weiterführenden Bildungsgängen durch eine nicht bestandene Prüfung – eine weniger prominente Rolle. Gleichwohl diese – wie etwa auch der Übergang von der Grundschule in die weiterführenden Schulformen der Sekundarstufe I – besonders sichtbar sind, verdecken sie doch v. a., dass sie das Ergebnis vorausgehender Mechanismen der Selektion und Eliminierung sind. Insofern geht es Bourdieu mit seiner Perspektive um die Frage, wie diese stillen und schleichenden Prozesse der Selektion in der Relation von Bildungssystem und dem System der sozialen Klassenbeziehungen erklärt werden können.

In diesen Relationen spielen lebensgeschichtlich erworbene Gewohnheiten und Haltungen, die im Bildungssystem unterschiedlich honoriert oder zurückgewiesen werden, eine zentrale Rolle (vgl. ebd., S. 31). Damit werden bestimmte kulturelle Gewohnheiten, die Ausdruck und Bestandteil einer spezifischen sozialen Lagerung sind, als ‚Stil‘, ‚Begabung‘ und ‚guter Geschmack‘ anerkannt und privilegiert. Diese Gewohnheiten sind Ausdruck und Ergebnis eines Habitus, der Praktiken in Abhängigkeit von den inkorporierten Strukturen der sozialen Herkunft hervorbringt. Dieser Habitus zeigt sich auch in der herkunftsabhängigen ‚Wahl‘ von Bildungsgängen. Er präformiert, ob ein Bildungsgang als „unerreichbar", „möglich" oder „normal" erscheint (ebd., S. 22). Die ‚Wahl‘ von Bildungsgängen fällt damit zusammen mit dem Gespür für die eigene „richtige" Platzierung oder dem Gefühl, „fehl am Platz zu sein" (ebd., S. 31). Die zentrale These von Bourdieu und Passeron ist hierbei, dass auf der Grundlage der verschieden ausgeformten kulturellen Gewohnheiten und Haltungen (also des differenten Habitus) sich zum Bildungssystem sehr ungleiche Passungsverhältnisse ergeben (vgl. Bourdieu/Passeron 1971, 1973). Diese ungleichen Passungskonstellationen resultieren auf der einen Seite daraus, welchen Wert institutionalisierter Bildung in einem jeweils herkunftsabhängigen Habitus zugewiesen wird. Auf der anderen Seite werden die jeweils vorliegenden kulturellen Haltungen und Gewohnheiten in den Institutionen des Bildungssystems selbst ganz unterschiedlich wertgeschätzt. So orientiert sich nach Bourdieu und Passeron die Schulbildung „so stark an der Elitekultur", dass ein Kind aus einer anderen Klasse oder Schicht „erst mühsam erwerben muss", was für jene ganz natürlich ist, „da es ihre eigene Kultur ist" (Bourdieu/Passeron 1971, S. 42).

Immer wieder verweisen Bourdieu und Passeron zur Untermauerung ihrer These der kulturellen Passung auf besonders typische Konstellationen, die in eine (sicherlich zu) grobe Typologie zusammengeführt werden können (vgl. z. B. Bourdieu/Passeron 1971, S. 37f.). So gibt es jene Angehörigen der privilegierten Schichten, an denen die Schulbildung besonders stark orientiert ist, dabei für diese aber gleichzeitig eine nur partielle Bildung und zudem eine Bildung geringeren Werts darstellt (Typus I). Für diese ist jede Form der methodischen Anstrengung verpönt. Erfolg erscheint dagegen selbstverständlich und als Bestätigung der eigenen Begabung. Für andere ist „die Schule der einzige Wissensvermittler", der sozialen Aufstieg verspricht, dazu aber Anstrengung und methodischen Lerneifer erfordert (ebd.). Erfolg in der Schule erscheint diesen nicht als Ausdruck von Begabung, sondern als Ergebnis ihrer Mühen und Investitionen (Typus II). Für Angehörige unterprivilegierter Schichten sind die institutionellen Anforderungen und Anerkennungsverhältnisse im höchsten Maße unvertraut und fremd (Typus III). Sie sind gezwungen, „sich den Imperativen der Institution Schule oder dem Zufall zu überlassen" (vgl. Bourdieu/Champagne 1997, S. 531). Bildungserfolg ist bei diesen nicht Bestätigung von Begabung oder Ergebnis ihrer Anstrengung, sondern erscheint – wenn er überhaupt angestrebt wird und eintritt – als Zeichen von Zufall oder Glück.

Da die Institutionen des Bildungssystems nun diese soziale Herkunft unterschiedlich honorieren, tragen sie mit dazu bei, dass Bildungserfolg nicht als Privileg, sondern als Begabung oder individuelles Verdienst erscheint. Unter dem Deckmantel der Chancengleichheit und „unter dem Vorwand der Allgemeinbildung" tragen Schulen so mit dazu bei, dass Privilegierung und soziale Ungleichheiten perpetuiert werden (vgl. Bourdieu/Passeron 1971, S. 39 und 54). Zugleich ‚sorgt' die Schule dafür, dass Misserfolg nicht auf soziale Benachteiligung zurückgeführt, sondern als fehlende Begabung oder zu geringe individuelle Anstrengung individuell legitimiert wird.

„Das traditionelle Bildungssystem verbreitet erfolgreich die Illusion, der gebildete Habitus sei ausschließlich das Ergebnis seiner Lehrtätigkeit und sei damit von allen sozialen Determinanten unabhängig, während es im Extremfall nur einen Klassenhabitus, der außerhalb des Bildungswesens entstanden ist und die Grundlage alles schulischen Lernens bildet, benutzt und sanktioniert." (Bourdieu/Passeron 1971, S. 222)

Der schulisch passende Habitus entspricht dabei den durch „Einprägungsarbeit" verinnerlichten Prinzipien, die – da sich die Schule an privilegierten Schichten orientiert – wiederum die kulturellen Prinzipien der Privilegierten sind (vgl. Bourdieu/Passeron 1973, S. 45). Genau in dieser Hinsicht wird der Schule – wie jeder pädagogischen Handlung – eine kulturelle Willkür unterstellt, die zugleich verschleiert werden muss und wird, um das pädagogische Handeln nicht als irrationale und brutale Forderung erscheinen zu lassen. Dadurch trägt Schule zur Herrschaftssicherung bei, die umso vollkommener gelingt, je stiller und unsichtbarer sie erfolgt. Es ist eine Form von symbolischer Gewalt, mit der es Schule gelingt, Inhalte und Bedeutungen „als legitim durchzusetzen", gleichwohl diese Inhalte und Bedeutungen – wie auch die Vermittlungsweise – historisch und kulturell variabel sind und der kulturellen Willkür nur bestimmter sozialer Schichten (nicht allen) entsprechen (ebd., S. 9). Somit bringt die Schule „die beherrschten Klassen zur Anerkennung des legitimen Wissens und Könnens", „was die Entwertung des Wissens und Könnens, das sie wirklich beherrschen, zur Folge hat" (ebd., S. 57).

Das hier von Bourdieu und Passeron beschriebene Prinzip der sozial ungleichen kulturellen Passung impliziert nun eine konsequent struktur- bzw. individuationstheoretische Fassung des Habituskonzeptes, insofern davon ausgegangen wird, dass die herkunftsspezifische Habitusprägung der schulischen Einprägungsarbeit zeitlich und ontogenetisch vorausgeht. Dabei wird die Erzeugung dauerhafter und übertragbarer Dispositionen des Habitus als irreversibler Prozess gefasst. Man muss also mit Bourdieu und Passeron einen primären Habitus von einem sekundären Habitus unterscheiden. Der primäre Habitus, das Ergebnis der „ersten Erziehung" im familiären sozialisatorischen Bezugsmilieu, bildet somit den „Ursprung der späteren Herausbildung jedes anderen Habitus" (Bourdieu/Passeron 1973, S. 58). Die Produktivität und Leistungsfähigkeit einer sekundären pädagogischen Arbeit (z. B. der Schule) hängt dann von der Distanz ab, die den sekundären Habitus vom primären Habitus trennt.

Es sind also die unterschiedlichen kulturellen Abstände zwischen der „schulischen Botschaft" und dem in der Familie erworbenen Habitus, die in der These der kulturellen Passung zu berücksichtigen sind. Dabei kann idealtypisch konstruiert die schulische Botschaft auf einen homologen, einen affinen oder einen differenten primären Habitus treffen, sodass in einem Fall von einer Bestätigung und Verstärkung des primären Habitus ausgegangen werden kann und im anderen Fall von einer Zurückweisung oder sogar Missachtung und dem Modus der Konversion oder Reedukation (vgl. ebd., S. 61). Die hierbei zugrundeliegende Nähe oder Differenz zwischen dem primären Habitus und einem schulischen Habitus führt zu ungleichen Anknüpfungsmöglichkeiten und Anerkennungsformen der jeweiligen sozialen Herkunft im Bildungssystem. Bildungserfolg von Angehörigen aus nicht privilegierten Schichten ist dabei als empirisches Phänomen durchaus nicht ausgeschlossen. Er setzt aber eine v. a. über Anstrengung und Anpassung vollzogene Überwindung des größeren Abstandes voraus, die mit Unsicherheit und weiteren Risiken verknüpft bleibt.

Der Habitus ist bei Bourdieu insgesamt bezogen auf die Schichtung und Gliederung des sozialen Raumes, der historisch hervorgebracht und fortwährend umkämpft Positionen beinhaltet, denen spezifische Wahrnehmungen, Deutungen und kulturelle Praktiken entsprechen (vgl. Bourdieu 1995). Als Inkorporierung der Gliederungsprinzipien des sozialen Raums funktioniert der Habitus wie eine Art „praktischer Sinn", der einen Sinn für die eigene soziale Stellung einschließt und auch die Wahrnehmung und Bedeutung des Bildungssystems präformiert (vgl. Bourdieu 1993). Mit dem Konzept des Habitus verbindet sich somit auch die Annahme einer gewissen sozialen Trägheit, da in der Tendenz jene Wahrnehmung und solche kulturellen Praktiken durch ihn hervorgebracht werden, die mit der in ihm verkörperten sozialen Stellung homolog sind. Der Habitus trägt damit seinerseits neben den Institutionen des Bildungssystems dazu bei, dass soziale Ungleichheiten als Bildungsungleichheiten perpetuiert werden, indem er „durch die systematische ‚Auswahl', die er zwischen Orten, Ereignissen, Personen des Umgangs trifft", sich „vor Krisen und kritischer Befragung" schützt (vgl. Bourdieu 1993, S. 114).

In einer eigenen qualitativen Längsschnittstudie, die an Bourdieus Habituskonzept und seine These der kulturellen Passung anknüpft, haben wir Schülerinnen und Schüler entlang ihrer Schullaufbahn interviewt (vgl. Helsper/Kramer/Brademann/Ziems 2007; Helsper/Kramer/Thiersch/Ziems 2009; Kramer/Helsper/Thiersch/Ziems 2009, 2013). Durch die Interpretation ausgewählter Passagen aus diesen Interviews mit der dokumentarischen Methode konnten inkorporierte, handlungsleitende Wissensbestände in Bezug auf Schule und institutionalisierte Bildung herausgearbeitet werden, die wir durch Kontrastierungen abstrahiert als Typen des Bildungshabitus bestimmt haben (vgl. Kramer u. a. 2009, S. 131ff.; zum methodischen Vorgehen Kramer u. a. 2009, S. 43ff. sowie Kramer u. a. 2013, S. 73ff.). Die Grundtypen des Bildungshabitus, die wir bereits bei Grundschülerinnen in der 4. Klassenstufe finden konnten, kennzeichnen sich wie folgt:

1) Habitus der Bildungsexzellenz und -distinktion: Kinder mit diesem Habitus weisen eine umfassende Bildungsorientierung auf, die nicht auf Schule begrenzt ist, sondern sich dieser tendenziell überlegen fühlt und auf ‚hochkulturelle' Inhalte gerichtet ist. Die in der Regel ausgeprägte Leistungsorientierung ist an die Leichtigkeit und das fasst spielerische Erreichen von Bestleistungen geknüpft, ohne dass darin eine schulische Anstrengung oder Anpassung erforderlich

wird. Allerbeste Leistungen und hochkulturelle Orientierungen fungieren als Abgrenzung und Besonderung gegenüber anderen Schülerinnen und Schülern.

2) Habitus des Bildungsstrebens: Kinder mit diesem Habitus sind – gerade im Kontrast zum oben genannten Typus – durch die Spannung charakterisiert, dass sie etwas noch nicht Selbstverständliches durch Anstrengung und Investitionen zu erreichen versuchen. Sie sind in der Regel sehr leistungsorientiert und anpassungsbereit, dabei aber auch der Gefahr unterlegen, Orientierungen außerhalb des engen schulisch-institutionellen Rahmens nicht auszuprägen bzw. abzublenden, gleichzeitig aber auch das schulische Spiel nicht mit der Leichtigkeit und Souveränität wie im erstgenannten Typus spielen zu können.

3) Habitus der Bildungsnotwendigkeit und -konformität: Kinder mit diesem Habitus beziehen sich auf Schule als etwas Normales und Notwendiges. Sie verbinden mit ihr weder eigenständige Optionen und Sinnentwürfe, noch streben sie an, sich dem Schulischen ganz zu entziehen. Stattdessen verbürgen sie die Qualifikationsfunktion von Schule, arrangieren sich mit diesem Erfordernis und versuchen insgesamt ‚nicht aus dem Rahmen zu fallen'. Dabei begrenzen sie ihr schulisches Tun jedoch auf das notwendige Pflichtprogramm.

4) Habitus der Bildungsferne und -hilflosigkeit: Für Kinder mit diesem Habitus ist die Schule ein fremder und hegemonialer Bildungsraum. Sie fühlen sich den schulischen Imperativen ausgesetzt und unterworfen, worauf sie mit oberflächlicher Anpassung, Resignation oder Opposition reagieren.

Die hier kurz skizzierten sich stark unterscheidenden Grundtypen eines Bildungshabitus, die in Untervarianten ausdifferenziert und um Verlaufs- und Transformationsformen erweitert werden könnten (vgl. dazu v. a. Kramer u. a. 2013), sollen nun fokussiert auf den Übergang von der Grundschule in die Sekundarstufe I betrachtet werden. Dadurch kann plausibilisiert werden, dass dieses Übergangsgeschehen hochgradig durch den jeweils vorliegenden Habitus einer Schülerin bzw. eines Schülers bestimmt wird.

Dies betrifft z. B. die Wahrnehmung der gegliederten Schullandschaft. Hier kann gezeigt werden, dass jeweils sehr unterschiedliche Ausschnitte und Bildungssegmente überhaupt in den Blick kommen und sehr unterschiedliche Grenzlinien gezogen werden. Während mit dem Habitus der Bildungsexzellenz und -distinktion z. B. vor allem solche Gymnasien in den Blick kommen, die sich durch besondere inhaltliche Profilbildungen und zusätzlich Aufnahmeprüfungen auszeichnen, und ‚normale Gymnasien' bereits die Abgrenzungslinie markieren (andere Schulformen erscheinen überhaupt nicht im Horizont), sind für den Habitus des Bildungsstrebens in seiner gesteigerten Variante die jeweils exklusiven Gymnasien oder in seiner moderaten Variante ‚normale Gymnasien' die anvisierten Schulen, wobei im ersten Fall schon die ‚normalen Gymnasien' und im zweiten Fall alle anderen Schulen, die kein Gymnasium sind, den negativen Gegenhorizont bilden. Für Kinder mit dem Habitus der Bildungsnotwendigkeit und -konformität geht es in verschiedenen Schattierungen immer darum, weder nach ‚oben' noch nach ‚unten' auszureisen und sich nicht zu besondern. Exklusive Gymnasien wie auch Hauptschulbildungsgänge erscheinen dabei als etwas, dass es auf jeden Fall zu vermeiden gilt. Beim Habitus der Bildungsferne und -hilflosigkeit stehen solche Schulen im Zentrum der Aufmerksamkeit, die wenig mit Bildungsaspirationen verknüpft werden und sich möglichst auch durch Merkmale (z. B. Freizeitangebote, Quartiersbindung) auszeichnen, die nicht der Logik des Unterrichtens entsprechen.

Mit der unterschiedlichen Wahrnehmung der Schullandschaft verknüpft sich auch eine unterschiedliche Anwahl von Schulen. Diese bezieht sich entweder gezielt auf exklusive Schulen, auf moderate (‚normale') Gymnasien und Gesamtschulen oder auf Quartiersschulen mit zusätzlichen (Freizeit-)Angeboten.

Damit sind wiederum ganz unterschiedliche Modi der Passivität oder Handlungsaktivität verbunden. Besonders in den Habitustypen der Bildungsexzellenz und des Bildungsstrebens wird der Übergang zumeist sehr aktiv gestaltet und erfahren. Dabei werden detaillierte Informationen über die Schulen eingeholt, zusätzliche Aufnahmeverfahren durchlaufen und das Ankommen auf der neuen Schule weitestgehend mitgestaltet. In den Habitustypen der Bildungsnotwendigkeit und der Bildungsferne finden wir dagegen zumeist passive Formen der Übergangsgestaltung, die mit einer fatalistischen oder resignativen Grundhaltung zusammenhängen. Damit fügen sich diese Kinder in der Regel den fremdbestimmt angewählten Schulen und Bildungsgängen. Handlungsaktivität wird jedoch im Habitus der Bildungskonformität dann freigesetzt, wenn man mit der Schule oder an der Schule nach dem Übergang aus dem Rahmen der Normalität (z. B. durch zu schlechte schulische Leistungen) herauszufallen droht.

Schließlich lässt sich der schulische Übergang auf der Grundlage der ausdifferenzierten Typen des Bildungshabitus danach befragen, mit welcher Sicherheit bzw. Unsicherheit er verknüpft ist. Dabei ist festzustellen, dass der Übergang besonders beim Habitus der Bildungsexzellenz und -distinktion mit großer Sicherheit und Souveränität vollzogen wird und sich mit dem Gefühl verbindet, am richtigen Platz zu sein. Dieses Gefühl der rechtmäßigen Platzierung verbindet sich auch mit dem Habitus der Bildungsferne und -hilflosigkeit – nun allerdings am anderen Ende des Spektrums der Bildungslandschaft. Für den Habitus der Bildungsnotwendigkeit und -konformität verbindet sich der Übergang dagegen schon deutlicher mit dem Risiko, normativen Normalerwartungen nicht genügen zu können. Da man jedoch zumeist nicht an Schulen mit übersteigerten (Leistungs-)Erwartungen wechselt, wird die Unsicherheit abgemildert durch das Gefühl, zumindest bei der Schule im Horizont der Normalerwartungen platziert zu sein. Mit den größten Unsicherheiten ist der Habitus des Bildungsstrebens konfrontiert, weil er mit dem Übergang etwas anstrebt und zu verwirklichen sucht, was noch nicht erreicht und zum Eigenen geworden ist. Diese Unsicherheit ist dabei in der Variante des exklusiven Bildungsstrebens besonders ausgeprägt, weil zur Gefahr des Scheiterns an gesteigerten Leistungsanforderungen gegenüber dem Habitus der Bildungsexzellenz das Gefühl hinzukommt, nicht am rechten Platz, sondern ‚in der Fremde' zu sein.

Nun ist mit den bisherigen Ausführungen zum (Bildungs-)Habitus aber nur eine Seite der Prägung und weiteren Bearbeitung des Übergangsgeschehens genannt und umschrieben. Die andere Seite betrifft ja das Bildungssystem selbst und seine Institutionen, die – hier ist der Kritik von Maaz u. a. 2010 vollkommen zuzustimmen – bei Bourdieu und Passeron mit der These vom Mittelschichtcharakter noch zu grob und zu pauschal gefasst wird. Maaz u. a. ist auch Recht zu geben, wenn im Ansatz der differenziellen Lern- und Entwicklungsmilieus eine schulformbezogene aber auch einzelschulische Ausdifferenzierung dieser zweiten Seite des Passungsverhältnisses gefordert wird. In gewisser Weise geht es hierbei um die Forderung einer auch empirischen Ausdifferenzierung des sekundären Habitus der Schule. Im Konzept der Schulkultur von Werner Helsper liegen eine solche theoretische Fassung und eine Reihe von empirischen Rekonstruktionen vor (vgl. Helsper/Böhme/Kramer/Lingkost 2001; Helsper 2008a, 2009).

Die Theorie der Schulkultur ist ein schultheoretischer Ansatz, der gegen die Annahme einer rein bürokratischen Rationalität sowie gegen die Vorstellung von Schule als nur lose gekoppelter Systemzusammenhang diese als sinnstrukturierten Zusammenhang und symbolische pädagogische Ordnung deutet. Dabei knüpft der Ansatz Schulkultur v. a. an die empirisch untermauerten Grenzen einer zentralistischen Außensteuerung auf der Ebene der Einzelschule an, geht jedoch über diese Einzelschulebene als Mehrebenenmodell weit hinaus. Der Schulkulturansatz ist damit und durch weitere Konstruktionsprinzipien (z. B. die Zentralstellung von Aushandlungen und Dominanzverhältnissen oder die Verbindung von Struktur- und Akteursperspektiven) als schultheoretischer Ansatz besonders anschlussfähig an Bourdieu.

Zunächst verweist der Ansatz Schulkultur als Mehrebenenmodell darauf, dass die konkrete Ausgestaltung von Schule auf mehreren hierarchisch gegliederten Ebenen erfolgt. Im Zentrum steht dabei die Ebene der einzelnen Schule, deren konkrete Gestalt und symbolische Ausformung das Ergebnis der handelnden Ausgestaltung durch ihre zentralen schulischen Akteure ist. Diese handelnde Ausgestaltung der symbolischen Ordnung der Einzelschule ist jedoch zu verstehen als „handelnde Auseinandersetzung der schulischen Akteure mit übergreifenden, bildungspolitischen Vorgaben und Strukturierungen" – also etwa der Mehrgliedrigkeit der Sekundarstufe mit den unterschiedlichen Schulformen (Helsper 2008b, S. 122). Insofern ist die symbolische Ausformung einer einzelnen Schule auf diese Rahmungen bezogen und kann diese nicht einfach außer Kraft setzen, sondern muss sich dazu – eventuell auch explizit in Opposition – positionieren. In diesem Sinn kann von der Ausformung einer konkreten Einzelschule als jeweils konkrete Strukturvariante der bildungspolitischen Vorgaben gesprochen werden. Diese bildungspolitischen

Vorgaben und Strukturierungen sind ihrerseits aber wiederum eingerückt in den „Hintergrund historischer und kultureller Rahmenbedingungen und der sozialen Auseinandersetzung um die Durchsetzung und Distinktion pluraler kultureller Ordnungen und deren Hierarchisierung" (ebd.). Diese symbolischen Auseinandersetzungen und Kämpfe finden sich zudem in Gestalt von unterschiedlichen sozialen Herkünften und Prägungen bei Lehrern und Schülern auch im Inneren der einzelnen Schule wieder. Mit „Schulkultur" ist somit immer die konkrete Verfasstheit des Schulischen als verschachteltes Modell und Ergebnis spezifischer Auseinandersetzungen entworfen, die Ausdruck eines jeweils erreichten Spielstandes oder Kräfteverhältnisses sind. Der Ansatz verknüpft damit – ganz in Übereinstimmung mit dem theoretischen Selbstverständnis von Bourdieu als genetischen bzw. konstruktivistischen Strukturalisten (vgl. Bourdieu 1992, S. 31 oder 1998, S. 135) – die Struktur- und Akteursperspektive und kann darin den Widerspruch fruchtbar aufgreifen, dass Phänomene unserer sozialen Welt (wie etwa die Institutionen des Bildungssystems) historisch bereits hervorgebracht und vorstrukturiert sind, zugleich aber von Akteuren auch immer wieder neu hergestellt werden müssen und darin auch modifiziert werden können.

Wir haben es in diesem Ansatz also mit einer Dynamik zwischen strukturellen Limitierungen und einer kreativen Handlungsmächtigkeit der Akteure zu tun. Neben dieser Dynamik zeigt der Schulkulturansatz auf verschiedenen Ebenen die jeweilige Vorläufigkeit und die ‚Umkämpftheit' von Schule auf. Dabei sind nicht nur auf der Ebene bildungspolitischer Vorgaben und der Ebene symbolischer Kämpfe Kräfteverhältnisse und Auseinandersetzungen anzunehmen, sondern gerade auch im Inneren der Einzelschule selbst. Hier ringen Lehrer, Schüler und weitere Akteure um die konkrete Ausformung der Institutionsgestalt und damit um die Durchsetzung ihrer Deutung der pädagogischen Welt als legitime Deutung von Schule. Die einzelne Schule ist somit gerade keine „homogene und einheitliche Sinnordnung" (Helsper 2008b, S. 127, auch 2008a, S. 71ff. und 2009, S. 160), sondern sie ist als mikropolitisches Kräftefeld zu fassen, in dem es zur Herausbildung einer dominanten Sinnordnung und Hegemonialkultur kommt. Das impliziert, dass es in der Gesamtheit der an einer Schule vorherrschenden pädagogischen Haltungen, Praktiken, Routinen und Ideale immer auch dominierte und unterlegene pädagogische Haltungen, Praktiken, Routinen und Ideale gibt bzw. geben kann.

Wenn nun die symbolische Ordnung der Schule als Hegemonialkultur konkretisiert werden kann, lässt sich diese mit einer kulturtheoretischen Ausdifferenzierung von Sinnebenen im Ansatz Schulkultur noch weiter spezifizieren. Werner Helsper unterscheidet dazu das Reale, das Symbolische und das Imaginäre (vgl. Helsper u. a. 2001, S. 24ff.). Als das Reale der Schulkultur werden die auf höheren Aggregierungsebenen generierten Strukturprinzipien und -probleme des Bildungssystems sowie Strukturmerkmale bezeichnet, die sich aus der sedimentierten bzw. akkumulierten Fallgeschichte der Institution ergeben. Auf dieser Ebene sind die zentralen und nicht hintergehbaren Strukturmomente der symbolischen Ausformung (der ‚harte Fels‘) bezeichnet, auf die sich das Symbolische und das Imaginäre beziehen. Als das Symbolische gelten dann die interaktiven und kommunikativen Akte – z. B. in Form von Handlungsmustern, Routinen, Ritualen oder auch in geronnener Form in Raumordnungen und Artefakten. Das Imaginäre sind dagegen die idealen und hypothetischen Entwürfe. Eine herausgehobene Ausdrucksform des Imaginären ist der Schulmythos (vgl. Helsper u. a. 2001, S. 69ff.; auch Böhme 2000; Helsper 1995). Beides – Symbolisches und Imaginäres – sind als handelnde Bearbeitung auf das Reale der Schulkultur bezogen. Und beides findet durch die handelnde Auseinandersetzung der schulischen Akteure eine dominante Form, die dominierte Handlungsmuster und Idealkonstruktionen einschließt.

Diese Ausprägung einer Dominanz- oder Hegemonialgestalt von Schule als Ergebnis der Auseinandersetzungen und symbolischen Kämpfe finden wir wiederum auf allen hierarchisch ausdifferenzierten Aggregierungsebenen im Ansatz Schulkultur. Wir finden die großen ‚ideologischen‘ Kämpfe z. B. zwischen einer integrativen und einer selektiven Schule in den symbolischen Kämpfen kultureller Formationen. Wir finden die unterschiedlichen (z. B. nach Bundesland variierenden) Fassungen einer einzelnen Schulform (etwa der Hauptschule bzw. des Hauptschulbildungsgangs). Und vor allem finden wir diese Dominanzverhältnisse auf der Ebene der Einzelschulen als umstrittene oder gesicherte Vormacht einer schulischen Fraktion.

Diese Hegemonialgestalt ist nun für die Frage der Anknüpfung an Schule entscheidend. Schulkultur erzeugt als dominante symbolische Ordnung „ein Feld von exzellenten, legitimen, tolerablen, marginalisierten und tabuisierten kulturellen Ausdrucksgestalten, Praktiken und habituellen Haltungen“ (Helsper 2008b, S. 128). Diese Feld präformiert eine eigene institutionelle Anerkennungsstruktur und bestimmt damit, welcher Akteur mit welchen ‚Gewinnen‘ oder ‚Verlusten‘ an Schule anschließen kann. Die sich hier konstituierenden unterschiedlichen Passungsverhältnisse sind differente Verhältnisse der Homologie, der Nähe, der Dissonanz oder der Abstoßung. Sie lassen sich für Schülerinnen und Schüler ausdifferenzieren in schulbiographische Passungsverhältnisse (vgl. Kramer 2002, 2008) einerseits und in differente Anziehungs- oder Abstoßungsverhältnisse zu den sozialisatorischen Milieus der Schülerinnen und Schüler (vgl. Helsper u. a. 2001, S. 595ff.; Helsper/ Kramer/Hummrich/Busse 2009, S. 275). Damit hat jede Schule ihre ganz eigene Figuration eines ‚Vorzeigeschülers‘, des ‚Unauffälligen‘ oder des ‚Nicht-mehr-Tragbaren‘ (vgl. dazu Kramer 2011, S. 170).

In der einzelschulischen Ausformung der Schulkultur kommen nun diese Anziehungs- und Abstoßungsverhältnisse zum Ausdruck. Hier lassen sich – auch empirisch gestützt (vgl. Helsper u. a. 2001, S. 595ff.; Helsper u. a. 2009, S. 275ff.) – zentrale Bezugsmilieus, sekundäre Bezugsmilieus und so genannte Abstoßungsmilieus bestimmen. Im Konzept der Schulkultur wird deshalb von jeweils einzelschulspezifischen Institutionen-Milieu-Komplexen gesprochen (vgl. Helsper 2006,

S. 170 und 2009, S. 172). Weil schulische Akteure immer auch entsprechend ihrer „unterschiedlichen Milieubiografien und habituellen Haltungen" agieren, amalgamieren „sich die universalistischen Rahmungen der Schule mit diesen partikularen Milieubindungen" (Helsper 2006, S. 181) und begegnet uns das schulisch Universale immer schon in einer partikularen Einfärbung. Einzelschulische Schulkultur ist damit immer auch das Resultat der Einbindung der Schule in regionale und überregionale Milieukonstellationen und deren Transformation. Dabei ist jedoch nicht nur das Universalistische partikular überformt, sondern sind auch die partikularen Milieubezüge „durch den universalistischen Anspruch der Schule gebrochen", weil Schule nicht als „unmittelbare Fortsetzung von Milieus" und deren Lebensführungsprinzipien anzusehen ist.

3.　Eine geschärfte Problemperspektive

Auf die schichtspezifischen Varianten des Bildungshabitus und die milieuspezifischen Ausprägungen der schulisch-symbolischen Sinnwelt sind nun auch die Konstellationen des Übergangs und deren weitere Bearbeitung zu beziehen. Dabei sind mit dieser Perspektive zunächst einige Relativierungen der aktuellen Perspektive der ungleichheitsbezogenen empirischen Bildungsforschung verbunden.

Auf der einen Seite muss die dort dominant verfolgte Fokussierung auf bewusste Übergangentscheidungen deutlich relativiert werden. Mit dem Ansatz des Bildungshabitus wird gegenüber intentional bewussten Entscheidungsprozessen, die selbstverständlich auch für Übergangsentscheidungen nicht negiert werden, auf den diesen zugrundeliegenden so genannten praktischen Sinn hingewiesen. Es ist der Bildungshabitus, der bereits vor jedem Abwägungsprozess über eventuelle Kosten oder Erträge präformiert, ob, in welchem Ausmaß und in Bezug auf welche Optionen eine solche Kalkulation überhaupt erfolgt. Von den Grundtypen des Bildungshabitus (vgl. oben) sind die Annahmen zur Kosten-Nutzen-Kalkulation noch am ehesten dem Habitus des Bildungsstrebens zuzuordnen. Sie lassen sich damit aber längst nicht auf alle Habitustypen und sozialisatorischen Milieus beziehen, sondern stellen diesen gegenüber eine unzulässige Verallgemeinerung dar (vgl. dazu auch die Überlegungen zu einem kaufmännischen Habitus bei Bourdieu 1993). Die Fokussierung auf Bildungsentscheidungen ist insofern eine unzulässige Verkürzung (vgl. Kramer 2011 und 2013a).

Als zu pauschal und ausdifferenzierungsbedürftig erscheint vor dem Hintergrund der empirisch rekonstruierten Typen des Bildungshabitus aber auch die These vom Sekundarstufenschock (vgl. Weißbach 1985; Kramer u. a. 2009). Hier zeigt sich, dass gerade beim Habitus der Bildungsexzellenz und -distinktion und beim Habitus der Bildungsferne und -hilflosigkeit der Übergang als Reproduktion familialer Platzierungs- und Bildungsstrategien mit einer hohen Selbstverständlichkeit und Sicherheit einhergehen kann. Große Unsicherheiten und auch schockhafte Übergangserfahrungen finden wir dagegen wieder eher beim Habitus des Bildungsstrebens, weil hier eine grundlegende Spannung zwischen Angestrebten und bereits Vertrauten im Habitus selbst – d. h. im praktischen Sinn – verankert ist, die anfällig macht und auch Ressourcen der Bearbeitung deutlicher als bei anderen Habitustypen behindert oder bindet (vgl. Kramer u. a. 2009).

Schließlich kann mit der hier vorgestellten kulturtheoretischen Perspektive auch – in Übereinstimmung mit Maaz u. a. (2010) – die zu pauschale und homogene Fassung des Bildungssystems bei Bourdieu überwunden und mit dem Konzept der Schulkultur an die These von den differenziellen Lern- und Entwicklungsmilieus (vgl. ebd.; Baumert/Schümer 2001b; Baumert u. a. 2003; Baumert u. a. 2006) angeknüpft werden. Hier wird deutlich, dass es aufgrund der regionalen Einbettung der Schule und der über die Schüler angebundenen sozialen Milieus zu einzelschulspezifisch variierenden Milieuprägungen kommt, die nicht nur den Übergang von der Grundschule in die Sekundarstufe I präformieren, sondern auch über die mit dem Übergang verfügbaren Anschlussoptionen bestimmen, ob und wie effektiv eventuell bestehende Passungsprobleme bearbeitet werden können.

Insgesamt erscheint die Schullaufbahn – und darin auch der Erfolg oder das Scheitern in der Schule – in hohem Maße als Ergebnis der jeweils vorliegenden kulturellen Passung, die sich gleichermaßen auf individuell biografische Entwicklungen und Erfahrungen bezieht wie auf die unterschiedlichen sozialisatorischen Bezugsmilieus (vgl. Bourdieu/Passeron 1971; Kramer/Helsper 2010; Kramer 2002, 2011; Helsper u. a. 2009). Der Übergang erscheint in dieser Perspektive als ein grundlegend transformatorisches Geschehen, das jedoch bei hoher Kontinuität in der kulturellen Passung über Routinen gebunden werden kann. Verbinden sich die organisationsförmigen Veränderungen mit einer Zunahme oder Verschärfung der kulturellen Differenz und Distanz, dann wird das Übergangsgeschehen in einen stärker problembezogenen Erfahrungshorizont eingestellt.

Übergangsprobleme sind damit in dieser Perspektive nicht ausschließlich ein Ergebnis fehlender Informationen oder fehlender monetärer Ausgleichssysteme, sondern sie stehen in einem unmittelbaren Zusammenhang mit der kulturellen Passungskonstellation in der Grundschulzeit und deren Stabilität oder Veränderung mit dem Eintritt in die Sekundarstufe I. Als kulturelle Passung geht es dabei um weit mehr, als nur um die Relation von schulischen Leistungsanforderungen und dem kognitiven Vorwissen der Schülerinnen und Schüler. Es geht auch um den Grad an Übereinstimmung bzw. Distanz zwischen den kulturellen Gewohnheiten und Haltungen einer Schülerin oder eines Schülers und der symbolischen Sinnwelt der einzelnen Schule, die mit Bourdieu als Abstand zwischen einem primären und einem sekundären Habitus bestimmt werden können (vgl. Bourdieu/Passeron 1971, 1973; Kramer/Helsper 2010).

Vor dem Hintergrund dieser Überlegungen ergibt sich v. a. die Feststellung, dass nicht der Übergang an sich problematisch sein muss und pauschal abzulehnen sei. Stattdessen ergeben sich nun besondere Problematiken, die die Aufmerksamkeit der schulischen Akteure verlangen und bei denen Gestaltungsmaßnahmen ganz besonders anzusetzen hätten:

- Wir haben in unserer Studie zum Bildungshabitus bei Kindern und deren Bedeutung für den Übergang in die Sekundarstufe I nicht nur herausarbeiten können, dass diese Formen des Bildungshabitus bereits in diesem frühen Alter für die Wahrnehmung, Deutung und das Handeln von Schülerinnen und Schülern eine Rolle spielen, sondern auch, dass diese Formationen des Bildungshabitus teilweise noch sehr stark elterlich geprägt sind (vgl. Kramer u. a. 2009; Helsper u. a. 2009). Zwar sind auch dann die impliziten, handlungsleitenden Wissensbestände der Schülerinnen und Schüler beschrieben, aber unter individuations- bzw. sozialisationstheoretischen Gesichtspunkten kann erst mit Abschluss der Adoleszenz von einer gefestigten eigenständigen Habitusformation ausgegangen werden (vgl. Kramer u. a. 2013, S. 34ff.; Helsper/Kramer/Thiersch 2013). Hier wäre deshalb besonders darauf zu achten, ob stark elterlich geprägte oder schon stärker eigenständig konturierte Formationen des Bildungshabitus vorliegen.

- Teilweise mit der ersten Überlegung zusammenhängend stellt sich als besonders Problem der Übergang für Schülerinnen und Schüler dann dar, wenn dieser wenig eigen- und stattdessen überwiegend fremdbestimmt erfolgt. Solche Formen der Fremdbestimmung des Übergangs können vorliegen, wenn Eltern die Bildungslaufbahnen ihrer Kinder auch gegen deren Interessen durchsetzen. Formen der Fremdbestimmung können aber auch durch die Schule – also in institutionalisierter Form – vorliegen, wobei beide Formen auch zusammenspielen können. In Konstellationen eines besonders deutlich fremdbestimmten Übergangs sind Schülerinnen und Schüler der neuen schulisch-symbolischen Sinnwelt konditionell ausgesetzt. Es fällt dann deutlich schwerer, einen eigenständigen Sinnbezug zur Schule herzustellen.

- Damit ist die Unterscheidung verbunden, ob der Übergang durch die Schülerinnen und Schüler eigenaktiv und handlungsmächtig vollzogen werden kann oder ob dieser passiv erlitten wird. Besonders bei deutlich passiv vollzogenen Übergängen ist von stärker fatalistischen Bezügen auf die neue schulische Sinnwelt auszugehen und von einem ausgeprägten Erleiden eines nicht handlungsmächtig verfolgten Übergangs.

- Der Übergang kann dabei in Abhängigkeit von den vorliegenden Formationen des Bildungshabitus und der symbolischen Sinnwelt der aufnehmenden Schule – ihrer Schulkultur – insgesamt mit großer Souveränität und Sicherheit vollzogen werden oder aber er wird hochgradig unsicher und beängstigend erlebt, was wiederum die Bearbeitungsressourcen im Übergang und bei dessen Bearbeitung einschränkt. Besonders bei hoher Unsicherheit im Übergangsvollzug liegen deshalb ausgeprägte Übergangsprobleme vor, die beachtet und wenn möglich auch kompensiert werden sollten. In unseren Ergebnissen deutete sich dabei an, dass bei deutlich reproduktiven Transmissionslinien der familiären Bildungsstrategien eher souverän vollzogene Übergänge vorliegen, weil die Schülerinnen und Schüler sich auf einen familiär tradierten, vertrauten schulischen Raum beziehen können. Von größten Unsicherheiten sind dagegen die stärker transformativen Transmissionslinien der familiären Bildungsstrategien geprägt, die besonders deutlich beim Habitus des Bildungsstrebens auftreten.

- Schließlich kann es im Übergangsvollzug so zu Platzierungen im schulischen Raum kommen, mit denen man sich ,am rechten Platz' oder aber ,deplatziert' fühlt. Dabei bezieht sich diese Übergangsproblematik wieder nicht ausschließlich auf das jeweils vorliegende Leistungsvermögen und den erreichten Zwischenstand an schulisch geforderten Kompetenzen, sondern hier geht es vor allem auch um die kulturellen Gewohnheiten und Haltungen und die Frage, wie diese zu den kulturellen Erwartungen der Schule passen. Hier haben wir in unserer Studie auch Schülerinnen und Schüler, die z. B. gegenüber ausgeprägten Leistungsanforderungen an einem exklusiven Gymnasium überhaupt keine Probleme haben, die sich aber besonders auch gegenüber ihren Mitschülern in der distinktionsorientierten schulischen Sinnwelt fremd und unsicher fühlen.

4.   Gestaltungsperspektiven

Nachdem die in der vorgestellten kulturtheoretischen Perspektive besonders herausgehobenen Übergangsprobleme markiert sind, sollen nun abschließend einige Gestaltungsperspektiven skizzenhaft aufgezeigt werden. Dabei wird in Bezug auf die beiden Seiten eines kulturellen Passungsverhältnisses das Augenmerk auf der Seite der Gestaltungsmöglichkeiten der Schule liegen. Zwar mag es auch Gestaltungsperspektiven für die Ausprägung des Bildungshabitus und die Veränderung sozialisatorischer Milieus geben, aber solche Interventionen verlieren den Beigeschmack der ,Kolonialisierung' und besonders wirksamen Durchsetzung symbolischer Gewalt nicht, weil damit immer auch eine manifeste Entwertung dieser Milieus und ihrer Habitusformationen einhergeht (vgl. Bourdieu/Passeron 1973; Bernstein 1964). Ebenso ist eine Curricularisierung der Habitusbildung in sich eine Unmöglichkeit, weil Habitusbildung gerade mit den unterschwelligen Konditionierungen der sozialen Lagerung verbunden und nicht von erzieherischen Absichten abhängig ist, sondern sich im Gegenteil auch gegen diese vollziehen kann. Das haben Bourdieu und Passeron ja gerade an den Populationen klar gemacht, die sich auf die absichtsvolle Logik von Bildungsinstitutionen einlassen, aber dennoch immer noch den Nachteil gegenüber jenen haben, denen diese Logik schon immer zu eigen ist.

Aber – um es auf das Modell von Boudon zu beziehen – nicht nur gegenüber einer Intervention bei den primären Effekten der sozialen Herkunft muss aus der hier vorgetragenen Perspektive große Skepsis bestehen, sondern auch gegenüber einer Intervention bei den sekundären Effekten der sozialen Herkunft. Denn auch eine weitergehende Einflussnahme auf die Bildungsentscheidungen der Eltern – etwa derart, dass diese noch höhere Bildungsabschlüsse für ihre Kinder anvisieren – entkommt dem Problem der ‚Kolonialisierung‘ und Entwertung dieser Milieus nicht. Im Gegenteil diskreditiert und entwertet eine solche Intervention gleich doppelt: Sie entwertet einerseits den sozialen Hintergrund und den jeweiligen Bildungshabitus, der durch die Intervention korrigiert werden soll. Andererseits diskreditiert sie die nach dem Boudon'schen Modell vorliegende Entscheidung, weil es die ‚falsche‘ Entscheidung gewesen ist. Bildungsverlierer werden damit gesteigert für ihren fehlenden Erfolg im Bildungssystem verantwortlich gemacht. Damit aber wird nur umso erfolgreicher verschleiert, dass fehlender Bildungserfolg kein Ausdruck von fehlender Begabung, fehlender Anstrengung oder eben einer ‚falschen‘ Bildungsentscheidung ist, sondern auf die unzureichende kulturelle Passung zurückgeführt werden muss, die sich aus der Relation von Bildungshabitus und Schulkultur ergibt (vgl. Bourdieu/Passeron 1971, 1973).

Was also lässt sich sinnvoller Weise gestalten? Dazu sollen abschließend die folgenden Bereiche skizziert werden:

- Auf der Seite der Schulen ist eine stärkere Klärung und Bewusstmachung über die jeweilige symbolische Ordnung der eigenen Schule zu fordern. Was macht die eigene Schulkultur aus? Was sind die dominanten – und was vielleicht die dominierten – pädagogischen Praktiken, Handlungsmuster, Routinen und Ideale? Hier geht es darum, dass Lehrer sensibilisiert sind dafür, welche Anschlussmöglichkeiten und welche Abstoßungseffekte für Schülerinnen und Schüler an ihrer Schule bestehen. Das bedeutet nicht, dass die jeweilige kulturelle Ausprägung der schulisch-symbolischen Sinnwelt damit schon zu kritisieren ist. Aber hier lässt sich vermeiden, dass die Wirkungen der Schulkultur gegenüber den kulturellen Gewohnheiten und Haltungen ihrer Schülerinnen und Schüler völlig unreflektiert bleiben und damit zusätzlich verschleiert werden.

- Daran schließt sich eine Vergewisserung der Lehrerinnen und Lehrer über die zentralen Bezugshabitus der eigenen Schule und eine daraus folgende Sensibilisierung für die jeweils typischen Übergangsprobleme dieser Bezugshabitus an. So kann Klarheit darüber hergestellt werden, was die Figuration des primären Bezugshabitus ausmacht, welcher sekundäre Bezugshabitus für diese Schule besteht und wo die Grenze verläuft gegenüber Habitusformationen, die an dieser Schule – in deren schulisch-symbolischer Sinnwelt – nicht mehr akzeptiert sind. Für die typischen Bezugshabitus (z. B. Habitus der Bildungsexzellenz und -distinktion, Habitus des Bildungsstrebens oder Habitus der Bildungsnotwendigkeit und -konformität) können so bereits typische Übergangsherausforderungen und -probleme antizipiert und geeignete institutionelle Stützmaßnahmen konzipiert werden.

- Insgesamt soll der kulturtheoretische Ansatz nicht dazu führen, dass gegenüber den Mechanismen der Reproduktion sozialer Privilegierung im Bildungssystem nun eine fatalistische Haltung eingenommen wird und Gestaltungsmöglichkeiten nicht mehr gesehen werden. Im Gegenteil zeigt sich in diesem Ansatz ja auch, dass soziale Mobilität und Aufstieg durch Bildung möglich ist. Aber der Ansatz sensibilisiert dafür, dass dieser Aufstieg immer einhergeht mit kultureller Fremdheit und besonderer Anstrengung und Anpassung. Hier hat Schule und haben Lehrerinnen und Lehrer eine besondere Verantwortung, diese soziale Mobilität zu unterstützen. Dazu ist es erforderlich, die Erfahrung der kulturellen Differenz zu kompensieren, was schon ansatzweise darüber erreicht werden kann, dass kulturelle Distinktionsprozesse unter den Schülerinnen und Schülern von Lehrerinnen und Lehrern nicht verlängert und intensiviert werden, sondern diese immer wieder klarzumachen versuchen, dass alle Schülerinnen und Schüler an dieser Schule willkommen und ‚am rechten Platz‘ sind.
- Schließlich zeigt sich in unserer Studie, dass die dramatischsten Übergangsprobleme in den Konstellationen vorliegen, in denen sich ‚Fehlplatzierung‘ mit einem hohen Maß an Fremdbestimmtheit und Passivität verbindet. Hier sollten besondere Unterstützungsangebote bereitgestellt werden, die es Schülerinnen und Schülern ermöglichen, eigene Sinnbezüge zur Schule herzustellen und Aktivitätspotenziale gegenüber der Schule freizusetzen.
- Aber auch Konstellationen die durch eine besonders deutliche Transformationslogik geprägt sind, bedürfen einer besonderen Flankierung und Unterstützung. Hier zeigte sich, dass in besonderer Weise die Schülerinnen und Schüler für Übergangsprobleme anfällig sind, die den Habitus des Bildungsstrebens aufweisen. Der Habitus des Bildungsstrebens erweist sich damit – besonders in der gesteigerten Variante des exklusiven Strebens – als besonders fragiler schulischer Bezug. Für dessen Anfälligkeit für Formen der Selbstausbeutung und der Fremdheit im schulischen Raum sollten Lehrerinnen und Lehrer besonders sensibilisiert sein.

Literatur

Alexander, K. L./Entwisle, D. R./Olson, L. S. (2007): Lasting consequences of the summer learning gap. *American Sociological Review*, 72, 167–180.

Arnold, K.-H./Bos, W./Richert, P./Stubbe, T. C. 2007): Schullaufbahnpräferenzen am Ende der vierten Klassenstufe. In: Bos, W./Hornberg, S./Arnold, K.-H./Faust, G./Fried, L./ Lankes, E.-M./Schwippert, K./Valtin, R. (Hrsg.): *IGLU 2006. Lesekompetenzen von Grundschulkindern in Deutschland im internationalen Vergleich* (S. 271–297). Münster.

Baumert, J./Maaz, K./Trautwein, U. (Hrsg.) (2009): Bildungsentscheidungen. *Sonderheft 12 der Zeitschrift für Erziehungswissenschaft, 12.*

Baumert, J./Schümer, G. (2001a): Familiäre Lebensverhältnisse, Bildungsbeteiligung und Kompetenzerwerb. In: Baumert, J./Klieme, E./Neubrand, M./Prenzel, M./Schiefele, U./ Schneider, W./Stanat, P./Tillmann, K.-J./Weiß, M. (Hrsg.): *PISA 2000. Basiskompetenzen von Schülerinnen und Schülern im internationalen Vergleich* (S. 323–407). Opladen.

Baumert, J./Schümer, G. (2001b): Schulformen als selektionsbedingte Lernmilieus. In: Baumert, J./Klieme, E./Neubrand, M./Prenzel, M./Schiefele, U./Schneider, W./Stanat, P./ Tillmann, K.-J./Weiß, M. (Hrsg.): *PISA 2000. Basiskompetenzen von Schülerinnen und Schülern im internationalen Vergleich* (S. 454–467). Opladen.

Baumert, J./Stanat, P./Watermann, R. (2006): Schulstruktur und die Entstehung differenzieller Lern- und Entwicklungsmilieus. In: Baumert, J./Stanat, P./Watermann, R. (Hrsg.): *Herkunftsbedingte Disparitäten im Bildungswesen: Differentielle Bildungsprozesse und Probleme der Verteilungsgerechtigkeit. Vertiefende Analysen im Rahmen von PISA 2000* (S. 95–188). Wiesbaden.

Baumert, J./Trautwein, U./Artelt, C. (2003): Schulumwelten – institutionelle Bedingungen des Lehrens und Lernens. In: Baumert, J./Artelt, C./Klieme, E./Neubrand, M./Prenzel, M./Schiefele, U./Schneider, W./Tillmann, K.-J./Weiß, M. (Hrsg.): *PISA 2000. Ein differenzierter Blick auf die Länder der Bundesrepublik Deutschland* (S. 261–331). Opladen.

Becker, R. (2007): Soziale Ungleichheit von Bildungschancen und Chancengerechtigkeit. In: Becker, R./Lauterbach, W. (Hrsg.): *Bildung als Privileg. Erklärungen und Befunde zu den Ursachen der Bildungsungleichheit* (2. Aufl., S. 157–185). Wiesbaden.

Becker, R. (2009): Entstehung und Reproduktion dauerhafter Bildungsungleichheiten. In: Becker, R. (Hrsg.): *Lehrbuch der Bildungssoziologie* (S. 85–129). Wiesbaden, .

Becker, R./Lauterbach, W. (2007): Bildung als Privileg – Ursachen, Mechanismen, Prozesse und Wirkungen. In: Becker, R./Lauterbach, W. (Hrsg.): *Bildung als Privileg. Erklärungen und Befunde zu den Ursachen der Bildungsungleichheit.* (2. Aufl., S. 9–41) Wiesbaden.

Bernstein, B. (1976): Der Unfug mit der „kompensatorischen" Erziehung. In: b:e Redaktion (Hrsg.): *Familienerziehung, Sozialschicht und Schulerfolg* (5. Aufl., S. 21–36) Weinheim und Basel.

Böhme, J. (2000): *Schulmythen und ihre imaginäre Verbürgung durch oppositionelle Schüler. Ein Beitrag zur Etablierung erziehungswissenschaftlicher Mythosforschung.* Bad Heilbrunn/Obb.

Bourdieu, P. (1992): *Rede und Antwort.* Frankfurt a. M.

Bourdieu, P. (1993): *Sozialer Sinn. Kritik der theoretischen Vernunft.* Frankfurt a. M.

Bourdieu, P. (1995): *Sozialer Raum und „Klassen". Leçon sur la leçon. Zwei Vorlesungen.* (3. Aufl.) Frankfurt a. M.

Bourdieu, P. (1998): *Praktische Vernunft. Zur Theorie des Handelns.* Frankfurt a. M.

Bourdieu, P./Champagne, P. (1997): Die intern Ausgegrenzten. In: Bourdieu, P. u. a.: *Das Elend der Welt. Zeugnisse und Diagnosen alltäglichen Leidens an der Gesellschaft* (S. 527–533). Konstanz.

Bourdieu, P./Passeron, J.-C. (1971): *Die Illusion der Chancengleichheit. Untersuchungen zur Soziologie des Bildungswesens am Beispiel Frankreichs.* Stuttgart.

Bourdieu, P./Passeron, J.-C. (1973): *Grundlagen einer Theorie der symbolischen Gewalt.* Frankfurt a. M.

Ditton, H. (2007): Der Beitrag von Schule und Lehrern zur Reproduktion von Bildungsungleichheit. In: Becker, R./Lauterbach, W. (Hrsg.): *Bildung als Privileg. Erklärungen und Befunde zu den Ursachen der Bildungsungleichheit* (2. Aufl., S. 243–271) Wiesbaden.

Ehmke, T./Hohensee, F./Siegle, T./Prenzel, M. (2006): Soziale Herkunft, elterliche Unterstützungsprozesse und Kompetenzentwicklung. In: Prenzel, M./Baumert, J./Blum, W./Lehmann, R./Leutner, D./Neubrand, M./Pekrun, R./Rost, J./Schiefele, U. (Hrsg.): *PISA 2003: Untersuchungen zur Kompetenzentwicklung im Verlauf eines Schuljahres* (S. 225–248). Münster.

Helsper, W. (1995): Die verordnete Autonomie – Zum Verhältnis von Schulmythos und Schülerbiographie im institutionalisierten Individualisierungsparadoxon der modernisierten Schulkultur. In: Krüger, H.-H./Marotzki, W. (Hrsg.): *Erziehungswissenschaftliche Biographieforschung* (S. 175–200). Opladen.

Helsper, W. (2006): Elite und Bildung im Schulsystem – Schulen als Institutionen-Milieu-Komplexe in der ausdifferenzierten höheren Bildungslandschaft. In: Ecarius, J./Wigger, L. (Hrsg.): *Elitenbildung – Bildungselite. Erziehungswissenschaftliche Diskussionen und Befunde über Bildung und soziale Ungleichheit* (S. 162–188). Opladen.

Helsper, W. (2008a): Schulkulturen – die Schule als symbolische Sinnordnung. In: *Zeitschrift für Pädagogik*, Jg. 54, H. 1, S. 63–80.

Helsper, W. (2008b): Schulkulturen als symbolische Sinnordnungen und ihre Bedeutung für die pädagogische Professionalität. In: Helsper, W/Busse, S./Hummrich, M./Kramer, R.-T. (Hrsg.): *Pädagogische Professionalität in Organisationen. Neue Verhältnisbestimmungen am Beispiel der Schule* (S. 115–145). Wiesbaden.

Helsper, W. (2009): Schulkultur und Milieu – Schulen als symbolische Ordnungen pädagogischen Sinns. In: Melzer, W./Tippelt, R. (Hrsg.): *Kulturen der Bildung* (S. 155–176). Opladen.

Helsper, W./Böhme, J./Kramer, R.-T./Lingkost, A. (2001): *Schulkultur und Schulmythos. Gymnasien im Transformationsprozess zwischen exklusiver Bildung und höherer Volksschule. Rekonstruktionen zur Schulkultur I.* Opladen.

Helsper, W./Kramer, R.-T./Brademann, S./Ziems, C. (2007): Der individuelle Orientierungsrahmen von Kindern und der Übergang in die Sekundarstufe. Erste Ergebnisse eines qualitativen Längsschnitts. In: *Zeitschrift für Pädagogik*, Jg. 53, H. 4, S. 477–490.

Helsper, W./Kramer, R.-T./Hummrich, M./Busse, S. (2009): *Jugend zwischen Familie und Schule. Eine Studie zu pädagogischen Generationsbeziehungen*. Wiesbaden.

Helsper, W./Kramer, R.-T./Thiersch, S. (2013): Orientierungsrahmen zwischen Kollektivität und Individualität – ontogenetische und transformationsbezogene Anfragen an die dokumentarische Methode. In: Loos, P./Nohl, A.-M./Przyborski, A./Schäffer, B. (Hrsg.): *Dokumentarische Methode. Grundlagen – Entwicklungen – Anwendungen* (S. 111–140). Opladen: Verlag Barbara Budrich.

Helsper, W./Kramer, R.-T./Thiersch, S./Ziems, C. (2009): Bildungshabitus und Übergangserfahrungen bei Kindern. In: Baumert, J./Maaz, K./Trautwein, U. (Hrsg.): Bildungsentscheidungen. *Sonderheft 12 der Zeitschrift für Erziehungswissenschaft*. 12, S. 126–152.

Kramer, R.-T. (2002): *Schulkultur und Schülerbiographien. Das „schulbiographische Passungsverhältnis". Rekonstruktionen zur Schulkultur II.* Opladen.

Kramer, R.-T. (2008): Das „schulbiographische Passungsverhältnis" und seine Konsequenzen für Reformprozesse in der Schule. In: Breidenstein, G./Schütze, F. (Hrsg.): *Paradoxien in der Reform der Schule. Ergebnisse qualitativer Sozialforschung* (S. 275–296). Wiesbaden.

Kramer, R.-T. (2011): *Abschied von Bourdieu? Perspektiven ungleichheitsbezogener Bildungsforschung.* Wiesbaden.

Kramer, R.-T. (2013a): Abschied oder Rückruf von Bourdieu? Forschungsperspektiven zwischen Bildungsentscheidungen und Varianten der kulturellen Passung. In: Dietrich, F./Heinrich, M./Thieme, N. (Hrsg.): *Bildungsgerechtigkeit jenseits von Chancengleichheit. Theoretische und empirische Ergänzungen und Alternativen zu PISA* (S. 115–135). Wiesbaden.

Kramer, R.-T. (2013b): „Habitus" und „kulturelle Passung" – Bourdieusche Perspektiven für die ungleichheitsbezogene Bildungsforschung. In: Rieger-Ladich, M./Bittlingmayer, U. H. (Hrsg.): *Pierre Bourdieu: Pädagogische Lektüren.* Wiesbaden.

Kramer, R.-T./Helsper, W. (2010): Kulturelle Passung und Bildungsungleichheit – Potenziale einer an Bourdieu orientierten Analyse der Bildungsungleichheit. In: Krüger, H.-H./Rabe-Kleberg, U./Kramer, R.-T./Budde, J. (Hrsg.): *Bildungsungleichheit revisited. Bildung und soziale Ungleichheit vom Kindergarten bis zur Hochschule* (S. 103–125). Wiesbaden.

Kramer, R.-T./Helsper, W./Thiersch, S./Ziems, C. (2009): *Selektion und Schulkarriere. Kindliche Orientierungsrahmen beim Übergang in der Sekundarstufe I.* Wiesbaden.

Kramer, R.-T./Helsper, W./Thiersch, S./Ziems, C. (2013): *Das 7. Schuljahr. Wandlungen des Bildungshabitus in der Schulkarriere?* Wiesbaden.

Maaz, K. (2006): *Soziale Herkunft und Hochschulzugang. Effekte institutioneller Öffnung im Bildungssystem.* Wiesbaden.

Maaz, K./Baumert, J./Trautwein, U. (2009): Genese sozialer Ungleichheiten im institutionellen Kontext der Schule: Wo entsteht und vergrößert sich soziale Ungleichheit? In: Baumert, J./Maaz, K./Trautwein, U. (Hrsg.): Bildungsentscheidungen. *Sonderheft 12 der Zeitschrift für Erziehungswissenschaft* 12, S. 11–46.

Maaz, K./Baumert, J./Trautwein, U. (2010): Genese sozialer Ungleichheiten im institutionellen Kontext der Schule: Wo entsteht und vergrößert sich soziale Ungleichheit? In: Krüger, H.-H./Rabe-Kleberg, U./Kramer, R.-T./Budde, J. (Hrsg.): *Bildungsungleichheit revisited. Bildung und soziale Ungleichheit vom Kindergarten bis zur Hochschule* (S. 70–102). Wiesbaden.

Maaz, K./Hausen, C./McElvany, N./Baumert, J. (2006): Stichwort: Übergänge im Bildungssystem. In: *Zeitschrift für Erziehungswissenschaft*, Jg. 9, H. 3, S. 299–327.

Sünker, H. (2004): Bildungspolitik, Bildung und soziale Gerechtigkeit. PISA und die Folgen. In: Otto, H.-U./Rauschenbach, T. (Hrsg.): *Die andere Seite der Bildung. Zum Verhältnis von formellen und informellen Bildungsprozessen* (S. 223–236). Wiesbaden.

Weißbach, B. (1985): Ist der Sekundarstufenschock vermeidbar? Neue Forschungsergebnisse zur Auseinandersetzung um die Förderstufe in Hessen. In: *Die Deutsche Schule*, Jg. 77, H. 4, S. 293–303.

Bedingungen gelingender Übergänge – Praxisbeispiel ArbeiterKind.de

Katja Urbatsch

1. Die Initiative ArbeiterKind.de ermutigt in Kooperation mit Schulen, Hochschulen und Begabtenförderungswerken zu Bildungsaufstieg und Hochschulstudium

Im Rahmen der Initiative ArbeiterKind.de ermutigen Ehrenamtliche bundesweit Schülerinnen und Schüler nicht akademischer Herkunft zum Studium und unterstützen sie als Studierende der ersten Generation auf ihrem Weg zum erfolgreichen Studienabschluss.

Mein Bruder und ich sind die ersten Akademikerinnen und Akademiker unserer Familie. In den USA nennt man unsere Gruppe „First Generation College Students" und verleiht uns damit einen ermutigenden Pioniergeist. In Deutschland werden wir dagegen statt als Studienpioniere häufig abwertend als „bildungsfern", bestenfalls „nicht akademisch" oder „hochschulfern" bezeichnet. Diese Begrifflichkeiten tragen dazu bei, das große Potenzial zu verkennen und zu unterschätzen, das in den aktuellen und angehenden Studierenden der ersten Generation schlummert und welches es insbesondere angesichts des demographischen Wandels und nahenden Fachkräftemangels dringend zu wecken gilt.

Entgegen der weit verbreiteten Vorstellung, dass diejenigen, die die Hochschulreife erlangt haben, auch ein Studium aufnehmen, belegt die aktuelle 19. Sozialerhebung des Deutschen Studentenwerks meine eigene Erfahrung: Lediglich die Hälfte aller Abiturientinnen und Abiturienten aus nicht akademischen Familien studiert. Während von 100 Akademikerkindern 71 ein Studium beginnen, sind es bei den Nicht-Akademikerkindern nur 24, obwohl immerhin 45 das Abitur erreichen. Folglich lässt sich die Wahrscheinlichkeit, ob ein Kind studieren wird, am Bildungsstand der Eltern ablesen. Haben die Eltern studiert, ist auch für die Kinder ein Studium naheliegend; haben die Eltern eine berufliche Ausbildung absolviert, ist dies auch der eigentlich vorgezeichnete Bildungsweg für die Kinder.

2. Gründe für die geringe Studienbeteiligung von Nicht-Akademikerkindern

Da inzwischen allgemein bekannt ist, dass die Chance, einen Ausbildungsplatz zu bekommen, durch die Erlangung des Abiturs steigt, ist das Abitur in nicht akademischen Familien inzwischen durchaus erwünscht bzw. erstrebenswert geworden. Obwohl das Abitur vor allem die Hochschulreife bescheinigt, ist jedoch die Möglichkeit, ein Studium zu absolvieren, in vielen nicht akademischen Familien kaum oder wenn überhaupt erst im Anschluss an eine „sichere Berufsausbildung" denkbar. Daher rät das eigene familiäre Umfeld – unabhängig von der Abiturnote – häufig eher zu einer Ausbildung, da ihm dieser Weg vertraut ist und ein sofortiges regelmäßiges Einkommen und damit Sicherheit verspricht. Während eine Ausbildung mit finanzieller und langfristiger Sicherheit assoziiert wird, ruft das Studium Ängste bezüglich der Finanzierung, Anhäufung von Schulden durch BAföG, Studiengebühren oder Studienkrediten sowie vor Arbeitslosigkeit nach dem Studium hervor. Das Studium wird von Eltern, die selbst nicht studiert haben, häufig als sehr riskantes finanzielles Wagnis wahrgenommen.

Verstärkt werden diese Ängste durch ein großes Informationsdefizit bezüglich der Studienfinanzierung, des Studienablaufs sowie der Erfolgs- und späteren beruflichen Aussichten. Sind im eigenen Umfeld keinerlei Vorbilder oder Studienerfahrungen vorhanden, bleibt beispielsweise unbekannt, wie BAföG genau funktioniert, und dass es sich dabei um einen zinslosen Kredit handelt, der lediglich zur Hälfte und auch erst fünf Jahre nach dem Studium zurückbezahlt werden muss. Zudem ist auch die Möglichkeit, von den zwölf staatlich finanzierten Studienförderwerken unterstützt zu werden, unter Schülerinnen und Schüler und Studierenden, die als Erste in ihrer Familie einen Studienabschluss anstreben, meist gänzlich unbekannt.

Darüber hinaus trauen sich viele Abiturientinnen und Abiturienten aus nicht akademischen Familien trotz hervorragender Noten ein Studium nicht zu, da sie nicht einschätzen können, was sie erwartet und sie Angst haben, den Leistungsanforderungen eines Studiums nicht entsprechen zu können. Selbst Jugendliche aus Nicht-Akademiker-Familien, die ein Einser- oder Zweier-Abitur erlangt haben, schätzen ihre eigene Leistungsfähigkeit und die Wahrscheinlichkeit eines erfolgreichen Studienabschlusses sehr pessimistisch ein. Ohne Vorbilder und Studienerfahrungen im persönlichen Umfeld können diese Ängste und Zweifel häufig nicht entkräftet werden.

Erfolgreiche Studierende und Akademikerinnen und Akademiker der ersten Generation berichten häufig von einzelnen Menschen in ihrem Umfeld, zum Beispiel Lehrerinnen und Lehrer, die sie explizit zu einem Studium ermutigt und sich intensiv für die Aufnahme eines Studiums eingesetzt haben. Um die Zahl der Studierenden der ersten Generation an den Hochschulen zu erhöhen, ist es daher von großer Bedeutung, bei allen Menschen, die beruflich oder ehrenamtlich mit Kindern und Jugendlichen arbeiten, ein Bewusstsein zu schaffen, dass sie Weichensteller für die Bildungswege dieser Kinder und Jugendlichen sein können.

Insbesondere Lehrende, Berufs- und Studienberaterinnen und Studienberater gilt es für die Gruppe der potenziellen Studierenden der ersten Generation, deren Ängste und bestehende Informationsdefizite zu sensibilisieren. Um vor allem Schülerinnen und Schüler aus nicht akademischen Familien mit Informationen und Erfahrungsberichten über das Studium zu versorgen und sie zum Studium zu ermutigen, ist es wichtig, dass sie möglichst frühzeitig mit Studierenden in Kontakt kommen. Dies kann beispielsweise durch Studieninformationsveranstaltungen mit Erfahrungsberichten von Studierenden oder im Rahmen von Schulprojekten erfolgen, die von Studierenden durchgeführt werden.

3. Die Initiative ArbeiterKind.de ermutigt Schülerinnen und Schüler aus nicht akademischen Familien zum Studium und unterstützt beim Studieneinstieg

Aufgrund meiner eigenen Erfahrungen als Studentin der ersten Generation habe ich 2008 die Initiative „ArbeiterKind.de – für alle die als Erste in ihrer Familie einen Studienabschluss anstreben" ins Leben gerufen. Die Vision von ArbeiterKind.de ist es, dass in Deutschland kein Nicht-Akademikerkind trotz geeigneter Qualifikation aufgrund seiner Herkunft eine geringere Chance auf ein Studium hat. Deshalb möchten wir bundesweit und flächendeckend Schülerinnen und Schüler und Studierende ermutigen und dabei unterstützen, einen höheren Bildungsweg einzuschlagen. Dabei setzen wir vor allem auf die Vermittlung von Informationen sowie individuelle und ehrenamtliche Mentorinnen und Mentoren-Unterstützung für Schülerinnen und Schüler und Studierende aus nicht akademischen Familien.

Das Internetportal ArbeiterKind.de will Schülerinnen und Schüler auf niedrigschwellige und pragmatische Weise zum Studium ermutigen und ihnen die fehlenden Informationen an die Hand geben, damit sie den Studieneinstieg und ihren Studienabschluss erfolgreich bewältigen können. Unsere Zielgruppen sind Schülerinnen und Schüler gymnasialer Oberstufen und Studierende der ersten Generation, sowie Menschen, die sich auf dem zweiten oder dritten Bildungsweg befinden, außerdem Schülerinnen und Schüler in den Abschlussklassen der Real- und Hauptschulen. Letztere wollen wir bei vorhandenem Potenzial dazu ermutigen, den Weg zum Abitur einzuschlagen.

Durch ein bundesweites MentorInnen-Netzwerk stehen den Schülerinnen und Schüler und Studierenden vor Ort ehrenamtliche Mentorinnen und Mentoren mit Rat und Tat zur Seite und kompensieren die mangelnde Hilfestellung aus dem familiären Umfeld. Insbesondere Menschen, die den Bildungsaufstieg bereits erfolgreich gemeistert haben, unterstützen die nachfolgenden Generationen pragmatisch mit Verständnis für die Situation, selbst erworbenen Kompetenzen und Informationen beim Studieneinstieg sowie während des Studiums. Innerhalb von fünf Jahren konnten wir bundesweit über 5.000 ehrenamtliche Mentorinnen und Mentoren gewinnen, die sich in 70 lokalen ArbeiterKind.de-Gruppen engagieren.

Äußerst erfolgreich sind die Informationsveranstaltungen unserer Ehrenamtlichen in Schulen. Dort erzählen die Ehrenamtlichen, wie sie selbst zum Studium gekommen sind, was sie studieren, wie sie ihr Studium finanzieren und welche Erfahrungen sie im Studium gemacht haben. Dabei wirken sie als authentische Vorbilder, regen zu Fragen und Diskussion an und ermutigen die Schülerinnen und Schüler. Im Rahmen der Schulveranstaltungen kooperieren wir bereits an vielen Orten mit den Studienberatungen der Hochschulen, Arbeitsagenturen und anderen interessierten lokalen Organisationen im Bereich der Studien- und Berufsorientierung. Darüber hinaus sind unsere Ehrenamtlichen bundesweit auf Bildungsmessen präsent und treffen dort auf Eltern und Schülerinnen und Schüler aus nicht akademischen Familien.

Zu erreichen sind die lokalen ArbeiterKind.de-Gruppen über verschiedene Wege: Zentral über das Internetportal ArbeiterKind.de, ein eigenes soziales Online-Netzwerk und ein Info-Telefon sowie lokal über die E-Mail-Adressen, Internetseiten, Stammtischtreffen, Sprechstunden und Veranstaltungen der ArbeiterKind.de-Gruppen vor Ort.

Ein Schwerpunkt des Engagements von ArbeiterKind.de liegt zudem darin, Schülerinnen und Schüler und Studierenden die Stipendien der zwölf vom Bundesbildungsministerium geförderten Begabtenförderungswerke vorzustellen, sie zur Bewerbung zu ermutigen und im Bewerbungsprozess zu unterstützen. In Interviews auf den Webseiten von ArbeiterKind.de stellen Stipendiatinnen und Stipendiaten, die selbst Studierende der ersten Generation sind, ihr Förderungswerk vor und räumen mit den gängigen Fehlinformationen auf, dass man beispielsweise nur mit einem Abitur von 1,0 aufgenommen wird oder als gesellschaftliches Engagement täglich Herausragendes vollbringen muss. Darüber hinaus engagieren sich viele Stipendiatinnen und Stipendiaten der Begabtenförderungswerke als Mentorinnen und Mentoren bei ArbeiterKind.de und berichten den Schülerinnen und Schüler auch in Informationsveranstaltungen, wie sie zu einem Stipendium gekommen sind und wirken somit als Vorbilder. In Kooperation mit den Begabtenförderungswerken und Hochschulen organisieren wir zusätzlich sowohl zentral als auch regional Informationsmessen und -veranstaltungen, um über Stipendien zu informieren.

Die Initiative ArbeiterKind.de und ihre Ehrenamtlichen wurden bereits mehrfach ausgezeichnet, u. a. mit dem Deutschen Engagementpreis, dem Studentenwerkspreis für besonderes soziales Engagement und der Hochschulperle des Stifterverbands für die deutsche Wissenschaft. Zu den Förderern der Initiative zählen das Bundesministerium für Bildung und Forschung, die Wissenschaftsministerin von Hessen, Niedersachen und Nordrhein-Westfalen sowie die J.P. Morgan Chase Foundation und die Vodafone Stiftung Deutschland.

Um mehr qualifizierte Schülerinnen und Schüler aus nicht akademischen Familien für ein Hochschulstudium zu gewinnen, gilt es die Hürden für Studieninteressenten der ersten Generation auf dem Weg an und durch die Hochschule zu analysieren und besondere Bedarfe dieser Gruppe zu ermitteln. Wer die Perspektive eines (angehenden) Studierenden der ersten Generation einnimmt, wird schnell erkennen, wie voraussetzungsreich, sowohl finanziell als auch inhaltlich, die Studienorientierungsphase und ein Studium an einer deutschen Hochschule ist. In Deutschland gehen wir immer noch davon aus, dass Studierende aus einer sie stets unterstützenden Familie stammen, welche zum Beispiel insbesondere zu Beginn des Studiums stark in finanzielle Vorleistung geht und auch sonst alle emotionalen Nöte der Studienanfängerinnen und -anfänger auffangen kann.

Es gilt daher ein Bewusstsein für die Hürden zu entwickeln, die Studierende der ersten Generation an deutschen Hochschulen überwinden müssen, und diese zu beseitigen sowie der Zielgruppe die Techniken beizubringen, mit denen sie die Hürden selbst überwinden kann. Ich wünsche mir, dass auch an deutschen Hochschulen weniger die angeblichen Defizite der neuen Studierenden betont werden und stattdessen ein Perspektivenwechsel vollzogen wird. Vor allem sollten wir Studierenden der ersten Generation vermitteln, dass sie an deutschen Hochschulen als Bereicherung gelten können und deshalb explizit erwünscht und willkommen sind. Damit wäre bereits ein erster Schritt getan, um mehr Studierende der ersten Generation zu gewinnen.

Demografischer Wandel und seine Auswirkungen auf das Schulsystem – Das Beispiel Nordrhein-Westfalen

Ernst Rösner

Die Vorzeichen der Entwicklung, die allenthalben mit Sorge verfolgt wird, sind seit fast einem halben Jahrhundert bekannt. Bis zur Mitte der sechziger Jahre stiegen die Geburtenzahlen, danach erfolgte ein dramatischer Rückgang, der bildhaft als „Pillenknick" geläufig ist, tatsächlich aber wohl eher ein Wohlstandsphänomen mit wirkungsvoller Unterstützung der Pharmaindustrie war.

Die Eckdaten dieser Entwicklung zeigen Veränderungen, die zuvor nur im Zusammenhang mit Kriegen und Seuchen, niemals aber aus Friedenszeiten und epidemiefreien Epochen bekannt waren. Wenn dazu Daten aus Nordrhein-Westfalen vorgelegt werden, so ist ergänzend anzumerken, dass es den anderen westdeutschen Bundesländern kaum anders ergangen ist, insbesondere den Flächenstaaten. Und bei Licht besehen verlief die Geburtenentwicklung in der DDR auch nicht wesentlich anders – trotz weitreichender staatlicher Familienförderung. Wer keine Kinder will, ist auch durch Gratifikationen von dieser Einstellung kaum abzubringen. Das ist gleichzeitig ein ernüchternder Befund zur Wirksamkeit von Betreuung.

Die Dimensionen des Wandels sind kurz zu beschreiben. Sie lassen sich vier Phasen zuordnen:
- starker Anstieg der Geburtenzahlen von 1955 bis 1964
- dramatischer Geburtenrückgang von 1964 bis 1978
- maßvoller Wiederanstieg der Geburtenzahlen bis 1990
- kontinuierlicher Geburtenrückgang in den Folgejahren – bis heute.

Von 1955 bis 1964 stieg in Nordrhein-Westfalen die Zahl der Geburten von 234 Tsd. auf 300 Tsd. 1964 entfielen auf 1.000 Einwohner 18 Geburten. Ab 1964 sanken die Geburtenzahlen stetig. Bis 1978, also in nur 14 Jahren, wurden aus 300 Tsd. Geburten 158 Tsd., also fast eine Halbierung. Auf 1.000 Einwohner kamen nur noch 9 Geburten.

Die Politik hat den Wandel zunächst beflissen ignoriert, später beschwichtigt und beruhigt. Vielleicht hat sie auch heimlich auf einen Echoeffekt gehofft.

Den Begriff „Echoeffekt" kennen wir aus der Bevölkerungswissenschaft. Er beschreibt das Phänomen, dass auf eine Phase sinkender Geburtenzahlen wieder ein Anstieg erfolgt, idealerweise auf die ursprünglichen Spitzenwerte. Diese Erwartung ist grundsätzlich richtig, weil ja aus den vorausgegangenen Zeiten der steigenden Geburtenzahlen eine Generation später starke Elternjahrgänge hervorgehen. So war es auch in Nordrhein-Westfalen zwischen 1978 und 1990: Ein deutlicher Wiederanstieg der Geburtenzahlen, weil die zahlreichen Kinder, die bis 1964 geborenen wurden, nun eigene Kinder bekamen. Der Spitzenwert von 300 Tsd. Geburten wurde aber weit verfehlt, 1990 wurden nur 199 Tsd. Geburten gezählt. Es war also nur ein schwaches Echo.

Diese Entwicklung setzt sich fort, jetzt sind wir in der Phase eines zweiten Echoeffektes. Die banale Wahrheit lautet: Kinder, die zwischen 1964 und 1978 nicht geboren wurden, können keine Kinder bekommen. Und so sinken die Geburtenzahlen seit 1990 stetig und offenbar unaufhaltsam. 2012 erfuhren wir von IT.NRW, dass in Nordrhein-Westfalen noch 143 Tsd. Geburten gezählt wurden. Das ist die mit Abstand niedrigste Geburtenzahl der letzten 100 Jahre. Ein Echoeffekt ist nicht mehr erkennbar.

Es zeichnet sich auch kein neuer ab. Wenn wir den Prognosen trauen können, werden sich Geburtenzahlen auf niedrigem Niveau stabilisieren. Für 2030 rechnet das IT.NRW mit 137 Tsd. Geburten. Ein Aufwärtstrend ist nicht in Sicht.

Es sollte nicht unerwähnt bleiben, dass sich auf regionaler Ebene die Landesentwicklung nicht als verkleinertes Abbild wiederfindet. Tatsächlich streuen die Prognosewerte erheblich. Attraktive Städte wie Köln können bis 2030 mit Zuwächsen rechnen, ländliche Regionen trifft es umso härter. Im Kreis Höxter wird mit 26 Prozent Verlust gerechnet, im Hochsauerlandkreis sind es 22 Prozent. Die Geburtenentwicklungen sind die Vorzeichen der Entwicklung.

Im Schulwesen spüren Grundschulen naturgemäß als erste die Folgen der demografischen Entwicklung. Sie sind allerdings überwiegend noch undramatisch: Die Zahl der Schülerinnen und Schüler ist wesentlich stärker gesunken als die Zahl der Grundschulen. Hier wird offenbar nach der Devise gehandelt, dass eine kleine Grundschule immer noch besser ist als gar keine.

Bei den weiterführenden Schulen stellt sich die Situation zeitversetzt und etwas komplizierter dar. Hier werden die Effekte der Demografie durch das Schulwahlverhalten modifiziert, in Gymnasien zum Positiven, in Haupt- und Realschulen zum Negativen. Gesamtschulen hingegen bleiben so lange unbeeinflusst, wie die Nachfrage nach Gesamtschulplätzen die vorhandene Kapazität weit übertrifft. Das dürfte noch eine Zeitlang so bleiben.

Betrachten wir den Zeitraum 2001 bis 2011. Im Schuljahr 2001/02 erreichte die Zahl der Schülerinnen und Schüler im 4. Grundschuljahr seinen Spitzenwert, danach ging es bergab. Was hatte das für Folgen für die Wahl der weiterführenden Schulen? Die Zahlen sprechen eine klare Sprache: Die Zahl der Übergänger in weiterführende Schulen sank in diesem Zeitraum um rund 17 Prozent. Das ist die Folge des allgemeinen Schülerzahlrückgangs. Um diesen Durchschnittverlust streuen die drei traditionellen Bildungsgänge erheblich: Der Verlust der Gymnasien war mit minus 1,8 Prozent unerheblich, der der Realschulen belief sich auf 18,2 Prozent, also etwas mehr als der demografisch bedingte Rückgang. Die stärksten Einbußen finden wir erwartungsgemäß bei den Hauptschulen: minus 57,8 Prozent.

Die unterschiedliche quantitative Entwicklung der drei traditionellen Bildungsgänge steht in einem ursächlichen Zusammenhang zum demografischen Wandel. Das bedeutet: Gymnasien kommen den Wünschen der Eltern nach und nehmen stetig steigende Anteile der Übergänger auf. Damit vermindern sie die demografischen Verluste. Diese relativen Zugewinne der Gymnasien sind am ehesten als Verluste der Realschulen erklärbar. Das war eigentlich schon immer so, denn anders ist die Expansion des Gymnasiums ja nicht zu verstehen. Mehrere Jahrzehnte lang hat das die Realschulen jedoch nicht beeindrucken können, denn mehr als das, was sie ans Gymnasium verloren, holen sie sich aus den Hauptschulen zurück. Am Ende zahlten die Hauptschulen gleichermaßen den Preis für die Expansion des Gymnasiums wie auch der Realschulen. Die Folge: 1970 lag die Übergangsquote zur Hauptschule bei 56 Prozent, 1974 bei 50 Prozent, im Schuljahr 2011/12 waren es noch 9,9 Prozent. In Schülerzahlen: 1974 gab es 140 Tsd. Übergänger zur Hauptschule, 2010 waren es noch 21 Tsd.

Die Folgen für die Hauptschulen sind verheerend, der Bildungsgang steht vor einem Ende. 1970 gab es in Nordrhein-Westfalen noch stattliche 1.478 Hauptschulen, bis 2011 sind davon 516 mit einem eigenen 5. Schuljahr übriggeblieben. Weil dieser Prozess nicht nur seine eigene Dynamik entfaltet (Eltern bemühen sich, ihren Kindern die Zugehörigkeit zur kleinen Zahl übriggebliebenen Hauptschülern zu ersparen), sondern Hauptschulen in großer Zahl im Zuge der Gründung der neuen Sekundarschulen aufgelöst werden, ist es kein Ausweis prophetischer Qualifikation, in den nächsten zehn Jahren das Ende aller Hauptschulen in Nordrhein-Westfalen vorauszusagen.

Mit dem Siechtum der Hauptschulen geht nun auch der Austauschprozess zwischen Hauptschule und Realschule seinem Ende zu. Einerseits spricht alles für einen weiteren Anstieg der Übergangsquoten ins Gymnasium, andererseits trocknet für die Realschulen das Reservoir der Hauptschule als Kompensation für verlorene Schülerpotenziale aus.

Für den Bildungsgang der Realschule läuft das auf ein historisch einmaliges Dilemma hinaus: Entzieht sie der Hauptschule auch noch die letzten verbliebenen Schüler, mutiert sie vollends zu der Schule, die sie faktisch schon ist: zum Basisbildungsgang. Hält sie aber am Anspruch fest, mittlerer Bildungsgang zu sein, kann sie auf eine funktionsfähige Hauptschule nicht verzichten. Das aber läuft in der ungleichen Konkurrenz zum Gymnasium auf starke Schülerzahleinbußen hinaus. Dieses Dilemma hat sich offensichtlich noch nicht in allen Realschulen herumgesprochen. Demzufolge wächst das Interesse an Sekundarschulen als Alternative nur sehr langsam.

Aber auch in anderer Form kommt die Demografie als intervenierende Variable ins Spiel. Man mag ja irgendwie ahnen, was die Statistik bestätigt: Sinken die Schülerzahlen signifikant, steigen ebenfalls signifikant die Übergangsquoten in Gymnasien. Das war schon in den achtziger Jahren nachweisbar, das gilt auch für die Zeit seit 2000, und zwar gleichartig in Baden-Württemberg wie in Nordrhein-Westfalen.

Es kommt aber noch etwas Erstaunliches hinzu: Je mehr die Übergangsquote zum Gymnasium wächst, desto höher ist hier für Schülerinnen und Schüler die Chance des Schulerfolgs. Nie war das Risiko des Sitzenbleibens im Gymnasium geringer als heute, es liegt nur noch unwesentlich über den traditionell niedrigen Quoten der Gesamtschulen.

Mehr noch der Erfolge: Seit dreißig Jahren gab es nicht mehr so wenige vorzeitige Abschulungen in Realschulen, dieser prekäre Wechsel, für den mutmaßlich blutarme Bürokraten die euphemistische Bezeichnung „Querversetzung" erfunden haben.

Gleichartige Tendenzen finden wir übrigens auch in den Realschulen. Bei beiden Bildungsgängen wäre die Frage naheliegend, was das alles noch mit Leistung und Befähigung als Ordnungsprinzip des gegliederten Schulwesens zu tun hat. Oder wie sich die Wirklichkeit zur gern bemühten Alltagstheorie verhält, wonach beispielsweise höhere Gymnasialanteile nur um den Preis einer wachsenden Quote Ungeeigneter erhältlich sind. Dazu sollen später noch einige aufschlussreiche Daten präsentiert werden.

Im Vorgriff darauf kann ich nun nicht monokausal begründen, die steigenden Erfolgswahrscheinlichkeiten hätten ihre alleinige Ursache darin, dass ein Schüler immer auch ein Bruchteil einer Lehrerstelle ist. Aber wenn Kinder zu einem knappen Gut werden, zeigen sich oft bemerkenswerte pädagogische Fortschritte. Ohne Not haben viele Schulen ihre pädagogische Praxis auf den Prüfstand gestellt, Förderkonzepte oder sogar einen ausgeprägten Ehrgeiz entwickelt, ihre Kunden zum Schulerfolg zu führen. Ich nenne hier exemplarisch und absichtsvoll die Gymnasien.

Weniger Auslese, mehr Förderung: Das könnte missverstanden werden als moralisches gesellschaftspolitisches Postulat, alternativ als Ausdruck pädagogischen Gutmenschentums. Das wäre aber deutlich zu kurz gegriffen. Seit Jahren weisen uns Ökonomen darauf hin, dass die Forderung auch einen harten volkswirtschaftlichen Kern enthält.

Immerhin können wir heute bilanzieren, dass der demografische Wandel viele Schulen im Inneren substanziell verändert hat. Viele, aber längst nicht alle. Das wird unmittelbar deutlich, wenn Relegations- oder Wiederholerquoten kleinräumig bis hin zur Einzelschule betrachtet werden. Im Ergebnis lautet dann üblicherweise der erwartungskonforme Befund: Die Ergebnisse streuen nicht unbeträchtlich um die großräumig erfassten Daten.

Wie lassen sich solche Daten mit einfachen Mitteln und geringem zeitlichen Aufwand erheben? Der Weg führt über die Analyse der Durchgangsquoten. Zunächst sind Quoten nur Verhältniszahlen. Im Schulbereich zeigen Durchgangsquoten das Verhältnis der Schülerzahl einer bestimmten Jahrgangsstufe zur Schülerzahl im Vorjahr in der um ein Jahr jüngeren Jahrgangsstufe. Beispiel: Findet sich im

7. Schuljahr 2010/11 die Zahl von 95 Schülerinnen und Schüler, während sie im Schuljahr zuvor im 6. Jahrgang noch 100 betrug, so errechnet sich durch Division eine Durchgangsquote von 0,95. Bei Einzelschulen ist es sinnvoll, die Quoten aus zwei oder drei aufsteigenden Jahrgängen zu bilden, um Zufallseffekte einzelner Schuljahr möglich auszugleichen. Die Multiplikation der Durchgangsquoten ergibt eine Annäherung an die Praxis der Abschulung. Beispiel: Gymnasien in Nordrhein-Westfalen 0,92 = 8 Prozent Verlust vom 5. bis 9. Schuljahr.

Das beschriebene Verfahren ist ein Kompromiss aus Ökonomie und Erkenntnisgewinn. Tatsächlich reicht es aus, um die Abschulungspraxis von Einzelschulen zu auf einfache Weise zu erfassen und im Zuge von Qualitätsanalysen zum Thema zu machen. Gleichwohl gilt die prinzipielle Einschränkung, dass Schülerzahlveränderungen in aufsteigenden Klassen immer nur als Saldo von Ab- und Zugängen in die Durchgangsquoten einfließen. Dies ist aber eher ein theoretisches als ein schulpraktisches Problem, denn Schülerzahlveränderungen in Gymnasien sind in den meistens Bundesländern und in jedem Fall in Nordrhein-Westfalen das Ergebnis einer ausgesprochen ungünstigen Relation von Zu- und Abgängen, wie die nachfolgende Grafik zeigt:

Vor diesem Hintergrund lässt sich begründen, dass die Analyse der Durchgangsquoten zumindest an Gymnasien durch den Rückgriff auf Saldowerte tendenziell zu etwas günstigeren als ungünstigeren Ergebnissen führt.

Mit dem beschriebenen Verfahren konnten bereits Analysen erstellt werden, die zu mutmaßlich erwartungswidrigen Ergebnissen geführt haben. Im Zuge einer Dissertation am Institut für Schulentwicklungsforschung (IFS) konnte beispielsweise gezeigt werden, dass geringe Übergangsquoten zum Gymnasium nichts darüber aussagen, ob eine vermeintlich handverlesene Schülerschaft bessere Chancen eines erfolgreichen Durchgangs durch die Sekundarstufe I hat. Vergleichen wir jeweils drei Städte mit besonders niedrigen und überdurchschnittlich hohen Übergangsquoten zum Gymnasium, so finden sich die höchsten vorzeitigen Schülerzahlverluste in den Städten mit den niedrigen Übergangsquoten:

- Stadt 1: Übergangsquote 24,7% Verlust 29,5 %
- Stadt 2: Übergangsquote 25,6 % Verlust 23,5 %
- Stadt 3: Übergangsquote 29,4 % Verlust 36,5 %
- Stadt 4: Übergangsquote 52,2 % Verlust 5,6 %
- Stadt 5: Übergangsquote 54,0 % Verlust 9,4 %
- Stadt 6: Übergangsquote 49,9 % Verlust 10,2 %

Das Ergebnis ist zwar bemerkenswert, aber zumindest für Städte mit geringen Bildungsbeteiligungen nicht generalisierbar.

Abschließende Befunde aus der Dissertation liegen noch nicht vor, doch wenn wir die Arbeit als Werkstattbericht betrachten, lassen sich derzeit folgende statistisch bedeutsame Zusammenhänge feststellen. Danach variiert die Wahrscheinlichkeit, im Gymnasium zumindest die Sekundarstufe I erfolgreich abschließen und damit die Berechtigung zum Übergangs in die Oberstufe zu erlangen,

- mit der demografischen Entwicklung;
- mit dem Rechtsstatus der Schule: privat vs. öffentlich;
- mit dem Migrantenanteil;
- mit der Klassenstärke im 5. Jahrgang;
- mit der Schüler-Lehrer-Relation.

Was darüber hinausgeht, bewegt sich im Bereich begründeter Mutmaßungen. Die aber erscheinen lohnenswert für vertiefende Untersuchungen, vorzugsweise unter Rückgriff auf Fallstudien. Die Mutmaßungen lauten:

- Die Verbleibswahrscheinlichkeit variiert mit der kommunalen Gymnasialpräsenz: Je selbstverständlicher der Besuch eines Gymnasiums ist, desto unwahrscheinlicher ist eine Abschulung.
- Die Verbleibswahrscheinlichkeit variiert mit dem individuellen gymnasialen Selbstverständnis: Fördern oder auslesen?
- Die Verbleibswahrscheinlichkeit variiert positiv und negativ mit gesetzlichen Vorgaben.
- Die Verbleibswahrscheinlichkeit variiert mit dem antizipierten Widerstand der Eltern gegen eine Abschulung.

Werden abschließend die Chancen betrachtet, auf das Ausmaß der Abschulungen von außen Einfluss zu nehmen, so reduziert sich das Handlungsspektrum auf drei Optionen:

1) Die administrative Lösung: Abschulungen werden gänzlich oder beim Erreichen einer bestimmten Jahrgangsstufe untersagt. Das kann bedeuten: Nach dem ersten erfolgreich absolvierten Schuljahr gibt es eine Art Bleiberecht an der gewählten Schule.
2) Die publizistische Lösung: Die Abschulungsquoten werden veröffentlicht, vorzugsweise in kommunalen Bildungsberichten. Dortmund hatte damit im Jahr 2008 einen durchschlagenden Erfolg, auch wenn die Namen der Gymnasien anonymisiert waren. In Dortmund konnte eine enorme und bis dahin unbekannte Spreizung der Abschulungsquoten belegt werden, die von nahezu konstanten Zahlen bis zu Einbußen in der Größenordnung eines Drittels der aufgenommenen Schülerinnen und Schüler reichte. Ob die Drohung des Oberbürgermeisters, im Folgebericht die Schulen mit ihren Klarnamen aufzuführen, zu einer Änderung der Abschulungspraxis führte, ist spekulativ. Tatsache aber ist, dass die Haltekraft der Dortmunder Gymnasien seit 2008 enorm zugenommen hat.
3) Die strukturelle Lösung: Ersetzung von Schulen des gegliederten Systems durch Schulen des gemeinsamen Lernens. Das aber ist selbst für Optimisten allenfalls eine Vision am Horizont. Immerhin ist aber zu konstatieren, dass in Nordrhein-

Westfalen die Zahl der Schulen des gemeinsamen Lernens auf freiwilliger Basis erheblich zunimmt. Wenn das im bisherigen Tempo so weitergeht, können sich Eltern überall für oder gegen Schulen entscheiden, die das Recht der Abschulung für sich reklamieren. Die Frage ist dann nur: Wer muss oder wer kann diese nach Definition des Schule Gescheiterten aufnehmen?

Viel spricht dafür, dass Sitzenbleiben und Abschulungen zu Auslaufmodellen des organisierten Lernens werden. Schon jetzt ist nachgewiesen, dass viel mehr Schülerinnen und Schüler als früher geglaubt anspruchsvollere Bildungsgänge erfolgreich absolvieren können. Da wird sich für den immer kleiner werdenden Anteil der vermeintlich Ungeeigneten wohl auch noch eine zeitgemäße Alternative zu den rabiaten Eingriffen in Bildungslaufbahnen finden lassen.

Gestaltung von Übergängen in der Sekundarstufe am Beispiel des Schulverbands Aachen-Ost

Manfred Paul

1. Ziele und Zusammenarbeit im Schulverband Aachen-Ost

Der Schulverband Aachen-Ost ist ein Zusammenschluss
- des Geschwister-Scholl-Gymnasium
- der Hugo-Junkers-Realschule
- der Hauptschule Aretzstraße
- und als Kooperationspartner das Berufskolleg Gestaltung und Technik,

um gemeinsam und in Kooperation mit den Grundschulen des Viertels individuelle Lernwege ohne Brüche vor allem für die Schülerinnen und Schüler im Aachener Ostviertel und für andere Schüler der Stadt zu ermöglichen.

Der Schulverband nutzt die Möglichkeiten des Schulgesetzes (§ 4 Zusammenarbeit von Schulen) zur Kooperation von Schulen und schafft ein Bildungsnetzwerk im Viertel, in dem Übergänge zwischen den unterschiedlichen Bildungsgängen gewünscht sind und diese durch Beratung und Unterstützung begleitet werden.

Die Schulen bilden ihre spezifischen Profile heraus und schaffen Verzahnungsmöglichkeiten. Diese schulischen Vernetzungen bestehen z.B. aus:
- abgestimmte Schulwechsel (möglich zu allen Zeiten im Schuljahr in allen Jahrgängen)
- gemeinsamen Unterrichtsveranstaltungen (gemeinsame AG der Jahrgänge 5 und 6, gemeinsamer Kunstunterricht der Klassen 7, freiwillige Zusatzangebote in der Jahrgangsstufe 8, Förderangebote in allen Jahrgangsstufen, Deutsch Förderkurs in der Jahrgangsstufe 9 zum Übergang in die Einführungsphase des Gymnasiums, Englisch Förderkurs in der Jahrgangsstufe 6,..)
- Lehrertauschverfahren (nach Bedarf werden Lehrerinnen und Lehrer an allen drei Schulen nach Genehmigung durch die Aufsichtsbehörde eingesetzt)
- Schülermentorenprogramme (Schülerinnen und Schüler werden als Lernhelfer an den Schulen eingesetzt)

Ein Schwerpunkt der Bildungsarbeit liegt auf einer bestmöglichen Integration der Kinder und Jugendlichen in die Gesellschaft und den Aufbau einer positiven Teilhabe, wobei die Förderung von Sprache und der Übergang in Beruf oder Studium bedeutsame Rollen spielen.

Der Schulverband erstreckt sich ins Stadtviertel, wobei Kooperationen im Viertel (andere Schulen, Jugendeinrichtungen, Träger, Vereine, Betriebe) angestrebt und für die Bildung der Schülerinnen und Schüler genutzt werden sollen.

Grundlage der Kooperation

Das Schulgesetz des Landes NRW § 4 bildet die Grundlage der Kooperation. Die Bezirksregierung Köln begleitet das Modellvorhaben als Schulaufsicht und das Ministerium für Schule und Weiterbildung sagt eine wissenschaftliche Begleitung und eine Bestandsgarantie von fünf Jahren für den Schulverband zu.

Rolle des Schulträgers im Schulverband und Kooperationen

Die Stadt Aachen als Schulträger unterstützt die Bildung des Schulverbands und übernimmt die äußeren Schulangelegenheiten. Sie begleitet den Schulverband beim Aufbau und der Weiterentwicklung des Ganztags. Sie fördert zusätzliche Kooperationen mit außerschulischen Institutionen (Kultureinrichtungen, soziale Einrichtungen, Jugendzentren, Vereinen …) und hilft modellhaft unterstützende Maßnahmen im Schulverband einzurichten. Eine zusätzliche Finanzierung von z.B. Werbungskosten wird durch Einstellungen im Haushalt bereitgestellt. Modellhaft wird der Schulverband bei der Integration von Schülerinnen und Schülern mit nicht deutscher Herkunft und anderer Benachteiligungen von Schülerinnen und Schülern unterstützt.

Die Stadt unterstützt den Verband finanziell zur Finanzierung von Zusatzangeboten und schafft ein positives Klima in der Verwaltung. Die Kooperationen der drei Schulen, z.B. im Programm KURS der Bezirksregierung mit Partnern der Wirtschaft, sind von den Einzelschulen auf die Schulen im Verband übertragen worden.

Leitidee, pädagogisches Profil und Zusammenarbeit im Schulverband

Leitidee

Auf der Grundlage der Leitgedanken
- **Wir** *im Viertel*
- **Wir** *schaffen Durchlässigkeit*
- **Wir** *schaffen Perspektive*

setzen wir an den Schulen die gleichen allgemeinen Schwerpunkte:
- Fördern und Fordern und Freude an Leistung entwickeln

- Grundlagen für lebenslanges Lernen setzen
- Verantwortungsbereitschaft einfordern und fördern
- Konflikte bearbeiten und gemeinsam lösen
- Engagement entwickeln und Initiative ergreifen
- Erziehung zu sozialem Handeln und zur Toleranz
- gegenseitige Wertschätzung und respektvoller Umgang miteinander.

Ganzheitliche Bildung und Erziehung verlangen ein zeitgemäßes Lehren und Lernen, das Verbindungen schafft von
- Theorie und Praxis
- Lernen und Leben
- Wissen und Verantwortung.

Wir Schulen
- verstehen Bildung und Erziehung im Schulverband Aachen-Ost als Herausforderung und dynamischen Prozess, der in den Schulgremien ständig reflektiert, evaluiert und weiterentwickelt wird.
- arbeiten an der Umsetzung, Evaluation und Überprüfung des Leitbilds des Schulverbands aktiv mit und bringen unsere Kompetenzen ein.

Wir Schülerinnen und Schüler
- arbeiten aktiv und störungsfrei im Unterricht mit und beteiligen uns positiv am Schulleben
- achten die Mitschülerinnen und Mitschüler und Lehrerinnen und Lehrer aller Schulen im Schulverband und akzeptieren die jeweiligen Regeln
- gehen sorgfältig mit allen schulischen Einrichtungen um
- zeigen eine positive Identifikation für das Viertel.

Wir Lehrerinnen und Lehrer
- achten und fördern die Persönlichkeit jeder Schülerin und jedes Schülers
- entwickeln motivierende Lernmöglichkeiten mit einer hohen Schülerbeteiligung, vermitteln Schlüsselqualifikationen und arbeiten im Netzwerk des Schulverbandes
- arbeiten intensiv mit den Eltern und Schülerinnen und Schülern zusammen, um eine lückenlose erfolgreiche Schullaufbahn aller Schülerinnen und Schüler zu ermöglichen.

Wir Eltern
- unterstützen die schulische Entwicklung unserer Kinder
- fördern eine positive Einstellung zum Schulverband und nutzen die damit verbundenen Chancen

- beteiligen uns aktiv am Schulleben der Einzelschulen und stellen unsere Kompetenzen allen Schulen zur Verfügung
- bilden eine übergeordnete gemeinsame Schulpflegschaft zur Unterstützung und Entwicklung des Schulverbands.

Pädagogisches Profil und Zusammenarbeit des Schulverbands

1. Die Basis unseres Schulverbandes sind die eigenverantwortlichen Schulen – jede einzelne Schule entscheidet in ihren Entscheidungsgremien über die Belange der eigenen Schule. Die Gremien des Schulverbandes machen Vorschläge und geben Denkanstöße.
2. Es finden regelmäßige Besprechungen auf Schulleitungsebene unter Beteiligung der Lehrerräte statt.
3. Es finden regelmäßig schulübergreifende Fachkonferenzen zur Abstimmung von Inhalten und Lernwegen statt.
4. Die Steuergruppen der Schulen stehen im ständigen Austausch und bereiten eine pädagogische Konferenz pro Schuljahr vor. Die pädagogische Entwicklung im Schulverbund und die Verknüpfung der Konzepte geschehen über die Steuergruppen.
5. Jährliche Treffen zwischen Schulen und Schulverwaltung zur Ausgestaltung und Weiterentwicklung des Schulverbandes werden von der Schulverwaltung organisiert.
6. Die Schulen im Verband wünschen den Wechsel von Schülerinnen und Schülern an den jeweils besten Förderplatz.
7. Sitzenbleiben wird durch spezielle Förderung bzw. durch Schulwechsel verhindert.
8. Ein Wechsel an die ursprüngliche Schule ist bei Leistungsverbesserung und einer positiven Prognose genauso gewünscht.
9. Die Schulformwechsel werden durch intensive Beratung und durch Hospitationsphasen begleitet. Für Schulwechsler werden die Förderfelder in einem Förderplan beschrieben.
10. Die Schulen im Schulverband arbeiten nach abgestimmten Konzepten im Bereich der individuellen Förderung. Die pädagogischen Handlungsfelder der individuellen Förderung werden berücksichtigt.

2.   Übergangsverhalten im Schulverband

Wechsel zwischen den Schulformen sind im Schulverband gewünscht und zu jeder Zeit im Schuljahr möglich. Bei einem Schulwechsel auf Antrag der Eltern oder der

Schule wird im Schulverband eine Schullaufbahnempfehlung ausgesprochen. Die Schullaufbahnempfehlung wird durch Praktika an den jeweiligen Schulformen überprüft. Stimmen Schullaufbahnempfehlung und Erfahrungen der Praktika überein, wird der Wechsel nach Absprache aller Beteiligten protokollarisch erfasst und durchgeführt. Das Verfahren wird von den benannten Ansprechpartnern der Schulen begleitet. Für den Erfolg des Verfahrens wurden zwischen den Schulen die folgenden Absprachen getroffen:

- Freihalten von Plätzen in allen Jahrgangsstufen
- Beratungsgespräche mit den Eltern und mit dem Koordinator
- Vereinbarung von Fördermaßnahmen oder eines Hospitationspraktikums
- Begleitung des Hospitationspraktikums und Evaluation
- Erstellung eines Praktikumsberichts
- Verlängerung des Praktikums; Festlegung von Fördermaßnahmen; Wechsel
- Beschluss des Wechsels in einer Klassenkonferenz

Die Erfahrungen der ersten Jahre haben gezeigt, dass das Wechselverhalten in der Tendenz entgegengesetzt dem Landestrend ist. Die Anzahl der aufsteigenden Wechsel ist größer als die der absteigenden. Es zeigt sich, dass durch den Verband Grundschulgutachten korrigiert werden können. Auf positive Lernentwicklungen und eine durch den Verband entstandene neue Motivation kann ebenso schnell regiert werden, wie auf Entwicklungskrisen.

Feste Ansprechpartner in jeder Schule sorgen für transparente Entscheidungen. Zusätzliche Förderangebote mit außerschulischen Mitarbeitern und die eingesetzten Lernhelfer vom Gymnasium und der Realschule fördern die Wechslerprozesse und gestalten diese erfolgreich.

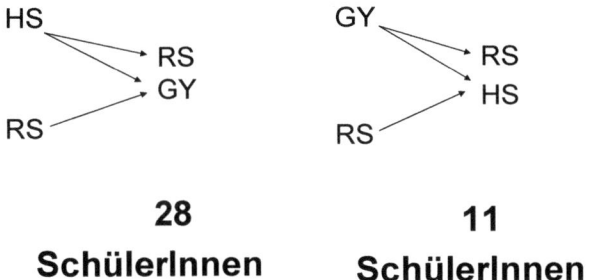

Abbildung 1: Wechselzahlen im Schuljahr 2011/2012

3. Benötigte Potentiale für ein erfolgreiches Übergangsmanagement

Der Schulverband ist entstanden aus einer Schließungsdiskussion aller drei Schulen und Ersatz durch die Gründung einer neuen Gesamtschule an einem der Standpunkte. Das starke Engagement aller Beteiligten (Schulleitung, Lehrerinnen und Lehrer, Eltern und Schülerinnen und Schüler) zur Gründung des Schulverbands führte zur emotionalen Aufgeschlossenheit der drei Schulen und trägt den Verband nach innen. Die Überzeugung, dass kleine, überschaubare und individuell fördernde Systeme für eine benachteiligte Gruppe von Schülerinnen und Schülern einem evtl. „überfordertem" großem System vorzuziehen ist, trägt wesentlich zum Erfolg bei. Die Bereitstellung der Erfahrungen der Einzelschulen und gegenseitige Beratung und Transparenz fördert den positiven Blick und lässt Potentiale ausschöpfen. Zum Erfolg des Verbandes trägt die Bereitstellung von Ressourcen durch den Schulträger bei. Ohne diese finanzielle Unterstützung wären die Förderangebote nicht möglich. Ein weiterer Einbezug von Jugendeinrichtungen und anderen Förderinstitutionen (z.B. die Bündelung der Lernhilfen durch das Bildungs- und Teilhabepaket) könnte das System weiter unterstützen. Die Gesamtkoordination des Projekts wird durch eine bereitgestellte halbe Lehrerstelle gewährleistet. Dies ist unersetzlich für den Entwicklungs- und Transparenzprozess. Die Schulen stellen aus ihrem Kontingent Beratungsstunden für die Organisation der Wechsel zur Verfügung.

Zur weiteren Verbesserung und zur systematischen Diagnostik und Beratung wären weitere Stellenanteile notwendig. Die Durchführung von Parallelarbeiten in der Jahrgansstufe 6 in den Fächern Deutsch, Mathematik und Englisch müsste zur Verbesserung der Diagnostik ausgedehnt werden auf weitere Jahrgänge. Da aber bereits die Auswertung und Schlussfolgerung aus den Parallelarbeiten der Jahrgansstufe 6 eine Zusatzbelastung darstellt, müsste dieser Aufgabenbereich von außen professionell unterstützt werden. Die erfolgte wissenschaftliche Begleitung ist für die Außensicht gut, aber hilft nicht bei der Bewältigung des inneren Arbeitsprozesses.

Die Flexibilität in den einzelnen Schulen ist groß, reicht aber noch nicht aus. Weiter zu arbeiten ist an der Anerkennung von erbrachten Leistungen in den anderen Systemen. Hinzuweisen ist hier auf die vorhandenen Potentiale der Herkunftssprachen vieler Schülerinnen und Schüler des Schulverbandes, die noch nicht ausreichend anerkannt und gefördert werden. Bei einer Anerkennung und Förderung der Herkunftssprachen würden viele neue individuelle Förderansätze und Wechselmöglichkeiten erschlossen. Die Zusammenarbeit der Fachkonferenzen zeigt die Gemeinsamkeiten auf, aber die gemeinsamen Handlungsstrategien sind noch nicht stark ausgeprägt. Verständnis und Vertrauen der handelnden Personen tragen die Wechselprozesse. Dies ist aber wesentlich. Denn im Vorfeld der Gründung des Schulverbands mangelte es gerade an dieser wichtigen Voraussetzung.

Kapitel 4
Übergang in die Sekundarstufe II

Einleitung: Die Kommunen als gestalterische Kraft im Übergangsmanagement

Werner Fuchs

> „Bildung wird zunehmend zur zentralen Zukunftsstrategie der Städte und Gemeinden in Deutschland"

Mit dieser Feststellung leitet der Deutsche Städtetag seine Münchner Erklärung vom November 2012 ein.

> „Dabei spielt die kommunale Mitverantwortung für mehr Bildungsgerechtigkeit, Teilhabe und Qualität ebenso eine zentrale Rolle wie die gestiegene Bedeutung der Bildung für nachhaltige Entwicklung."

> „Eine kluge Stadt braucht alle Talente" überschreibt der Stadtstaat Hamburg seine Aktivitäten.

Die hier in aktuellen Schlagzeilen abgebildete bundesweit zu beobachtende Entwicklung veränderten Übergangsmanagements bekommt durch zwei sozioökonomische Faktoren besondere Virulenz:

Zum einen führt die demografische Wende zu zunehmenden Problemen auf dem Markt für fachlich geschulte Arbeitskräfte. Zum anderen ist in bestimmten Milieus und Quartieren großer Städte und Stadtlandschaften wie dem Ruhrgebiet eine wachsende Bildungsdistanz feststellbar.

Es geht also auch über den Weg der Gestaltung von Bildungswegen und darin besonders von Übergängen darum, dem Verlust ganzer Gruppen und Kohorten von jungen Menschen für die qualifizierte berufliche Tätigkeit vorzubeugen.

Letztlich geht es im Kern auch um den Erhalt des sozialen Friedens. „Junge verlieren Glauben an Aufstieg durch Leistung" ergab eine Studie aus dem Herbst 2012. Untersucht man in Ruhrgebietsstädten die Übergangssituation konkret, fällt besonders auf, dass mit etwa 13 Prozent ausländische Schüler mehr als doppelt so häufig die Schule ohne Abschluss verlassen wie ihre deutschen Mitschüler.

Die Expertenkonferenz zeigte diese Facette des Übergangs in mehreren Foren auf und machte deutlich, wie wichtig kommunale und regionale Zusammenarbeitsvereinbarungen sind. Dabei galt das Hamburger Rahmenkonzept für die Reform des Übergangssystems Schule – Beruf als Blaupause für vergleichbare landesweite (NÜS) oder kommunale Vorgehensweisen.

Die Kommune, als der bürgernächste und unmittelbar wirkende Teil staatlichen Handelns, eignet sich nach meiner Erfahrung am besten, um die Anstrengungen aller am Bildungsverlauf Beteiligten verbindlich und verlässlich zu verknüpfen und an die wechselnden Bedarfe der Jugendlichen anzupassen.

Das Forum „Haupt- und Realschulabsolventen in die gymnasiale Oberstufe integrieren: Perspektiven aus Forschung und Praxis" zeigte auf, welch große Bedeutung das raumbezogen wirksame Vorhandensein förderlicher Bedingungen und Strukturen für die Durchlässigkeit zwischen den sozial selektiv wirksamen Schulformgrenzen hat.

Grit im Brahm zeigte auf, dass die Übergangsquoten von Haupt- und Realsschülerinnen und -schülern in die gymnasiale Oberstufe in einzelnen Ruhrgebietsstädten mit sieben Prozent doppelt so hoch sind wie im Landesdurchschnitt NRW.

Die Ursache findet sich in einzelnen Bildungsinstitutionen, die sich traditionell und aufgeschlossen dieser Aufgabe annehmen. Die Leiterin des Bielefelder Oberstufenkollegs, Jutta Obbelode, wies an Erfolgszahlen der vergangenen Jahre nach, dass die Schülerinnen und Schüler im Sinne einer Partizipation über besondere Wege der Beratung aktiv in den Übergangsprozess einbezogen werden müssen. Das aktive Betreiben eines besonderen Lernweges und die Betreuung der Jugendlichen durch Lehrkräfte mit besonderer diagnostischer Ausbildung sind nach ihrer Erfahrung wichtige Erfolgsbedingungen.

Bildungserfolg korreliert in Deutschland so sehr mit dem sozialen Status wie in keinem anderen europäischen Land. Auch die Scheiternsquote in allen Übergängen ist in den ohnehin benachteiligten Regionen und Stadtteilen extrem ausgeprägt. Wer hier vor Ort täglich arbeitet, weiß, dass bei vielen jungen Menschen auf dem Weg zum Beruf schon das Auffinden von Praktikumsplätzen an Hürden scheitert, die wir Erwachsenen nicht einmal wahrnehmen. So zeigte das Projekt ‚Ausbildungsfähigkeit stärken' der BR Düsseldorf, dass Jugendliche aus prekären Quartieren oft nicht in der Lage waren, basale Prozesse zu steuern: Das Mobiltelefon, das einen Kontakt zu Arbeitgebern herstellen könnte, wird nicht dafür, sondern allein für den Austausch in der peer-group genutzt. Das Orientierungswissen erlaubt kaum den Weg aus dem eigenen Viertel, schon gar nicht in die Nachbarstadt. Und in vielen Familien fehlt sogar der scheinbar kleine Betrag für einen Fahrschein in die nächste Stadt.

Die in den Foren aus wissenschaftlicher und praktischer Sicht vorgestellten und bearbeiteten Aspekte der Herausforderung Übergang machten deutlich, wie besonders zugeschnitten und wie regional-spezifisch Angebote gerade für jene sein müssen, die besonders aus sozialen Gründen an den Schwellen der Bildungsübergänge verloren zu gehen drohen.

Keine Stadt, kein OB, keine Kommunalverwaltung nimmt gern zur Kenntnis, wenn die überregionale Presse titelt: „Nirgendwo in NRW so viele Schulabbrecher wie in xyz" (WAZ vom 26.03.13).

Doch sind kommunale Beratungssysteme, die auf der Einbindung aller – d.h. gerade auch der nichtstaatlichen – Akteure beruhen, nicht leicht zu konstruieren und von Widerstand bedroht.

Die häufigsten Argumente aus den Schulen lauten dabei: ‚Dies ist eine Aufgabe des Staates, der Einfluss der Privatwirtschaft muss verhindert werden.' ‚Wir richten nicht für die Industrie zu, wir vermitteln Bildung!' Und manche Arbeitgeber kontern reflexhaft: ‚Wir würden ja gern Hauptschulabsolventen aus unserer Stadt ausbilden, doch die sind zu dumm!'

Solche Blockaden abzubauen und ein konsensgeleitetes Netzwerk aller Akteure aufzubauen und vor allem auch zu pflegen, kostet Kraft und Zeit. Dabei geht es gerade nicht darum, den staatlichen Einfluss zu schwächen.

> „Regionalisierung ist eine andere Form öffentlicher Aufgabenerfüllung jenseits von Staat und kommunaler Selbstverwaltung" (Benz 1998) „Die Entstaatlichung ist aber nicht als Verschwinden des Staates zu deuten, sondern eher als Übernahme einer neuen Rolle, die durch Kooperation und Aushandlung geprägt ist (ebd.)"

Stadt- oder kreisweite einvernehmliche Zusammenarbeit unter Steuerung durch die kommunal geführten Bildungsnetzwerke mit hohem zivilgesellschaftlichem Engagement (wie es z.B. das Bundesprojekt Lernen vor Ort ermöglicht) sind ein wesentlicher Schlüssel zum Erfolg.

Der Übergang von Haupt- und Realschulabsolventen in die gymnasiale Oberstufe

Grit im Brahm

Dieser nachfolgende Beitrag widmet sich dem Übergang von der Sekundarstufe I in die gymnasiale Oberstufe der Sekundarstufe II, einer Schnittstelle des Systems, die bislang in der Forschung vergleichsweise wenig thematisiert wurde. Das kann u.a. daran liegen, dass dieser Übergang für die große Mehrheit der Schülerinnen und Schüler nahtlos verläuft und damit gewissermaßen einen bruchlosen Übergang darstellt. So kommen bundesweit 93,4% der Gymnasiasten und 71,2% der Gesamtschüler in der Einführungsphase der gymnasialen Oberstufe aus dem Gymnasium bzw. der Gesamtschule. Diese Mehrheit muss beim Übergang in die gymnasiale Oberstufe demnach weder die Schulform-, noch die Schule wechseln, sondern

a) auf der Gesamtschule die Fachoberschulreife bzw.
b) an einem Gymnasium lediglich die Versetzung in die nächsthöhere Klasse erreichen, um die Berechtigung zu erwerben, auf der jeweiligen Schule den Weg zum Abitur fortzuzusetzen.

Anders gestaltet sich der Übergang für Schülerinnen und Schüler, die in der Sekundarstufe I auf einer Schulform ohne gymnasiale Oberstufe gelernt haben, also zumeist Haupt- und Realschülerinnen und -schüler. Für diese vergleichsweise kleinere Gruppe stellt der Übergang in eine gymnasiale Oberstufe einen schulischen Übergang in eine neue Schulform, eine neue Schule mit neuen Lehrerinnen und Lehrern, neuen Mitschülerinnen und Mitschülern sowie neuen Handlungsanforderungen dar.

Der vorliegende Beitrag fokussiert den Übergang in die gymnasiale Oberstufe und betrachtet diesen aus Perspektive der Gruppe von Schülerinnen und Schülern, die in der Sekundarstufe I an einer Schulform ohne Abituroption gelernt haben. Da angenommen wird, das mit dem Wechsel in die gymnasiale Oberstufe das Abitur als neues Bildungsziel verfolgt wird, wird diese Schülergruppe nachfolgend als „Bildungsumsteiger" bezeichnet.

Der Beitrag argumentiert wesentlich in zwei Schritten. Zu Beginn eröffnet er eine schulsystemische Perspektive, mit der gezeigt wird, dass die Ausgestaltung der bundesdeutschen Schulsysteme Einfluss nimmt auf die möglichen Schullaufbahnen, mit denen Bildungsumsteiger das Abitur erwerben können.

In einem zweiten Schritt wendet der Beitrag als Folge aus den systemisch ermöglichten Schullaufbahnen den Blick auf das Individuum und argumentiert im

Rückgriff auf Boudon den Übergang in die gymnasiale Oberstufe als individuelle Bildungsentscheidung im institutionellen Kontext des Bildungssystems.

Abschließend resümiert der Beitrag unter dem Aspekt einer gelingenden Übergangsgestaltung mögliche Konsequenzen.

1. Die Systeme der BRD bieten Bildungsumsteigern unterschiedliche Wege zum Abitur

Die Ausgestaltung der Schulsysteme der BRD bietet unterschiedliche Optionen, mit denen Bildungsumsteiger in gymnasiale Oberstufen wechseln und dort zum Abitur geführt werden können. Nachfolgend werden exemplarisch mit Nordrhein-Westfalen, Baden-Württemberg und Bayern Beispiele für Wege in mehrfach gegliederten Schulsystemen vorgestellt und abschließend im Unterschied zu solchen „modernen" Systemen diskutiert, in denen es lediglich Säulen mit anschließenden Abituroptionen gibt.

Beispiel 1: Nordrhein-Westfalen ermöglicht Bildungsumsteigern den Übergang in gymnasiale Oberstufen des allgemeinbildenden Schulsystems

Nordrhein-Westfalen kann als ein für Bildungsumsteiger offenes System bezeichnet werden, das vergleichsweise vielfältige Wege zum Abitur für solche Schülerinnen und Schüler bereitstellt, die in der Sekundarstufe I an einer Schulform ohne direkte Abituroption gelernt haben. Bildungsumsteiger können im Anschluss an den mittleren Bildungsabschluss sowohl in die gymnasiale Oberstufe von allgemeinbildenden Gesamtschulen und Gymnasien als auch von beruflichen Gymnasien wechseln. Diese strukturell möglichen Wege werden unterschiedlich stark durch die Bildungsumsteiger genutzt. Im Schuljahr 2011/12 (eigene Berechnungen nach Destatis 2011/12) haben Gesamtschulen insgesamt 31,8% Schülerinnen und Schüler in die in der Einführungsphase aufgenommen, die zuvor nicht an einer Gesamtschule gelernt haben; rechnet man nun die Schülerinnen und Schüler heraus, die von Schulformen ohne direkte Abituroption stammen, nehmen nordrhein-westfälische Gesamtschulen 26,1% Bildungsumsteiger in die gymnasiale Oberstufe auf. Darunter sind die Realschüler erwartungsgemäß mit 21,1% aller Gesamtschüler in der Einführungsphase bzw. 81% der Bildungsumsteiger überproportional vertreten, Schülerinnen und Schüler von Hauptschulen wechseln demgegenüber nach dem Erwerb der Mittleren Reife deutlich seltener in die gymnasiale Oberstufe einer Gesamtschule über (4,9% der Gesamtschüler in der Einführungsphase bzw. 18,8% der Bildungsumsteiger).

Allgemeinbildende Gymnasien nehmen im Vergleich zur Gesamtschule weniger Bildungsumsteiger in die gymnasiale Oberstufe auf. Hier kommen im Schuljahr 2011/12 10,8% der Schülerinnen und Schüler von anderen Schulformen, darunter 9,5% von Realschulen und nur etwa 0,5 % von Hauptschulen. Insgesamt muss ür Nordrhein-Westfalen, ebenso wie für alle anderen Bundesländer festgestellt werden, dass der Anteil der Bildungsumsteiger in gymnasialen Oberstufen durch die Verkürzung der Schulzeit zum Abitur auf 8 Jahren deutlich abgenommen hat. Im Bundesschnitt ist der Anteil von 10,6% auf 5,7% gesunken.

Über die schulische Herkunft von Schülerinnen und Schülern an Beruflichen Gymnasien liegt keine vergleichsweise differenzierte öffentliche Statistik vor. Eigene Berechnungen aus dem Schuljahr 2011/12 belegen, dass auch der Weg über das Berufliche Gymnasium vor allem für Realschüler attraktiv ist: Von insgesamt 11.321 Neuzugängen in die Jahrgangsstufe 01 an Beruflichen Gymnasien kommen 91,2% aus dem allgemein bildenden Schulwesen, darunter mit 55% über die Hälfte von Realschulen, 18,9% von allgemeinbildenden Gymnasien, 8,8% von Gesamtschulen und 4,7% von Hauptschulen.

Resümierend lässt sich feststellen, dass Nordrhein-Westfalen Bildungsumsteigern im Anschluss an die Sekundarstufe I vielfältige Wege eröffnet, um das Abitur zu erwerben. Dabei spielt vor allem die Gesamtschule und zunehmend auch das berufliche Gymnasium eine bedeutsame Rolle. Trautwein und Kollegen haben herausgearbeitet, dass die Gesamtschule einen nachweisbaren Beitrag zur Öffnung des Systems und dem Abbau sozialer Selektivität leistet (Trautwein, Nagy & Maaz 2011, Trautwein u.a. 2008). Sie trägt dazu bei, das Schüler, die beim Übergang nach Klasse 4 auch aufgrund ihrer sozialen Herkunft geringere Chancen haben, ein Gymnasium zu erreichen, durch die Öffnung des Sekundarschulsystems (Gesamtschulen, berufliche Gymnasien) gewissermaßen nachträglich die Chance erhalten, das Abitur zu erreichen.

Bezogen auf die Abiturientenquote liegt Nordrhein-Westfalen mit 36,2% oberhalb des Bundesdurchschnitts von 33,9%. Darunter erreichen 32,7%die Allgemeine Hochschulreife über das allgemeinbildende und etwa 3,5% über das berufsbildende System.

Beispiel 2: Baden-Württemberg führt Bildungsumsteiger fast ausnahmslos über das Berufliche Gymnasium

Anders als Nordrhein-Westfalen, das die Öffnung des Sekundarschulsystems durch vielfältige Wege im allgemein- wie berufsbildenden System anbietet, leistet Baden-Württemberg eine Öffnung durch Kanalisierung auf einen „alternativen" Weg zur Allgemeinen Hochschulreife. In Baden-Württemberg gelangen nahezu alle Bildungsumsteiger nur über das berufliche Gymnasium zum Abitur; an allgemeinbildenden Gymnasien sind diese dagegen mit lediglich 1,1% der Schülerschaft in der Einführungsphase fast nicht vertreten. Damit übernehmen die Beruflichen Gymnasien in Baden-Württemberg zugleich eine spezialisierte Funktion bezogen auf die Gruppe der Bildungsumsteiger, sofern sie im System die Aufgabe übernehmen, diesen Schülerinnen und Schülern, die in der Sekundarstufe I keine direkte Abituroption hatten, diese zu eröffnen. Dabei belegt die TOSCA-Studie, dass sich die Schülerinnen und Schüler der Beruflichen Gymnasien in Abhängigkeit ihres vorangegangenen Bildungswegs sowohl untereinander als auch im Vergleich zu den Schülerinnen und Schülern allgemeinbildender Gymnasien in ihren kognitiven Grundfähigkeiten unterscheiden (Köller u.a. 2004). Das verdeutlicht zum einen, dass die verschiedenen Fachrichtungen der beruflichen Gymnasien von unterschiedlich leistungsstarken Schülergruppen angewählt werden; zum anderen zeigen die Ergebnisse auch hier, dass die Beruflichen Gymnasien in Baden-Württemberg zur Ausschöpfung der Begabungsressourcen der Schülerinnen und Schüler sowie zum Abbau sozialer Selektivität beitragen und damit korrektiv auf die vertikale Gliederung des Systems wirken (vgl. Maaz 2006).

Insgesamt betrachtet gelingt es Baden-Württemberg mit einer Absolventenquote von 37,5% im allgemeinen (26,5%) wie berufsbildenden System (11%) im Vergleich der Länder überdurchschnittlich gut, einen gemessen an der altersgemäßen Wohnbevölkerung hohen Anteil von Schülerinnen und Schülern Allgemeinen Hochschulreife zu führen.

Beispiel 3: Bayern baut mit Einführungsklassen ein Übergangssystem für Bildungsumsteiger

Bayern zählt traditionell zu den Ländern mit einer eher geringen Abiturientenquote, die im Jahr 2010 bei 27,1% (24,2% im allgemeinbildenden und 2,9% im berufsbildenden System) und damit deutlich unterhalb des Bundesdurchschnitts liegt. Um diese Quote zu erhöhen und gleichsam die Durchlässigkeit des bayrischen Schulsystems zu erhöhen, hat das Bayerische Staatsministerium für Unterricht und Kultus sog. Einführungsklassen an mittlerweile etwa 100 Gymnasien eingerichtet, die ausdrücklich das Ziel verfolgen, „Absolventinnen und Absolventen der Realschule, der Wirtschaftsschule, und der Mittleren-Reife-Klasse der Mittelschule den Übertritt auf das Gymnasium und den Erwerb der allgemeinen Hochschulreife zu erleichtern" (Bayrisches Staatsministerium für Unterricht und Kultus 2013, S. 4.)

Diese Klassen entsprechen der Jahrgangsstufe 10 des Gymnasiums und leisten u.a. durch eine flexibel gestaltete Stundentafel eine gezielte Vorbereitung der Bildungsumsteiger auf die Anforderungen der gymnasialen Oberstufen. Voraussetzung für den Besuch einer Vorbereitungsklasse ist neben der Mittleren Reife auch ein pädagogisches Gutachten der in Jahrgangsstufe 10 besuchten Schule, „in dem die Eignung für den Bildungsweg des Gymnasiums uneingeschränkt bestätigt wird" (Bayrisches Staatsministerium für Unterricht und Kultus 2013, S. 4). Zu der Frage, inwiefern ein solches Gutachten z.B. parallel zu den empfehlenden Gutachten in Anschluss an die Grundschule Einfluss nimmt auf den Übergang in die gymnasiale Oberstufe, liegen bislang keine empirischen Befunde vor. Es ist aber grundsätzlich möglich, dass das Vorsehen eines pädagogischen Gutachtens in der Praxis dem Öffnungsgedanken der Einführungsklassen entgegenarbeitet.

Zwischenfazit

Nunmehr wurden drei Beispiele vorgestellt, die aufzeigen, welch unterschiedliche Optionen die Länder strukturell einräumen, um Bildungsumsteigern „nachträglich" Wege zum Abitur zu eröffnen und damit auch den Anteil an Abiturienten in der Bevölkerung zu erhöhen. Bei aller Verschiedenheit der hier vorgestellten Systeme haben sie doch eines gemeinsam: Sie unterscheiden Schulformen, die mit dem mittleren Bildungsabschluss am Ende der Sekundarstufe I enden von solchen Schulformen, wie z.B. das Gymnasium oder ergänzend auch die Gesamtschule, die in der Sekundarstufe II eine gymnasiale Oberstufe anbieten. Es handelt sich um historisch gewachsene mehrfach gegliederte Systeme. In diesem Punkt unterscheiden sie sich grundsätzlich von solchen modernen Schulsystemen wie Hamburg, Bremen, Berlin oder Brandenburg die in der aktuellen bildungspolitischen Entwicklung zu zumeist zweigliedrigen Systemen umgeformt werden, in denen beide Säulen eine Abituroption anbieten – entweder direkt durch eine eigene gymnasiale Oberstufe oder indirekt durch die verbindlich vorgesehene Kooperation mit Schulen, die eine gymnasiale Oberstufe aufweisen. In diesen modernen Systemen ist die Möglichkeit, das Abitur als Bildungsziel zu erreichen, mit der 5. Klasse grundsätzlich für alle Schülerinnen und Schüler strukturell angelegt – erst die Bildungslaufbahn in der weiterführenden Schule „entscheidet", mit welchem Abschluss eine Schülerin oder ein Schüler die Schule beendet. Grundsätzlich sind alle Abschlüsse des allgemeinbildenden Schulsystems möglich.

Betrachtet man diese Systeme aus Perspektive der Bildungsumsteiger, so geben diese unterschiedliche Antworten auf die Frage, welche Wege sie zum Abitur führen. Diese reichen von:

- *„Ja, als Bildungsumsteiger bieten wir dir vielfältige Wege, um die Allgemeine Hochschulreife zu erreichen",* über
- *„Ja, bei uns gehen eigentlich alle Bildungsumsteiger im Beruflichen Gymnasium den Weg zum Abitur",*
- *„Ja, wenn du gymnasial geeignet bist, dann öffnen wir dir in Einführungsklassen eine „Seitentür", mit der du auf dem normalen Weg zum Abitur kommen kannst"* bis

- „*Bei uns können alle Schülerinnen und Schüler alle allgemeinbildenden Bildungs-abschlüsse erreichen – auch das Abitur. Bildungsumsteiger gibt es daher nicht*".

Es liegen bislang keine Studien zu der Frage vor, ob bzw. wie diese Botschaften der Systeme individuell von den Bildungsumsteigern (oder gar den Lehrkräften) interpretiert werden. Das stellt ein klares Forschungsdesiderat dar.

2. Der Übergang in die gymnasiale Oberstufe als individuelle Übergangsentscheidung

Umfangreiche empirische Studien hingegen liegen aus Bildungsungleichheitsforschung zum schichtspezifischen und daher Bildungsungleichheit begünstigenden Übergangsverhalten vor, das in Anlehnung an Boudon als Ergebnis individueller Bildungsentscheidungen gedeutet wird, die im institutionellen Kontext des Bildungssystems getroffen werden. Bildungsentscheidungen sind nach Boudon als „innerer Zusammenhang zwischen den schulischen Leistungen der Schülerinnen und Schüler, den Selektionsmechanismen des Bildungssystems (siehe auch Botschaften des Systems, Anmerkung der Verfasserin) und den familiären Entscheidungen" (Maaz 2006, S. 51) zu verstehen. Bestimmt wird die familiäre bzw. auch individuelle Entscheidung dabei durch die durch Wahl zwischen Alternativen, wobei sich das Individuum nach Boudon für die nach dem Kosten-Nutzen-Prinzip erfolgversprechendste Alternative entscheidet. Demzufolge würden sich Bildungsumsteiger dann für den Übergang in die gymnasiale Oberstufe entscheiden, wenn der zu erwartende Nutzen (z.B. bessere berufliche Chancen als Folgenutzen des Abiturs) aufgrund der Erfolgswahrscheinlichkeit (z.B. schulische Leistungen) in einem persönlich günstigen Verhältnis zu den kalkulierbaren Kosten (Investitionskosten, Opportunitätskosten einer verlängerten schulischen Ausbildung, dazu zählt aber auch der persönliche Aufwand) steht.

Auch die Forschung zu schichtspezifischen Bildungsaspirationen verdeutlicht, dass der Erwerb der Allgemeinen Hochschulreife vor allem für sozial schwächer gestellte Familien mit einer optionsreichen Zukunftsgestaltung verknüpft wird und mit dem Erwerb optionsreicher Bildungsabschlüsse der soziale Aufstieg erhofft bzw. angestrebt wird. Das hat auch zur Folge, dass Aufsteiger dem Erwerb des Abiturs vorrangig eine ökonomische Bedeutung beimessen, und weniger introjizierte Motive, wie beispielsweise Selbstverwirklichung durch allgemeine Bildung verfolgen. Silkenbäumer und Wernet (2011) stellen aufgrund ihrer rekonstruktiven Fallstudien mit Aufsteigern von der Realschule auf das Gymnasium fest, dass sich diese als bildungserfolgreich erlebten, es ihnen aber nicht gelingt, „eine distanziert souveräne Haltung zur Schule und zur objektiv hohen Bedeutung des Bildungserfolgs" aufbauen zu können. Der Übergang in die gymnasiale Oberstufe wird als identitätsbildender Schritt erlebt, der ihnen die Möglichkeit auf sozialen Aufstieg eröffnet, aber auch subjektiv belastend und anstrengend erlebt wird (Silkenbäumer/ Wernet 2011).

3.   Resümee zur Gestaltung des Übergangs

Nachfolgend resümiert der Beitrag die vorangestellten Ausführungen unter zwei Fragestellungen:

1) *Welche Ansatzpunkte für Kooperationen zwischen den angrenzenden Institutionen sind strukturell gegeben – und wo können diese noch ausgebaut werden?*
Der Blick auf die innerhalb der bundesdeutschen Systeme möglichen Wege zum Abitur für Bildungsumsteiger verdeutlicht, dass gerade in mehrfach gegliederten Systemen, in denen nicht alle Schulformen eine Abituroption vorsehen, der Übergang durch die Kooperation von angrenzenden Schulformen erleichtert werden kann. In einem Land wie z.B. Nordrhein-Westfalen, das unterschiedliche Wege zum Abitur ermöglicht, spielt die Information über diese Optionen eine wichtige Rolle. Schülerinnen und Schüler in Real- und ggfs. auch Hauptschulen sollten demnach über ihre Möglichkeiten, z. B. auch an Beruflichen Gymnasien die Schullaufbahn zum Abitur fortsetzen zu können, informiert werden. Dies kann durch gegenseitige Schulbesuche, Einladungen zum Tag der Offenen Tür, spezielle Informationsveranstaltungen für Umsteiger, begünstigt werden. Über den transparenten Informationsfluss hinaus, könnten Kooperationsabsprachen zwischen abgebenden Schulen der Sekundarstufe I und aufnehmenden gymnasialen Oberstufen, wie sie künftig z.B. auch in Nordrhein-Westfalen im Zuge der Bildung von Sekundarschulen erforderlich werden, curriculare und methodische Absprachen umfassen, um das Lernen in der Sekundarstufe I grundsätzlich anschlussfähig an ein weiteres Lernen in der Sekundarstufe II zu gestalten. Dies würde auch dazu beitragen, eine bessere Transparenz über die Anforderungen der gymnasialen Oberstufen zwischen beiden Institutionen zu ermöglichen, was auch die Beratungstätigkeit in den abgebenden Schulen erleichtert.

2) *Welche Flexibilität benötigen Strukturen für eine an individuellen Potenzialen orientierte Übergangsgestaltung?*
Die Forschung zum Übergang zwischen der Sekundarstufe I und der gymnasialen Oberstufe zeigt, dass Bildungsumsteiger in Gymnasium in der Regel mit vergleichsweise schwächeren Leistungen in die Einführungsphase überwechseln (Trautwein, Nagy & Maaz 2011). Vor diesem Hintergrund spielt die gezielte Förderung dieser Gruppe, wie sie vor G8 häufig durch sog. „Angleichungskurse" umgesetzt wurde, eine besondere Rolle. Die ersten Erfahrungen mit den

nun verbindlichen Ergänzungskursen werden zeigen, inwiefern es in diesen Kursen gelingt, auf die individuellen Bedürfnisse von Bildungsumsteigern einzugehen. Zugleich zeigen die Entwicklungen der Schülerströme in Nordrhein-Westfalen, dass der Weg für Bildungsumsteiger zum Abitur aufgrund von G8 künftig seltener über das Gymnasium und verstärkt über Gesamtschulen und Berufliche Gymnasien führen wird. Für die Gesamtschulen stellt sich anders als für die Gymnasien die Leistungsdifferenz zwischen den Bildungsumsteigern und den grundständigen Schülerinnen und Schülern nicht als spezifische Herausforderung dar, sofern Gesamtschulen auf der einen Seite ohnehin mit Leistungsheterogenität vertraut sind und zum anderen sich die kognitiven Leistungen von Realschülern am Ende der Sekundarstufe I deutlich weniger von denen der Gesamtschüler unterscheiden als die der Gymnasiasten (vgl. BIJU). Demzufolge spielt die Leistungsförderung für alle Schülerinnen und Schüler der Einführungsphase an Gesamtschulen eine Rolle. Für die Gesamtschulen, die im Durchschnitt etwa ein Drittel (auf der Ebene der Einzelschule zum Teil sogar die Hälfte) der Schülerpopulation der Einführungsphase aus Umsteigern rekrutiert, ergeben sich demgegenüber stärker auch Herausforderungen auf der Ebene der sozialen Gruppenbildung. So bieten Gesamtschulen zu Beginn der gymnasialen Oberstufe z.B. auch Kennenlernfahrten oder Orientierungstage an, um Schülerinnen und Schüler auf das Abitur als gemeinsames Ziel einzustimmen (vgl. Bellenberg/im Brahm 2013, eingereicht).

Schließlich kann es an der Einzelschule von Bedeutung sein, sich die Motive der Bildungsumsteiger zu vergegenwärtigen, mit denen diese das Abitur als individuelles Ziel verfolgen. Wenn diese, wie die Studie von Silkenbäumer und Wernet (2011) andeutet, verstärkt extrinsisch motiviert durch die Aussicht auf sozialen Aufstieg und eine optionsreiche Zukunftsgestaltung in der und für die gymnasiale Oberstufe lernen, lassen sich diese Schülerinnen und Schüler möglicherweise in sog. Durststrecken durch das Vergegenwärtigen der eigenen Ziele wieder motivieren. Zudem wäre es auch denkbar, dass Bildungsaufsteiger sich dann stärker mit dem schulischen Lernen identifizieren können, wenn es in der Schule gelingt, sich auch introjiziert lernmotiviert mit den Lerninhalten des Unterrichts auseinanderzusetzen.

Literatur

Bayrisches Staatsministerium für Unterricht und Kultus 2013: Einführungsklassen an bayrischen Gymnasien.Online unter http://www.verwaltung.bayern.de/egov-portlets/xview/Anlage/4036486/Einf%FChrungsklassen%20an%20bayerischen%20Gymnasien.pdf (Stand: 28.2.2013)

Bellenberg, G./im Brahm, G.: Bildungsumsteiger in gymnasialen Oberstufen. *Eingereicht in Die Deutsche Schule (DDS)*.

Destatis: Allgemeinbildende Schulen 2011/12. Fachserie 11, Reihe 1. Online unter: https://www.destatis.de/DE/Publikationen/Thematisch/BildungForschungKultur/Schulen/Allgemeinbildende Schulen2110100127004.pdf;jsessionid=10FCA89DB45FE15FAC7A5A90FC730D8E.cae2?__blob=publicationFile (Stand 28.2.2013)

Köller, O./Watermann, R./Trautwein, U./Lüdtke, O. (Hrsg.) (2004): *Wege zur Hochschulreife in Baden-Württemberg. TOSCA – Eine Untersuchung an allgemein bildenden und beruflichen Gymnasien Opladen*: Leske + Budrich.

Maaz, K. (2006): *Soziale Herkunft und Hochschulzugang: Effekte institutioneller Öffnung im Bildungssystem*. Wiesbaden: VS.

Silkenbeumer, Mirja/Wernet, Andreas (2011): *Die Mühen des Aufstiegs: Von der Realschule zum Gymnasium -Fallrekonstruktionen zur Formierung des Bildungsselbst. Pädagogische Fallanthologie*, Band 9. Opladen u.a.: Barbara Budrich.

Trautwein, U./Baeriswyl, F./Lüdtke, O./Wandeler, C. (2008): Die Öffnung des Schulsystems: Fakt oder Fiktion? Empirische Befunde zum Zusammenhang von Grundschulübertritt und Übergang in die gymnasiale Oberstufe. *Zeitschrift für Erziehungswissenschaft*, 11, 648–665.

Trautwein, U./Nagy, G./Maaz, K. (2011): Soziale Disparitäten und die Öffnung des Sekundarschulsystems. Eine Studie zum Übergang von der Realschule in die gymnasiale Oberstufe. *Zeitschrift für Erziehungswissenschaft*, 14, 445–463.

Haupt- und Realschulabsolventen in die gymnasiale Oberstufe integrieren – Perspektiven aus Forschung und Praxis

Jutta Obbelode

Im folgenden Beitrag wird am Beispiel des Oberstufen-Kollegs berichtet, wie der Übergang in die gymnasiale Oberstufe in der Praxis gestaltet werden kann. Der Fokus liegt dabei auf dem Umgang mit der Heterogenität der aufgenommenen Schülerschaft.

Um die Rahmenbedingungen besser einschätzen zu können, wird das Oberstufen-Kolleg zunächst als Institution mit ihrem Versuchsauftrag, ihrem besonderen Aufnahmeverfahren und der Zusammensetzung der Schülerschaft vorgestellt. Danach werden die wesentlichen Konzepte zum Umgang mit Heterogenität beleuchtet

- fachspezifische Diagnose und Förderung in der Eingangsphase,
- individuelle Schwerpunktsetzungen und interessengeleitetes Lernen,
- Individuelle Begleitung und Gestaltung der Bildungsgänge und
- Schulkultur.

1.   Der Versuchsauftrag des Oberstufen-Kollegs

Das Oberstufen-Kolleg wurde 1974 gegründet und besteht aus der Versuchsschule des Landes Nordrhein-Westfalen und der Wissenschaftlichen Einrichtung. Seit 2002 ist die Versuchsschule eine experimentelle gymnasiale Oberstufe, die als Abschluss die allgemeine Hochschulreife (Abitur) erteilt.

Versuchsschule und Wissenschaftliche Einrichtung verfolgen einen allgemeinen Auftrag, der in der Grundordnung wie folgt formuliert worden ist:

> „Das Oberstufen-Kolleg und die Wissenschaftliche Einrichtung Oberstufen-Kolleg haben den Auftrag, Grundfragen des Bildungswesens systematisch zu untersuchen, Reformmodelle im wechselseitigen Bezug von Theorie und Praxis zu erproben und ihre Übertragbarkeit auf die bestehenden Bildungseinrichtungen zu prüfen. Im Zentrum stehen hierbei die Entwicklung, unterrichtspraktische Erprobung und Evaluation von Bildungsstrukturen und curricularen Konzepten, die auf der Basis individueller Schwerpunktsetzung und vertiefter allgemeiner Bildung zur allgemeinen Studierfähigkeit führen und auf die Berufs- und Arbeitswelt vorbereiten" (Oberstufen-Kolleg 2007, S. 1).

Bei der Entwicklung, Erprobung und Evaluation von Curricula, Lehr- und Lernformen für den Erwerb der allgemeinen Hochschulreife und den Übergang in

Studium und Beruf bearbeitet das Oberstufen-Kolleg „insbesondere Fragen zum
selbstständigen Lernen, zu fachdidaktischer Innovation, zur Erweiterung der Wege
zum Hochschulzugang und zur differenzierten Förderung in der Oberstufe" (vgl.
Homepage des OS). Das Reformprofil der Versuchsschule soll insbesondere auf
konkrete Konzepte zielen, die den im Regelsystem strukturell benachteiligten Schülergruppen einen Hochschulzugang eröffnen.

Eine eigene Ausbildungs- und Prüfungsordnung (APO-OS) regelt die durch
den Versuchsauftrag abweichenden Verfahrensweisen gegenüber der Ausbildungs-
und Prüfungsordnung für die gymnasiale Oberstufe (APO-GOSt). Aufgenommen
werden kann auch, wer in der Sekundarstufe I keinen Qualifikationsvermerk erworben hat, aber

- über den mittleren Schulabschluss (Fachoberschulreife) verfügt oder
- den Hauptschulabschluss erworben und eine berufliche Ausbildung erfolgreich
  abgeschlossen hat oder eine mindestens zweijährige Berufstätigkeit nachweisen
  kann.

In den Studienfächern (Leistungskursen) werden die Prüfungen des Zentralabiturs
durchgeführt. In den Grundkursen werden die Prüfungsaufgaben von den Kurs-
lehrenden selbst entwickelt und der Bezirksregierung zur Genehmigung vorgelegt.

2.   Das Aufnahmeverfahren am Oberstufen-Kolleg

Für die Aufnahme am Oberstufen-Kolleg gibt es ein eigenes Verfahren: Interessier-
te bewerben sich schriftlich, nennen dabei schon die von ihnen gewünschten Studienfächer und stellen ihre Vorstellungen und Zielsetzungen für eine Ausbildung am
Oberstufen-Kolleg dar. Außerdem reichen sie ihr letztes Zeugnis und ein Produkt
ein, das ihre besonderen Interessen widerspiegelt.

In der zweiten Januarhälfte führen alle Bewerberinnen und Bewerber ein Be-
werbungsgespräch mit einer Aufnahmekommission, die jeweils aus einer/einem
Lehrenden und einer/einem Kollegiatin oder Kollegiaten besteht. Das Gespräch
wird mit der Einstufung „sehr geeignet" , „geeignet" oder „abzuraten" abgeschlossen. Nach den Ergebnissen der Bewerbungsgespräche und den gewünschten Studienfächern wird dann eine Vorauswahl für die ca. 230 Ausbildungsplätze getroffen.
Dabei werden jeweils zur Hälfte Frauen und Männer berücksichtigt. Ob der Q-
Vermerk zum Ende des noch laufenden Schuljahres erreicht wird, ist zu diesem
Zeitpunkt noch unklar. Diese Frage spielt aber bei der Vorauswahl auch keine Rolle.
Die ausgewählten Bewerberinnen und Bewerber werden dann zu verbindlichen
schriftlichen Diagnosetests in den Fächern Deutsch, Mathematik und Fremdspra-
che (meist Englisch) eingeladen, um mögliche Defizite aus der Sekundarstufe I zu

ermitteln. Auf der Basis der Diagnoseergebnisse wird um Ostern über die Aufnahme entschieden.

Das Bewerbungsverfahren hat natürlich einerseits das Ziel, den Ausbildungserfolg der Bewerberinnen und Bewerber – unabhängig vom Erreichen des Qualifikationsvermerks – prognostizieren zu können. Andererseits wird den Bewerbern aber auch gespiegelt, welche Erwartungen das Oberstufen-Kolleg an sie hat, und es werden auch schon Daten für die spätere Förderung in den Kernfächern gewonnen. Nach innen ist die gleichberechtigte Mitwirkung von Kollegiatinnen und Kollegiaten in den Aufnahmekommissionen ein wichtiges Element der Partizipation und trägt stark zur Identifizierung der Kollegiatinnen und Kollegiaten mit dem OS bei.

3.　Wer besucht das Oberstufen-Kolleg?

Im laufenden Schuljahr 2012/13 besuchen ca. 600 Kollegiatinnen und Kollegiaten das Oberstufen-Kolleg. Obwohl in jedem Jahrgang etwa gleich viele Frauen und Männer aufgenommen wurden, verschiebt sich im Laufe der Ausbildung das Zahlenverhältnis leicht zugunsten der Frauen (54% Kollegiatinnen und 46% Kollegiaten). Wie im Regelsystem sind auch am Oberstufen-Kolleg die Frauen im Durchschnitt erfolgreicher als die Männer.

Für die Aufnahmejahrgänge 2004–2008 liegen statistische Daten zu den Herkunftsschulen, den Muttersprachen und dem Erreichen des Abschlusses vor. In diesen Aufnahmejahrgängen haben insgesamt 1.116 Kollegiatinnen und Kollegiaten die Ausbildung am Oberstufen-Kolleg aufgenommen. Davon kamen ca. 37% von einer Realschule, 21% von einem Gymnasium, 20% von einer Gesamtschule, 9% von der Laborschule, 6% von einer Hauptschule und 9% von sonstigen Schulen.

Ein gutes Drittel (37,3%) dieser Aufnahmejahrgänge hat eine Migrationsgeschichte. Knapp die Hälfte (46,8%) der Kollegiatinnen und Kollegiaten mit Migrationsgeschichte gibt an, deutsch als Muttersprache gelernt zu haben. Die übrigen haben eine von insgesamt 34 anderen Sprachen als erstes gelernt (*äthiopisch, albanisch, arabisch, aramäisch, assyrisch, bosnisch, chinesisch, dholuo, englisch, eritreisch, französisch, georgisch, griechisch, hebräisch, holländisch, iranisch, italienisch, koreanisch, kroatisch, kurdisch, nepalesisch, paschto, persisch, polnisch, portugiesisch, rumänisch, russisch, serbisch, singhalesisch, spanisch, türkisch, tamilisch, thai, vietnamesisch*). Am häufigsten sind russisch (18,2%), türkisch (11,0%), und polnisch (4,1%) als Muttersprachen unter den Kollegiatinnen und Kollegiaten mit Migrationsgeschichte vertreten.

Von den Kollegiatinnen und Kollegiaten dieser Aufnahmejahrgänge haben 73% einen Abschluss (= Abitur oder Fachhochschulreife) im Oberstufen-Kolleg erreicht, 27% jedoch nicht. Verschiedene Merkmale wurden im Zusammenhang mit dem Erreichen des Abschlusses untersucht:

Bei den Merkmalen Geschlecht, Schulform der Herkunftsschule und Vorliegen des Qualifikationsvermerks war der Unterschied statistisch signifikant. Diese Ergebnisse waren nicht überraschend. Für das Merkmal Migrationsgeschichte ergab sich aber kein statistisch signifikanter Unterschied. Bewerkenswert ist, dass mehr als 60% derjenigen, die ohne Qualifikationsvermerk auf das Oberstufen-Kolleg gekommen sind, das Abitur erreicht haben.

4. Konzepte zum Umgang mit Heterogenität

Die Lerngruppen am Oberstufen-Kolleg sind in verschiedener Hinsicht äußerst heterogen:

- Sie bringen sehr unterschiedliche Leistungsvoraussetzungen mit.
- Sie haben unterschiedliche Schulerfahrungen und Bildungshintergründe.
- Ihr Alter liegt bei Ausbildungsbeginn zwischen 15 und 24 Jahren.
- Sie stammen aus unterschiedlichen sozialen Schichten und Kulturkreisen.
- Sie haben teilweise berufliche Vorerfahrungen.

Das Oberstufen-Kolleg versucht jede Kollegiatin/jeden Kollegiaten als ganze Person mit ihren/seinen Stärken und Unterstützungsbedarfen zu sehen und darauf möglichst individuell einzugehen.

Dazu setzt die Schule auf verschiedenen Ebenen an. In der Eingangsphase liegt ein Schwerpunkt in der Diagnose des Lernstands in den Kernfächern und in der Förderung der basalen Kompetenzen. In allen Jahrgängen können die Kollegiatinnen und Kollegiaten durch die Bandbreite der Kursangebote, die größere Gestaltungsfreiheit in den Grundkursen und regelmäßige Projektphasen individuelle Schwerpunkte setzen und dadurch stärker interessenorientiert lernen. Sie werden bei der Gestaltung ihres Bildungsganges individuell begleitet. Der Umgang miteinander und die organisatorischen Rahmenbedingungen schaffen eine insgesamt lernförderliche Atmosphäre.

4.1 Fachspezifische Diagnose und Förderung in der Eingangsphase

Das Gros der Kollegiatinnen und Kollegiaten besucht in der Eingangsphase je zwei „Basiskurse" in Deutsch, Englisch, Mathematik, Naturwissenschaften und einen in Informatik. In diesen Kursen geht es darum, vor allem die sprachlich-methodischen Fähigkeiten zu fördern, die für die Bewältigung der generellen Lernanforderungen aller Fächer und für die Teilhabe am politischen und kulturellen Leben einer an Wissenschaft orientierten Gesellschaft basal sind. Huber charakterisiert diese Fähigkeiten als „instrumentelle Qualifikation" und nennt als solche Sprachkompetenz in der deutschen Sprache, Kommunikationsfähigkeit in Englisch, Verständnis mathematischer Themen und Computerkenntnisse und -techniken (Huber, 2009). Das Oberstufen-Kolleg bemüht sich innerhalb dieser Basiskurse nicht nur um einen Defizitausgleich, sondern sieht hier eine systematische Aufgabe, in die alle Schülerinnen und Schüler der Sekundarstufe II „in der Auseinandersetzug mit immer schwierigeren Aufgaben/Texten in immer komplexeren Situationen" (Huber, 2009) einbezogen werden. Der Ausgleich von Defiziten, die bei Eingangsdiagnosen innerhalb des Bewerbungsverfahrens im Deutschen, in Englisch und in Mathematik festgestellt werden, wird mit sogenannten Brückenkursen zu erreichen versucht.

Besonders Leistungsstarke können Dispens von einzelnen Basiskursen erhalten und stattdessen andere Fachkurse besuchen oder spezielle individuelle Interessen bearbeiten.

Neben dem Unterricht können die Kollegiatinnen und Kollegiaten Angebote wie eine individuelle Schreibberatung/Schreibwerkstatt und Lernbüros in den Fächern Englisch, Mathematik und Spanisch zur temporären Unterstützung in Anspruch nehmen.

4.2   Individuelle Schwerpunktsetzungen und interessengeleitetes Lernen

Ihren fachlichen Schwerpunkt setzen die Kollegiatinnen und Kollegiaten zunächst durch die Wahl ihrer beiden *Studienfächer*. Sie können dabei unter 23 verschiedenen Fächern wählen. Dazu wählen sie in der Hauptphase ein Profil, in dem vier Grundkurse aufeinander bezogen an einem fächerübergreifenden Thema arbeiten. Ergänzt wird der Bildungsgang durch verschiedene weitere Grundkurse, mit denen auch die Belegverpflichtung laut der APO-OS abgedeckt wird. Dadurch, dass die Lehrenden *in den Grundkursen eine größere Gestaltungsfreiheit* haben (keine Einbindung in das Zentralabitur in den Grundkursen), haben die Kollegiatinnen und Kollegiaten auch bei der Wahl der Grundkurse innerhalb eines Fachbereichs die Möglichkeit, interessengeleitet zu entscheiden.

Das Oberstufen-Kolleg legt Wert darauf, *vielfältige Formen der Leistungsbewertung* anzubieten, um das interessengeleitete Lernen zu fördern. Es gibt mündliche Leistungsnachweise (z.B. Referat, Gruppenbericht, Diskussionsleitung), schriftliche Leistungsnachweise (z.B. Facharbeit, Klausur, Protokoll, Rezensionen, …), praktische Leistungsnachweise (z.B. Arbeit mit Medien, Durchführung und Auswertung naturwissenschaftlicher Experimente, künstlerische Produktion) und besondere Lernleistungen (Teilnahme an Wettbewerben oder umfangreichere Semester- oder Jahresarbeiten). Ein wichtiges Instrument zur Förderung des eigenständigen Lernens ist das Portfolio. Hier sammeln die Kollegiatinnen und Kollegiaten einerseits ihre Kursbescheinigungen und Leistungsnachweise. Andererseits werden sie über das Portfolio angeleitet, sowohl über einzelne erbrachte Leistungen zu reflektieren als auch Bilanz über einzelne Ausbildungsabschnitte zu ziehen und sich neue Ziele zu setzen. Das Portfolio ist Gesprächsgegenstand in den Beratungen mit dem Tutor, Grundlage für den Übergang von der Eingangs- in die Hauptphase und für eine mündliche Prüfung im Abitur.

Schriftliche und mündliche Leistungsnachweise werden in der Eingangsphase nicht mit Noten, sondern nur als „bestanden" oder „nicht bestanden" gewertet (*pass/fail-System*). Die Kollegiatinnen und Kollegiaten sollen aus dem Interesse für die Sache lernen. Starke sollen ihre Stärken einbringen, ohne durch Noten „belohnt" zu werden. Schwächere sollen durch Noten nicht demotiviert werden. Im Mittelpunkt stehen der Lernprozess und die individuellen Lernfortschritte der einzelnen Kollegiatinnen und Kollegiaten. Die Voraussetzungen für den Übergang in die Hauptphase sind erfüllt, wenn höchstens zwei Kurse im Laufe der Eingangsphase nicht bestanden wurden. Außerdem wird bei der Übergangsentscheidung die durch das Portfolio dokumentierte Gesamtentwicklung berücksichtigt. Um die Anerkennung des Abiturs sicherzustellen, kann das Prinzip der Notenfreiheit in der Hauptphase nicht konsequent fortgesetzt werden. Für die Kurse bleibt es zwar bei dem oben beschriebenen pass/fail-System, für einzelne Leistungsnachweise müssen aber (Ziffern-)Noten erteilt werden. Die APO-OS gibt die Anzahl der benoteten Leistungsnachweise vor, die für die Zulassung zum Abitur vorliegen müssen. Welchen Typ von Leistungsnachweis die Kollegiatinnen und Kollegiaten benoten lassen wollen, können sie innerhalb eines bestimmten Rahmens selbst wählen.

Projektarbeit ist in regelmäßigen Projektphasen (jeweils zwei Wochen am Ende jedes Semesters) fest verankert. Organisatorisch sind die Projekte an Kurssequenzen angebunden – eins kann auch frei gewählt werden. In der Eingangsphase und in der Qualifikationsphase müssen jeweils zwei Projekte belegt und bestanden werden. In jedem Projekt müssen zwei Leistungsnachweise angefertigt werden (ein ausführlicher Reflexionsbogen und ein Beitrag zum Produkt). Die Organisation der Projektphase (Ideensammlung, Projektskizze, Hearing → Entscheidung über Projektangebot, Projektwahl) wird durch die AG Projekt verantwortlich geleitet und fortentwickelt. Die Projektphase schließt mit einem Produkttag ab, an dem alle Gruppen ihre Ergebnisse präsentieren. Es gibt regelmäßige schulinterne Fortbildungen zur Projektarbeit.

4.3 Individuelle Begleitung und Gestaltung der Bildungsgänge

Ein Tutorensystem (jede Kollegiatinnen und Kollegiaten wählt eine(n) Lehrende(n) als Tutorin oder Tutor) und die Laufbahnberatung haben die Aufgabe, die Kollegiatinnen und Kollegiaten bei der individuellen Gestaltung ihres Bildungsganges zu unterstützen. Daneben ist die Schulsozialarbeit ein fester Bestandteil des Schullebens. Sie ist in folgenden Handlungsfeldern aktiv:

- Sozialpädagogische Beratung/Einzelfallhilfe (Schulschwierigkeiten, Ablösung vom Elternhaus, Beziehungsprobleme mit Eltern und in der Partnerschaft, Übergang Schule – Beruf, psychische Beeinträchtigungen, Suchtmittelkonsum)
- Freizeitpädagogik: Das Kulturcafé (betreuter Treffpunkt zum Zeitunglesen, Hausaufgabenmachen, Reden, Entspannen, Musikhören/Ausstellungen, Lesungen, Filme, …)
- Organisatorische und administrative Aufgaben (Mitarbeit bei der Verwaltung der Wohnheimplätze, Beratung in Finanzierungsfragen der Ausbildung, Informationsveranstaltungen zu verschiedenen Themen)
- Projektarbeit (im Rahmen der Projektphase Angebote von Projekten zu speziellen Themen, Sportangebote als Ergänzung zum schulischen Alltag)

4.4   Schulkultur

Im Schulentwicklungsplan 2006–2012 wird *„Lernen in positivem Schulklima"* als ein Profilmerkmal des Oberstufen-Kollegs – hier bezogen auf die Leitidee des produktiven Umgangs mit Heterogenität – genannt (Oberstufen-Kolleg 2006, S. 20). Ein lernförderliches Klima ist ein wichtiges Merkmal für guten Unterricht. Aber auch für das pädagogische und soziale Potenzial einer Schule und für den gelingenden Übergang in die Hochschule ist eine lernunterstützende Lehrer-Schüler-Beziehung von Bedeutung (vgl. Asdonk & Glässing 2008, S. 151–154). Das Oberstufen-Kolleg fördert besonders, dass die Kollegiatinnen und Kollegiaten lernen, ihre Ausbildung weitgehend eigenverantwortlich zu gestalten und mitzubestimmen. Sie können in den Kursen und im vielfältigen Schulleben nicht nur Wissen und Fähigkeiten erwerben, sondern auch demokratische Umgangsformen erproben und ihre Persönlichkeit entwickeln.

Im Oberstufen-Kolleg wird die Schule als Lebensraum verstanden, der auch nach Schluss des Unterrichts genutzt wird. Das *offene Raumkonzept* trägt wesentlich dazu bei. Der Unterricht findet größtenteils auf den sogenannten „Feldern" statt. Es gibt kein Lehrerzimmer. Stattdessen haben alle Lehrenden offen zugängliche Schreibtische auf den Galerien. Die Kollegiatinnen und Kollegiaten finden überall verteilt Gruppenarbeitsplätze, die sowohl innerhalb als auch außerhalb des Unterrichts rege genutzt werden. Jede Kollegiatin und jeder Kollegiat hat ein eigenes Postfach und einen abschließbaren Schrank.

Auch die *Tagesstruktur* (vier Unterrichtsblöcke à 90 Minuten in der Zeit von 08.30–16.00 Uhr, kein Pausengong) und die *Infrastruktur* sind wichtig, um die Schule als Lebensraum zu erfahren. Die hauseigene Cafeteria, die von 07.30–16.00 Uhr geöffnet hat, ist zentraler Treffpunkt. Schulbibliothek, Kulturcafé, frei zugängliche Computerarbeitsplätze und Labore, offene Bücherregale in der Cafeteria laden zum Verweilen und zum Arbeiten ein.

Fragt man Besucherinnen und Besucher nach ihren Eindrücken vom Oberstufen-Kolleg, so gilt nicht selten eine erste, spontane Rückmeldung dem besonderen Schulklima. „Unser Eindruck war, dass Lehrende wie auch Kollegiatinnen und Kollegiaten gerne ans OSK kommen und die Schule durch die Menschen in ihr lebt. Die positive Grundstimmung und das angenehme Miteinander aller, geprägt von Wertschätzung und Rücksichtnahme, haben für uns zu einer unvergesslichen Woche beigetragen." Diese Einschätzung formulierten zwei Lehrerinnen einer berufsbildenden Schule in Mainz, die Ende 2012 im Rahmen des Hospitationsprogramms der Robert-Bosch-Stiftung das Oberstufen-Kolleg besuchten.

Über diese Rückmeldungen freuen wir uns natürlich.

Literatur

Asdonk & Glässing (2008): Die Studienvorbereitung in der gymnasialen Oberstufe: Im Mittelpunkt stehen die Lernenden. In: Keuffer, J. & Kublitz-Kramer, M. (Hrsg.): *Was braucht die Oberstufe? Diagnose, Förderung und selbstständiges Lernen.* Weinheim u.a.: Beltz, S. 137–156.

Huber, L. (2009): Von „basalen Fähigkeiten" bis „vertiefte Allgemeinbildung": Was sollen Abiturientinnen und Abiturienten für das Studium mitbringen. In: Bosse, D. (Hrsg.): *Gymnasiale Bildung zwischen Kompetenzorientierung und Kulturarbeit.* Wiesbaden: Verlag für Sozialwissenschaften, S. 107–124.

Kapitel 5
Übergang in das berufliche Bildungssystem

Einleitung: Der Übergang von der Schule in die Berufsausbildung – Strukturverbesserungen erreichen und individuelle Bildungswege begleiten

Ursula Bylinski

1. Einführung in das Thema

Die gesellschaftlichen Anforderungen an einer für junge Menschen wichtigen Statuspassage – der von der Schule in den Beruf – sind erheblich gewachsen und die Komplexität dieses Lebensabschnitts hat deutlich zugenommen. Die berufliche Einmündung gestaltet sich für eine große Anzahl von Jugendlichen nicht mehr gradlinig. Der Weg von der Schule in eine Berufsausbildung ist für sie sowohl unübersichtlicher, langwieriger und konfliktträchtiger geworden als auch mit zeitlichen Verzögerungen verbunden: Es können Umwege erfolgen, vielfach entstehen auch „Warteschleifen" und der Übergang kann für sie zum „Stolperstein" werden.

Die nationale Bildungsberichterstattung (2012) verweist darauf, dass sich an allen Übergängen unseres Bildungssystems soziale Selektionsprozesse vollziehen, aber für den Übergang aus der allgemeinbildenden Schule in die Berufsausbildung diese in Deutschland besonders stark ausgeprägt sind: sowohl nach schulischer Vorbildung als auch nach Geschlecht, Migrationshintergrund und Region. Das heißt, bestimmte Zielgruppen bleiben auf der Strecke. Beispielsweise wechseln insbesondere Jugendliche mit maximal einem Hauptschulabschluss, vor allem in den westdeutschen Flächenländern, sowie Jugendliche mit Migrationshintergrund in ein so genanntes Übergangssystem.

Neben der dualen und schulischen Berufsausbildung ist dieses Bündel an Maßnahmeangeboten („Übergangssystem") zu einem dritten Sektor in der beruflichen Bildung geworden. Auch 2011 mündeten dort noch ca. 300.000 Jugendliche ein, obwohl die Bildungsangebote zu keinem berufsqualifizierten Abschluss führen. Im Vergleich zu 2008 sind dies zwar ca. 76.000 Jugendliche weniger, aber an ihrem Anteil an der Gesamtheit der Neuzugänge hat sich nur begrenzt etwas verändert. Gleichzeitig gibt es keinen Zweifel daran, dass sich dieses Übergangssystem als ineffektiv und ineffizient erwiesen hat und Veränderungen unumgänglich sind.

Bildungspolitisch werden strukturelle Veränderungen befürwortet (bspw. „Übergänge mit System") und eine „Neu"-Gestaltung des gesamten Übergangsbereichs („Bildungsketten") angestrebt. Mit dem Aufbau eines regionalen Übergangsmanagements soll die Transparenz der Bildungsangebote hergestellt und eine Abstimmung zwischen den beteiligten Akteuren und ihren Aktivitäten erfolgen. Präventive Angebote werden favorisiert: eine Berufsorientierung, die bereits in der allgemeinbildenden Schule beginnt und auf einer Potenzialanalyse aufbaut, sowie eine Begleitung von Schülerinnen und Schüler bis in die Berufsausbildung hinein. Neben notwendigen strukturellen Veränderungen kommt der Professionalität der im Übergangsgeschehen tätigen pädagogischen Fachkräfte eine hohe Bedeutung zu. Sie sind vor neue Anforderungen gestellt. Ihre originären Tätigkeiten verändern sich und erweiterte Aufgaben kommen hinzu: eine Übergangsbegleitung junger Menschen sowie eine multiprofessionelle Zusammenarbeit, die über die unterschiedlichen Institutionen hinweg mit den regionalen Akteure stattfinden muss.

2.   Die Beiträge und Diskussionen der Foren

In drei Foren zum Übergang von der Schule in den Beruf wurden diese Aspekte sowohl aus wissenschaftlicher Perspektive als auch mit Beispielen aus der Praxis anhand der Leitfragen der Veranstaltung diskutiert.

Das Forum „Bildungsketten aufbauen" diskutierte die strukturellen Bedingungen am Übergang von der Schule in eine Berufsausbildung sowie Reformansätze, die am Beispiel einer landesweiten Umsetzungsstrategie konkretisiert wurden. Prof. Dr. Dieter Münk von der Universität Duisburg-Essen markierte in seinem Beitrag „Strukturen im Bildungssystem – Übergangsstrukturen mit System?" die „Übergangsstrukturen" im deutschen Bildungssystem, mit ihren Auswirkungen („Folgekosten") auf die Bildungs- und Berufswege junger Menschen. Die Ausführungen bestätigten die systembedingte Selektionsfunktion berufsvorbereitender Bildungsmaßnahmen (BvB) und ihren kompensatorischen Charakter. Aufgezeigt wurden Reformansätze und Perspektiven, die einerseits auf Prävention und auf den Aufbau eines kohärenten Übergangsmanagements ausgerichtet sind sowie andererseits ein verstärktes betriebliches Engagement fordern, bis hin zur Forderung „Keine Qualifizierung ohne Zertifikat!", um die Anschlussfähigkeit von Bildungsangeboten zu gewährleisten. Die hessenweite Strategie „Optimierung der lokalen Vermittlungsarbeit bei der Schaffung und Besetzung von Ausbildungsplätzen (OloV)" stand im Zentrum des anschließenden Beitrags von Monika von Brasch, Projektleiterin beim Institut für berufliche Bildung, Arbeitsmarkt- und Sozialpolitik GmbH (INBAS). Aufgezeigt wurden die Entwicklung und die Strukturen von OloV, wie sie flächendeckend in Hessen gelegt wurden. Ziel der Strategie ist es, die Qualität der Prozesse im Übergang Schule-Beruf zu sichern, den Aufbau von Parallelstrukturen zu vermeiden bzw. abzubauen, indem die bestehenden vielfältigen Angebote und Projekte gebündelt werden. Den jungen Menschen soll u.a. durch verbesserte

Kooperationsstrukturen ermöglicht werden, auf kürzeren Wegen und mit gezielter Unterstützung in eine Berufsausbildung einzumünden.

Das Forum „Individuelle Bildungswege begleiten" stellte das Konzept einer Berufswegbegleitung für junge Menschen ins Zentrum. Ausgehend von der Frage „Was heißt: individuelle Übergänge begleiten?" referierte Manfred Eckert von der Universität Erfurt unter dem Titel „Übergänge ermöglichen – individuelle Bildungswege begleiten" seine theoretischen Überlegungen zur „Pädagogisierung" von Übergängen, der Kooperation von Institutionen und Akteuren bis hin zur Vermittlung einer personalen, sozialen und fachlichen „Übergangskompetenz". Er führte dabei aus, dass „individuelle Bildungswege wie ein Mosaik aus vorgegebenen Steinen, aber nach individuellem Muster gebaut" seien. Aus Praxissicht präsentierte Kerstin Laszlo von der Berufsausbildungs- und Qualifizierungsagentur Lübeck GmbH (BQL) das „Handlungskonzept Schule und Arbeitswelt in Schleswig-Holstein" und berichtete von ihren Erfahrungen als Coaching-Fachkraft. Ihre Aufgabe ist es, Schülerinnen und Schüler ab dem 8. Schuljahr zu beraten, zu begleiten und zu unterstützen auf dem Weg in eine Berufsausbildung. Sie konnte aufzeigen, dass durch den persönlichen Kontakt, die stete Motivation, die Krisenintervention und Begleitung Vertrauensverhältnisse aufgebaut werden konnten, die für eine erfolgreiche Berufswegplanung zu nutzen waren. Individuelle Kompetenzfeststellung und gezieltes Coaching spielen neben Berufsfelderprobungen eine tragende Rolle in ihrer Arbeit bei der BQL.

Das Forum „Chancen und Risiken für Jugendliche mit Migrationshintergrund" richtete den Blick auf die Erschließung eines Fachkräftepotenzials durch die Einbeziehung von Jugendlichen mit Migrationsgeschichte. Mit der Aussage „Die Zukunft hat schon begonnen" belegte Mona Granato vom Bundesinstitut für Berufsbildung (BIBB) aus wissenschaftlicher Sicht die Ungleichgewichte auf dem Ausbildungsmarkt und die Einmündungschancen von Bewerberinnen und Bewerbern mit und ohne Migrationshintergrund. Herausgestellt wurde, dass die Chance der Jugendlichen mit Migrationshintergrund auf eine Ausbildungsstelle von ihrem institutionellen, kulturellen und personalen Kapital abhängt. Genauso wurden erfolgreiche Rekrutierungswege von Betrieben und die Sicht der Auszubildenden auf die Ausbildung aufgezeigt. Der Vortrag endete mit der Aussage von Jukka Sarjala aus Finnland: „Wir brauchen hier jeden, hoffnungslose Fälle können wir uns nicht erlauben". Wie diese Zukunft gemeinsam zu schaffen ist, zeigte Klaus Kohlmeyer vom Beruflichen Qualifizierungsnetzwerk für Migrantinnen und Migranten (BQN) Berlin auf, mit der Vorstellung des Projektes „Berlin braucht dich!". Sein Beitrag „Fokus Migration am Übergang Schule-Beruf" rückte deutlich die Bedeutung einer Willkommenskultur für Auszubildende mit Migrationshintergrund in den Fokus. Er verdeutlichte, dass sich der Berliner Senat dafür einsetzt, eine Diversity-Kultur im öffentlichen Dienst weiterzuentwickeln, damit die bestehende Vielfalt selbstverständlicher wird. Ergänzend stellte Rainer Köhler von der Ausbildungsabteilung des Unternehmens

BP die „Möglichkeiten und Herausforderungen für Schülerinnen und Schülern mit Migrationshintergrund bei BP" vor. Geleitet von den Unternehmensprinzipien „Diversity und Inklusion als eine strategische Notwendigkeit" wurde hervorgehoben, wie das Aufgreifen von Potenzialen der Jugendlichen ermöglicht werden kann: durch eine Unternehmenskultur, die das „Leben von Vielfalt und Wertschätzung" zum Ziel hat und entsprechende betriebliche Rahmenbedingungen zur Verfügung stellt. Dies nicht nur im Interesse der jungen Menschen, sondern auch um sich als Unternehmen, den zukünftigen Herausforderungen zu stellen.

Bildungsübergänge erfolgreich gestalten – Ausbildung für Alle!

Mona Granato

1.   Einleitung

Familien mit Migrationsgeschichte haben eine hohe Bereitschaft zu Leistung und ein starkes Interesse an Aufstieg (Wippermann/Flaig 2009). Heranwachsende mit Migrationshintergrund sind wie Jugendliche ohne Migrationshintergrund an qualifizierter Ausbildung und Erfolg im Beruf interessiert, wobei eine Vielfalt von Vorstellungen darüber existiert, *wie* die jeweiligen Bildungs- und Berufsziele erreicht werden sollen (Boos-Nünning/Karakasoglu 2006). Schulabgänger haben – unabhängig von ihrer ethnischen Herkunft – am Ende der Schulzeit meist *konkrete (berufliche) Bildungspläne.* Unterschiede bestehen dabei weniger nach dem Migrationshintergrund als nach den schulischen Voraussetzungen und Geschlecht (Diehl u.a. 2009). Hauptschulabgänger – junge Männer häufiger als junge Frauen – zielen auf eine betriebliche Ausbildung. Bei einem mittleren Abschluss interessieren sich gerade junge Frauen mit Migrationshintergrund häufiger für eine schulische Ausbildung als junge Männer (Beicht/Granato 2011). Das *Spektrum der Ausbildungsberufe* im dualen System, auf das sich Ausbildungsplatzsuchende bewerben, weist zwischen Jugendlichen mit und ohne Migrationshintergrund große Übereinstimmungen bei einigen Unterschieden auf. Bewerberinnen und Bewerber mit Migrationshintergrund ziehen ein großes Spektrum von Berufen in Betracht, bewerben sich auf durchschnittlich etwas mehr Ausbildungsberufe und bevorzugen häufiger Dienstleistungsberufe als Bewerberinnen und Bewerber ohne Migrationshintergrund (Beicht 2012). Bei den *Strategien der Suche nach einer betrieblichen Ausbildung* gibt es zwischen Jugendlichen mit und ohne Migrationshintergrund eine große Übereinstimmung und nur wenige Unterschiede in ihrer räumlichen Mobilitätsbereitschaft ihrem hohen Engagement und ihrer Flexibilität in Bezug auf die einbezogenen Berufe (Beicht/Granato 2011).

Wie sind diese Ergebnisse, die auf konkrete Bildungspläne am Ende der Schulzeit, auf ein breites Berufsspektrum sowie auf ein hohes Engagement bei der Suche nach einem Ausbildungsplatz unabhängig von der ethnischen Herkunft hinweisen, jedoch mit den geringeren Einmündungschancen junger Menschen mit Migrationshintergrund in eine berufliche Ausbildung zu vereinbaren? Dieser Beitrag beleuchtet Übergangsprozesse und Einmündungschancen junger Menschen mit Migrationshintergrund in berufliche Ausbildung sowie bildungspolitische Handlungsvorschläge, um diesen Bildungsübergang erfolgreich zu gestalten.

2.   Übergang in berufliche Ausbildung

Die ausgeprägte Bildungsorientierung in Migrantenfamilien bezieht sich auf Söhne wie Töchter. Die hohen Erwartungen der Eltern verbinden sich mit einer emotionalen Unterstützung in Bildungsfragen unabhängig vom Geschlecht (Mey 2009), seltener jedoch mit einer konkreten Unterstützung z.B. bei der Lehrstellensuche. So erfahren Schulabgängerinnen und -abgänger mit Migrationshintergrund bei ihrer Ausbildungssuche im Vergleich zu denjenigen ohne Migrationshintergrund seltener konkrete Hilfe aus ihrem Familien- und Bekanntenkreis. Demgegenüber geben sie deutlich häufiger eigene Stellengesuche auf, möglicherweise um ihre geringeren Möglichkeiten, Netzwerkressourcen zu nutzen, zu kompensieren (Beicht/Granato 2011). Eltern mit Migrationshintergrund fehlt im Übergangsprozess zum Teil das „schulrelevante Wissen", doch „gleichzeitig sind oft (nur) sie es, die ihre Kinder bei erfahrenen Rückschlägen zum Beispiel bei der Lehrstelle immer wieder ermutigen" (Mey 2009:10). Junge Frauen (und Männer) mit Migrationshintergrund sind im Übergangsprozess daher stärker auf sich gestellt (Boos-Nünnning/Karakasoglu 2006).

Erhebliche Engpässe auf dem Ausbildungsmarkt haben in den letzten zwei Jahrzehnten zu längeren, schwierigeren und intransparenteren Übergangsprozessen in eine duale Ausbildung beigetragen. Die Übergangswege an der ersten Schwelle sind geprägt von „komplexen Verlaufsmustern, bei denen einzelne Stufen wiederholt oder in anderer Reihenfolge kombiniert werden" (Hillmert 2010:168). Jugendliche in Westdeutschland finden sich häufiger in Maßnahmen des „Übergangssystems" wieder (Eberhard/Ulrich 2010). Wenngleich sich auf dem Ausbildungsmarkt in den letzten Jahren insgesamt Tendenzen einer leichten Entspannung zwischen Angebot an und Nachfrage nach Ausbildungsplätzen andeuten, gibt es 2012 noch immer nicht genügend Ausbildungsplätze für alle ausbildungsinteressierten Jugendlichen (Ulrich u.a. 2012). Dabei existieren erhebliche regionale Disparitäten. Insbesondere in Westdeutschland, wo die große Mehrheit der Jugendlichen mit Migrationshintergrund lebt, ist das Ausbildungsangebot zu knapp (Ulrich u.a. 2012).

Jugendliche durchlaufen bei einem Migrationshintergrund häufiger längere, schwierige und prekäre bildungsbiografische Übergänge in eine berufliche Ausbildung (Hupka-Brunner u.a. 2011). Dabei nehmen sie häufiger an Maßnahmen und Bildungsgängen des Übergangssystems teil (mit MH 38%; ohne MH 31%). Dies gilt insbesondere bei einem mittleren Schulabschluss (mit MH 36%, ohne MH 20%; Beicht/Granato 2011).

Trotz einer hohen Bildungsmotivation, konkreten Bildungsplänen, ähnlichen Bildungspräferenzen, ihrem Engagement bei der Suche nach einem Ausbildungsplatz sowie der Nutzung von Übergangsmaßnahmen, um einen (weiterführenden) Schulabschluss zu erreichen, finden Jugendliche mit Migrationshintergrund seltener einen Ausbildungsplatz. 2010 mündeten 30% der ausbildungsreifen offiziell bei der Agentur für Arbeit gemeldeten Bewerberinnen und Bewerber mit Migrationshintergrund und 44% der Bewerberinnen und Bewerber ohne Migrationshintergrund in eine betriebliche Ausbildung (Beicht 2011).

Ihre ungünstigeren schulischen Voraussetzungen erschweren zwar insgesamt die Einmündung von Schulabgängerinnen und -abgänger mit Migrationshintergrund in berufliche Ausbildung. Doch selbst mit einem mittlerem Schulabschluss haben sie erheblich geringere Aussichten auf einen Ausbildungsplatz: So mündet 2010 nur jeder dritte Bewerber mit Migrationshintergrund bei einem mittleren Abschluss in eine betriebliche Ausbildung, aber jeder zweite Bewerber ohne Migrationshintergrund (mittlere Reife: mit MH 32%, ohne MH 50%; Beicht 2011). Gute schulische Voraussetzungen, d.h. ein mittlerer Schulabschluss und gute Schulnoten wirken sich bei Ausbildungssuchenden ohne Migrationshintergrund häufiger als förderlich für die Einmündung in eine betriebliche Ausbildung aus als bei denjenigen ohne Migrationshintergrund. Dies gilt nicht nur unmittelbar am Ende der Schulzeit, sondern auch noch drei Jahre danach (Beicht/Granato 2011). Besonders geringe Einmündungschancen in eine betriebliche Ausbildung haben Jugendliche bei einer türkisch-arabischen Herkunft, selbst mit weiterführenden Schulabschlüssen und bei einem sich entspannenden Ausbildungsmarkt (Beicht 2011).

Als förderlich für den Übergang in eine betriebliche Ausbildung erweist sich bei einem Migrationshintergrund eine Einstiegsqualifizierung[1]. Von den bei der Agentur für Arbeit gemeldeten Bewerberinnen und Bewerber mit Migrationshintergrund, die an einer Einstiegsqualifizierung teilgenommen haben, münden 46% in eine betriebliche Ausbildung ein, gegenüber 29% ohne Besuch dieser Maßnahme (ohne MH: ohne Einstiegsqualifizierung 44%, mit Einstiegsqualifizierung 55%; Ulrich 2011 auf der Grundlage der BA/BIBB-Bewerberbefragung 2010). Auch die Teilnahme an einer Einstiegsbegleitung, wenngleich in seinen Rahmenbedingungen kritisiert (IAW u.a. 2012), sowie an Mentoring u.ä. im Übergang Schule–Ausbildung unterstützt gerade Jugendliche mit Migrationshintergrund und steigert die Einmündungsquote von Bewerberinnen und Bewerber mit Migrationshintergrund auf 41% (mit MH ohne Einstiegsbegleitung u.ä. 30%; Beicht/Eberhard 2012). Dagegen hat eine solche Begleitung im Übergangsprozess bei Bewerberinnen und Bewerber ohne Migrationshintergrund keine förderliche Wirkung. Solche Unterstützungsmaßnahmen im Übergangsprozess sowie weitere kulturelle bzw. soziale Ressourcen, die soziale Herkunft und die Ausbildungslage in der Region haben meist einen signifikanten Einfluss auf den Einmündungserfolg (Beicht 2011; Beicht/Granato 2011; Diehl u.a. 2009; Eberhard 2012; Hupka-Brunner u.a. 2011; Kohlrausch 2011; Seibert u.a. 2009; Ulrich 2011).

---

1 Eine Einstiegsqualifizierung für Jugendliche (EQ) nach §235b Sozialgesetzbuch SGB III, beinhaltet ein Langzeitpraktikum in einem Betrieb mit einer Dauer von mindestens 6 bis maximal 12 Monaten. Es wird durch die Bundesagentur für Arbeit finanziert.

Wie wirken sich nun diese Einflussfaktoren auf die Einmündungschancen von Jugendlichen mit Migrationshintergrund aus? Die meisten der untersuchten Einflussgrößen erweisen sich zwar als relevant (statistisch signifikant) für den Einmündungserfolg in eine berufliche Ausbildung. Sie erklären jedoch die geringeren Aussichten von Schulabsolventinnen und -absolventen mit Migrationshintergrund nicht vollständig: Junge Menschen mit Migrationshintergrund verfügen zwar häufiger als junge Nichtmigranten über einen Hauptschulabschluss, ihre Schulnoten fallen im Durchschnitt etwas schlechter aus, sie verfügen seltener über soziale bzw. kulturelle Ressourcen und ihre Eltern haben seltener einen Berufsabschluss. Bei gleichzeitiger Berücksichtigung all dieser Faktoren bleibt dennoch ein eigenständiger Einfluss des Migrationshintergrunds bestehen. Dass heißt, junge Menschen mit Migrationshintergrund haben selbst mit den gleichen Voraussetzungen in Bezug auf Schulabschluss, Schulnoten, soziale Herkunft, kulturelle Ressourcen und soziale Einbindung schlechtere Aussichten auf einen betrieblichen sowie einen vollqualifizierenden Ausbildungsplatz als junge Menschen ohne Migrationshintergrund (Beicht/Granato 2011).

Dies gilt auch, wenn der sozioökonomische Status der Familie und die Netzwerke der Jugendlichen mit Migrationshintergrund, ihre Berufspräferenzen sowie Maßnahmen im Übergangsprozess, die (zum Teil) einen fördernden Einfluss auf die Einmündungschancen haben, berücksichtigt werden. Wenngleich Familien mit Migrationshintergrund häufiger in Westdeutschland leben und damit in einer Region, die von einem geringeren betrieblichen Ausbildungsangebot geprägt ist, erklärt dies ebenfalls nicht vollständig die niedrigeren Einmündungschancen junger Menschen mit Migrationshintergrund, insbesondere bei einer türkischen bzw. türkisch-arabischen Herkunft, selbst bei einem sich entspannenden Ausbildungsmarkt (Beicht 2012, 2011; Diehl u.a. 2009; Eberhard 2012; Hupka-Brunner u.a. 2011; Kohlrausch 2011; Seibert u.a. 2009; Skrobanek 2007; Ulrich 2011).

Zwar wirken sich institutionelle Unterstützungsleistungen wie Berufseinstiegbegleitung, Mentoring oder Einstiegsqualifizierung auf die Einmündungsquoten von Bewerberinnen und Bewerbern mit Migrationshintergrund wie dargelegt positiv aus (Beicht 2011; Beicht/Eberhard 2012; Eberhard 2012; Ulrich 2011). Doch können auch sie, da nur wenige Bewerberinnen und Bewerber mit einem Migrationshintergrund die Möglichkeit haben daran teilzunehmen, die Einmündungschancen letztlich nicht nachhaltig steigern. An einer Einstiegsqualifizierung beispielsweise haben von den Bewerberinnen und Bewerber mit Migrationshintergrund 2010 rund 8% teilgenommen (Ulrich 2011 auf der Grundlage der BIBB/BA Bewerberbefragung 2010).

Somit sind über die berücksichtigten Faktoren hinaus weitere Einflussgrößen wirksam, die in Verbindung mit dem Migrationshintergrund stehen und auf eine strukturelle Ausgrenzung hinweisen.

3. Diskussion der Ergebnisse

Wenngleich prekäre Übergangsprozesse und geringere Einmündungsquoten junger Menschen mit Migrationshintergrund in berufliche Ausbildung empirisch belegt sind und dabei eine Reihe von Faktoren herausgearbeitet wurden, die den Zugang in Ausbildung beeinflussen, lassen sich die geringeren Einmündungschancen nicht abschließend erklären. Gerade einen mittleren Schulabschluss können sie seltener verwerten. Es ist anzunehmen, dass der den Bildungstiteln zugeschriebene „Wert" nach der ethnischen Herkunft differiert. In der betrieblichen Wahrnehmung kann ein mittlerer Schulabschluss sehr unterschiedlich angesehen werden je nach Herkunft oder Geschlecht eines Bewerbers (Imdorf 2010). Denn Arbeitgeber erlangen über das formale Bildungskapital und andere kulturelle Ressourcen keine vollkommene Transparenz über die Leistungsfähigkeit eines Bewerbers und verwenden daher zusätzlich Wahrscheinlichkeitsannahmen zur Selektion. Dafür stützen sie sich statt auf leistungsbezogene Kriterien auch auf Vermutungen über das Risiko, das sie bei einem Bewerber bzw. bei der Gruppe, zu welchem ein Bewerber gehört, vermuten. Für solche Zuschreibungen nutzen Arbeitgeber „askriptive" Merkmale wie „Herkunft" oder „Geschlecht" als *gruppenspezifische Signale* (Solga 2005:65ff). Die Verwertbarkeit von Bildungstiteln und Ressourcen hängt demnach auch von diesen Zuschreibungen bzw. Signalen ab.

Private wie öffentliche Arbeitgeber, die „Eingangswächter" des dualen Systems, bestimmen darüber, wie viele Ausbildungsplätze sie anbieten und wen sie ausbilden (Eberhard/Ulrich 2010; Imdorf 2010). In Süddeutschland sind zwar drei von vier befragten Betrieben, die selbst Jugendliche mit Migrationshintergrund ausbilden, mit der Leistung ihrer Auszubildenden mit und ohne Migrationshintergrund unterschiedslos zufrieden (Scherr/Gründer 2011). Rund jeder fünfte Betrieb gibt dennoch an, aufgrund seines wirtschaftlichen Tätigkeitsfeldes bzw. der Kundenerwartungen Ausbildungsplätze bevorzugt an deutschstämmige Jugendliche zu vergeben; insbesondere Betriebe, die aktuell keine Erfahrung mit der Ausbildung von Jugendlichen mit Migrationshintergrund haben (Scherr/Gründer 2011). Ergebnisse aus der Schweiz weisen darauf hin, dass die von den untersuchten Betrieben verwendeten Argumente und Zuschreibungen mehrheitlich dazu dienen, den Ausschluss von „als ausländisch geltenden Bewerbern" und das sogenannte Inländerprimat, d.h. den Erhalt ethnischer Homogenität in der Belegschaft zu legitimieren (Imdorf 2008:2035). Diese Befunde, die einer weiteren empirischen Vertiefung bedürfen, lassen vermuten, dass ein Teil der geringeren Chancen junger Frauen und Männer mit Migrationshintergrund beim Zugang in betriebliche Ausbildung insbesondere bei einer türkisch-arabischen Herkunft (Beicht 2011; Eberhard 2012, Ulrich 2011) durch betriebliche Sortierlogiken erklärbar sind.

Die Zahl nichtstudienberechtigter Schulabgängerinnen und -abgänger aus allgemeinbildenden Schulen wird gerade in Westdeutschland bis 2025 voraussichtlich um weitere 100.000 Jugendliche und damit erheblich sinken (Ulrich u.a. 2012). Laut Prognose lassen sich 2025 aus dem Geburtsjahrgang 2009 noch 365.000 Ausbildungsanfänger gewinnen – die Zahl des betrieblichen Fachkräftenachwuchs liegt aber zur Zeit bei rund 550.000 und damit erheblich höher als die Zahl des Nachfragepotenzials (Ulrich u.a. 2012). Auch bisher genutzte „alternative" Rekrutierungswege von Fachkräften über den Arbeitsmarkt werden sich aufgrund der Verrentung geburtenstarker Jahrgänge zukünftig als zunehmend schwierig erweisen.

Angesichts dieses demographischen Umbruchs ist zu fragen, wie Betriebe zur Deckung des künftigen Fachkräftebedarfs mit der Rekrutierung von Auszubildenden umgehen. Bereits heute zeigt sich: Betriebe, bei denen die betriebliche Ausbildung einen hohen Stellenwert zur Sicherung des Fachkräftenachwuchses hat und die sich bei der Einstellung von Auszubildenden kompromissbereit zeigen, finden eher geeignete Auszubildende. Sie legen zudem bei der Personalrekrutierung einen vergleichsweise „höheren Wert auf die soziale Kompetenz (Eindruck, Vereinsengagement)" (Ebbinghaus/Loter 2010:17). Betriebe mit Schwierigkeiten bei der Besetzung ihrer Ausbildungsplätze stellen dagegen im Leistungsbereich höhere Anforderungen; bei ihnen bleiben „Ausbildungsstellen bei Fehlen des Wunschkandidaten eher unbesetzt", da für sie die betriebliche Ausbildung als Weg der Personalrekrutierung eine untergeordnete Rolle spielt (Ebbinghaus/Loter 2010:17). Betriebe sollten daher bereits heute ihre Personalpolitik in puncto Nachwuchs- bzw. Fachkräftesicherung sowie ihre Rekrutierungspraxis gegenüber Auszubildenden grundlegend überdenken und die Potenziale von Jugendlichen mit Migrationshintergrund stärker nutzen.

4.   Bildungspolitische Herausforderungen

Befragt man Berufsbildungsexperten danach, welche Maßnahmen sie für geeignet halten, um den Übergang von Jugendlichen an der Statuspassage Schule – Ausbildung effektiv zu gestalten, so zeigt sich, dass sie deutlich häufiger solche Handlungsvorschläge als wünschenswert ansehen, die versuchen den Verlauf des Übergangs bzw. der Ausbildung für beide Seiten – Betriebe und Jugendliche – zu „optimieren" (Autorengruppe 2011). Dies gilt z.B. für den Handlungsvorschlag Stärkung der Koordination und Transparenz im Übergang Schule – Ausbildung durch die Initiative „Regionales Übergangsmanagement" (Ulrich u.a. 2011:12). Handlungsvorschläge, die auf die *Regeln des Zugangs* in eine vollqualifizierende Ausbildung zielen, sehen sie hingegen deutlich seltener als wünschenswert an (Autorengruppe 2011:22ff.). Hierzu gehören Vorschläge, die das Prinzip des Marktzugangs relativieren bzw. ergänzen möchten (Ulrich u.a. 2011). Z.B. wird ein Rechtsanspruch ausbildungsreifer und ausbildungsinteressierter Jugendlicher, die keinen Ausbildungsplatz finden, auf einen vollqualifizierenden Ausbildungsplatz in einer Schule oder einer außerbetrieblichen Einrichtung nur von etwas mehr als der Hälfte der Fachleute als wünschenswert erachtet. Andere Vorschläge zur Relativierung des Prinzips „Markt" beim Zugang in betriebliche Ausbildung, auch solche, die den Zugang von Jugendlichen mit Migrationshintergrund in eine betriebliche Ausbildung erleichtern sollen, finden nur „eine sehr mäßige Zustimmung" (Ulrich u.a. 2011:11). Dies gilt sowohl für die Idee, größere Betriebe auf die Anonymisierung eingehender Bewerbungen zu verpflichten als auch für den Vorschlag, bei der Vergabe betrieblicher Ausbildungsplätze eine Quotenregelung zugunsten von in Deutschland lebenden Jugendlichen mit Migrationshintergrund einzuführen (Autorengruppe 2011).

Angesichts des demografischen Umbruchs könnte eine bildungspolitische Haltung des Abwartens, die darauf setzt, „dass sich die Marktstellung der Jugendlichen und damit auch ihre Ausbildungschancen zwangsläufig verbessern werden" (Ulrich u.a. 2011:10) zunehmend größere Zustimmung finden. Für Jugendliche mit Migrationshintergrund ist eine solche quasi ‚automatische' Verbesserung ihrer Ausbildungschancen allerdings nicht zu erwarten. Denn vorliegende Forschungsergebnisse weisen in der jetzigen Situation, wie bereits in den 90er Jahren, als sich die Ausbildungsmarktlage zugunsten der Jugendlichen verbessert hatte, darauf hin, dass Jugendliche mit Migrationshintergrund bei einer sich entspannenden Ausbildungsmarktlage keine signifikant besseren Zugangschancen in eine berufliche Ausbildung erhalten (Beicht 2011; Ulrich 2011). Dies gilt insbesondere für Bewerberinnen und Bewerber mit einem türkisch-arabischen Migrationshintergrund (Beicht 2011). Vorschläge, die auf die Zugangsregeln in berufliche Ausbildung zielen, sollten daher (weiter) im Zentrum der Diskussion stehen. Hierfür bedarf es einer Vertiefung des gesellschaftlichen Diskurses über die institutionellen Mechanismen beim Zugang in duale Ausbildung und ihrer Bedeutung für die Herstellung von Chancengerechtigkeit bzw. die (Re)Produktion von Chancenungleichheit am Übergang Schule – Ausbildung (Granato u.a. 2011). Beispielsweise trägt eine *Ausbildungsplatzgarantie für alle ausbildungsinteressierten Schulabgängerinnen* nicht nur zu faireren Chancen für alle Jugendlichen beim Zugang in Ausbildung unabhängig von ihrer ethnischen, sozialen und regionalen Herkunft sowie zur Reduzierung des zu erwartenden Fachkräftemangels bei, sondern langfristig auch zu Einsparungen durch höhere Einnahmen aus Lohnsteuer und Beiträgen aus der Arbeitslosenversicherung bzw. zu sinkenden Ausgaben für Arbeitslosengeld und Sozialausgaben (Klemm 2012). Das Institut der Deutschen Wirtschaft (2010) kommt auf anderem Wege zu einer ähnlichen Schlussfolgerung: Bereits eine Halbierung der Qualifikationsunterschiede zwischen der Bevölkerung mit und ohne Migrationshintergrund würde die Wachstumsdynamik in Deutschland erhöhen und der öffentlichen Hand zusätzliche Einnahmen von 164 Milliarden Euro einbringen – ein für alle lohnendes Ziel.

Literatur

Autorengruppe 2011 (Autorengruppe BIBB/Bertelsmann Stiftung: Beicht, U./Eberhard, V./ Gei, J./Granato, M./Krewerth, A./Ulrich, J. G./Gouverneur, C./Wieland, C.): Reform des Übergangs von der Schule in die Berufsausbildung. Aktuelle Vorschläge im Urteil von Berufsbildungsexperten und Jugendlichen. *Wissenschaftliche Diskussionspapiere 122*, BIBB, Bonn.

Beicht, U. (2012): Berufswünsche und Erfolgschancen von Ausbildungsstellenbewerberinnen und -bewerbern mit Migrationshintergrund, In: *Berufsbildung in Wissenschaft und Praxis*. 6/2012, S. 44–48.

Beicht, U. (2011): Junge Menschen mit Migrationshintergrund: Trotz intensiver Ausbildungsstellensuche geringere Erfolgsaussichten. BIBB-Analyse der Einmündungschancen von Bewerberinnen und Bewerbern differenziert nach Herkunftsregionen. In: *BIBB-Report 16/2011*. Bielefeld.

Beicht, U./Eberhard, V. (2012): Bildungsverhalten von Jugendlichen – Ergebnisse der BA/ BIBB-Bewerberbefragung 2010. In: Bundesinstitut für Berufsbildung (Hrsg.): *Datenreport zum Berufsbildungsbericht 2012*. Bonn, S. 77–86.

Beicht, U./Granato, M. (2011): Prekäre Übergänge vermeiden – Potenziale nutzen. Junge Frauen und Männer mit Migrationshintergrund an der Schwelle von der Schule zur Ausbildung. In: *WISO Diskurs Friedrich-Ebert-Stiftung*: Bonn.

Boos-Nünning, U./Karakaşoğlu, Y. (2006): *Viele Welten leben. Lebenslagen von Mädchen und jungen Frauen mit Migrationshintergrund*. Münster.

Diehl, C./Michael F./Hall, A. (2009): Jugendliche ausländischer Herkunft beim Übergang in die Berufsausbildung: Vom Wollen, Können und Dürfen. In: *Zeitschrift für Soziologie*. 38 (1). S 48–68.

Ebbinghaus, M./Loter, K. (2010): *Besetzung von Ausbildungsstellen. Welche Betriebe finden die Wunschkandidaten – welche machen Abstriche bei der Bewerberqualifikation – bei welchen bleiben Ausbildungsplätze unbesetzt?* (http://www.bibb.de/de/55671.htm).

Eberhard, V. (2012): *Der Übergang von der Schule in die Berufsausbildung – Ein ressourcentheoretisches Modell zur Erklärung der Übergangschancen von Ausbildungsstellenbewerbern*. Bielefeld.

Eberhard, V./Ulrich, J. G. (2010): Übergänge zwischen Schule und Berufsausbildung. In: Bosch, G./Krone, S./Langer, D. (Hrsg.): *Das Berufsbildungssystem in Deutschland*. Wiesbaden. S. 133–148.

Granato, M./Beicht, U./Eberhard, V./Friedrich, M./Schwerin, C./Ulrich, J. G./Weiß, U. (2011): Ausbildungschancen von Jugendlichen mit Migrationshintergrund. *Abschlussbericht. Bundesinstitut für Berufsbildung*, Bonn.

Hillmert, Steffen (2010): Betriebliche Ausbildung und soziale Ungleichheit, In: *Sozialer Fortschritt*, (6 -7), S. 167–174.

Hupka-Brunner, S./Gaupp, N./Geier, B./Lex, T./Stalder, B. (2011): Chancen bildungsbenachteiligter Jugendlicher: Bildungsverläufe in der Schweiz und in Deutschland. In: *Zeitschrift für Soziologie der Erziehung und Sozialisation*, 31 (1), S. 62–78.

IAW/SÖSTRA/SOKO-Institut/IfE 2012: *Evaluation der Berufseinstiegsbegleitung nach § 421s SGB III, Zwischenbericht 2012*. Tübingen, Berlin, Bielefeld.

Imdorf, C. (2010): Wie Ausbildungsbetriebe soziale Ungleichheit reproduzieren: Der Ausschluss von Migrantenjugendlichen bei der Lehrlingsselektion. In: Krüger, H.-H. u.a. (Hrsg.): Bildungsungleichheit revisited. Wiesbaden, S. 259–274.

Imdorf, C. (2008): Der Ausschluss „ausländischer" Jugendlicher bei der Lehrlingsauswahl – ein Fall von institutioneller Diskriminierung? In: Rehberg, K.-S. (Hrsg.): *Die Natur der Gesellschaft. Verhandlungen des 33. Kongresses der Deutschen Gesellschaft für Soziologie.* Frankfurt a.M., S. 2048–2058.

Institut der Deutschen Wirtschaft 2010: *Integrationsrendite - Volkswirtschaftliche Effekte einer besseren Integration von Migranten.* Abschlussbericht (Anger, C.; Edmann; V.; Plünnecke, A.; Riesen, I.) Köln.

Klemm, K. (2012): *Was kostet eine Ausbildungsgarantie in Deutschland?* Gütersloh.

Kohlrausch, B. (2011): Die Bedeutung von Sozial- und Handlungskompetenzen im Übergang in eine berufliche Ausbildung. In: Krekel, E./Lex, T. (Hrsg.): *Neue Jugend, neue Ausbildung? Beiträge aus der Jugend- und Bildungsforschung.* Bielefeld, S. 129–141.

Scherr, A./Gründer, R. (Hrsg.) (2011): – *Toleriert und benachteiligt – Jugendliche mit Migrationshintergrund auf dem Ausbildungsmarkt im Landkreis Breisgau-Hochschwarzwald, Ergebnisse einer Umfrage unter Ausbildungsbetrieben 2011.* Pädagogische Hochschule Freiburg. Institut für Soziologie.

Seibert, H./Hupka-Brunner, S./Imdorf, C. (2009): Wie Ausbildungssysteme Chancen verteilen. Berufsbildungschancen ethnischer Herkunft in Deutschland und der Schweiz unter Berücksichtigung des regionalen Verhältnisses von betrieblichen und schulischen Ausbildungen. In: *Kölner Zeitschrift für Soziologie und Sozialpsychologie*, Heft 4, S. 595–620.

Skrobanek, J. (2007): Wahrgenommene Diskriminierung und (Re)Ethnisierung bei Jugendlichen mit türkischem Migrationshintergrund und jungen Aussiedlern. In: *Zeitschrift für Soziologie der Erziehung und Sozialisation,* 27 (3), S. 267–287.

Solga, H. (2005): *Ohne Abschluss in der Bildungsgesellschaft.* Opladen.

Ulrich, J. G. (2011): Übergangsverläufe von Jugendlichen aus Risikogruppen. In: *bwp@ Spezial 5 – HT2011*, WS 15.

Ulrich, J. G./Gei, J./Krewerth, A. (2011): Reformvorschläge zum Übergang Schule – Berufsausbildung nur bedingt konsensfähig. Ergebnisse einer Expertenbefragung. In: *Berufsbildung in Wissenschaft und Praxis*, Heft 2, S. 9–13.

Ulrich, J. G./Krekel, E. M./Flemming, S./Granath, R.-O. (2012): *Die Entwicklung des Ausbildungsmarktes im Jahr 2012: Entspannung auf dem Ausbildungsmarkt gerät ins Stocken.* Bundesinstitut für Berufsbildung, Bonn.

Wippermann, C./Flaig, B. B. (2009): Lebenswelten von Migrantinnen und Migranten. In: *Aus Politik und Zeitgeschichte* 59 (5), S. 3–11.

Fokus Migration am Übergang Schule–Beruf – das Beispiel *Berlin braucht dich!*

Klaus Kohlmeyer

1. Ausgangslage

Der Übergang in eine qualifizierte Berufsausbildung am Ende der allgemeinbildenden Schule ist für Jugendliche ein wichtiger Schritt auf dem Weg des Erwachsenwerdens. Jedoch stellt die Suche nach einer guten Qualifizierungs- und Berufsperspektive für viele von ihnen – besonders für junge Migrantinnen und Migranten – eine große Hürde dar.

Die Gruppe jugendlicher Migrantinnen und Migranten war bisher bundesweit, aber auch in Berlin aus Dualer Ausbildung weitgehend ausgeschlossen. Da ihr Anteil der unter 18-Jährigen in Berlin bei 40% liegt und in den nächsten Jahren auf 50% wachsen wird, handelt es sich nicht um ein Minderheitenproblem, sondern um das Problem der Mehrheit der nachwachsenden Generation in Berlin.

Jugendliche mit Migrationshintergrund leben oft in einer Lebensumgebung, die nur wenig Einblicke in die Arbeitswelt zulässt. Über das Elternhaus oder das familiäre Umfeld kann vielen kein positives Bild über die Arbeitswelt vermittelt werden. Fehlende positive Erfahrungen und oftmals auch Vorbehalte gegenüber Berufsausbildung und handwerklicher Arbeit formen eine schwierige Ausgangslage in einer gesellschaftlichen Wirklichkeit, in der sie es ohnehin schwer haben, einen gleichwertigen Zugang zum Ausbildungs- und Arbeitsmarkt zu finden.

Die besonderen Barrieren für Jugendliche mit Migrationshintergrund sind eng mit den Barrieren verknüpft, mit denen alle Jugendlichen konfrontiert sind: Die Arbeitswelt als fremde Welt mit Regeln, die das Ausleben von Jugendkultur beschneidet. Meist wird dieser Eindruck bestärkt durch Betriebspraktika, in denen für viele Jugendliche der Eindruck entsteht, dass für sie in der Arbeitswelt kein Platz sei. In der Konsequenz wenden sich die Jugendlichen von der Arbeitswelt ab und infolgedessen auch von der Berufsorientierung, die sie nicht mit eigenen Wünschen und Interessen verbunden sehen.

Traditionell konzentrieren sich Betriebe bei ihrer Akquise von Auszubildenden auf gute Schülerinnen und Schüler, auch unter den Migrantinnen und Migranten. Diese Gruppe jedoch steht für Ausbildung nicht automatisch zur Verfügung. Voraussetzung ist, dass Jugendliche mit Migrationshintergrund betriebliche Ausbildung als ernsthafte Möglichkeit für sich in Betracht ziehen, d.h. sie muss sich ihnen als attraktiv erweisen.

Schulen   Betriebe

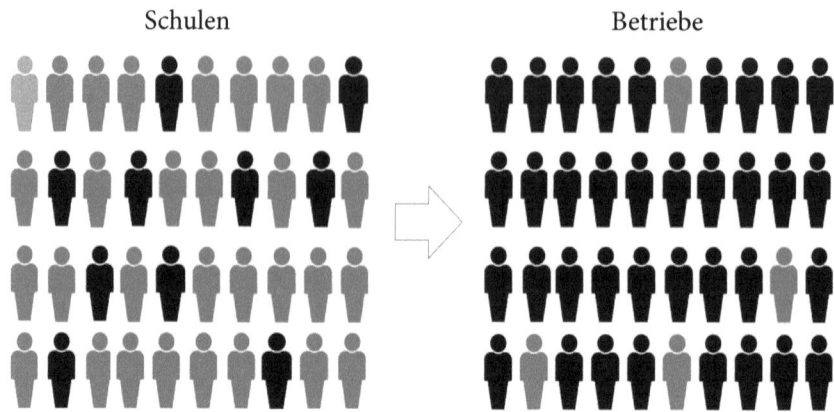

Ein Mangel an interessierten Schulabgängerinnen und -abgängern kann zum Engpassfaktor auf dem Ausbildungs- und Arbeitsmarkt werden, wenn Ausbildung und
Fachtätigkeit sich jungen Leuten, die gute Voraussetzungen mitbringen und leis-
tungsbereit sind, nicht als eine Option öffnet, die sich lohnt und die realistisch ist.

2.   Berufswahl – ein rationaler Prozess?

Die Vorstellung, dass Berufswahl ein bewusster Prozess rationalen Abwägens eigener Neigungen und Fähigkeiten ist, liegt zwar vielen Berufswahltheorien zugrunde,
scheint aber in der empirischen Realität kaum vorzukommen. Im Gegenteil ist im
Berufswahlprozess eine höchst kommunikative und emotionale Auseinandersetzung mit dem eigenen Selbstbild und dem angestrebten Erwachsensein erforderlich. Entscheidend für die Frage „Was möchte ich werden?" ist daher die Frage: „Was
hat Berufsorientierung mit mir zu tun?"

Will man Jugendliche, die in großer Distanz zur Arbeitswelt aufwachsen, für
eine Berufsausbildung mit der Perspektive Facharbeit gewinnen, muss früh Interesse geweckt und dann kontinuierlich gestärkt werden. Dies gelingt nur, wenn sich
die Erfahrungswelt Arbeit und Betrieb früh zu den Jugendlichen hin öffnet.

3.   Schul- und betriebsübergreifende Organisation von
         Betriebsbegegnungen

Den Versuch, hierfür einen wirksamen Ansatz auf Landesebene zu finden, stellt
Berlin braucht dich! dar, ein von der Integrationsbeauftragten des Berliner Senats
gefördertes Vorhaben, das die ausbildenden Verwaltungen des öffentlichen Dienstes

und die Betriebe mit Landesbeteiligung, wie die Berliner Stadtreinigung, Vivantes, die Berliner Verkehrsbetriebe, die Berliner Wasserbetriebe mit über 30 Schulen zusammenbringt, um Berufsausbildung für Jugendliche mit Migrationshintergrund zu öffnen.

Übergreifende Zusammenarbeit

Schulen und Betriebe haben *gemeinsam* Berufsorientierungsangebote entwickelt, die an den Interessen und Bedürfnissen der Jugendlichen ansetzen und respektvoll mit den Unterschieden zwischen der Lebenswelt von Jugendlichen und der betrieblichen Arbeitskultur umgehen.

Die Betriebsbegegnungen sollten nach einem gemeinsam erarbeiteten Konzept der Vorbereitung, Durchführung und Nachbereitung realisiert werden, in dessen Zentrum die Frage nach der attraktiven und zielgruppengerechten Gestaltung für Jugendliche mit Migrationshintergrund steht.

Betriebsbegegnungen, die von der Klassenstufe 7 bis zur Klassenstufe 10 aufeinander aufbauen, sind für uns hierfür ein zentrales Instrument. Im Mittelpunkt der Angebote steht für die Jugendlichen die Attraktivität, die sich vor allem aus folgenden Elementen ergibt:

- Einblicke in die Arbeitswelt anhand interessanter Fragestellungen rund um das Thema „Wie funktioniert die Stadt?"
- Altersgerechte Differenzierung durch spezifische Formen von Betriebskontakten von der 7. bis zur 10. Klasse, die sich nach dem Entwicklungsstand und den Bedürfnissen der Schülerinnen und Schüler richten.
- Das Interesse der Jugendlichen als wichtigstes Entscheidungskriterium für die Zuordnung der Schülerinnen und Schüler zu den Praktika.

- Interkulturalität als ein Hauptaspekt von Attraktivität, d.h. Aufbau einer betrieblichen Willkommenskultur auch im Hinblick auf die Zielgruppe Jugendlicher mit Migrationshintergrund.

Eine gute Berufsorientierung schafft Gelegenheiten – diese sollten möglichst praktisch und am echten Leben orientiert sein. Das Schulpraktikum kann für Jugendliche eine solche passende Gelegenheit bieten. Es ist aber kein Selbstläufer. Die Willkommenskultur in den Betrieben ist entscheidend. Denn die Jugendlichen betreten eine bis dahin kaum gekannte und entsprechend geheimnisvolle Welt. Der Zutritt gerade zu attraktiven und prestigeträchtigen Bereichen der Arbeits- und Geschäftswelt ist oft gestattet.

4. Umsetzung in einem schlüssigen Programm

Jugendliche wollen verstehen, wie die Welt funktioniert, und sie wollen erfahren, welche Rolle sie in der Welt einnehmen können. Daher sollten gerade Betriebe mit zukunftsträchtigen Beschäftigungsmöglichkeiten Jugendlichen Einblick gewähren, damit sie unter Realbedingungen Fragen nachgehen können, die sie tatsächlich interessieren, z.B.

- Was gibt es in dieser Gesellschaft überhaupt zu tun?
- Was leisten Fachkräfte?
- Welchen Platz möchte ich in dieser Welt gerne haben?
- Was kann ich und was traue ich mir zu?

Diese Fragen zu beantworten, braucht Zeit und die Aufgeschlossenheit der Erwachsenen, den Such- und Klärungsprozess von Jugendlichen zu begleiten, aber auch attraktiv zu gestalten.

Daher werden die Betriebspraktika so gestaltet, dass sie auch aus Sicht der Teilnehmerinnen und Teilnehmer Sinn ergeben und einen pädagogisch fundierten „roten Faden" erkennen lassen. Unter inhaltlichen und fachlichen Fragestellungen sind die Betriebspraktika so aufgebaut, dass sie altersstufengerecht und betriebsspezifisch den Schülerinnen und Schülern den Sinn und die Bedeutung des Betriebs für die Stadt und/oder das spezifische Kundenbedürfnis vermitteln und dabei sichtbar machen, welche Tätigkeiten und Qualifikationen notwendig sind, um diese Leistungen zu erbringen.

Von zentraler Bedeutung für die Motivierung Jugendlicher im Berufsorientierungsprozess ist die Möglichkeit, zwischen unterschiedlichen Alternativen zu wählen. Die Jugendlichen können auf diese Weise ein Praktikum gezielter nach ihren Neigungen und Interessen auswählen. Inhaltlich strukturiert wird das Angebot innerhalb des Konsortiums durch die vier Neigungsgruppen

- Gewerblich-technische Berufe
- Verwaltungsberufe
- Gesundheitsberufe
- Berufe für Schutz und Sicherheit,

denen sich alle Begegnungsformen je nach ihrem beruflichen Schwerpunkt zuordnen lassen. Den Schülerinnen und Schülern dienen sie dazu, sich zu orientieren und Interessen weiterzuentwickeln.

Nicht abreißende Gesprächsangebote und regelmäßige Gelegenheiten, die Arbeitswelt zu erkunden, sind wichtige Erfolgsfaktoren. Durch aufeinander aufbauende Erfahrungen der Schülerinnen und Schülern soll erreicht werden, dass die Berufswahlentscheidung am Ende der Schulzeit fundiert getroffen wird und die Möglichkeit einer Dualen Ausbildung abgeprüft wurde. Die Entwicklung der Berufsorientierungsangebote im Rahmen von *Berlin braucht dich!* reflektiert diese Anforderungen und setzt auf regelmäßige, gut vor- und nachbereitete Angebote ab der 7. Klasse.

5.   Beiträge der Betriebe

Betriebe, die sich beteiligen, müssen bereit sein, Betriebsbegegnungen anzubieten und diese so auszugestalten, dass sich die Jugendlichen willkommen fühlen und zum Erkunden motiviert werden.

- Interkulturelle Wertschätzung im Betrieb ist eine wichtige Voraussetzung für Attraktivität, d.h. die Betriebsbegegnungen müssen im Sinne einer Willkommenskultur und guter Erkundungs- und Lernchancen gestaltet werden.
- Die beteiligten Mitarbeiterinnen und Mitarbeiter haben die Aufgabe, eine Kultur des Willkommens im Betrieb zu etablieren. Daher müssen sie auf die heterogene Zielgruppe und den professionellen Umgang mit ihr vorbereitet werden.
- Das Personal und die Belegschaften sollten darauf vorbereitet sein, warum es dieses Vorhaben gibt und welchen Wert Vielfalt im Betrieb hat.

Bei den Betrieben ist im Laufe der Zeit die Einsicht gewachsen: Die Zusammensetzung der Auszubildenden und auch der Belegschaften insgesamt wird vielfältiger. Wenn man diese Vielfalt – oder, wie das in Managementstrategien oft heißt: Diversity – als Stärke nutzen will, muss man aktiv und positiv damit umgehen, z.B. durch den Ausbau interkultureller Kompetenz. Das *Vorhaben Berlin braucht dich!* hilft dabei z.B. mit dem Angebot von Diversity-Trainings.

6.   Beiträge der Schulen

Ohne eine enge Zusammenarbeit mit Sekundarschulen sind diese Betriebsbegegnungen nicht wirksam genug. Denn: sie müssen vor- und nachbereitet und in die schulische Berufsorientierung gut eingebettet werden. Betriebe, die mitmachen, beteiligen sich zusammen mit Schulen an den erforderlichen Entwicklungsarbeiten. Im Vorhaben *Berlin braucht dich!* hat sich diese enge Zusammenarbeit im Konsortium sehr bewährt. Hierbei sind auch zeit- und arbeitssparende Routinen entstanden.

7.   Ergebnisse

Der Hauptvorteil ist, dass die Teilnehmerinnen und Teilnehmer vororientiert sind und Interesse an dem Berufsfeld bekundet haben, für das der Betrieb steht; die Betriebsbegegnungen werden in der Schule vor- und nachbereitet. Damit wird der Lernort Betrieb für die berufliche Orientierung wirksamer genutzt.

Durch das spezifische Angebot der Betriebe und die neigungsbezogene Förderung in den beteiligten Schulen entwickeln die Schülerinnen und Schüler ein hohes Eigeninteresse, das die Lernbereitschaft positiv beeinflusst. So soll dauerhaft gewährleistet werden, dass die Jugendlichen die Schule mit einer höheren Kompetenz absolvieren.

Als Orientierung haben sich die Partner auf das Ziel verständigt, dass 25% aller Auszubildenden bis 2015 einen Migrationshintergrund haben. Am Anfang waren die Vorbehalte groß. Heute arbeiten über 40 Betrieben mit über 5.000 Ausbildungsplätzen zusammen, die sich der Kampagne angeschlossen haben und mit der Botschaft Berlin braucht dich an Jugendlichen mit Migrationshintergrund wenden. Und die Unterstützung aus den 32 Partnerschulen von *Berlin braucht dich!* ist groß.

Positive Begegnungen und Erfahrungen in und mit der Arbeitswelt sind für die Jugendlichen nach wie vor ein „knappes Gut", deshalb wird Koordinierung zwischen Schulen und Betrieben zu einer wichtigen Erfolgsbedingung. Berufsorientierung braucht einen weit gefassten regionalen Bezugsrahmen, nämlich die ganze Stadt, in der man zunehmend auf Betriebe trifft, die angesichts des drohenden Fachkräftemangels aktiv nach jugendlichen Interessenten Ausschau halten.

8.   Ausblick

Mit *Berlin braucht dich!* ist ein Ansatz entwickelt worden, mit dem Ausgrenzung Jugendlicher mit Migrationshintergrund im Übergang Schule-Beruf wirkungsvoll bekämpft werden kann. Der Anteil Jugendlicher in der Ausbildung im Öffentlichen Dienst in Berlin stieg seit Beginn der Kampagne 2006 von 8,6% auf 19,2%. Offenbar konnte eine große Gruppe qualifizierter und motivierter Jugendlicher aus Einwanderungsfamilien erfolgreich angesprochen und für eine Ausbildung im Öffentlichen Dienst gewonnen werden. Der Anstieg symbolisiert eine Kehrtwende, die dringend geboten ist im Wettlauf zwischen Desintegrationstendenzen in der Gesellschaft und den verstärkten Integrationsbemühungen. Einerseits liegt der Fokus des Projektes auf der Integration von Jugendlichen mit Migrationshintergrund. Andererseits reichen die positiven Auswirkungen deutlich über diesen Kreis hinaus und unterstützen den Prozess der Systematisierung und Koordinierung der Aktivitäten im Übergang Schule–Beruf vor Ort.

Berlin hat das Potenzial zu einer europäischen Modellmetropole für Integration und Vielfalt, wenn sie den Integrationsansprüchen in den Quartieren Rechnung trägt. Demografischer Wandel und Zuwanderung stellen hierbei besondere Herausforderungen. Für die aufwachsenden Jugendlichen werden gut begehbare Brücken in die Arbeitswelt immer erforderlicher. An diesen Brücken wird gegenwärtig gebaut; sie werden umso solider sein, je stärker die lokale Verantwortungsgemeinschaft aus Schulen, Betrieben, Eltern, Trägern und Institutionen vor Ort sich diese Aufgabe zu ihrer Sache macht.

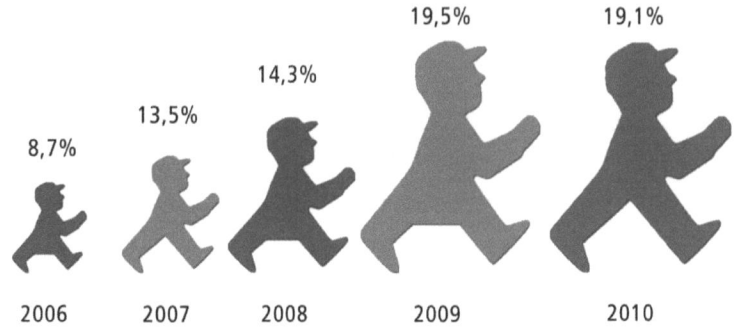

Abbildung 1:   Anteil von Azubis im Öffentlichen Dienst

Gelingende Übergänge ermöglichen – individuelle Bildungswege begleiten

Manfred Eckert

Biographische Verläufe sind immer und untrennbar mit Übergängen verbunden. Übergänge können gelingen und den weiteren Entwicklungsweg positiv beeinflussen. Sie können aber auch misslingen, was sich sehr nachteilig auswirken und später zu umfangreichen Problemen führen kann. Gerade deswegen ist das Gelingen von Übergängen besonders wichtig. „Gelingen" muss keineswegs heißen, anhand objektiver, pädagogischer oder gesellschaftlicher Maßstäbe erfolgreich zu sein, sondern biografische Wege einschlagen zu können, die individuellen Wünschen nahe kommen, Perspektiven eröffnen, eigene Potentiale freisetzen und zu bewältigende Anforderungen beinhalten. Dabei kommt dem Übergang von der Schule in die Arbeitswelt eine ganz besondere Bedeutung zu, der hier exemplarisch im Vordergrund stehen soll.

1.   Gestaltung von Übergängen

Übergänge lassen sich pädagogisch betreuen und teilweise auch steuern. Wenn dabei verschiedene Institutionen im Spiel sind, erfordern sie fast immer eine Kooperation zwischen abgebenden, aufnehmenden und unterstützenden Einrichtungen. Übergänge sind individuelle Prozesse, wenn sie pädagogisch gestaltet werden sollen, erfordert das Rücksichtnahme auf biographische Besonderheiten, gerade im Jugendlichenalter. Übergänge können in der individuellen Biografie zu Brüchen führen, wenn sie unerwartet oder unvorbereitet erfolgen und wenn es keine Vorbereitung auf neue, fremde soziale Strukturen und Interaktionsformen gegeben hat (Bronfenbrenner 1981). Andererseits können Übergänge aber auch, in individueller Hinsicht, biographische Kontinuität ausprägen und sichern, wenn sie von Begrenzungen befreien und neue Wege und neue Welten eröffnen. Beispielhaft gilt das für die klassischen Entwicklungsaufgaben im Jugendalter: für den Auszug aus dem Elternhaus, für die Etablierung neuer Freundschafts-, Zweier- und Eltern-Kind-Beziehungen, für den Weg von der Schule in die Arbeitswelt, den Wechsel von Arbeitsstellen, den Eintritt in den Ruhestand. Alle diese Übergänge erfordern personale Kompetenzen, um die eigene Biografie über die entsprechenden Übergänge hinweg steuern und gestalten zu können.

2. Was heißt: Individuelle Bildungswege begleiten?

2.1 Übergänge sind in situative und zeitliche Prozesse eingebunden und folgen Verlaufsmustern

Übergänge sind zugleich gesellschaftlich normiert und individualisiert: Fast immer sind es gesellschaftliche Institutionen und Entwicklungsmuster, in deren vordefinierten Formen die individuelle Übergänge ablaufen und ihr eigenes Profil erhalten. Das gilt für Übergänge innerhalb des Schulsystems ebenso wie beim Schritt in die Arbeitswelt oder in das sogenannte „Übergangssystem" zwischen Schule und Arbeitswelt (Bojanowski/Eckert 2012; Münk/Rützel/Schmidt 2008) und für viele andere Übergänge auch. Oftmals sind es formalisierte gesellschaftliche Angebote, die sich junge Menschen im Übergang neu erschließen, in denen sie Orientierungen und Perspektiven finden müssen. Solche individuellen Orientierungen sind Prozesse, die aus einer Kette von konkreten Situationen zusammengesetzt sind und die in sachlichen und zeitlichen Verweisungszusammenhängen stehen. Sie verlaufen in der Zeit und erhalten – durch ihre Einbindung in den subjektiven Horizont der Zeit – zugleich ihren subjektiven Sinn. Sie haben immer eine Vergangenheit und eine Zukunft, aber nicht als Vergangenes und Zukünftiges, sondern als konstitutive Bestandteile der jeweils unmittelbaren Übergangssituationen (vgl. Merleau-Ponty 1966). Vergangenheit und Zukunft sind in der Übergangssituation präsent. Sie überschneiden sich mit sachlichen Einschätzungen: Was will ich in Zukunft tun? Welche Wege können sich für mich öffnen? Welche Chancen bieten sich und welche Anforderungen kommen auf mich zu? Werde ich sie bewältigen können? Wie bin ich auf den Übergang vorbereitet?

2.2 Individuelle Förderung

In der Übergangsforschung sind diese Problemlagen sozialisationstheoretisch ausführlich, häufig anknüpfend an Bronfenbrenners „Ökologie der menschlichen Entwicklung" (1981) diskutiert worden. Positive Vorerfahrungen erleichtern eine optimistische Situationswahrnehmung des Übergangs ebenso wie entsprechend wahrgenommene und antizipierte persönliche Entwicklungschancen. Sie haben weitaus weniger mit „objektiver Passfähigkeit" als mit persönlichen Vororientierungen und Interessenlagen zu tun. Berufsorientierung als eine Form der Übergangsbetreuung in den allgemeinbildenden Schulen nimmt genau auf diese Punkte Bezug: Einerseits werden Kompetenzen und Entwicklungswünsche reflektiert und mit den Anforderungen beruflicher Ausbildungen in Beziehung gesetzt, andererseits werden durch Exkursionen und Praktika Erfahrungswelten erschlossen, in denen Selbsterprobungs- und Selbsterfahrungsprozesse möglich werden, um die

Berufsentscheidung optimal zu betreuen und abzusichern. Die im subjektiven Erleben antizipierten persönlichen Entwicklungschancen sind ein Schlüssel im Prozess der individuellen Berufsorientierung. Damit ist aber auch der verbreiteten Forderung nach einer „passgenauen" Vermittlung in Ausbildung und Beschäftigung eine Absage erteilt. Sie wird teilweise geprägt durch Vorstellungen, die in der alten Psychotechnik ihre Wurzeln haben und auf eine psychometrische Erfassung des Menschen zielen. Hier wird davon ausgegangen, dass eine „Vermessung" des Menschen und ein Abgleich mit den zukünftigen Anforderungen zu einer wünschenswerten, „reibungslosen" und anhand objektiver Kriterien gesteuerten Einmündung führt. Dieses Ansatz wird hier nicht weiter verfolgt, weil er zwar objektivierbare soziale Steuerung verspricht, aber die individuellen Erfahrungsprozesse, Motive und Interessenlagen nicht einbezieht und deshalb ein zentrales Moment des sich auch und gerade in den Übergängen entwickelnden Bildungsprozesses verfehlt. Zugleich verkennt dieser Ansatz, dass es sich bei der Förderung von Übergangsprozessen um ein starkes soziales Geschehen handelt, das auf eine Vielzahl personaler Unterstützungsakte angewiesen ist.

2.3   Probleme sozialer Selektivität

Übergänge erfordern subjektorientierte Vorbereitungen. Die bereits angesprochenen Vororientierungen junger Menschen über die Arbeitswelt sind einerseits eine schul- und betriebspädagogische Aufgabenstellung, der sich sowohl die Schulen als auch die Betriebe in immer größerem Maße annehmen. Andererseits bauen die hier in ihrer Bedeutung sehr hervorgehobenen Vororientierungen aber auch auf vorgängige Sozialisationsprozesse im Mikrosystem der Familie, der Schule und der unmittelbaren sozialen Lebenswelten auf. „Ökologische Übergänge" (Bronfenbrenner 1981, S. 24 ff) erfordern entwicklungsfördernde Vernetzungen zwischen den verschiedenen Mikrosystemen, in denen der junge Mensch sich bewegt und daraus ein Mesosystem formt, und jenen Lebensbereichen, die ihm noch weitgehend verschlossen sind, die aber in Zukunft für ihn bedeutsam werden: insbesondere die neuen Mikrosysteme der Arbeitswelt und anderer Institutionen des Erwachsenenlebens. Je mehr – durch personale Kooperations- und Vernetzungsformen – hier bereits neue Horizonte erschlossen werden, umso leichter gelingen die Übergänge.

Deshalb sind die über Eltern und nahestehende Personen und deren milieutypische Lebensstile und -formen vermittelten Erfahrungen über die Arbeitswelt so besonders bedeutungsvoll. Einschlägige Sozialisationsprozesse in den entsprechenden Milieus können anstehende Übergänge erleichtern, aber auch erheblich erschweren oder sogar blockieren. Pädagogischer Handlungsbedarf besteht gerade dort, wo die Förderung einer vorgängigen Vertrautheit mit den Anforderungen der Arbeitswelt oder mit berufsbezogenen Arbeitstätigkeiten im familialen Lebensbereich nicht ermöglicht wird. Betriebspädagogisch wird dem heute entgegengewirkt, indem vorbereitende Praktika nicht nur eine Form der Informationsgewinnung, sondern auch des persönlichen Kennenlernens sind, von Ausbildern, von anderen Auszubildenden, die Schülerpraktikanten betreuen und beraten und gleichsam als Modell des gelingenden Übergangs gelten können. Damit wird Übergangsproblemen, die immer auch ein Ausdruck der selektiven Wirkung sozialer Milieus sind, entgegen gewirkt. Sie zu bewältigen ist auch aus dieser Sicht eine wichtige pädagogische Aufgabe, weil sie persönliche Entwicklungsprozesse und soziale Kompetenzen sehr fördern kann.

3. Pädagogisierung von Übergängen

3.1 Schule als Agentur zur Bewältigung von Sozialisationslücken

Die Geschichte der Schule und der pädagogischen Handlungsfelder lässt sich auch als eine Geschichte des sozialen Defizitausgleichs beschreiben. Sie entstehen, weil die alltäglichen Lebenswelten ein zu geringes Sozialisationspotential enthalten, um entsprechende Fähigkeiten oder Kompetenzen zu entwickeln. Angesichts der sozialen Risiken, die misslingende Übergänge nach sich ziehen, ist auch die Pädagogisierung von Übergängen zu einem gängigen Muster geworden. Immerhin können misslingende Übergänge nach der Schule vieles des Erreichten wieder zunichte machen. Auf die langfristig angelegten Prozesse der Arbeitswelt- und Berufsorientierung und die Vorbereitung der Einmündung in Ausbildung ist bereits hingewiesen worden. Personalservice, Outplacement-Berater, Coaching und andere Angebote sind nichts anderes als eine Pädagogisierung von schwierigen, nicht mehr selbstverständlich zu bewältigenden Übergangsprozessen, auch wenn sie in den Bereich der Weiterbildung gehören.

3.2 Kompetenzen zur Bewältigung von biografischen Übergängen fördern

Pädagogisierung von Übergängen heißt, ihre verschiedenen Dimensionen ins Auge zu fassen. Übergänge sind zunächst immer ein sachliches Geschehen, es werden neue Anforderungen gestellt, die zu bewältigen sind und in denen Selbstwirksamkeit erfahrbar sein sollte. Sie sind zugleich auch ein soziales Geschehen, weil sie von neuen Rollenanforderungen geprägt sind. Akzeptanz und Wertschätzung gehören zu den sozialen Erfahrungen einer „Mitwelt", die von sozialen Begegnungen geprägt ist (Schütz 1974, S. 245 ff). Und sie haben schließlich auch eine personale Seite, die sich im bereits angesprochenen Spannungsfeld von Vorerfahrungen, Vororientierungen, von konkreten Selbstwirksamkeits- und Interaktionserfahrungen und von Entwicklungsvorstellungen und antizipierten Chancen ausprägt und die eine besondere, reflektierende und stabilisierende Betreuung erfordert.

Auf den ersten Blick geht es hier um die erfolgreiche Bewältigung von Übergangssituationen, um ein passendes Auswählen und ein „gutes Ankommen" in neuen Lebenssituationen. Darin liegt traditionell das Interesse an einer Übergangsbegleitung. Die genauere Betrachtung zeigt indes eine veränderte Zielsetzung. Es geht nicht mehr allein um die Einmündung, sondern um einen Prozess der Kompetenzentwicklung, der erst aufgrund einer hohen Selbststeuerung des Übergangsprozesses und entsprechender Reflexionsprozesse entstehen kann. Die Entwicklung von Kompetenzen zur Bewältigung biographischer Übergänge gewinnt besondere Bedeutung. Darauf wird noch einzugehen sein.

3.3   Übergänge als soziale Artefakte bewältigen können

Übergänge werden durch die institutionell überformte Struktur des Lebenslaufs bedingt. Institutionen lassen sich als gesellschaftliche Teilsysteme beschreiben, die ihre eigene Genese und Struktur aufweisen und eigene Rollendynamiken ihrer Akteure entwickeln. Damit sind auch die Übergänge, die diese Akteure vollziehen müssen, als soziale Artefakte auszuweisen. Ihr Verlauf ist sehr stark von der inneren Dynamik und dem „Eigenleben" der Institutionen abhängig. Institutionen können sich gegeneinander abschotten, sie können eigene Interaktionsformen, eigene Wertsysteme und eigene Bedeutungszuschreibungen vornehmen, sie können sich zu hermetisch abgeschlossenen Sonderwelten entwickeln, teilweise mit bedenklichen Sozialisationswirkungen für ihre Akteure. Andererseits können sie aber auch umweltoffen sein und sich wechselseitig aufeinander beziehen. „Pädagogisierung von Übergängen" heißt in diesem Kontext auch die Gestaltung von Offenheiten der Teilsysteme gegeneinander. Gerade bei Systemen mit einem pädagogischen Anspruch ist diese Offenheit ein Dauerprogramm: einerseits als interne Vorbereitung auf externe Anforderungen – „nicht für die Schule, für das Leben lernen wir" –, andererseits als Vernetzung mit anderen Systemen im Rahmen von Erkundungen und Praktika. In dieser institutionen- oder systembezogenen Betrachtungsweise entsteht eine neue Vorstellung von Übergangskompetenz. Sie erfordert jetzt die Fähigkeit zu einer subjektbezogenen Synthese unterschiedlicher Interaktionsformen, Rollenerwartungen und Anforderungsprofile. Es handelt sich hier um eine Synthese im Rahmen einer biographischen Entwicklungslogik, die zugleich auch mit neuen Differenzierungserfahrungen verbunden ist. Das Agieren in Institutionen ebenso wie in biographisch bedeutsamen Lebensabschnitten ist ein Prozess der Welterfahrung, der in der individuellen Biografie seine dynamische Mitte finden muss.

4. Übergänge als Bildungsprozesse

Die hier vorgetragene Vorstellung der Entfaltung der eigenen Biografie in den verschiedenen gesellschaftlichen Institutionen und ihren Vergesellschaftungsformen und der damit verbundenen persönlichen Entwicklungsprozesse ist ein Anliegen, das in den unterschiedlichen bildungstheoretischen Entwürfen immer wieder entfaltet worden ist und das auch die Fragen der Übergangsgestaltung und der Entwicklung von „Übergangskompetenzen" ermöglicht. Unter dem Gesichtspunkt eines Bildungsprozesses betrachtet, sind Übergänge pädagogisch zu betreuende, personale Akte der Selbststeuerung unter nicht selbst gesetzten Bedingungen. In schultheoretischer Hinsicht geht es immer um Übergangsvorbereitung. Gelingende Übergänge sind ein Teil der individuellen Aneignung von Welt, der Entwicklung des Weltverstehens und der Handlungsfähigkeit – und damit sind sie immer auch Bildungsprozesse.

Literatur

Bojanowski, A./Eckert, M. (Hrsg.) (2012): *Black Box Übergangssystem*. Münster u.a.: Waxmann.

Bronfenbrenner, U. (1981): *Die Ökologie der menschlichen Entwicklung. Natürliche und geplante Experimente*. Stuttgart: Klett.

Merleau-Ponty, M. (1966): *Phänomenologie der Wahrnehmung*. Berlin: De Gruyter.

Münk, D./Rützel, J./Schmidt, C. (Hrsg.) (2008): *Labyrinth Übergangssystem. Forschungserträge und Entwicklungsperspektiven der Benachteiligtenförderung zwischen Schule, Ausbildung, Arbeit und Beruf*. Bonn: Pahl-Rugenstein.

Schütz, A. (1974): *Der sinnhafte Aufbau der sozialen Welt. Eine Einleitung in die verstehende Soziologie*. Frankfurt a. M: Suhrkamp.

Das Handlungskonzept Schule und Arbeitswelt in Schleswig-Holstein – Ein Zwischenstandsbericht

Kerstin László

„Zu viele Schülerinnen und Schüler haben nach dem Verlassen der allgemein bildenden Schule keine Aussicht auf einen Ausbildungsplatz, weil sie unter anderem keinen Schulabschluss haben oder noch nicht ausreichend auf die Aufnahme einer Ausbildung vorbereitet sind."[1]

Das Ministerium für Arbeit, Gesundheit und Soziales sowie das Ministerium für Bildung und Wissenschaft des Landes Schleswig-Holstein haben beschlossen, einen in dieser Form völlig neuen präventiven arbeitsmarkt- und bildungspolitischen Ansatz einzuführen. Mit dem Handlungskonzept Schule und Arbeitswelt (HKSA) sollen verstärkt berufsorientierende Elemente an den zum Hauptschulabschluss führenden Schulen, Förderschulen sowie in Berufseingangsklassen der Beruflichen Schulen eingesetzt werden.

„Das Handlungskonzept Schule & Arbeitswelt ist ein Beitrag, die Jugendarbeitslosigkeit in Schleswig-Holstein in den nächsten Jahren drastisch zu reduzieren und die Ausbildungsreife der Schulabgänger zu verbessern." (ebd.)

Die Akteure des HKSA arbeiten in den flexiblen Übergangsphasen und Flex-Klassen (Flex), Förderzentren (FÖZ) mit dem Schwerpunkt Lernen, Berufseingangsklassen der Berufsschulen (BEK) und in den zum Hauptschulabschluss führenden allgemeinbildenden Schulen (HS).

1.   Finanzierung

Das Land Schleswig-Holstein erhält für das *Handlungskonzept Schule und Arbeitswelt* im Rahmen des Zukunftsprogramms Arbeit rund 23 Millionen Euro aus dem Sozialfonds der Europäischen Union und Landesmittel in etwa gleicher Höhe. Ein wichtiger Kooperationspartner des Handlungskonzepts ist die Bundesagentur für Arbeit, die sich auch finanziell und inhaltlich an der Umsetzung des Handlungskonzepts beteiligt. Für die Gesamtlaufzeit des Handlungskonzeptes von 2007–2013 sind mit Unterstützung weiterer Partner insgesamt 56,5 Millionen Euro vorgesehen.

Parallel wird das Projekt „Personalqualifizierung im Handlungskonzept Schule & Arbeitswelt (PQ)" umgesetzt, das begleitend zum HKSA die notwendige Personalqualifizierung organisiert. Inhalte der PQ orientieren sich an der Weiterent-

---

1   www.schuleundarbeitswelt.de

wicklung der Kompetenzen der Fachkräfte, am Auf- und Ausbau von Netzwerken zwischen Schulen, Bildungsträgern und den regionalen Partnern am Ausbildungs- und Arbeitsmarkt sowie an der Einbindung der Handlungsfelder des HKSA in den Unterricht und an der individualisierten Förderung von Schülerinnen und Schülern im Rahmen der Berufsorientierung.

Das Projekt PQ wird – wie auch das HKSA – aus finanziellen Mitteln der ESF-Förderperiode 2007–2013 sowie aus Landesmitteln gefördert. Mit der fachlichen Leitung des Projektes PQ wurde der JAW Fachdienst beauftragt.

Das Zukunftsprogramm Arbeit ist ein Arbeitsmarktprogramm des Landes Schleswig-Holstein für die Jahre 2007–2013.

3. Ziele des Handlungskonzeptes Schule und Arbeitswelt

Zu Beginn des HKSA im Jahr 2007 waren die grundlegenden Ziele zum einen die Reduzierung der Jugendarbeitslosigkeit von 13,5% (2005) auf 6,4% und zum anderen die Reduzierung der Schulabgänger ohne Hauptschulabschluss von 9,8% (2005) auf 6,5%.

4. Ein Zwischenstand zur Umsetzung des HKSA in der Hansestadt Lübeck[2]

In der Hansestadt Lübeck arbeiten fünf Kooperationspartner bei der Umsetzung des HKSA zusammen und können so den Schulen im Stadtgebiet ein flächendeckendes Angebot machen. Aufgrund der Schulreform wurden Grund- und Hauptschulen mit Realschulen zu Regional- oder Gemeinschaftsschulen zusammengefügt oder liefen bei zu geringer Schülerzahl aus, so dass lediglich der Grundschulbereich am ursprünglichen Standort verblieb. Dies hatte auch Auswirkungen auf die Umsetzung des Handlungskonzeptes in der Hansestadt Lübeck.

---

2 Aufgrund der Lesbarkeit wird im folgenden Text nur die männliche Schreibform verwendet, jedoch wird immer gleichermaßen von beiden Geschlechtern gesprochen.

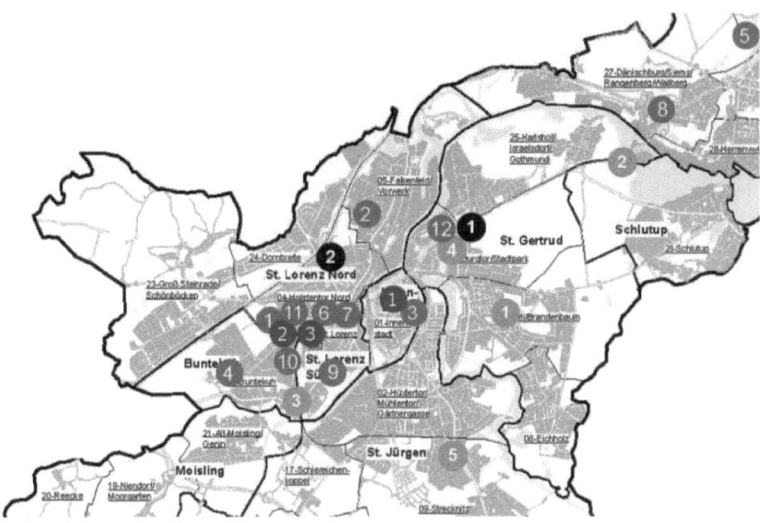

Roter Kreis (Schulen, die zum Hauptschulabschluss führen)
1: Schule Kücknitz an der Schule Roter Hahn
2: Schule Tremser Teich
3: Julius-Leber-Schule
4: Heinrich-Mann-Schule
5: Schule am Meer
6: Holstentor-Gemeinschaftsschule
7: Grund- und Gemeinschaftsschule St. Jürgen
8: Trave-Gemeinschaftsschule
9: Luther-Schule
10: Baltic-Schule
11: Gotthard-Kühl-Schule
12: Albert-Schweitzer-Schule

Blauer Kreis (Förderzentren)
1: Berend-Schröder-Schule
2: Strakerjahnschule
3: Hans-Christian-Andersen-Schule

Grüner Kreis (FLEX-Standorte)
1: Grund- und Gemeinschaftsschule Anna-Siemsen / Johannes-Kepler
2: Schule Roter Hahn
3: Heinrich-Mann-Schule
4: Albert-Schweitzer-Schule
5: Schule Grönauer Baum

Schwarzer Kreis (Berufsschulen - BEK Klassen)
1: Dorothea-Schlözer-Schule
2: Emil-Possehl-Schule

Abbildung 1: Projektstandorte in Lübeck (Stand 2010/11)

Durch diese Schulreform sind einige Schulen aus dem Handlungskonzept ausgeschieden und einige neu hinzugekommen.

Derzeit arbeiten 15 Coaching-Fachkräfte in:

- zwei Berufsschulen
- zwei Förderzentren mit jeweils einer Außenstelle
- an vier Flex-Standorten und
- neun Regional- und Gemeinschaftsschulen.

Das HKSA besteht aus derzeit drei Handlungsfeldern (bis 31.07.2011 waren es vier Handlungsfelder): Coaching, Kompetenzfeststellungsverfahren/Assessmentcenter (AC) und Berufsfelderprobung. In der aktuellen Förderperiode 2011–2013 werden pro Schuljahr 550 Schüler gecoacht. Von diesen dürfen pro Schuljahr 138 Schüler aus Förderzentren, Flex-Klassen und Hauptschulklassen sowie 15 BEK-Schüler an

einem AC teilnehmen und insgesamt 133 Schüler bei einer 4-tägigen Berufsfelderprobung ihre körperlichen Fähigkeiten und berufsfeldbezogenen Interessen testen.

Zu den offiziellen Zielen des Handlungskonzeptes Schule und Arbeitswelt kris-
tallisierte sich in Lübeck ergänzend ein zusätzlicher Förderschwerpunkt aus den
Erfahrungen der Coaching-Fachkräfte im Verlauf der Umsetzung heraus. Die Förderung der Ausbildungsreife und Beschäftigungsfähigkeit rückte in der Arbeit mit
schwächeren Schülern immer wieder in den Mittelpunkt, da es ihnen häufig nicht
gelang, einen Hauptschulabschluss zu erreichen.

5.   Die Handlungsfelder

Coaching – Ab dem 8. Schuljahr können Schüler von einer Coaching-Fachkraft
unterstützt werden. Die Beratungsgespräche finden vorwiegend in der Schule statt.
Dabei arbeiten Schüler und Coaching-Fachkraft gemeinsam an der beruflichen
Zukunft der Schüler und vereinbaren zukünftige Förderziele. Darüber hinaus lernen die Schüler, Bewerbungen zu schreiben und bei Vorstellungsgesprächen zu
bestehen. Die Coaching-Fachkraft berät, begleitet und unterstützt über die gesamte
Schulzeit, damit die gesetzten Ziele erreicht werden können. Das Coaching endet
mit dem Schulabschluss.

Kompetenzfeststellung – Schüler des HKSA können an einer Kompetenzfeststellung teilnehmen. Dieses Kompetenzfeststellungsverfahren findet einmalig an drei
Vormittagen statt und hilft, die Kompetenzen der Schüler zu ermitteln, die für eine
individuelle Förderung und für eine spätere Ausbildung bzw. für eine Anschluss-
perspektive bedeutsam sind. In verschiedenen Berufsfeldern bearbeiten die Schüler
fachpraktische Aufträge und werden von geschulten Beobachtern bezüglich ihrer
methodischen, sozialen und personalen Kompetenzen beobachtet. Im Anschluss an
jeden Auftrag erhalten die Schüler ein Feedback und abschließend eine schriftliche
Auswertung über ihre Ergebnisse. Dieser Bericht wird gemeinsam mit Coaching-
Fachkraft, Lehrern und Eltern erörtert.

Berufsfelderprobung – Im Rahmen der Berufsfelderprobung haben die Schüler
die Möglichkeit, in unterschiedlichen Berufsfeldern die fachlichen sowie körperlichen Anforderungen kennen zu lernen. In Absprache mit den Coaching-Fachkräften können sich die Schüler in verschiedenen Berufsfeldern erproben, z.B.
Körperpflege/Kosmetik, Garten- und Landschaftsbau, Bau, Holz, Farbe, Metall,
Küche und Hauswirtschaft. Die Berufsfelderprobung findet jedes Schuljahr an vier
Tagen in den Werkstätten der Kooperationspartner statt. Die Schüler erhalten über
diesen Zeitraum eine Beurteilung, in der die jeweiligen Ausbilder der Werkstätten
die Fähig- und Fertigkeiten im jeweiligen Berufsfeld bewerten.

Qualifizierungsbausteine – Nach Abschluss der Berufsfelderprobung erhalten
die Berufsschüler der Berufseingangsklassen (BEK) die Möglichkeit, an einem

berufsspezifisch und ausbildungsbezogenen, zertifizierten Qualifizierungsbaustein teilzunehmen. Hier werden einzelne, praktische Teile der Ausbildung erlernt. Nach erfolgreichem Abschluss erhalten sie ein Zertifikat, welches ihre Chancen auf einen Ausbildungs- bzw. Arbeitsplatz in diesem Berufsfeld erhöhen kann. Eine weitere Möglichkeit ist die Teilnahme an einem Trainingsbaustein zur Stärkung des Sozialverhaltens. *Dieses Handlungsfeld wurde zum 31.07.2011 aus verschiedenen Gründen in Lübeck eingestellt.*

6.   Was wurde bisher erreicht?

Der Erfolg des HKSA in der Hansestadt Lübeck lässt sich an unterschiedlichen Punkten festmachen. Zum einen wurde bewirkt, dass sich Schulen, Bildungsträger und soziale Einrichtungen besser miteinander vernetzt haben. Besonders durch die Steuerungsgruppe, bestehend aus den Verantwortlichen der umsetzenden Bildungsträger, Vertretern der Beruflichen Schulen, dem Kreisfachberater für Berufsorientierung und dem Schulrat der Hansestadt Lübeck, konnte eine bessere Abstimmung von berufsorientierenden Angeboten erwirkt oder Entscheidungen der Steuerungsgruppe in die Schulen transportiert werden. Weiterhin waren die Coaching-Fachkräfte auch in die Überarbeitung der berufsorientierenden Curricula einzelner Schulen involviert oder haben die Koordination der Praktika in „ihren" Schulen übernommen.

Doch es lassen sich auch Ergebnisse in Zahlen benennen:

So wurden im Schuljahr 2010/2011 ca. 238 Flex/FÖZ/HS-Schüler gecoacht, von denen z.B. 23 eine duale Ausbildung begonnen haben, 98 zur weiterführenden Schule (Berufsfachschule) und 57 in eine schulische Berufsvorbereitung (Ausbildungsvorbereitendes Jahr – AvJ) gewechselt sind.

Bei Schülern der BEK konnten ähnliche Erfolge erreicht werden, wobei hier anzumerken ist, dass Schüler, die das 18. Lebensjahr vollendet haben, ihre Berufsschulpflicht erfüllt haben und somit auch nicht mehr von den Coaching-Fachkräften betreut werden. Im Schuljahr 2010/2011 wurden hier 231 Schüler gecoacht, von denen 28 eine duale Ausbildung begonnen haben, 47 zur weiterführenden Schule Berufsfachschule und 19 ins AvJ gewechselt sind.

Schüler aus beiden Bereichen, die nach dem Coaching im HKSA noch immer einen Förderbedarf aufwiesen, konnten erfolgreich in SGB II/SGB III – Maßnahmen vermittelt werden. So wechselten 13 Flex/FÖZ/HS-Schüler und 37 BEK-Schüler in entsprechende Maßnahmen der Agentur für Arbeit oder des Jobcenters, z.B. Produktionsschulen oder berufsvorbereitende Maßnahmen (BvB).

Wie in jedem anderen Projekt der Berufswegeplanung oder Benachteiligtenförderung gibt es auch beim *Handlungskonzept Schule und Arbeitswelt* Schüler, die nicht erreicht werden konnten oder erreicht werden wollten. Die Gründe hierfür sind so zahlreich wie die Schüler, für die das Handlungskonzept entwickelt wurde. In der Gruppe der Schüler der Flexiblen Übergangsphase, Förderzentren und Hauptschüler beendeten im o.g. Zeitraum sieben Schüler vorzeitig aus gesundheitlichen Gründen oder Schwangerschaft das Projekt, neun Schülern mangelte es an Motivation und 15 verließen vorzeitig das Projekt aus sozialen Gründen, z.B. Umzug der Familie.

Bei den Schülern der Berufseingangsklassen beendeten 55 auf Grund der Volljährigkeit vorzeitig das Projekt und neun Schüler mussten aus gesundheitlichen Gründen oder Schwangerschaft das Projekt verlassen.

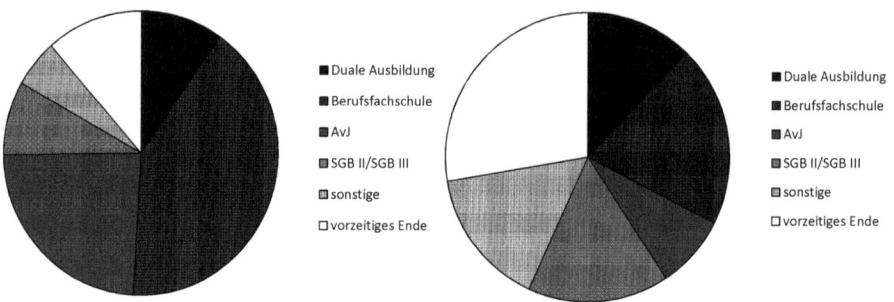

Übergänge von 238 Flex/FÖZ/HS-Schülern   Übergänge von 231 BEK-Schülern

7.   Resümee

Rückblickend auf die vergangene Projektlaufzeit und auf die Handlungsfelder ist zu sagen, dass das Coaching, die persönlich und personenbezogene Arbeit mit den Schülern, am erfolgreichsten war. Durch den persönlichen Kontakt, stete Motivation, Krisenintervention und Begleitung konnten Vertrauensverhältnisse aufgebaut und für eine erfolgreiche Berufswegeplanung genutzt werden. Das Vertrauensgefüge, das Erziehungsberechtigte (Eltern, Erzieher, etc.), Schüler, Schule und Coaching-Fachkraft bilden, ist auf verschiedenen Ebenen ein Garant für ein gelungenes Coaching. Vorausgesetzt, jeder gibt seinen Anteil dazu.

Mit Ablauf des *Handlungskonzeptes Schule und Arbeitswelt* im Juli 2013 wünschen sich alle Beteiligten, dass erreichte Qualifikationen der Coaching-Fachkräfte, entstandene Netzwerke, Kooperationsgemeinschaften und viele andere Potenziale weiterhin genutzt werden, um auch zukünftig Schüler auf dem nicht immer leichten Weg ins Berufsleben zu begleiten. Das Interesse am HKSA oder einem ähnlichen nachfolgenden Projekt seitens der Schulen, der Eltern und Kooperationspartner ist hoch und der Bedarf steigt trotz der Vielzahl der Ausbildungsmöglichkeiten selbst bei Schülern mit Realschulabschluss.

Übergang Schule–Berufsausbildung: Strukturen im Bildungssystem – Übergangsstrukturen mit System?

Dieter Münk

1.   Forschungsstand und -befunde

Seit etwa 2000 wird über ein in der ersten Dekade des neuen Jahrtausends verstärkt auftretendes Strukturproblem des Bildungs- und des Berufsbildungssystems diskutiert, das in der Forschung unter dem Begriff des Übergangssystems subsumiert wird. Gemeint ist mit diesem Begriff jener Bereich zwischen dem Abschluss der Sekundarstufe I des allgemeinbildenden Schulwesens und dem anschließenden Übergang in die Sekundarstufe II bzw. in eine vollzeitschulische bzw. auf dem Dualen System basierende Berufsausbildung. Stomporowski (2007) hat für dieses äußerst unübersichtliche und vielschichtige Segment des Berufsbildungssystems, das lediglich teilqualifizierende Maßnahmen, die nicht zu einem beruflichen Abschluss führen und nur eine berufliche Grundbildung im Sinne beruflicher Orientierung vermitteln sollen, den Begriff des „Pädagogischen Zwischenraums" geprägt; andere (z.B. Münk/Rützel/Schmidt 2008) haben den Begriff des Übergangssystems mit dem Bild eines „Labyrinths" verglichen, um anzudeuten, dass für eine zunehmend hohe Zahl von Jugendlichen der Übergang in dieses „Übergangssystems" eine Reise in einen Irrgarten ohne Ausgang und damit ohne Einmündung in berufliche Qualifizierung bleibt: 2005 wurde der Höchststand von 461.964 Jugendlichen (vgl. Autorengruppe Bildungsberichterstattung 2012) erreicht und es zeigte sich, dass nicht mehr allein die als ‚nicht ausbildungsreif' etikettierten Schülerinnen und Schüler, sondern zunehmend auch grundsätzlich ‚ausbildungsreife', allerdings marktbenachteiligte Schüler durch das stetige Ansteigen des Übergangssystems betroffen waren.

Der besorgniserregende Anstieg der Jugendlichen im Übergangssystem, der zu seinem Höhepunkt in einigen Bundesländern, z.B. in NRW, beinahe die jährliche Absorptionsquote des Dualen Systems erreichte (vgl. Autorengruppe Bildungsberichterstattung 2012, S. 102), ist mit dem Zahlenwerk des Datenreports zum Berufsbildungsbericht 2012 (Heister/Puhlmann u.a. 2012) neben anderen Wirkfaktoren vor allem damit zu erklären, dass zu dem ohnehin seit 30 Jahren bestehenden hohen Sockel an benachteiligten Jugendlichen, die nicht ohne weiteres in berufsqualifizierende oder andere Bildungsgänge einmünden konnten, mehrere aufeinanderfolgende starke Jahrgänge aus dem allgemeinbildenden Schulwesen auf einen Ausbildungsmarkt nachrückten, dessen Angebot sich gleichzeitig aus verschiedenen, maßgeblich auch aus konjunkturellen Gründen, erheblich verknappte (vgl. Beicht/Eberhard 2013, S. 11).

Zu dieser rein quantitativen Schieflage zwischen Angebot und Nachfrage auf dem Ausbildungsmarkt kommt erschwerend hinzu, dass das Anspruchsniveau vor allem in den Bildungsgängen des Dualen Systems seit Jahren erkennbar ansteigt, so dass damit zwangsläufig auch die Zahl jener Jugendlichen zunimmt, die diesen Anforderungen nicht ohne weitere Unterstützungsmaßnahmen gewachsen sind. Vor diesem Hintergrund rutschen viele Jugendliche, die – eine ausgewogene Angebots-Nachfrage-Relation auf dem Ausbildungsmarkt vorausgesetzt – eigentlich über die notwendige Ausbildungsreife verfügen, zunehmend im Sinne marktbenachteiligter Jugendlicher ebenfalls in die wissenschaftlich nicht klar definierte Kategorie „nicht ausbildungsreifer Jugendlichen" fallen.

Die zunehmend in höherem Umfang betroffenen Jugendlichen sind mit anderen Worten herkunfts- und damit oft auch qualifikationsbedingt ganz offenkundig nicht in das (höherwertige und dominante) Duale System zu integrieren, weil durch die beständig wachsenden hohen, d.h.: vor allem theoriebezogenen Anforderungen eines großen Teils der dualen Ausbildungsberufe sowie durch das grundlegende Prinzip der beruflichen Verfasstheit von Arbeit das Duale System und – in dieser Perspektive ebenfalls die Schulberufe – Zugangsschwellen definiert, die für die hier in Rede stehenden Zielgruppen unerreichbar bleiben.

Insbesondere berufsbildungspolitisch ist diese Fokussierung auf das Duale System und (allenfalls auch noch) auf die Schulberufe (vgl. Dobischat u.a. 2009) durchaus verhängnisvoll, wenn man dieses Segment des bundesdeutschen Berufsbildungssystems einmal nicht aus der Perspektive des Dualen Systems, sondern gleichsam von unten betrachtet. Von hier aus erhält dann auch die Formel von einem „Übergangssystem" ihre semantische Begründung: In einem Zwischensegment des Berufsbildungssystems, das wesentlich dadurch definiert ist, dass es keine Berufsabschlüsse vermittelt, sollen eigentlich Potenziale für Übergangschancen, d.h. für die Einmündung in einen Ausbildungsberuf nach BBiG geschaffen werden.

Wie die als Effektivitätsmaßstab herangezogenen Übergangsquoten belegen, erfüllt dieses Zwischensegment des Berufsbildungssystems diese Funktion für einen beträchtlichen Teil der Schülerschaft indes sehr deutlich und seit langem nicht. De facto wirkt das „Übergangssystem" mindestens für die an der Systemlogik gescheiterten Schüler als hervorragend funktionierendes Instrument der Abgangsselektion, dessen Effekt – drastisch formuliert – ziemlich genau jenem Sachverhalt entspricht, der in der Militärsprache als „Kollateralschaden" bezeichnet wird.

Damit wird mindestens zweierlei deutlich: Erstens, dass das Duale System und das Übergangssystem als zwei Segmente des Berufsbildungssystems untrennbar miteinander zusammenhängen; und zwar nicht nur aus historischen Gründen, insoweit der gesamte Bereich der beruflichen Orientierung anfangs der 70er Jahre wegen zunehmend deutlicher erkennbaren Dysfunktionalitäten des Ausbildungs-

und des Arbeitsmarktes überhaupt erst eingeführt wurde. Denn zweitens sprechen auch strukturelle Gründe dafür, dass das Übergangssystem vor allem in seiner Eigenschaft als die sozusagen ‚dunkle Seite' des Dualen Systems seine Funktion als Auffangbecken für systembedingt überschüssige Jugendliche überhaupt erst erhält. Hans Dietrich hat zusammen mit Hannelore Plicht in einem Projekt des IAB schon 2009 in „Analysen zu den Determinanten des Übergangs aus BvB-Maßnahmen in Ausbildung und Beschäftigung" „Effekte individueller, maßnahmespezifischer und regionaler Faktoren auf die individuelle Übergangswahrscheinlichkeit aus BvB-Maßnahmen in Ausbildung und Beschäftigung beforscht" und konstatiert, dass es sich bei diesen Prozessen im Kern um eine spezifische Form der „Abgangsselektion" handelt (Dietrich 2009, S. 355, vgl. ebenso und mit Bezug auf Dietrich: Schmidt 2012).

Vor dem Hintergrund dieses Befunds erklärt sich dann auch die rückläufige quantitative Entwicklung des Übergangssystems von gut 485.000 Jugendlichen in 2005 (Konsortium Bildungsberichterstattung 2010, S. 96) auf 294.000 Jugendliche in 2012 (Konsortium Bildungsberichterstattung 2012, S. 102); denn die Notwendigkeit der Selektion sinkt mit dem Anstieg der Absorptionsquote des Dualen Systems, die von 2005 mit 43,3% aller Neuzugänge (517.341) bis 2011 auf 49,7% (524.946) aller Neuzugänge gestiegen ist (Konsortium Bildungsberichterstattung 2012, S. 102); um im Bild zu bleiben: Die Kollateralschäden werden geringer, weil die Absorptionsquoten des Dualen Systems relativ steigen. Dieser Prozess des Absinkens des Anteils der Jugendlichen im Übergangssystem dürfte sich in den kommenden Jahren fortsetzen, weil sich die Nachfrageseite auf dem Ausbildungsmarkt antizipierbar durch zunehmend größer werdende Engpässe nachrückender Jugendlicher auszeichnet, die vor allem dem demographischen Wandel geschuldet sind (vgl. Konsortium Bildungsberichterstattung 2010 sowie Euler 2010).

2.   Auswege aus dem Übergangssystem?

Auch wenn sich bereits heute durch die sinkenden Anteile der Jugendlichen im Übergangssystem deutlich zeigt, dass sich das Problem von Jugendlichen, die zu hohen öffentlichen Kosten im Übergangssystem geparkt werden, in jener Schärfe, die das Problem noch 2006 hatte, nicht mehr stellt, so ist doch zu konstatieren, dass auch künftig bei einer Umkehrung des Angebot-Nachfrage-Verhältnisses auf dem Ausbildungsmarkt damit zu rechnen ist, dass eine schwer zu quantifizierende Restgruppe von Jugendlichen bleibt, die auf direktem Wege nicht in Ausbildung und damit langfristig auch nicht in Arbeit und Beruf zu integrieren ist. Dieser Befund gilt jedenfalls unter der Voraussetzung, dass keine weiteren und besonderen Maßnahmen getroffen werden, um die kleiner gewordene Gruppe schwacher Jugendlicher zu integrieren.

Zum Problemfeld „Übergangssystem" finden sich inzwischen zahlreiche Forschungsbefunde, welche umfassende quantitative Daten erarbeitet haben (vgl. etwa Übergangsstudie BIBB 2011), die zudem auch zu unterschiedlichen Empfehlungen an die Bildungspolitik führten. Angesichts der Dringlichkeit wurden ferner auch berufsbildungspolitische Strategien seitens des Bundes, vor allem aber durch die Länder initiiert (vgl. etwa das mehrere Bundesländer umfassende Reformkonzept „Übergänge mit System"), die trotz grundlegender struktureller Ähnlichkeiten eine große Differenz im Detail aufweisen (vgl. Christe 2013). Christe (2013, S. 81) resümiert in seinem länderspezifischen Überblick, dass es zwischenzeitlich „in den meisten Bundesländern zumindest programmatische Überlegungen zur Verbesserung der Übergänge und zur Erhöhung der Übergangsquoten in Ausbildung" gebe und dass hierbei „die Intensivierung der Berufsorientierung in den Schulen und die Verbesserung der Ausbildungsreife eine „zentrale Rolle spielen". Dennoch seien „explizite oder gar in Umsetzung befindliche Reformstrategien eher die Ausnahme" (Christe 2013, S. 82).

Bezogen auf diesen Aspekt der Umsetzung berufsbildungspolitisch initiierter Reformprogramme äußert Christe (2013, S. 83) in diesem Zusammenhang nicht zu unrecht „Zweifel", „ob es bei den verfolgten Reformstrategien tatsächlich darum geht, jeden Jugendlichen und jede Jugendliche in Ausbildung zu bringen, oder nicht eher darum, künftig keinen Ausbildungsplatz mehr unbesetzt zu lassen". Dies ist ein Beleg dafür, dass die zentrale Funktion der „Abgangsselektion" nur so lange und so weit außer Kraft gesetzt werden kann, wie es die Absorptionsfähigkeit des primär marktlich gesteuerten Ausbildungssystems zulässt bzw. erfordert. Gleichzeitig hat die einschlägige Forschung der letzten Jahre deutlich aufgezeigt, in welche Richtungen zu agieren ist, um das Problem Übergangssystem nachhaltig zu bekämpfen. Ein zentraler Kern dieser Überlegungen besteht in der Flexibilisierung der Maßnahmen (Zeittaktung/Dauer, aber auch didaktisch und curricular) sowie – als zentrales Instrument für diese Flexibilisierung – in einer modularen und notfalls auch prolongierten Organisation von Curriculum und Ausbildungsprozess. Euler und Severing (2007) haben ein Modell entwickelt, dass dieser Flexibilisierungsstrategie sehr nahe kommt. Der Erfolg dieser oder ähnlicher Maßnahmen ist indes nicht ohne Voraussetzungen: Es müssen echte Zertifikate vergeben werden, die sich dadurch auszeichnen, dass sie einen konkreten und auf dem Ausbildungs- und Arbeitsmarkt real tauschbaren Marktwert besitzen. Ohne marktgängige Zertifizierung werden die Jugendlichen sicher schnell erkennen, dass die Maßnahme unter neuen Vorzeichen lediglich eine Variante altbekannter Warteschleifen darstellt. Ferner muss die betriebliche Seite als Abnehmer der Jugendlichen sowohl die flexibilisierten Strukturen beruflicher Qualifizierung als auch deren Ergebnisse akzeptieren und dies durch Übernahme deutlich machen, notfalls mit gezielter individueller Unterstützung der Jugendlichen.

Und letztens gilt es, den gesamten Bereich der Maßnahmen im Übergangs-system einer konsequenten Redualisierung zu unterziehen; dies gilt nicht nur für die Einführung marktgängiger Zertifikate (s.o.), sondern es gilt vor allem für die (Wieder-)Verbetrieblichung jener Bildungsprozesse, die für benachteiligte und schwache Jugendliche angeboten werden: „Redualisierung soll i. e. S. als Prozess einer (zunehmend) fachpraktischen Ausbildung in Echtsituationen von Betrieben im Rahmen der Benachteiligtenförderung angesehen werden" (Schaumann, 2012); Redualisierung bedeutet in diesem Sinne vor allem, den „Lernort Betrieb für Be-nachteiligte zurückzugewinnen" (vgl. Gericke 2001).

Der letzte Hinweis zur Unterstützung und Reintegration der schwachen Jugend-lichen in Ausbildung, Arbeit und Beruf gilt dem Aspekt der Professionalisierung des Bildungspersonals (vgl. Sektion BWP in der DGfE 2008 sowie Bylinski 2011), und zwar sowohl bezogen auf die Seite der betrieblichen Ausbildung als auch bezo-gen auf die Lehrkräfte des beruflichen Schulwesens, welche quantitativ den größten Anteil der Schüler im Übergangssystem zu betreuen haben, ohne dass sie über eine einschlägige sozialpädagogische Qualifizierung verfügen.

Hier ist dringender Handlungsbedarf angezeigt, der sich künftig in dem Maße verschärfen wird, in welchem das umfassendere Thema der Inklusion auch auf den Bereich der beruflichen Bildung bezogen wird; nimmt man Inklusion als neues Zukunftsthema der beruflichen Bildung ernst, so ist hier neben der sozialpädago-gischen auch eine sonderpädagogische Ausbildung absolut notwendig. Dafür muss das notwendige Personal qualifiziert und die Strukturen des beruflichen Bildungs-wesens müssen entsprechend angepasst werden.

Literatur

Autorengruppe Bildungsberichterstattung (2010): *Bildung in Deutschland 2010. Ein indika-torengestützter Bericht mit einer Analyse zu Perspektiven des Bildungswesens im demogra-fischen Wandel".* Bielefeld.

Autorengruppe Bildungsberichterstattung (2012): *Bildung in Deutschland 2012. Ein indika-torengestützter Bericht mit einer Analyse zur kulturellen Bildung im Lebenslauf.* Bielefeld.

Beicht, U./Eberhard, V. (2013): Ergebnisse empirischer Analysen zum Übergangssystem auf Basis der BIBB-Übergangsstudie 2011. In: *Die Deutsche Schule. Zeitschrift für Erzie-hungswissenschaft, Bildungspolitik und pädagogische Praxis,* 105(1), S. 10–26.

Bylinski, U. (2011): Professionalisierung der pädagogischen Fachkräfte am Übergang Schu-le-Beruf. In: dreizehn, *Zeitschrift für Jugendsozialarbeit,* 6, S. 17–20.

Christe, G. (2013): Länderstrategien zur Reform des Übergangssystems. In: *Die Deutsche Schule. Zeitschrift für Erziehungswissenschaft, Bildungspolitik und pädagogische Praxis,* 105(1), S. 66–85.

Dietrich, H./Dressel, K./Janik, F./Ludwig-Mayerhofer, W. (2009): Ausbildung im dualen System und Maßnahmen der Berufsvorbereitung. In: Möller, J./Walwei, U. (Hrsg.): *Handbuch Arbeitsmarkt 2009*. Bielefeld, S. 317–357.

Dobischat, R./Milolaza, A./Stender, A. (2009): Vollzeitschulische Brufsausbidung – eine gleichwertige Altrnative zur dualen Berufsausbildung? In: Zimmer, G./Dehnbostel, P. (Hrsg.): *Berufsausbildung in der Entwicklung – Positionen und Leitlinien*. Bielefeld, S. 127–152.

Dobischat, R./Kühnlein, G./Schurgatz, R. (2012): *Ausbildungsreife. Ein umstrittener Begriff beim Übergang Jugendlicher in eine Berufsausbildung. Arbeitspapier 189 der Hans-Böckler-Stiftung*. Düsseldorf.

Euler, D. (2010): *Einfluss der demographischen Entwicklung auf das Übergangssystem und den Berufsausbildungsmarkt : Expertise*. Gütersloh.

Euler, D./Severing, E. (2007): *Flexible Ausbildungswege in der Berufsbildung. Ziele. Modelle. Maßnahmen*. Bielefeld.

Gericke, Th (2001): Betriebe als Ausbildungsorte für benachteiligte Jugendliche wiedergewinnen – Das Handlungsfeld „Lernort Betrieb". In: Gericke, Th./Lex, T./Schreiber-Kittl, M./Schröpfer, H.: *Fördern und fordern: Jugendliche in Modellprojekten der Jugendsozialarbeit*. München/Leipzig: Deutsches Jugendinstitut, Projekt „Arbeitsweltbezogene Jugendsozialarbeit", S. 94 -119.

Heister, M./Puhlmann, A. u.a. (2012): Schwerpunktthema: Übergänge von der Schule in die Ausbildung. In: BIBB (Hrsg.): *Datenreport zum Berufsbildungsbericht 2012*, S. 373–394.

Münk, D./Rützel, J./Schmidt, Chr. (Hrsg.) (2008): *Labyrinth Übergangssystem. Forschungserträge und Entwicklungsperspektiven der Benachteiligtenförderung zwischen Schule, Ausbildung, Arbeit und Beruf*. Bonn.

Schaumann, U. (2012): *„Redualisierung" – Schlagwort oder konzeptionelle „Neu"-Ausrichtung des dualen Systems der Berufsbildung?* (Forschungsinstitut für Berufsbildung im Handwerk Forschungsinstitut für Berufsbildung im Handwerk; Internet: http://www.goodpractice.de/schaumann_redualisierungsaufsatz.pdf.

Schmidt, Chr. (2011): *Krisensymptom Übergangssystem. Die nachlassende soziale Inklusionsfähigkeit beruflicher Bildung*. Bielefeld.

Sektion Berufs- und Wirtschaftspädagogik in der DGfE (Hrsg.) (2009): *Memorandum zur Professionalisierung des pädagogischen Personals in der Integrationsförderung aus berufsbildungswissenschaftlicher Sicht*.

Stomporowski, S. (2007): *Pädagogik im Zwischenraum – Acht Studien zur beruflichen Bildung Benachteiligter an berufsbildenden Schulen*. Paderborn.

Die hessenweite OloV-Strategie zur Optimierung des Übergangs Schule–Beruf

Monika von Brasch

In diesem Artikel werden Entwicklung, Strukturen und Qualitätssicherung der hessenweiten OloV-Strategie vorgestellt. Die Kurzform „OloV" steht für „Optimierung der lokalen Vermittlungsarbeit im Übergang Schule–Beruf". Ziel der Strategie ist es, die Qualität der Prozesse im Übergang Schule–Beruf zu sichern, Parallelstrukturen zu vermeiden und die vorhandenen vielfältigen Angebote und Projekte zu bündeln, um Jugendliche schneller und gezielter in Ausbildung zu vermitteln.

1. Die Entwicklung der Strategie

Im ersten Hessischen Pakt für Ausbildung für die Jahre 2004 bis 2006 vereinbarten die Paktpartner gezielte Maßnahmen, um „im gesamtgesellschaftlichen Interesse eine möglichst umfassende Ausbildung aller Jugendlichen zu gewährleisten und den Fachkräftebedarf der Wirtschaft auch in Zukunft sicherzustellen".[1] Vorgesehen war „eine gemeinsame Workshop-Reihe mit dem Ziel, die Vermittlungsarbeit der lokal tätigen Fachleute der Agenturen für Arbeit, Kammern, abgebenden Schulen und der kommunalen Stellen, wie z. B. Jugendberufshilfe, noch besser abzustimmen." (a. a. O., Seite 13)

Diese Workshop-Reihe wurde vom Offenbacher Institut für berufliche Bildung, Arbeitsmarkt- und Sozialpolitik – INBAS GmbH – in den Jahren 2005 bis 2007 durchgeführt. In den Workshops diskutierten zahlreiche Ausbildungsmarkt-Akteure, welche Qualitätsanforderungen an die zukünftige Koordination und Kooperation gestellt werden müssten, um die Vermittlung von Jugendlichen in Ausbildung schneller und zielgerichteter zu gestalten.

Im zweiten Hessischen Ausbildungspakt für die Jahre 2007 bis 2009[2] wurde die Zielformulierung des ersten Pakts erweitert: „Abgesehen von der Erreichung des quantitativen Ziels, jedem Jugendlichen ein Angebot zu unterbreiten, gilt es auch,

---

1 Hessischer Pakt für Ausbildung 2004–2006 zwischen Wirtschaft, Kommunalen Spitzenverbänden, Regionaldirektion Hessen der Bundesagentur für Arbeit und der Landesregierung, Seite 2.

2 Wirtschaft, Kommunale Spitzenverbände, Regionaldirektion Hessen der Bundesagentur für Arbeit und Hessische Landesregierung: Hessischer Pakt für Ausbildung für die Jahre 2004–2006, Frankfurt, 6. September 2004 und Hessischer Pakt für Ausbildung für die Jahre 2007 bis 2009, Wiesbaden, 20. Februar 2007.

die qualitative Weiterentwicklung der Berufsausbildung in Hessen voranzubringen.[3] Ziel des gemeinsamen Vorhabens der Paktpartner und der Arbeitsverwaltung, Optimierung der lokalen Vermittlungtätigkeit bei der Schaffung und Besetzung von Ausbildungsplätzen in Hessen (OloV) ist die Erarbeitung und der Einsatz von hessenweiten Standards zur

- qualitativen Verbesserung der Berufsorientierung
- qualitativen und quantitativen Verbesserung von Ausbildungsvermittlungsprozessen.

Damit soll auf lokaler Ebene die Information verbessert, Transparenz hergestellt und Doppelarbeit vermieden werden. Die Paktpartner vereinbaren, bis Ende 2007 durch OloV verbindliche Kriterien erarbeiten zu lassen, die dann in den Jahren 2008 bis 2009 auf lokaler Ebene durch regionale Zielvereinbarungen erprobt werden." (a. a. O., Seite 8)

Diese verbindlichen Kriterien wurden von INBAS erarbeitet, im Oktober 2007 als „OloV-Qualitätsstandards" durch das Hessische Ministerium für Wirtschaft, Verkehr und Landesentwicklung herausgegeben und im Februar 2008 in einer Auftaktveranstaltung einem breiten Fachpublikum bekannt gemacht.

Ende 2008 war aus dem einstmaligen Projekt die hessenweite Strategie geworden: Alle hessischen Regionen hatten sich durch die Benennung Regionaler Koordinatorinnen und Koordinatoren darauf verständigt, dass sie sich an der Umsetzung der Qualitätsstandards beteiligen. Seitdem wird OloV mit Leben gefüllt und weiterentwickelt – in regionalen Steuerungsgruppen, in den Institutionen der Ausbildungsmarkt-Akteure, in allgemein bildenden Schulen und auf Landesebene. Dass sich OloV weiterentwickelt, beruht auf den Säulen der Strategie:

- die inhaltliche Arbeitsbasis: die OloV-Qualitätsstandards
- Regionale Koordination und Kooperation
- Hessenweite Koordination und Prozess-Monitoring
- Qualitätssicherung und Weiterentwicklung.

Im Folgenden werden diese Säulen dargestellt.

2. Die inhaltliche Arbeitsbasis: Die OloV-Qualitätsstandards

Mit der Herausgabe der Standards wurde 2007 eine inhaltliche Grundlage geschaffen, auf der die Akteure in den Regionen die lokale Vermittlungsarbeit optimieren und die so bislang in keinem anderen Bundesland existiert. Die OloV-Qualitätsstandards gliedern sich in die drei Themenbereiche:

---

3   Hessischer Pakt für Ausbildung für die Jahre 2007 bis 2009, Seite 2.

- Berufs- und Studienorientierung
- Akquise von Ausbildungs- und Praktikumsplätzen
- Beratung, Matching und Vermittlung

Damit – und dies ist ein wichtiges Merkmal der OloV-Strategie – ist der gesamte Bogen des Vermittlungsprozesses gespannt, auf den die Ausbildungsmarkt-Akteure ihr Augenmerk richten.

Auf der Basis der Standards soll der Übergang von der Schule in den Beruf für alle Jugendlichen optimiert werden – gleich, ob sie noch in der allgemein bildenden Schule sind, ob sie als ausbildungssuchend gemeldet, im Übergangssystem oder als Altbewerberinnen bzw. Altbewerber registriert sind. OloV hat damit eine umfassende Zielgruppendefinition.

3. Regionale Koordination und Kooperation

OloV hat die Kooperationsstrukturen im Land verändert. Seit 2008 steuern in allen hessischen Regionen *OloV-Koordinatorinnen und Koordinatoren* die Optimierung der lokalen Vermittlungsarbeit auf der Basis der Qualitätsstandards.

An den 15 Staatlichen Schulämtern sind *Ansprechpersonen Berufsorientierung* dafür zuständig, dass die fächerübergreifende Berufs- und Studienorientierung an den Schulen in ihrem Gebiet umgesetzt wird. An den Schulen selbst sind *Schulkoordinatorinnen und Schulkoordinatoren* für die Umsetzung verantwortlich.

Die Regionalen Koordinationen wurden aus den lokalen Kreisen der Ausbildungsmarkt-Akteure benannt, die Ansprechpersonen Berufsorientierung von den Staatlichen Schulämtern und die Schulkoordinationen durch die einzelnen Schulen. Für die Ansprechpersonen Berufsorientierung und die Schulkoordinationen gewährt das Hessische Kultusministerium Stundenfreistellungen für die Wahrnehmung ihrer Aufgaben.

Die Strategie wird von diesen drei Gruppen „OloV-Schlüsselpersonen" in Zusammenarbeit mit den wichtigsten Ausbildungsmarkt-Akteuren ihrer Regionen getragen. In *regionalen OloV-Steuerungsgruppen* arbeiten diese zusammen und schließen auf der Grundlage der OloV-Qualitätsstandards *regionale Zielvereinbarungen*. Dabei entscheiden sie, an welchen Standards sie inhaltlich arbeiten und mit welchen Schwerpunkten sie dies tun. Grundlage für die Zielvereinbarungen sind die Bedingungen und Bedarfe der jeweiligen Region. Die Planung und Umsetzung geschieht innerhalb der bestehenden Kooperationsstrukturen, vorhandene Ansätze und Initiativen werden einbezogen und genutzt. Für die Umsetzung der beschlossenen Aktionen und Aktivitäten können die Regionen unter Beachtung förderrechtlicher Voraussetzungen Zuschüsse beantragen.

Auf der kommunalpolitischen und operationellen Ebene wird die Strategie vom Engagement und dem Know-how der Akteure in den Regionen getragen. Die Akteure sind erfahrene Fachleute, die sich in den Rahmenbedingungen, den Strukturen und Gegebenheiten des Ausbildungsmarktes sowie in den regionalen Ansätzen und Initiativen gut auskennen. Der regionale Aspekt unter Nutzung und Einbeziehung vorhandener Strukturen und Projekte bietet ihnen die notwendige Handlungs- und Gestaltungsfreiheit auf der Basis der OloV-Standards. Sie nehmen Koordination und Kooperation auf der lokalen Ebene ernst und pflegen sie. Ihre Erfahrungen und Meinungen geben sie an INBAS und die politischen Entscheidungsträger im Arbeitskreis Controlling des Hessischen Ausbildungspaktes weiter.

4.   Hessenweite Koordination und Prozess-Monitoring

Die regionalen Akteure werden bei ihrer OloV-Arbeit von INBAS durch fachliche Beratung unterstützt. INBAS koordiniert die Strategie hessenweit und untersucht im Prozess-Monitoring durch regelmäßige Befragungen der Regionalen Koordinationen die Umsetzung der Strategie in den Regionen und die Wirkung der Kooperationsstrukturen. Die daraus gewonnenen Erkenntnisse, Empfehlungen und Ergebnisse werden den Partnern des Hessischen Ausbildungspaktes übermittelt, die ihre Schlüsse für die weitere Gestaltung des Übergangs Schule-Beruf ziehen.

5.   Qualitätssicherung und Weiterentwicklung

Als die Geschichte von OloV begann, war der Ausbildungsmarkt davon geprägt, dass die Zahl der ausbildungssuchenden Jugendlichen höher war als die Zahl der zur Verfügung stehenden Ausbildungsstellen. In den ersten Jahren lagen die Arbeitsschwerpunkte daher in der Akquise von Ausbildungs- und Praktikumsplätzen und der Ausgestaltung der fächerübergreifenden Berufs- und Studienorientierung. Mit dem demografischen Wandel rücken die Fachkräftesicherung und der Themenbereich „Beratung, Matching und Vermittlung" in den Mittelpunkt der Handlungsfelder – seit etwa zwei Jahren werden in den Regionen die entsprechenden Qualitätsstandards zu diesem Themenbereich verstärkt bearbeitet. Hier zeigt sich: OloV ist eine Strategie, deren inhaltliche Ausgestaltung an die Entwicklungen des Ausbildungsmarktes angepasst wird.

OloV wird auch stetig weiterentwickelt. Seit 2008 setzen Schulen mit den Bildungsgängen Haupt- und Realschule die OloV-Standards um, vor zwei Jahren kamen zielgleiche Förderschulen und Schulen mit dem Bildungsgang im Förderschwerpunkt Lernen hinzu. Seit Beginn des Schuljahres 2011/2012 sind auch

Schulen mit dem Bildungsgang Gymnasium und damit Schulen aller allgemein bildenden Schulformen in die Strategie einbezogen.

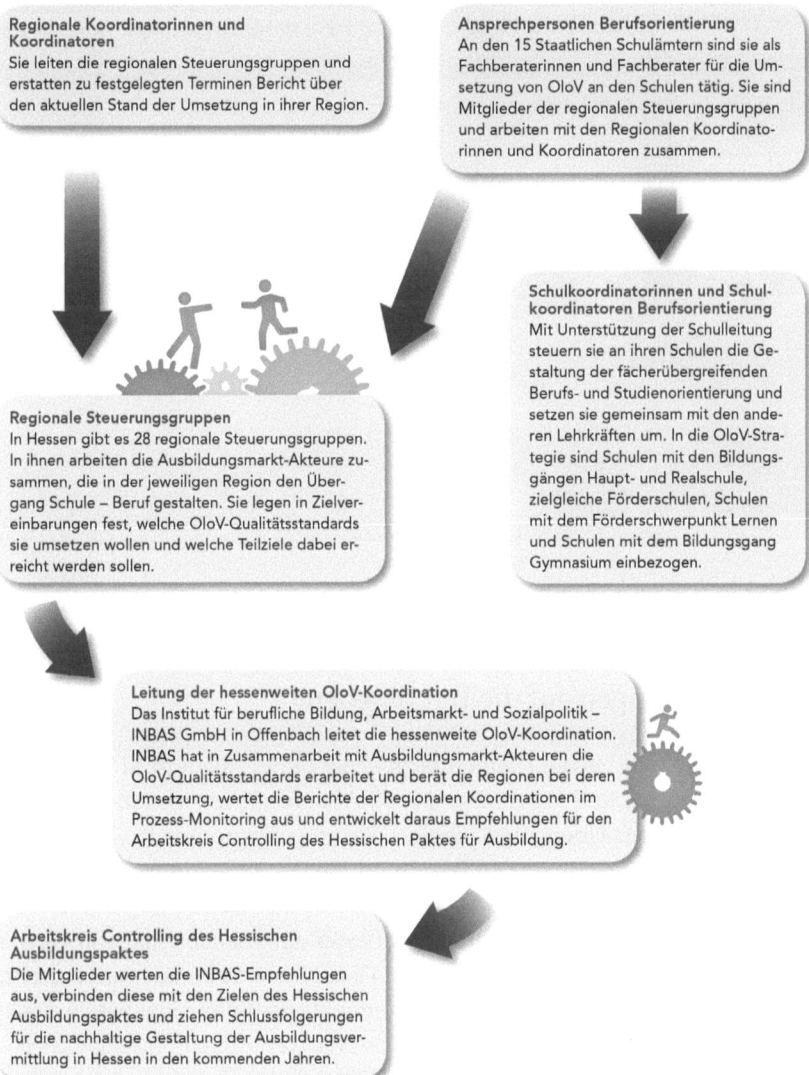

Regionale Koordinatorinnen und Koordinatoren
Sie leiten die regionalen Steuerungsgruppen und erstatten zu festgelegten Terminen Bericht über den aktuellen Stand der Umsetzung in ihrer Region.

Ansprechpersonen Berufsorientierung
An den 15 Staatlichen Schulämtern sind sie als Fachberaterinnen und Fachberater für die Umsetzung von OloV an den Schulen tätig. Sie sind Mitglieder der regionalen Steuerungsgruppen und arbeiten mit den Regionalen Koordinatorinnen und Koordinatoren zusammen.

Schulkoordinatorinnen und Schulkoordinatoren Berufsorientierung
Mit Unterstützung der Schulleitung steuern sie an ihren Schulen die Gestaltung der fächerübergreifenden Berufs- und Studienorientierung und setzen sie gemeinsam mit den anderen Lehrkräften um. In die OloV-Strategie sind Schulen mit den Bildungsgängen Haupt- und Realschule, zielgleiche Förderschulen, Schulen mit dem Förderschwerpunkt Lernen und Schulen mit dem Bildungsgang Gymnasium einbezogen.

Regionale Steuerungsgruppen
In Hessen gibt es 28 regionale Steuerungsgruppen. In ihnen arbeiten die Ausbildungsmarkt-Akteuren zusammen, die in der jeweiligen Region den Übergang Schule – Beruf gestalten. Sie legen in Zielvereinbarungen fest, welche OloV-Qualitätsstandards sie umsetzen wollen und welche Teilziele dabei erreicht werden sollen.

Leitung der hessenweiten OloV-Koordination
Das Institut für berufliche Bildung, Arbeitsmarkt- und Sozialpolitik – INBAS GmbH in Offenbach leitet die hessenweite OloV-Koordination. INBAS hat in Zusammenarbeit mit Ausbildungsmarkt-Akteuren die OloV-Qualitätsstandards erarbeitet und berät die Regionen bei deren Umsetzung, wertet die Berichte der Regionalen Koordinationen im Prozess-Monitoring aus und entwickelt daraus Empfehlungen für den Arbeitskreis Controlling des Hessischen Paktes für Ausbildung.

Arbeitskreis Controlling des Hessischen Ausbildungspaktes
Die Mitglieder werten die INBAS-Empfehlungen aus, verbinden diese mit den Zielen des Hessischen Ausbildungspaktes und ziehen Schlussfolgerungen für die nachhaltige Gestaltung der Ausbildungsvermittlung in Hessen in den kommenden Jahren.

Die Qualitätsentwicklung in den Schulen wird durch das „Gütesiegel Berufs- und Studienorientierung Hessen" unterstützt. Schulen, die sich auf das Siegel bewerben, müssen nachweisen, dass sie innerhalb ihrer Rahmenbedingungen und ihrer schulformspezifischen Anforderungen die OloV-Qualitätsstandards umsetzen.

Die Qualitätsstandards werden aus den Erkenntnissen und Ergebnissen der regionalen Umsetzung und in Zusammenarbeit mit den Ausbildungsmarkt-Akteuren vor Ort überprüft und weiterentwickelt. Seit Anfang Januar 2013 liegt mit der zehnten Auflage die zweite Überarbeitung mit erweiterten Inhalten vor.

Abbildung 1: Titelblatt der 10. Auflage der Broschüre „OloV-Qualitätsstandards"

6. Auswirkungen auf die Bundesebene

Auf der Bundesebene hat der Hauptausschuss des Bundesinstituts für Berufsbildung (BIBB) Erkenntnisse und Ergebnisse aus OloV aufgegriffen und in die „Leitlinien zur Verbesserung des Übergangs Schule – Beruf" aufgenommen. Sie sind im Juni 2011 erschienen, in ihnen werden Bund und Länder aufgefordert, „die Angebotsvielfalt am Übergang zwischen Schule und Berufsausbildung zu sichten mit dem Ziel, diese zu reduzieren, zu bündeln und besser aufeinander abzustimmen sowie die vorhandenen Instrumente zu schärfen. Dabei muss es insbesondere darum gehen, die vorhandenen Angebote in eine sinnvolle Struktur einzubetten sowie die verschiedenen Akteure vor allem in regionale Netzwerke einzubinden, um verstärkt konsistente Übergänge in Ausbildung zu schaffen."[4] Das Land Hessen wird diesen Weg, den es bereits 2004 eingeschlagen hat, fortsetzen.

---

4   Bundesinstitut für Berufsbildung (BIBB): Empfehlung des Hauptausschusses. Leitlinien zur Verbesserung des Übergangs Schule – Beruf. Individuelle Förderung und konsistente Wege für den Übergang von der Schule in Ausbildung und Beruf schaffen, S. 1. Download: http://www.bibb.de/dokumente/pdf/Empfehlung_BIBB-HA_Leitlinien_zur_Verbesserung_Uebergang_Schule_-_Beruf_2011_06_20.pdf (Abruf am 27.09.2012)

Kapitel 6
Übergang in die Hochschule

Herausforderungen des Übergangs in die Hochschulen

Gabriele Bellenberg

Das deutsche Abitur, die allgemeine Hochschulreife, vergibt die Berechtigung, ein beliebiges Hochschulstudium aufnehmen zu dürfen, denn sie ist nicht an spezifische Studiengänge gekoppelt. Deshalb ist in einem terminalen Prüfungssystem, das so weitreichende Berechtigungen vergibt, die Frage nach der Studierfähigkeit besonders virulent und stellt eine Herausforderung für den Übergang in die Hochschule dar (vgl. Fend 2008, S. 96).

Allerdings vollzieht sich seit einigen Jahren eine Neuregelung des Hochschulzugangs, die die Studienvoraussetzungen nicht mehr allgemein definiert: Die KMK hat sich darauf verständigt, fortan formale Qualifikationsanforderungen auf ein Minimum zu beschränken und das individuelle Potenzial und die Erfolgsperspektive der Studieninteressierten als zentrales Zugangskriterium für einen Studiengang anzusehen. Dies führt dazu, dass neben Personen mit einer „regulären" Studienberechtigung – aus der gymnasialen Oberstufe oder der Fachoberschule – die Absolventinnen und Absolventen beruflicher Fortbildungsprüfungen (z.B. Meister) und qualifizierter Berufsausbildungsgänge als Hochschulaspiranten hinzukommen und zu einer erheblichen Erweiterung des Kreises der Studienberechtigten führen. Dass diese Abkehr von formalen Zertifizierungen als Voraussetzung für eine Studienaufnahme bisher noch nicht zu einer hohen Nachfrage nach diesem ‚dritten Bildungsweg' geführt hat, liegt u.a. daran, dass die bundeslandspezifischen Zugangsregeln häufig unflexibel und restriktiv sind, wie Andrä Wolter in seinem Beitrag darlegt. Darüber hinaus stellt die Vereinbarkeit von Studium und Beruf weiterhin eine große Hürde dar, worauf Henning Dettleff näher eingeht.

Das terminale Prüfungssystem kommt damit an seine Grenzen und zunehmend sind die Hochschulen gefordert, selbst die Studierfähigkeit der Studieninteressierten zu prüfen oder aktiv herzustellen.

Die Herausforderungen des Übergangs beschränken sich allerdings nicht allein auf die nicht traditionellen Studierenden: Denn die Kompetenzen, über die Studienberechtigte verfügen, die auf traditionellen Wegen in die Hochschulen gelangen, fallen nicht überall und gleichermaßen zufriedenstellend aus.

Ein hoher Anteil an Hochschulübergängen führt zudem an anderen gesellschaftlichen Weichenstellungen zu größeren Problemen: Zunehmend haben es ausbildende Betriebe schwieriger, gut qualifizierte Nachwuchskräfte für eine duale

Ausbildung zu gewinnen und dauerhaft im dualen System zu halten, wie Henning Dettleff deutlich macht. Hierzu trägt zudem die im vorangegangenen Kapitel bereits von Dieter Münk beschriebene Problematik bei, dass viele junge Menschen vom sogenannten Übergangssystem absorbiert werden.

Die folgenden Beiträge dieses Kapitels liefern verschiedene Perspektiven auf die Frage, wie diese unterschiedlichen Herausforderungen bewältigt werden können:

Sichtet man diese nach der Frage, welche Voraussetzungen und Ansatzpunkte für Kooperationen zwischen abgebenden und aufnehmenden Institutionen beim Hochschulübergang gegeben sind, dann stellt sich Ulrich Trautwein die Frage, wie das Abitur als Prüfungsform weiterentwickelt werden kann, um die Studierfähigkeit zu gewährleisten und welchen Beitrag Hochschulen dabei zu erbringen haben. Johannes Wildt hingegen betont, dass der Hochschulübergang dadurch modernisiert werden kann, dass die derzeitigen zahlreichen Einzelmaßnahmen des aufnehmenden Hochschulsystems systematisch verknüpft werden. Eine davon zu unterscheidende Perspektive nehmen Suat Yilmaz/Markus Kottmann ein, die für eine präventive Zusammenarbeit zwischen Schule und Hochschule im Sinne einer Talentförderung und Chancennutzung stehen.

Die Frage nach der Unterstützung für eine professionelle Beratung und Begleitung des Übergangs stellt sich für die nicht traditionellen Studierenden anders als für die traditionellen Abgänger von Gymnasien und Gesamtschulen. Je ungewöhnlicher Übergänge sind – je weiter sie also vom traditionellen Weg des Übergangs von der Schule in die Hochschule abweichen –, desto mehr Unterstützung ist notwendig. Studieninteressierte benötigen vor Studienbeginn gute Information und Beratung über Studieninhalte, Methoden und berufliche Perspektiven sowie ehrliches Feedback über Stärken, Schwächen und Erfolgschancen, zugleich auch nach der Einschreibung noch Verständnis und Unterstützung im Studienprozess.

Eng verbunden mit der Frage der Beratung und Begleitung ist die Frage nach einer systematischen Diagnostik: Sowohl die Schulleistung als auch die Passung von Interessen sind wichtige Prädiktoren des Studienerfolgs: Dabei sind die kognitiven Voraussetzungen eng mit der Studienleistung, die Interessenspassung besonders eng mit der Studienzufriedenheit und geringer Neigung zum Studienabbruch assoziiert. Angebote in Schulen, die eine stärkere Vereinbarkeit beruflicher und allgemeinbildender Aspekte vorsehen (zum Beispiel berufliche Gymnasien), stoßen auf ein hohes Interesse der Jugendlichen und jungen Erwachsenen; sie dürften oftmals zu einer vergleichsweise hohen Passung von Interessen und Angebotsstrukturen führen.

Insbesondere für die nicht traditionellen Studierenden sind die schlechte Vereinbarkeit von Studium und Beruf aufgrund der geringen Anzahl berufsbegleitender Studienprogramme sowie der fehlenden Vorbereitungs-, Beratungs- und Betreuungsangebote zentrale Hindernisse des Übergangs. Diese stellen Anforderungen an die Flexibilität der benötigten Strukturen, die sich an den individuellen Potenzialen orientiert. Viele Studieninteressierte benötigen neben einer geeigneten Organisationsform für ihr Studium gezielte Unterstützung, um vorhandene Qualifikationsdefizite auszugleichen. Derzeit ist weitgehend ungeklärt, welche Bildungseinrichtungen – ob diejenigen der beruflichen Bildung, die Hochschulen oder Einrichtungen in freier Trägerschaft – am ehesten und am besten solche Zusatzangebote zur Studienvorbereitung schaffen könnten. Als besonders wirksam könnten sich hier integrative und mehrstufige Maßnahmenbündel erweisen, die intensivierte bzw. völlig neue zielgruppenspezifische Beratungs- und Betreuungsangebote im Vorfeld der Ausbildungsentscheidung, in der Studieneingangsphase, im Studienverlauf und zum Teil auch beim Berufseinstieg beinhalten müssen. Hierfür liefern die Beiträge von S. Yilmaz/M. Kottmann sowie von G. Spengler sehr gute und unterschiedlich ausgestaltete Beispiele. Mit solchen Übergangsgestaltungen, die das abgebende und aufnehmende System in die Verantwortung nehmen, können auch bisher benachteiligte Studierende für den Hochschulübergang aktiviert und zugleich durch die Neugestaltung des Hochschulübergangs der Studienerfolg dieser Gruppe gesteigert werden.

Literatur

Fend, H. (2008): Schule gestalten. Wiesbaden.

Übergang zwischen Schule und Hochschule – Empirische Befundlage[1]

Ulrich Trautwein

1. Einleitung

Anhaltend hohe Quoten bei Studienabbrüchen und Studiengangwechseln, hohe Durchfallquoten in vielen Fächern sowie Berichte darüber, dass es in bestimmten Bereichen an einer ausreichend hohen Zahl von Hochschulabsolventen fehle, weisen auf Optimierungsbedarfe beim Übergang zwischen Schule und Hochschule hin. Probleme bei diesem Übergang bringen hohe Kosten finanzieller und nicht finanzieller Art für die Betroffenen mit sich, aber auch für die Gesellschaft sind die Kosten eines ineffizienten Übergangsmanagements hoch. Angesichts dieser Bedeutung mag es verwundern, dass die empirische Befundlage zum Übergang zwischen Schule und Hochschule nach wie vor mager ausfällt, insbesondere auch im Vergleich zum Übergang nach der Grundschule. Dieser Beitrag stellt in aller Kürze wesentliche Charakteristika des Übergangs zwischen Schule und Hochschule dar, beschreibt die empirische Befundlage zu zentralen Herausforderungen und benennt eine Reihe von Maßnahmen zur Verbesserung des Übergangs von der Schule in die Hochschule aus der jüngeren Vergangenheit. Aus Platzgründen wird ausschließlich auf den Übertritt zwischen gymnasialer Oberstufe und Hochschule eingegangen; weitere Zugangswege wie der „zweite Bildungsweg" bzw. der Zugang zur Hochschule nach erfolgreicher beruflicher Ausbildung werden nicht behandelt.

2. Abitur als allgemeine Studienberechtigung

Im deutschen Bildungswesen bildet die gymnasiale Oberstufe die Brücke zwischen allgemeinbildender Schule und den Hochschulen. Mit dem Abitur erwerben die Abiturienten formal die Zugangsberechtigung zu fast allen existierenden Studienfächern an den deutschen Hochschulen, auch wenn in der Praxis der Zugang zu bestimmten Studienfächern und -programmen durch Zulassungsbeschränkungen (Numerus Clausus) und spezifischen Aufnahmeprozeduren (z.B. Aufnahmeprüfungen an Kunsthochschulen, Zusage von Arbeitgebern bei dualen Studiengän-

---

1 Dieser Beitrag basiert in Teilen auf früheren Arbeiten des Autors (u.a. Trautwein & Neumann, 2008; Trautwein, Neumann, Nagy, Lüdtke & Maaz, 2010), aus denen einzelne Textpassagen direkt übernommen wurden.

gen) begrenzt ist. Im internationalen Vergleich ergibt sich durch die allgemeine Zugangsberechtigung an Hochschulen ein hoher Anspruch an das Abitur. In anderen Ländern werden die Studienberechtigungen entweder überwiegend fächerspezifisch vergeben (z.B. das baccalauréat in Frankreich oder die A-Levels in Großbritannien) oder durch allgemeine Leistungstests ergänzt (z.B. SAT/CAT in den USA). Es ist diese – international praktisch einzigartige – Scharnierfunktion des Abiturs, die seit jeher erkennbare Rückwirkungen auf die Arbeit in der und die Diskussion um Struktur und Inhalte der gymnasialen Oberstufe gehabt hat. Der komplexe Anspruch, nicht nur für die Vermittlung von Allgemeinbildung und Wissenschaftspropädeutik zuständig zu sein, sondern mit der Vergabe des Abiturs in gewisser Weise auch die allgemeine Studierfähigkeit der jungen Erwachsenen zu garantieren, erweist sich als Einfallstor für verschiedenste Forderungen (vgl. z.B. Heldmann, 1984; Deidesheimer Kreis, 1997), die in ihrer Gesamtheit die Oberstufe vor nicht lösbare Aufgaben stellen. Welcher Art und Tiefe die Qualifikationen sein müssen, die sowohl zum Studium der klassischen Philologie als auch zur Ingenieur- oder Medizinerkarriere befähigen sollen, ist wohl kaum bestimmbar, zumal das geforderte Profil nicht unwesentlich von der Lehr- und Lernsituation an den jeweiligen Studiengängen und -standorten abhängt.

Zwei Alternativkonzepte haben deshalb lange Jahre die Diskussion um die Stellung des Abiturs im Hochschulzugang bestimmt. Die erste Alternative gibt den Anspruch einer generellen Hochschulreife zugunsten einer frühzeitigen Spezialisierung auf, die dann in eine fach- bzw. hochschulspezifische Studienreife mündet. In der zweiten Alternative wird die gymnasiale Oberstufe gänzlich von dem Anspruch befreit, eine Hochschulreife zu attestieren. Diese ist vielmehr von den aufnehmenden Hochschulen auf Basis eigener (z.B. Auswahlgespräch), allgemeiner (standardisierte Tests) oder fachspezifischer Kriterien (Fachtests, Facherfahrung) zu prüfen. Wie schwer sich die deutschen Hochschulen jedoch mit der Übernahme von Verantwortung für die Studierendenauswahl tun, lässt sich an dem schleppenden Einsatz von Hochschulzugangstests erkennen. Derzeit scheinen sich Reformansätze deshalb eher auf eine Verbesserung der Vergleichbarkeit der Abiturnote zu beziehen. (z.B. Blossfeld et al., 2011).

Die Festlegung, was die gymnasiale Oberstufe leisten soll, hat Rückwirkungen auf ihre Gestaltung und die Gestaltung des Übergangs. Die beiden genannten Alternativen würden zur Aufgabe des schwer einlösbaren Anspruchs an die gymnasiale Oberstufe führen, alle Studienanfänger für nahezu alle Studienfächer hinreichend zu qualifizieren, und vermutlich einer umfassenden Diversifizierung und Individualisierung des Lernangebots Vorschub leisten. Gleichzeitig würde die Debatte um die (fehlende) Vergleichbarkeit der Abiturnoten über unterschiedliche Leistungskurskombinationen, Schulen und Bundesländer hinweg viel von ihrer Sprengkraft verlieren. Die Kehrseite einer solchen Entwicklung wären möglicherweise eine zu frühe Festlegung auf eine bestimmte Laufbahn, die eingeschränkte politische Steuerbarkeit von Qualifikationen, die die nachwachsende Generation erwerben soll, sowie gegebenenfalls eine erschwerte Überprüfung der Qualität der schulischen Arbeit in der Oberstufe. In deutlich stärkerer Weise als bisher müsste zudem die „Studienberatung" bereits vor bzw. beim Eintritt in gymnasiale Oberstufen (bzw. bei der Wahl unterschiedlicher Wege zur Hochschulreife) erfolgen, was die Schulen zumindest anfangs vor kaum zu lösende Schwierigkeiten stellen würde.

Hält man dagegen – wie es bislang der Fall ist – den Anspruch an die Oberstufe aufrecht, allgemeine Studierfähigkeit zu vermitteln und in Hinblick auf zulassungsbeschränkte Fächer eine hohe Vergleichbarkeit der Abiturzeugnisse zu garantieren, so erwachsen hieraus vielfältige und komplexe Aufgaben, u.a. bei der Sicherung und der Vergleichbarkeit hoher Leistungsstandards, der wissenschaftspropädeutischen Ausbildung sowie bei der Förderung einer Interessenstruktur, die sinnvolle Studienfachwahlen ermöglicht.

3. Zentrale Herausforderungen: Empirische Befunde

Im Folgenden werden beispiel- und skizzenhaft Befunde aus der Studie „Transformation des Sekundarschulsystems und akademische Karrieren" (TOSCA; vgl. Trautwein et al., 2010) vorgestellt, um persistierende Herausforderungen des Übergangs zwischen Schule und Hochschule zu illustrieren.

Die TOSCA-Studie
TOSCA untersucht die Bildungsbiografien von Absolventen des Gymnasiums und der Realschule über einen Zeitraum von mehreren Jahren. Das Projekt, das mittlerweile fünf Teilkohorten umfasst, wurde am Berliner Max-Planck-Institut für Bildungsforschung begonnen und wird inzwischen von der Abteilung Empirische Bildungsforschung und Pädagogische Psychologie der Universität Tübingen geleitet (vgl. Trautwein et al., 2010).

In Kohorte 1 („TOSCA-2002") wurden erstmals im Schuljahr 2001/02 bei 4.730 Abiturientinnen und Abiturienten aus 90 allgemeinbildenden und 59 beruflichen Gymnasien die Bildungserträge am Ende der Sekundarstufe II in den Fächern Mathematik und Englisch untersucht. Im Abstand von zwei Jahren erfolgten weitere postalische Nachbefragungen mit jeweils rund 2.000 Teilnehmerinnen und Teilnehmern. Kohorte 2 („TOSCA-2006") begann im Jahr 2006 mit 5.016 Abiturientinnen und Abiturienten aus mehr als 150 Gymnasien in Baden-Württemberg. Auch hier fanden im Zweijahresabstand postalische Nachbefragungen statt. „TOSCA-10" besteht aus einer Stichprobe von rund 2.500 Schülerinnen und Schülern der 10. Jahrgangsstufe aus Realschulen und Gymnasien, die erstmalig im Jahr 2007 an der Untersuchung teilnahmen. Diese Kohorte ermöglicht es, den Übergang in berufliche Ausbildungen sowie in die gymnasiale Oberstufe an beruflichen Gymnasien besonders detailliert zu betrachten.

Eine weitere Kohorte von Abiturientinnen und Abiturienten („TOSCA-LAU") konnte untersucht werden, da der Senat von Hamburg einen Benchmark-Vergleich in Auftrag gab, bei dem TOSCA-Instrumente eingesetzt wurden, um die Qualitätsentwicklung des Schulsystems zu prüfen. In Hamburg wurde seit Mitte der 1990er-Jahre unter der wissenschaftlichen Leitung von Professor Rainer Lehmann die Studie „Aspekte der Lernausgangslage und Lernentwicklung" (LAU) durchgeführt. Im Jahr 2005 bearbeiteten die Abiturientinnen und Abiturienten im Rahmen dieser Studie die gleichen Leistungstests wie die Teilnehmerinnen und Teilnehmer der TOSCA-Studie im Jahr 2002.

Schließlich wurden 2009 erstmals Abiturientinnen und Abiturienten in Sachsen befragt („TOSCA-Sachsen"); in den Jahren 2010 und 2011 folgten zwei weitere Erhebungen. Ziel dieser Erweiterung ist, die Effekte einer Reform der gymnasialen Oberstufe zu messen, in deren Rahmen unter anderem die Bedeutung der naturwissenschaftlichen Fächer substanziell gesteigert wurde.

Zentrale Befunde der TOSCA-Studie

Leistungsvoraussetzungen. Ergebnisse der TOSCA-Studie weisen darauf hin, dass die Leistungen vieler Abiturienten unterhalb der Zielkorridore liegen, die von Wissenschaftlern und Fachvertretern definiert werden (vgl. Trautwein et al., 2007). Allerdings ist generell auf die Schwierigkeit solcher Setzungen hinzuweisen. Deutlich wurden zudem substanzielle Unterschiede in den mittleren Leistungen (insbesondere in Mathematik) zwischen einzelnen Bundesländern, Schulformen (allgemeinbildendes Gymnasium, Gesamtschule, Berufliche Gymnasien) sowie Einzelschulen.

Bewertungsmaßstäbe. Die unterschiedlichen Leistungen schlagen sich nur teilweise in den Abiturnoten der jungen Erwachsenen nieder. Generell lässt sich – bei statistischer Kontrolle der individuellen, mithilfe eines standardisierten Leistungstests erhobenen Fachleistung – erkennen, dass die Noten in eher leistungsschwachen Lerngruppen vergleichsweise gut ausfallen (Neumann, Nagy, Trautwein & Lüdtke, 2009).

Soziale Disparitäten. Auch beim Übertritt von der Schule in die Hochschule lassen sich soziale Disparitäten in den Übertrittsentscheidungen dokumentieren, die zu der gut bekannten Assoziation zwischen sozialer Herkunft und Bildungserfolg beitragen (Maaz, 2006). Im Vergleich zu früheren Übertritten dürfte der Effekt der sozialen Herkunft allerdings etwas geringer ausfallen; hierzu dürften auch duale Hochschulangebote beitragen (vgl. Kramer et al., 2011).

Wissenschaftspropädeutik. Trotz der Bedeutung, die der wissenschaftspropädeutischen Ausbildung der Abiturienten spätestens seit der Oberstufenreform von 1972 zukommt, weisen die Befunde aus TOSCA darauf hin, dass viele Abiturienten in der Oberstufe nur wenige Gelegenheiten hatten, sich mit wissenschaftsnahem Arbeiten und Denken vertraut zu machen (vgl. Trautwein et al., 2010).

Studienerfolg: Leistungsvoraussetzungen und Passung von Interessen. Befunde der TOSCA-Studie weisen darauf hin, dass sowohl die Schulleistung als auch die Passung von Interessen wichtige Prädiktoren des Studienerfolgs sind (vgl. Nagy, 2006), wobei die kognitiven Voraussetzungen besonders eng mit der Studienleistung, die Interessenpassung dagegen besonders eng mit der Studienzufriedenheit und geringer Neigung zum Studienabbruch assoziiert sind.

4.   Maßnahmen

In den vergangenen Jahren können eine Reihe von Maßnahmen beobachtet werden, die den Übergang zwischen Schule und Hochschule optimieren sollen, wobei man vereinfachend zwischen Maßnahmen in der gymnasialen Oberstufe, Reformen an den Hochschulen und Maßnahmen, die direkt den Übertrittsprozess betreffen, unterscheiden kann. Belastbare empirische Daten zur Wirksamkeit der Maßnahmen liegen allerdings nicht durchgängig vor.

Reformen im Schulsystem
Reformen der gymnasialen Oberstufe. Durch Einführung des Zentralabiturs sowie die partielle Abschaffung von Wahlangeboten soll eine Erhöhung der mittleren Leistungen in Kernfächern sowie eine größere Vergleichbarkeit der Leistungen der Abiturienten erreicht werden. Für Baden-Württemberg konnte die TOSCA-Studie (vgl. Trautwein et al., 2010) zeigen, dass die Ziele nicht durchgängig erreicht wurden. Maßnahmen an allgemeinbildenden Gymnasien, die darauf abzielen, insbesondere in bestimmten Fächern (z.B. Naturwissenschaften) ein höheres Interesse der Abiturienten zu generieren, erwiesen sich ebenfalls als teilweise erfolgreich (vgl. Dicke, 2013).

Allgemeine vs. Berufliche Bildung. Angebote in Schulen, die eine stärkere Vereinbarkeit beruflicher und allgemeinbildender Aspekte vorsehen (v.a. berufliche Gymnasien), stoßen auf ein hohes Interesse der Jugendlichen und jungen Erwachsenen; sie dürften oftmals zu einer vergleichsweise hohen Passung von Interessen und Angebotsstrukturen führen (Nagy et al., 2011). Die empirische Befundlage ist allerdings noch immer als begrenzt zu bewerten.

Wissenschaftspropädeutik in der Oberstufe. In mehreren Bundesländern sind spezifische Kurse zur Förderung wissenschaftspropädeutischer Kompetenzen entwickelt bzw. gestärkt worden, in denen wissenschaftsnahe gearbeitet wird (z.B. W-Kurse in Bayern, Besondere Lernleistung in Baden-Württemberg). Die Wirkung dieser Angebote ist allerdings bislang noch weitgehend unerforscht.

Reformen an Hochschulen

BA/MA-Studiengänge. Die Einführung der Bachelorstudiengänge im Zuge der Bologna-Reformen hatten u.a. das Ziel, durch größere Transparenz und bessere „Studierbarkeit" die Studiendauer und Zahl der Studienabbrüche zu verringern. Bisher vorliegende Daten deuten darauf hin, dass das Maß der Zielerreichung u.a. davon abhängt, wie gut es den einzelnen Standorten gelang, ein qualitativ hochstehendes Angebot ohne inhaltliche Überfrachtung zu entwickeln. Überraschenderweise gilt auch hier, dass die empirische Befundlage zu den Charakteristika „erfolgreicher Studiengänge" sehr dünn ausfällt.

Duales Studium. Duale Studiengänge werden derzeit mit hohem Tempo ausgebaut. Sie versprechen eine starke Berufsorientierung bei gleichzeitig hohem wissenschaftlichen Anspruch. Zumindest für die Absolventen der Dualen Hochschule Baden-Württemberg, einem Pionier dieser Angebote, konnte gezeigt werden, dass sich der frühe Berufserfolg von Absolventen Dualer Studiengänge nicht von denjenigen klassischer Studiengänge unterschied (Zettler, Kramer, Thoemmes, Nagy & Trautwein, 2013).

Einstiegskurse/Übergangskurse. Gerade auch in mathematisch-naturwissenschaftlichen Fächern, bei denen oftmals ein Mangel an Studierenden diagnostiziert wird, sind hohe Durchfallquoten bei Tests und Prüfungen zu verzeichnen. Seit kurzer Zeit reagieren Hochschulen auf diese Situation durch das verstärkte Angebot von „Auffrischungskursen" bzw. „Übergangskursen", deren Erfolg aber nur vereinzelt empirisch untersucht wird.

Übergangsmanagement

Beim Übergang zwischen Schule und Hochschule liegt eine wesentliche Herausforderung darin, eine Passung zwischen Interessenstrukturen der künftigen Studierenden und den Angeboten der Hochschulen herzustellen. Daneben dienen manche Programme auch dem Ziel, soziale Disparitäten beim Hochschulzugang abzubauen. Zu unterscheiden ist u.a. zwischen dem Einsatz von „Studienbotschaftern" (Studierende, die Schülerinnen und Schüler in Veranstaltungen der Schule über die Hochschule bzw. einzelne Studiengänge informieren), „Tage der offenen Türe" an Hochschulen, professionelle Studienberatung an Hochschulen bzw. Berufsinformationszentren sowie Online-Selbst-Assessment-Verfahren, die gerade in jüngerer Zeit vermehrt zum Einsatz kommen.

5. Ausblick

Im Bereich nicht experimenteller Forschung zum Übergang zwischen Schule und Hochschule wird sich in Zukunft die Datenlage durch die Bereitstellung der Daten aus dem National Bildungspanel (vgl. Blossfeld et al., 2011) verbessern. Darüber hinaus sind weitere Feldstudien und kontrollierte Interventionsstudien notwendig, um ein besseres Verständnis der Faktoren zu bekommen, die zum Gelingen des Übergangs zwischen Schule und Hochschule beitragen.

Literatur

Blossfeld, H.-P./Bos, W./Daniel, H.-D./Hannover, B./Lenzen, D./Prenzel, M./Roßbach, H.G./ Tippelt, R./Wößmann, L. (2011): *Gemeinsames Kernabitur. Zur Sicherung von nationalen Bildungsstandards und fairem Hochschulzugang.* Münster: Waxmann.

Blossfeld, H.-P./Roßbach, H.-G./von Maurice, J. (Eds.). (2011): Education as a Lifelong Process – The German National Educational Panel Study (NEPS). *Zeitschrift für Erziehungswissenschaft; Special Issue 14.* Heidelberg: VS Verlag für Sozialwissenschaften.

Deidesheimer Kreis. (1997): *Hochschulzulassung und Studieneignungstests: Studienfeldbezogene Verfahren zur Feststellung der Eignung für Numerus-clausus- und andere Studiengänge.* Göttingen: Vandenhoeck & Ruprecht.

Dicke, A.-L. (2013): *Students' academic interests: Influence of academic tracking, curriculum, and the teacher.* Unpublished Doctoral Thesis, University of Tübingen.

Heldmann, W. (1984): *Studierfähigkeit: Ergebnisse einer Umfrage.* Göttingen: Schwartz.

Kramer, J./Nagy, G./Trautwein, U./Lüdtke, O./Treptow, R. (2011): Die Klasse an die Universität, die Masse an die anderen Hochschulen? Wie sich Studierende unterschiedlicher Hochschultypen unterscheiden. *Zeitschrift für Erziehungswissenschaft, 14,* 465–487.

Maaz, K. (2006): *Soziale Herkunft und Hochschulzugang. Effekte institutioneller Öffnung im Bildungssystem.* Wiesbaden: VS Verlag für Sozialwissenschaften.

Nagy, G. (2006): *Berufliche Interessen, kognitive und fachgebundene Kompetenzen: Ihre Bedeutung für die Studienfachwahl und die Bewährung im Studium.* Dissertation, Freie Universität, Berlin.

Nagy, G./Trautwein, U./Maaz, K. (2012): Fähigkeits- und Interessenprofile am Ende der Sekundarstufe I: Struktur, Spezifikation und der Zusammenhang mit Gymnasialzweigwahlen. *Zeitschrift für Pädagogische Psychologie, 26,* 79–99.

Neumann, M./Nagy, G./Trautwein, U./Lüdtke, O. (2009): Vergleichbarkeit von Abiturleistungen: Leistungs- und Bewertungsunterschiede zwischen Hamburger und Baden-Württemberger Abiturienten und die Rolle zentraler Abiturprüfungen. *Zeitschrift für Erziehungswissenschaft, 12,* 691–714.

Trautwein, U./Köller, O./Lehmann, R./Lüdtke, O. (Hrsg.) (2007): *Schulleistungen von Abiturienten: Regionale, schulformbezogene und soziale Disparitäten.* Münster: Waxmann.

Trautwein, U./Neumann, M./Nagy, G./Lüdtke, O./Maaz, K. (Hrsg.) (2010): *Schulleistungen von Abiturienten: Die neu geordnete gymnasiale Oberstufe auf dem Prüfstand.* Wiesbaden: VS Verlag für Sozialwissenschaften.

Trautwein, U./Neumann, M. (2008): Das Gymnasium. In: K. S. Cortina/J. Baumert/A. Leschinsky/K. U. Mayer/L. Trommer (Hrsg.), *Das Bildungswesen in der Bundesrepublik Deutschland: Strukturen und Entwicklungen im Überblick (S. 467–501).* Reinbek bei Hamburg: Rowohlt.

Zettler, I./Kramer, J./Thoemmes, F./Nagy, G./Trautwein, U. (2013): Welchen Einfluss hat der Besuch unterschiedlicher Hochschultypen auf den frühen beruflichen Erfolg? Eine explorative Untersuchung. *Zeitschrift für Pädagogische Psychologie, 27,* 51–62.

Übergang zwischen Schule und Hochschule – Entwicklungen, Schwierigkeiten und Gestaltungsansätze

Johannes Wildt

1. Vorbemerkung: Kontexte

Bildungsverläufe werden durch Abfolgen von Aufenthalten in Bildungseinrichtungen strukturiert. Phasen der Übergänge zwischen diesen Einrichtungen sind Zeiten der Krise. Als *Transitionen* markieren sie Scheidewege, an denen sich Zugänge zu Lebenschancen und Zugehörigkeiten zu sozialen Gruppen und Statuspositionen, oft mit einschneidenden Folgen für *Teilhabe an Kultur und Gesellschaft* ergeben. Weil die Übergänge zugleich Chancen des Erfolgs und Risiken des Scheiterns bergen, richten sich auf sie starke Erwartungen und Befürchtungen. Gleichzeitig stellen sie Herausforderungen an die Betroffenen einerseits, an die Bildungseinrichtungen andererseits.

Übergänge zu meistern, verlangt von den Betroffenen, sich auf neue Aufgabenstellungen, Umgebungen, Personen, Normen, Gewohnheiten, soziale Beziehungen, Leistungs- und Bewertungsmaßstäbe usw. einzurichten. Weil die Handlungsmuster, die unter den Bedingungen der abgebenden Einrichtung erfolgreich waren, in der aufnehmenden Einrichtung häufig nur noch wenig zählen, kann in erheblichem Umfang Umorientierung, Umlernen und der Erwerb neuer Kompetenzen erforderlich sein. Angesichts unterschiedlicher *Voraussetzungen, Lebenslagen und biographischen Verläufe* dieser Transitionen stellen sich die Herausforderungen zudem höchst unterschiedlich dar. Entscheidend beim Übergang in die Hochschulen, ist es, wieweit die fachliche und soziale Integration in der Studieneingangsphase gelingt (vgl. schon Tinto 1993)

Für die Meisterung der Übergangsprobleme, deren Art und Ausmaß sich in den Übergangsquoten empirisch dokumentieren lassen (vgl. Wolter in ds. Band, dessen Beitrag komplementär zu den Aussagen des vorliegenden Artikels zu lesen sind) kommt es maßgeblich auf die Gestaltung der *Ausgänge* der abgebenden und der *Eingänge* in die aufnehmenden Einrichtungen sowie der Bahnung von *Lernwegen in den dazwischen liegenden Zeit- bzw. Lernräumen* an. Man kann allerdings nicht behaupten, dass die damit verbundenen Probleme in den Bildungseinrichtungen überhaupt wahrgenommen werden und hinreichend darauf Rücksicht genommen, geschweige denn adäquat reagiert wird.

Gerade zwischen Hochschulen und Schulen erscheint das „Schwarze Peterspiel" als traditionell geübte Praxis, das in der wechselseitigen Schuldzuschreibung für die Versäumnisse besteht, geeignete Vorkehrungen zur Erleichterung der Übergänge zu schaffen. Solche Spiele werden offenkundig immer dann gespielt, wenn es um die Öffnung vice versa Abschottung der Hochschulbildung geht. Es kann insofern keineswegs davon ausgegangen werden, dass die Hochschulen stets bereit und interessiert waren bzw. sind, die Möglichkeiten in ihrem eigenen Verantwortungsbereich auszuschöpfen, die Übergänge zu erleichtern. Reformen des Übergangs und des Eingangs in den Hochschulen gewinnen dagegen vermutlich immer dann an Konjunktur, wenn der gesellschaftliche Druck, Studierende aufzunehmen und im Studium erfolgreich zu halten, zunimmt.

So mag es verständlich sein, dass – mitunter in höchst kontroversen Auseinandersetzungen zwischen divergierenden Interessenlagen – die Geschichte der Hochschulbildung eine Vielzahl von Ideen und Konzepte einer Reform des Hochschulzugangs und der Studieneingangsphase hervorgebracht hat. Auch heute lässt sich beobachten, dass diese Thematik wieder Konjunktur aufgenommen hat. Dies belegen u.a. die zahlreichen Maßnahmen, die in der sog. dritten Säule des Qualitätspakts zur Qualität der Lehre aufgelegt worden und jetzt in den Hochschulen umgesetzt werden (GWK 2012).

Der folgende Beitrag spannt deshalb den Bogen in die Geschichte der Hochschulbildung und gibt einen kursorischen Überblick über die Entwicklung von Konzepten und Maßnahmen zur Gestaltung des Übergangs zwischen Schule und Hochschule. Vor diesem Hintergrund soll der „state of the art" von Theorie und Praxis der Transitionen beleuchtet werden, wie er sich angesichts der fortgesetzten Dynamik einer Öffnung der Hochschulen für breite Schichten der Bevölkerung mit unterschiedlichen Bildungsvoraussetzungen einerseits und teilweise dramatischen Drop-Out-Raten derzeit darstellt.

2.   Zukunftsfähige Vergangenheiten

Ein Rückblick in die Hochschulentwicklung (vgl. zu den Einzelheiten und Einzelnachweisen Wildt 2012) zeigt allerdings, dass die Frage nach der Gestaltung der Übergänge in die Hochschulen keineswegs eine heutige Erfindung ist. Schon in den Zeiten der *neuhumanistischen Bildungsreform* waren die Beteiligung an der Hochschulbildung und die darauf zielenden Zugangswege und Zulassungsregeln kontrovers. Angesichts der Schiller'schen Unterscheidung zwischen den *„Brotstudenten"* und den *„gelehrten Köpfen"* entbrannte eine heftige Debatte, darüber, wer denn an die Universitäten gehörte. Zu erinnern ist an die nach wie vor aktuelle Sicht *Schleiermachers*, der in seinem Plädoyer für einen offenen Hochschulzugang, davon ausging, dass sich die *Befähigung zum akademischen Studium erst im Studium erweise.*

Die Hochschulreform zu Beginn des 19. Jahrhunderts gab allerdings auf dieses Postulat keine didaktische Antwort. Noch im Vormärz gewann wohl als Reaktion auf diese Problematik die Bewegung der *„Hodegetik"* an Bedeutung, deren

Programm es war, inhaltlich und methodisch *Wege in die Wissenschaft* zu ebnen, also eine Art von hochschulinterner *Wissenschaftspropädeutik* unter Einschluss der Förderung wissenschaftlicher Arbeitsweisen zu etablieren.

Dennoch brachte die Praxis der Hochschulbildung in den weiteren Entwicklungen des 19. Jahrhunderts Konstellationen in Lehre und Studium hervor, die den Bildungspotentialen und den Anforderungen der wachsenden Modernisierungsaufgaben in Wissenschaft und Gesellschaft nicht entsprach. So wenigstens wurden am Ende des 19. und im beginnenden 20. Jahrhunderts die Lage der Hochschulbildung in der „*Gesellschaft für Hochschulpädagogik*", einer Vorläufervereinigung der Hochschuldidaktik, die von 1899 bis 1934 existierte, der Übergang in die Hochschule im Sinne der damals aufkommenden Andragogik, unter der Perspektive eines *erwachsenengerechten Lernens* reflektiert.

Betrafen Hodegetik und Hochschulpädagogik die curriculare (wissenschaftspropädeutische) und methodische (erwachsenengerechte) Ausgestaltung, so wurde die Hochschulbildung unter dem Eindruck der verheerenden Einflüsse des Faschismus im Wesentlichen nach den Mustern der Weimarer Zeit restauriert, sollte aber im Sinne der *Reeducation* in der Zeit nach dem 2. Weltkrieg durch additive Maßnahmen ergänzt werden. *Studium Generale*, *Wohnheimerziehung* und *Politische Bildung* traten als erzieherische Komponenten zu einem Studium hinzu, das nach dem Diktum des Vorsitzenden der Hochschulrektorenkonferenz in den 50ziger Jahren, Heimpel, jedoch als im „Kern gesund" apostrophiert wurde.

3. Übergänge ins Studium auf dem Weg der „neueren Hochschuldidaktik"

Die heutigen Überlegungen zur Gestaltung der Übergänge ins Studium fußen zudem auf Entwicklungen, die zum Kernarbeitsgebiet der „*neueren Hochschuldidaktik*" (auch dazu s. Wildt 2012) gehören, die aus den Reformbestrebungen der Wende von den 60er zu den 70er Jahren hervorgingen. Vermutlich war es bereits damals schon für eine fachliche und soziale Aspekte integrierenden Konzipierung, Gestaltung der Studieneingangsphase kontraproduktiv, dass *Studienberatung* und *Hochschuldidaktik* separat voneinander institutionalisiert wurden. In der Frühphase der Hochschuldidaktik jedenfalls lag ein dominanter Arbeitsschwerpunkt auf der Konzipierung von *Orientierungseinheiten* von *Tutorien* zum Studienanfang, ohne Fragen der Studienberatung hinreichend zu thematisieren.

Schon bald erweiterte sich dieser Reformansatz von Mitte der 70er bis in die 80ziger Jahre zu komplexeren Modellen von speziellen Veranstaltungen vor Beginn des Studiums (insbesondere *Brückenkurse* oder meist mathematische *Vorkurse*) oder speziellen Veranstaltungen zur *Einführung* ins Studium, z.T. *Überblicks*veranstaltungen, mehr noch als Einführungskurse in *wissenschaftliches Arbeiten*.

Reformen richteten sich im Grenzfall auf komplette Umstrukturierungen der gesamten Studieneingangsphase. Besonders in den 90er Jahren wurden nicht zuletzt, um die Studierendenquote zu erhöhen, vermehrt Anstrengungen unternommen, potentielle Studierende für das Studium durch Intensivierung der *Studien- und Berufsberatung schon in den Schulen*, aber auch durch *Schulbesuche* von Hochschulangehörigen zu interessieren und für neuentstehende Bedarfe bzw. Mangelfächer zu motivieren. Dazu zählen neben den erwähnten Maßnahmen *Tage der offenen Tür*, *Schnupperstudien*, *Studiencamps* oder Gelegenheiten zur Intensivierung von Kontakten zwischen Studierenden und Lehrenden oder jungen und älteren Studierenden etwa in *Mentorenprogrammen* oder mit Blick auf internationale Studierende „*Buddy* Programmen" als Lernpartnerschaften zwischen deutschen und ausländischen Studierenden. Nicht zuletzt wurden die Möglichkeiten zur Distribution *digitaler Information* über das Internet (Web 1.0) genutzt. Ausgebaut wurde auch die *Fachstudienberatung* und bisweilen die allgemeine Studienberatung, deren zu starke Ausrichtung auf Therapieangebote, auf *Studieninformation* fokussiert. Einen Überblick über das Kaleidoskop der bis zum Ende der 90er Jahre entwickelten Maßnahmen findet sich in einem Überblicksartikel des Autors (Wildt 2001).

4.   Ein Kaleidoskop von Maßnahmen

Insgesamt sind nach früheren Vorläufern, insbesondere in den letzten Jahrzehnten des 20. Jahrhunderts, eine Vielfalt von Reformen des Übergangs in die Hochschulen konzipiert und auf den Weg gebracht worden, die im Vorfeld der Aufnahme eines Studiums, zwischen abgebenden Bildungseinrichtungen und Hochschulen, durch Informationen und Beratung zu Beginn des Studiums und in den frühen Studienphase sowie durch curriculare und extracurriculare Veranstaltungsangebote in der Studieneingangsphase ein buntes Kaleidoskop von Maßnahmen entstanden. In dem oben erwähnten Übersichtsartikel des Autors sind die Maßnahmen in einem MindMap zusammenfasst. Es illustriert die Lebendigkeit und Produktivität der Reformakteure gerade bei der Gestaltung von Übergängen zwischen Schule und Hochschule, bis zu diesem Zeitpunkt also im Vorfeld oder der Startphase des Bologna-Prozesses.

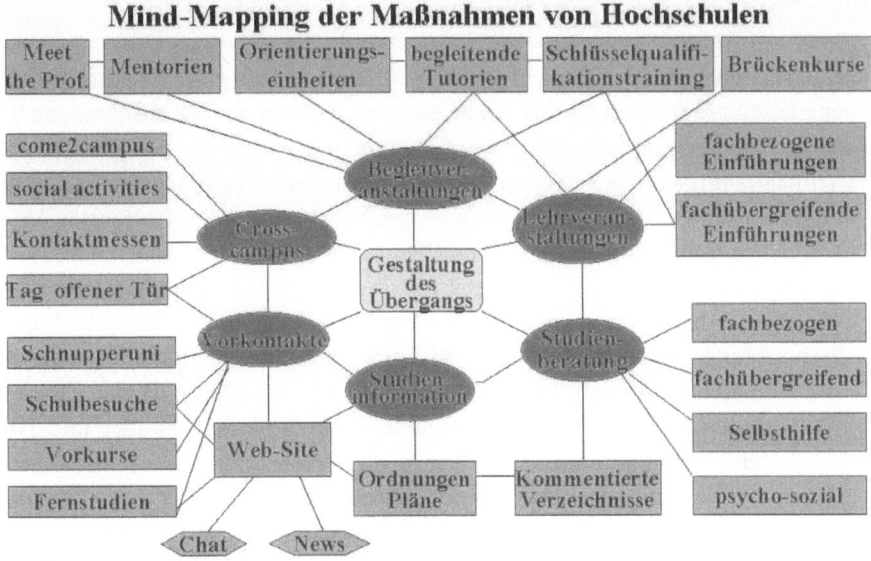

Mind-Mapping der Maßnahmen von Hochschulen

Es kann an dieser Stelle keine Übersicht über Verbreitung, Stabilität und Qualität der einzelnen Maßnahmen gegeben werden. Dazu fehlt eine zuverlässige Datenbasis, für die es einer systematischen hochschuldidaktischen Begleit- bzw. Wirkungsforschung bedurft hätte, ein Versäumnis, das mit der deplorablen Lage der hochschuldidaktischen Forschung zusammenhängt, aber an dieser Stelle nicht vertieft werden soll (vgl. aber Jahnke/Wildt 2011). Die Diskussion verläuft allerdings auch gegenwärtig nicht primär entlang der Frage nach Evidenzen über die Qualität einzelner Maßnahmen.

Betrachtet man vielmehr die jüngsten Entwicklungen, insbesondere im Rahmen der sog. 3. Säule des Qualitätspakts (GWK a.a.O.), so zeigt ein Blick in die bewilligten Anträge, dass die Probleme des Übergangs in die Hochschule nach wie vor an prominenter Stelle unter den geplanten Reformvorhaben stehen. Was die Anträge jedoch gegenüber früheren Konzeptualisierungen auszeichnet, ist der Versuch, das Kaleidoskop der Maßnahmen nicht nur den heutigen Bedingungen, z.B. veränderten Lern- bzw. Sozialisationsvoraussetzungen der Studierenden und im Zuge des Bologna-Prozesses bzw. curricularen Strukturen anzupassen und zu modernisieren, sondern sie in systemische Zusammenhänge zu stellen.

5.   Modernisierung und systemische Verknüpfung

Wenn also heute von einer neuen Qualität in der Gestaltung der Übergänge in die Hochschulen gesprochen werden kann, so kann diese in der Modernisierung und systemischen Verknüpfung der zahlreichen in der Vergangenheit praktizierten Einzelmaßnahmen gesehen werden. Ohne an dieser Stelle zu einer abschließenden Listung und Bewertung solcher systemischen Verknüpfungen zu gelangen, lassen sich jedoch verschiedene Merkmale angeben, unter denen diese stattfinden:

1. *Orientierung am studentischen Life-Cycle:* Maßnahmen zu Gestaltung der Übergänge bzw. der Studieneingangsphase werden in den Kontext der Abfolge von Entwicklungsaufgaben gestellt, die sich im Laufe ihrer Studienbiografien für die Studierenden stellen. Es geht dabei nicht nur um die Logik der einzelnen Maßnahmen, sondern ihre Anschlussfähigkeit an die vorangehenden und nachfolgenden Bildungsphasen.

2. *Diversity:* Die Gemeinsamkeiten und Unterschiede der Studierenden sind Ausgangspunkt für die Gestaltung der Übergangsphasen. Die Kunst im Umgang mit der Heterogenität besteht insbesondere darin zu vermeiden, mit einer Diversifizierung der einzeln ergriffenen Maßnahmen die Segregation zwischen den verschiedenen studentischen Sozialgruppen zu verschärfen. Es geht vielmehr darum, Lernendenverschiedenheit als Potential für die didaktische Gestaltung von Lehre und Studium im Sinne eines individualisierten und kooperativen Lernens zu nutzen.

3. *Lernendenzentrierte Didaktik:* Dazu gilt es, eine lernenendenzentrierten Lehrkultur zu schaffen. Aus der Perspektive eines „Shift from Teaching to Learning" erschließen sich die Möglichkeiten aktiven, selbstständigen und kooperativen Lernens bereits in der Übergangsphase ins Studium und im ersten Studienjahr.

4. *Curriculare Integration:* Das Curriculum der jeweiligen Studiengänge bildet den Bezugsrahmen, in dem alle Einzelmaßnahmen der Studieneingangsphase ihren Platz haben. Die curricularen Strategien unterscheiden sich allerdings im Hinblick darauf, ob die einzelnen Maßnahmen in die Curricula integriert oder additiv hinzugefügt werden. Teilweise bleibt es – nach dem Motto: „Wasch mir den Pelz, aber mach mich nicht nass" – bei zusätzlichen Maßnahmen, ohne eine substantielle Veränderung der Curricula.

5. *Entlastung von Zeit- und Prüfungsdruck:* Modularisierung und studienbegleitende Prüfung nach Bologna-Vorgaben haben in vielen Studiengängen zu einem erhöhten Druck auf die Studierenden geführt, der gerade für bildungsferne Studierende ein adaptives Lernen verhindert. Manchenorts werden Prüfungsvorgaben in der Studieneingangsphase reduziert oder ganz herausgenommen. Unterschiedlichen Lernbedarfen einzelner Studierenden tragen flexible Lernzeiten Rechnung. An einigen Studienorten werden Vorsemester konzipiert, die einen flexibleren Übergang ins Studium ermöglichen sollen.

6. *Web 2.0*: Soziale Integration ist ohne Präsenzstudium mit lebendiger Interaktion kaum denkbar. Sie kann wirkungsvoll durch digital verstärkte Lernvorgänge unterstützt werden. Digitale Technologien auf dem Niveau von Web-2.0-Technologien halten dazu kommunikationsförderliche Lernumgebungen bereit. Lernen im Modus der Präsenz und Distanz wächst zu neuen Mustern flexiblen Lernens schon im Übergang von Schule und Hochschule zusammen.

7. *Integration fachbezogener und fachübergreifender Aspekte*: Heutige Reformkonzepte binden fachliche und überfachliche Aspekte des Übergangs zusammen. Vermehrt wird dabei nach Mitteln und Wegen gesucht, überfachliche Aspekte, wie die Förderung von Kommunikation, arbeitsmethodischer Qualifizierung, Förderung selbstorganisierten Lernens, mit dem fachlichen Lernen zu integrieren. So entstehen Veranstaltungskonzepte, die eine fachnahe Vermittlung von Schlüsselkompetenzen erlauben. So besteht das sog. Leuphana-Semester der Universität Lüneburg aus einem Studium in interdisziplinären Projekten, die anspruchsvolle interdisziplinäre Themen bearbeiten und dabei Orientierungen in der sowie die Einführung wissenschaftlicher Arbeit und Kommunikationsformen einschließen.

8. *Einbindung ins Qualitätsmanagement*: Die Chancen für eine qualitätshaltige Entwicklung der Gestaltung des Übergangs zwischen Schule und Hochschule wachsen mit ihrer Einbindung in das Qualitätsmanagement. Es wird sich in Zukunft erweisen, ob es gelingt, eine nachhaltige Qualitätsentwicklung durch die Integration auch dieses Studiensegments in evidenzbasierte Entwicklungszyklen in Gang zu setzen. Vorteilhaft dürfte dafür der Aufbau einer anwendungsorientierten hochschuldidaktischen Begleit- bzw. Wirkungsforschung sein, wie sie beispielsweise an der Universität Hamburg vorgesehen ist.

9. *Personal- und Kompetenzentwicklung*: Anspruchsvolle Konzepte des Übergangs zwischen Schule und Hochschule bedürfen angemessener Kompetenzen des Lehrpersonals. Dazu zählen die Fähigkeit und Bereitschaft mit Blick auf die Lernendenverschiedenheiten, didaktische Vermittlung mit Lernberatung und Gestaltung von Lernumgebungen zu verbinden. Da entsprechende Kompetenzen nur im Ausnahmefall autodidaktisch erworben werden, ist in einer Reihe der Qualitätspaktprojekte vorgesehen, die Professionalisierung der Lehre durch hochschuldidaktische Weiterbildung und Beratung von Lehrenden auszubauen.

10. *Organisationale Konzepte*: Manche Hochschulen schaffen neue Organisationsstrukturen, um die Nachhaltigkeit und Stabilität in der Gestaltung der Übergänge zu sichern. Es dürfte aus der Sicht der Organisationsentwicklung von Interesse sein zu beobachten, wie die Zusammenfassung von insgesamt über 40 verschiedenen Maßnahmen zur Gestaltung der Übergänge in einem Studieneingangskolleg der Universität Hamburg gelingt.

Literatur

GWK (Gemeinsame wissenschaftliche Kommission) (2010): Qualitätspakt Lehre, www. qualitäspakt-lehre.de.

Jahnke, I./Wildt, J. (2011): Hochschuldidaktische Hochschulforschung – fachbezogen und fächerübergreifend? In: dies. (Hrsg): *Fachbezogene und Fachübergreifende Hochschuldidaktik, Reihe Blickpunkt Hochschuldidaktik 121*, Bielefeld: Bertelsmann, S. 9–18 .

Tinto, V. (1993): *Leaving College – Rethinking the causes and cures of student attrition.* (2nd ed.) Chicago: The University of Chicago Press.

Wildt, J. (2001): Studienanfänger – Wie kann die Hochschule beim Übergang von Schule zu Hochschule helfen? In: Berendt, B./Voss, H.-P./Wildt, J. (Hrsg.): *Neues Handbuch Hochschullehre Griffmarke F.1.1.* Raabe (Verlag).

Wildt, J. (2012): Potentiale und Entwicklung der Hochschuldidaktik. In: Erichsen, H.-U./ Schäferbarthold; D./Staschen,H./Zöllner, E.J.: *Lebensraum Hochschule – Grundfragen einer sozial definierten Bildungspolitik*, Siegburg, S. 93–116.

Den Übergang Schule–Hochschule gestalten – „Chance hoch 2: Das Programm für Bildungsaufsteiger/-innen"

Gabriele Spengler

Junge Menschen mit Zuwanderungshintergrund und auch Kinder und Jugendliche aus ökonomisch schwachen oder bildungsfernen Milieus finden vielfach nur unter erschwerten Bedingungen Zugang zum bundesdeutschen Bildungssystem. Aus dem Selbstverständnis als eine dem Ziel der Bildungsgerechtigkeit verpflichtete und für unterschiedliche Gruppen offene Hochschule hat die Universität Duisburg-Essen (UDE) unter Federführung des Prorektorats für Diversity Management und in Kooperation mit der Stiftung Mercator mit „Chance hoch 2" ein Programm für begabte Jugendliche, die auf ihrem Bildungsweg einer besonderen Unterstützung bedürfen, konzipiert.

Generell hat sich die UDE das Ziel gesetzt, im Rahmen des Diversity Managements durch besondere, zielgruppenspezifische Lehr- und Unterstützungsangebote (wie Brückenkurse, Teilzeitstudiengänge, Mentoring ...) die Erfolgschancen unterschiedlicher Studierendengruppen weiter zu verbessern.

Vielen potenziell für ein Studium geeigneten Kindern und Jugendlichen der Region bleibt der Weg zur Universität jedoch bis heute völlig verwehrt. Vor allem Kindern mit Migrationshintergrund, aus schwachen ökonomischen Verhältnissen und/oder sog. „bildungsfernen Schichten", d.h. aus Familien, in denen noch niemand ein Studium absolviert hat, fehlen oft die nötige ideelle und materielle Unterstützung auf dem Weg zur Hochschulzugangsberechtigung und schließlich zum Studium. Die Förderung begabter, für ein Studium geeigneter junger Menschen darf daher nicht erst an der Hochschule beginnen, sondern muss früher in der Bildungskarriere ansetzen. Sie sollte sowohl ideelle Formen der Förderung als auch – wo nötig – materielle Unterstützung für Bildungsausgaben umfassen.

Und sie sollte nicht beim Erreichen der Hochschulzugangsberechtigung (Abitur/Fachabitur) enden, sondern den Übergang in die Hochschule und den Unterstützungsbedarf in einem sich anschließenden Studium mit im Blick haben.

1.   Das Programm

Das Innovative des zweistufigen Programms besteht in der Berücksichtigung eines längeren Abschnitts der Bildungskette: Begabte Jugendliche mit Migrationshintergrund und/oder aus bildungsfernen Schichten sollen durch eine rechtzeitige

Förderung während der Schulzeit nicht allein eine Chance erhalten, die Hochschulzugangsberechtigung zu erwerben. Vielmehr sollen sie darüber hinaus durch eine gezielte Unterstützung befähigt werden, den Übergang von Schule/Studium erfolgreich zu meistern und durch eine ideelle sowie materielle Förderung ihr Studium an der UDE erfolgreich abzuschließen. Mit der Zweistufigkeit (Schule – Studium), die über bisher bestehende Programme anderer Institutionen hinausgeht, wird eine Lücke geschlossen und ein Grundstein für eine Förderkette in der Bildungsbiografie gelegt, deren spätere Ausweitung durch andere Akteure denkbar ist. Die Mehrstufigkeit dient der Vermeidung von Brüchen in der Bildungsbiografie, die ein Problem des gegenwärtigen Bildungssystems darstellen.

2.   Programmstufe I

In Kooperation mit Gymnasien und Gesamtschulen aus dem mittleren Ruhrgebiet sowie mit Hilfe von den Kindern nahe stehenden Akteurinnen und Akteuren (Lehrerinnen und Lehrer, Elternvertretungen, Jugendhilfe, Migrantenorganisationen) werden begabte Schülerinnen und Schüler der Klassen 10 (G9 und GS) bzw. 9 (G8) mit Zuwanderungshintergrund und/oder aus bildungsfernen Elternhäusern identifiziert und in ihrer schulischen Entwicklung sowie bei einem späteren Studium ideell und materiell unterstützt.

Die Kinder werden in ein Programm übernommen, das ihnen Unterstützung auf dem Weg zur Erlangung der Hochschulreife bietet. Konkret umgesetzt wird das durch Seminare zum Erwerb von interkultureller Kompetenz, Sprach- und Lernkompetenzen, Infoveranstaltungen und Modulen zur Studienentscheidung, fachbezogenen Angeboten sowie einem Mentoringprogramm durch Studierende der UDE.

Eine wichtige Zielsetzung des Mentoring-Programms besteht darin, den Schülerinnen und Schülern Ängste vor der Aufnahme eines Studiums zu nehmen, indem die studentischen Mentorinnen und Mentoren ihnen einen authentischen Eindruck vom Universitätsleben und gewissermaßen als Vorbilder auch die Bedeutung und den Wert von Bildung vermitteln.

Darüber hinaus erhalten die Jugendlichen bevorzugten Zugang zu dem Projekt „Förderunterricht" der UDE. Besonders bei der ideellen Förderung knüpft die UDE teilweise an bereits bestehende Programme und Erfahrungen (Förderunterricht für Kinder und Jugendliche mit Migrationshintergrund, Förderung des gesellschaftlichen Engagements von Studierenden durch das Projekt UNIAKTIV, Angebote für Schülerinnen und Schüler des Akademischen Beratungs-Zentrums ABZ) an.

Ein Beratungs- und Informationsangebot für Eltern ist gerade im Hinblick auf die Wahl des Studienfachs und die Finanzierung des Studiums ein wichtiger Programmbestandteil.

Finanziell werden die teilnehmenden Schülerinnen und Schüler durch ein Bildungsgeld von 50 Euro monatlich unterstützt, dass für Ausgaben wie Bücher, Schulsachen, Fahrtkosten, kulturelle Freizeitaktivitäten etc. zur Verfügung steht.

3.　Programmstufe II

Im zweiten Förderschwerpunkt engagiert sich das Programm dafür, den geförderten Schülerinnen und Schülern beim Übergang in die Hochschule und in einem nachfolgenden Studium zu helfen. Auch hier geschieht dies durch eine Kombination von ideeller Förderung und materieller Unterstützung.

Stufe II zielt auf die Unterstützung der nun studierenden Teilnehmerinnen und Teilnehmer durch ein Stipendium in Höhe von 300 Euro monatlich sowie auf entsprechende Bildungsangebote im Rahmen der ideellen Förderung.

So werden aufbauend auf den Seminaren in der Studienvorbereitungsphase in der Studieneingangsphase einige Themen aus dem Bereich „Sprach- und Lernkompetenz" wie auch aus der „Studienwahlentscheidung" erneut aufgegriffen und in Hinblick auf die höheren Anforderungen des Studiums vertieft. Darüber hinaus werden für bestimmte Fächer spezielle Brückenkurse sowie zahlreiche fachübergreifende Seminare angeboten, die von den Studierenden optional wahrgenommen werden können: z.B. „Teamworking und Moderation", „Individuelle Karriereplanung" oder das „Bewerbungstraining". Darüber hinaus werden die Studierenden über Auslandsaufenthalte informiert und bei der Suche nach Praktikumsstellen unterstützt.

Anders als bei bereits existierenden Förderprogrammen für die genannte Klientel haben die geförderten Jugendlichen von Beginn an die Sicherheit, bei Erreichen der Hochschulzugangsberechtigung und tatsächlicher Aufnahme eines Studiums (an der UDE) weiter gefördert zu werden.

4. Mentoring- und Peer-Tutorium-Programm

Entscheidend ist, dass Stufe I und Stufe II direkt verzahnt sind. Diese Verzahnung wird insbesondere durch aufeinander abgestimmte Bildungsangebote sowie im Rahmen eines durchgängigen Mentoring-bzw. Peer-Tutorien-Programms im Übergangsprozess gewährleistet, bei dem feste Ansprechpersonen kontinuierlich zur Verfügung stehen.

Für einen gelingenden Studieneinstieg ist es wichtig, den Studierenden eine gute Orientierung über die Studienstruktur, den Uni-Alltag und die Studienanforderungen zu geben und sie dabei zu unterstützen, sich ihren eigenen effektiven wie effizienten Lernstil anzueignen. Mit dem Peer-Tutor/-innen-Programm „Studieneinstieg für Stipendiat/-innen" soll der Studieneinstieg der Stipendiatinnen und Stipendiaten optimiert werden, indem die Anfängerinnen und Anfänger mit Studienbeginn in einer Orientierungsphase „fit" für das Studium gemacht werden und während der Studieneingangsphase von Peer-Tutorinnen und -Tutoren (Studierende fortgeschrittener Fachsemester) durch begleitende Beratungs- und Trainingsangebote unterstützt werden.

Neben den für die Zielgruppe dieses Förderprogramms in besonderem Maße zentralen Querschnittsthemen wie Umgang mit Heterogenität, divergierende Bildungsverläufe und Umgang mit Zuwanderungshintergrund werden für die Peer-Tutorien folgende Themenblöcke angeboten: Orientierung zu Studienbeginn (Ziele von Tutoriumsveranstaltungen, Planung eines Orientierungstutoriums, Studien- und Semesterplanung), Studienalltag bewältigen (Studieren an der UDE, Anlaufstellen, Information, Selbstverwaltung, schwierige Situationen meistern, erfolgreich studieren), Aneignung eines effizienten und effektiven Lernstils (lerntheoretische Grundlagen, Lernstrategien im Studium, Feedback auf Studienleistungen einholen) sowie Vorbereitungen auf Prüfungen (Vorbereitungen auf Sprechstunden- und Prüfungsgespräche, Zeitmanagement, Umgang mit Prüfungsangst). Anschließend haben die Stipendiatinnen und Stipendiaten die Möglichkeit, an fachspezifischen Tutorien sowie an dem hochschulweiten Mentoring-Programm teilzunehmen.

Im Sinne von Nachhaltigkeit ist angedacht, diejenigen Stipendiatinnen und Stipendiaten, die entsprechende Tutorien durchlaufen haben, dazu anzuregen, sich selbst als Tutorinnen und Tutoren schulen zu lassen, umso die Bildungskette auch auf Peer-Ebene fortzusetzen. In die Betreuungsprogramme sollen daher zunehmend (ehrenamtlich) engagierte Studierende (Projekt UNIAKTIV), ältere Studierende aus ähnlichen Verhältnissen („Peer-Tutoring") oder auch Alumni, die ihr vielfältiges (Erfahrungs-)Wissen weitergeben wollen, eingebunden werden. Die ehemaligen Studierenden können dabei nicht allein als Vorbilder, sondern auch als Multiplikatoren wirken und bei der Herstellung von Kontakten in die Berufswelt, z.B. durch Vermittlung von Praktika Hilfestellung leisten.

Insbesondere in der Übergangsphase von der Jahrgangsstufe 12 bzw. 13 in das erste Studienjahr ist es sinnvoll, die bestehenden Unterstützungsbeziehungen aus der Stufe I fortzusetzen. Zur Gewährleistung eines möglichst bruchlosen Übergangsprozesses werden Mentorinnen und Mentoren gewonnen, die über einen längeren Zeitraum zur Verfügung stehen. Je nach Bedarf können die Beziehungen zwischen Mentorin/Mentor und Mentee später neu gestaltet werden. Um insgesamt eine gewisse Kontinuität in der Betreuungssituation herzustellen, werden denjenigen Studierenden, die sich im Rahmen eines Service-Seminars zu Mentorinnen und Mentoren qualifiziert haben und zunächst ehrenamtlich diese Tätigkeit über ein Semester ausgeübt haben, Anreize gegeben, dieses Engagement fortzusetzen. Aufgrund der sehr engen Studienverlaufspläne kann in der Regel nicht erwartet werden, dass die Studierenden über ihr gesamtes Studium ehrenamtlich als Mentorinnen und Mentoren tätig sind. Daher erhalten sie bei einer Fortsetzung ihres Engagements eine finanzielle Vergütung in Form einer Aufwandsentschädigung.

5. Perspektive

Derzeit ist das Programm „Chance hoch 2" auf die Region des mittleren Ruhrgebiets fokussiert. Dabei kann diese Region als Laboratorium angesehen werden, in der die Bildungsherausforderungen der kommenden Jahre für die gesamte Bundesrepublik in gewisser Weise vorweg genommen werden.

Ein erfolgreiches Konzept des Förder-und Stipendienprogramms kann daher nicht allein auf die anderen Universitäten des Ruhrgebiets ausgeweitet werden. „Chance hoch 2" könnte aufgrund der gesamtgesellschaftlichen demographischen Entwicklung der Bundesrepublik auch bundesweit ein möglicherweise interessantes Modellvorhaben werden.

Nach Abschluss der Pilotphase könnten gegebenenfalls entsprechende Konzepte zur Verfügung gestellt werden, die dann von den anderen Universitäten in Zusammenarbeit mit ihren jeweiligen regionalen Kooperationspartnern und mit entsprechenden eigenen Ressourcen umgesetzt werden müssten.

Die Erreichung der Zielsetzung des Programms wird sich unmittelbar in der Bildungsbiografie der geförderten Stipendiatinnen und Stipendiaten (Schülerinnen und Schüler und Studierende) widerspiegeln.

Übergänge von der beruflichen Bildung in die Hochschule

Andrä Wolter

1.   Einleitung

Nach jahrzehntelanger Randständigkeit ist das Thema der Durchlässigkeit zwischen beruflicher Bildung und Hochschule in den letzten zehn Jahren stärker in den Horizont der hochschul- und berufsbildungspolitischen Aufmerksamkeit in Deutschland gekommen. Traditionell werden Hochschulzugang und Hochschulzulassung eher vom Übergang von der Schule zur Hochschule her betrachtet, also primär vom Gymnasium und Abitur her – dem historischen „Königsweg" zur Universität. Der vorliegende Beitrag konzentriert sich dagegen auf diejenigen Zugangswege, die ohne eine der regulären, schulisch erworbenen Studienberechtigungen aus der beruflichen Bildung bzw. aus einer Erwerbstätigkeit zur Hochschule führen. Der Beitrag beschäftigt sich u. a. mit den Gründen, die hinter dieser neuen Entwicklung stehen, mit den unterschiedlichen Formen des Hochschulzugangs aus dem Beruf, dem gegenwärtigen Stand und den Herausforderungen und Aufgaben, die hier auch zukünftig noch bestehen, um tatsächlich eine höhere Durchlässigkeit zwischen beruflicher Bildung und Hochschule zu erreichen.

Zugang und Zulassung zu den Universitäten sind in Deutschland immer noch in erster Linie vom Nachweis des Abiturs abhängig, der in der Regel durch den Abschluss einer gymnasialen Oberstufe erbracht wird. Im Fachhochschulbereich ist es möglich, mit der Fachhochschulreife (zum Beispiel mit dem Abschluss einer Fachoberschule oder Fachschule) ein Studium aufzunehmen. Ein Teil derjenigen, die auf diesem Wege zur Hochschule kommen, verfügt ebenfalls über einen Berufsabschluss. Seit der Weimarer Republik existiert neben diesen regulären Zugangswegen noch eine kleine Seitenpforte für Berufsqualifizierte, die über keine herkömmliche schulische Studienberechtigung verfügen – ein Weg, der lange Zeit nur über eine scharfe Zulassungsprüfung in die Hochschule führte. Seit den 1980er Jahren hat sich hierfür der Begriff des Dritten Bildungswegs eingebürgert, der neben dem Zweiten Bildungsweg steht, dem Nachholen des Abiturs im Abendgymnasium oder Kolleg. Zweiter und Dritter Bildungsweg bieten Berufstätigen noch im Anschluss an eine Berufsausbildung und Erwerbstätigkeit die Möglichkeit, ein Hochschulstudium aufzunehmen (vgl. Abb. 1). Während der Zweite Bildungsweg schulrechtlich geregelt ist, unterliegen die verschiedenen länderspezifischen Formen des Dritten Bildungswegs der hochschulrechtlichen Regelung. Im internationalen Sprachgebrauch dominiert der Begriff der non-traditional students, wobei sich hier auch von Land zu Land große Unterschiede in den Zielgruppen finden (vgl. Schuetze/ Slowey 2012).

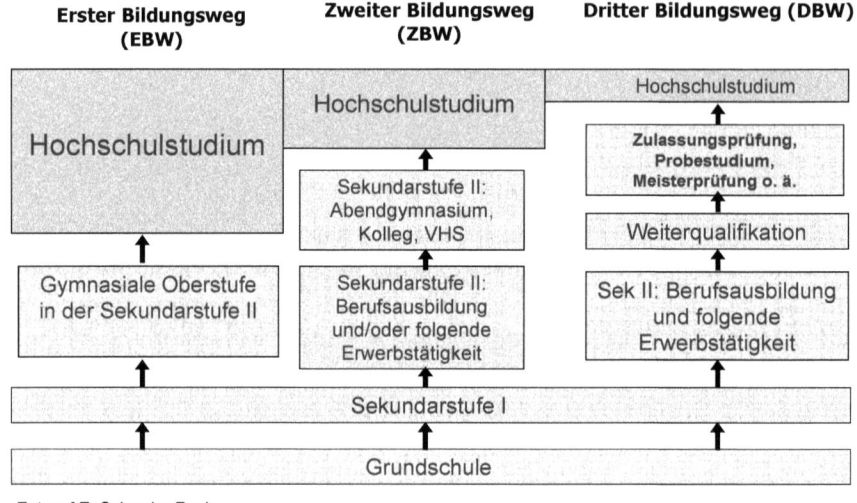

Entwurf E. Schwabe-Ruck

Abbildung 1:   Hauptzugangswege zur Hochschule

2.   Maßnahmen, Anlässe und Motive

Eine Reihe von Initiativen, Programmen und Maßnahmen sind in den letzten Jahren entwickelt worden, um die Hochschulen stärker für Berufstätige zu öffnen, oft von hochschulpolitischen Kontroversen begleitet. Neben der Neuregelung des Hochschulzugangs durch die Kultusministerkonferenz im Jahr 2009 zählen dazu beispielsweise die Einführung von Aufstiegsstipendien (2008), das umfangreiche Förderprogramm zur Offenen Hochschule (2011) oder die Förderung von Modellversuchen zur Entwicklung von Verfahren zur Anrechnung beruflicher Kompetenzen auf Hochschulstudiengänge (2006 ff.), unter dem Akronym ANKOM I-III bekannt geworden. Neben länderübergreifenden Initiativen und Programmen gibt es oft auch noch länderspezifische Maßnahmen (z.B. das Programm Offene Hochschule in Niedersachsen). Solche Maßnahmen setzen auf verschiedenen Ebenen an: von der Studienvorbereitung und der Regelung des Hochschulzugang bzw. der Hochschulzulassung über die Studienorganisation (z.B. berufsbegleitende Studiengänge, online-basiertes Studium/Blended learning, Unterstützungsmaßnahmen bei der Studienaufnahme) und die Etablierung von Anrechnungsverfahren bis hin zu weiterbildenden Studienangeboten.

Zu den prominentesten Maßnahmen zur Öffnung der Hochschule zählt die Neuregelung des Hochschulzugangs für beruflich qualifizierte Bewerberinnen und Bewerber, die von der Kultusministerkonferenz (KMK) im März 2009 beschlossen wurde. Zwar war diese Vereinbarung insofern nur begrenzt innovativ, als einige Teilregelungen bereits in vielen Ländern vorhanden waren und einzelne Länder (z.B. Niedersachsen und Rheinland-Pfalz) in ihren Regelungen noch darüber hinausgingen. Dennoch setzte die KMK hiermit ein bundesweites hochschulpolitisches und – vielleicht noch wichtiger – ein berufsbildungspolitisch wirksames Signal zur Gleichrangigkeit der beruflichen Bildung. Nach dieser Vereinbarung sind in Zukunft zwei Wege vorgesehen (KMK 2009).

1) Alle Absolventinnen und Absolventen beruflicher Fortbildungsprüfungen – auf der Ebene Meister, Techniker, Fachwirte – verfügen zukünftig ohne zusätzliche Prüfung über die allgemeine Hochschulreife. Diese Abschlüsse sind also de facto dem Abitur gleichgestellt.

2) Bewerberinnen und Bewerber mit einer qualifizierten Berufsausbildung und mehrjähriger Berufspraxis erhalten eine fachgebundene Hochschulreife – allerdings nur in einem zur Fachrichtung der Ausbildung „affinen" Studiengang und nach einem „Eignungsfeststellungsverfahren".

Insbesondere die Regelung des „Meisterstudiums" (die alle beruflichen Fortbildungsprüfungen einschließt) erregte Aufsehen, weil nicht nur die Verteidiger des Gymnasial- und Abiturmonopols dagegen Sturm liefen, sondern auch viele Hochschulvertreter Kritik anmeldeten. Zwei Argumente spiel(t)en hier eine Rolle: Die Befürchtung, die ohnehin schon hohe Auslastung der Hochschulen, gerade angesichts der doppelten Abiturientenjahrgänge, werde noch zusätzlich verschärft; und die Sorge, diese neue Studierendenklientel sei aufgrund ihrer Vorbildung nicht hinreichend studierfähig und würde auch unter diesem Aspekt zu einer zusätzlichen „Last" der Hochschulen. Auf der Seite der Befürworter standen vor allem die Repräsentanten der beruflichen Bildung, insbesondere die Tarifpartner.

Im Wesentlichen sind es drei Argumente, die von Bedeutung waren bzw. sind (vgl. dazu Wolter 2012, 2013).

• *Die zukünftige Nachfrage nach Hochschulbildung:* In Deutschland hat sich in den letzten Jahren ein Konsens zwischen maßgeblichen hochschulpolitischen Akteuren ausgebildet, wonach eine deutliche Steigerung der Zahl (und des jahrgangsbezogenen Anteils) der Studienanfängerinnen und -anfänger für erstrebenswert gehalten wird. Dabei wird immer wieder das Argument laut, die deutschen Hochschulen müssten zukünftig neue Potenziale erschließen, weil sich die Studiennachfrage nach dem Höhepunkt der doppelten Abiturientenjahrgänge (2013) aus demographischen Gründen rückläufig entwickeln würde. Der Öffnung für neue Zielgruppen käme hier eine gleichsam kompensatorische Funktion zu. Diese Entwicklung wird regional sehr unterschiedlich verlaufen.

Insbesondere Hochschulregionen mit schrumpfender Bevölkerung und stagnierender wirtschaftlicher Entwicklung müssen mit einem starken Rückgang der Studiennachfrage rechnen.

- *Arbeitskräftebedarf und Qualifikationsstrukturwandel:* Lange Zeit war die Hochschulexpansion in Deutschland gerade seitens der Wirtschaft von der Sorge begleitet, eine zu starke Ausweitung der Hochschulbildung würde zu einer Überproduktion akademischer Qualifikationen führen. Inzwischen hat sich diese Befürchtung in ihr Gegenteil verkehrt. Seit einigen Jahren herrscht das Bild eines zu erwartenden gravierenden Nachwuchsmangels an Fachkräften vor, der auch diejenigen mit Hochschulabschluss einbezieht. Er ergäbe sich primär aus dem hohen Ersatzbedarf durch die aus dem Arbeitsleben ausscheidenden Kohorten (aus den geburtenstärkeren Jahrgängen), denen deutlich kleinere nachwachsende Absolventenjahrgänge gegenüberstünden. Dieser Mangel würde durch den Erweiterungsbedarf, der sich aus dem anhaltenden Qualifikationsstrukturwandel durch Höherqualifizierung ergibt, noch verstärkt und sei – zumindest teilweise – bereits jetzt vorhanden, etwa in den MINT-Fächern.

- *Europäisierung der Bildungspolitik und Durchlässigkeit zwischen beruflicher Bildung und Hochschule:* Erheblichen Rückenwind hat das Thema „Öffnung der Hochschulen" in Deutschland von der europäischen Bildungspolitik erfahren. Eine besondere Bedeutung haben hier der Bologna- und der Kopenhagen-Prozess sowie die Bemühungen um einen Europäischen Qualifikationsrahmen (EQF) gewonnen. Die Ziele und Aktionsfelder des Bologna-Prozesses sind seit 1999 ständig erweitert worden – unter anderem um das Thema lebenslanges Lernen, das mit der Prager Nachfolgekonferenz (2001) als weiteres Element in den Bologna-Prozess eingefügt wurde, auch wenn die Ausführungen hierzu meistens eher vage bleiben (Banscherus 2010). Unter „lebenslangem Lernen" wird im Bologna-Prozess weniger im herkömmlichen Verständnis postgraduale Weiterbildung als vielmehr eine umfassende hochschulpolitische Strategie begriffen, Hochschulen für neue Zielgruppen zu öffnen, das Studium zu flexibilisieren und auf die spezifischen Bedürfnissen einer veränderten Klientel auszurichten.

Insbesondere das Thema „Anrechnung" – „recognition of prior learning" – hat durch die Bologna-Nachfolgekonferenzen eine zentrale Bedeutung gewonnen. Anrechnung außerhochschulischer Leistungen auf Studiengänge ist über Bologna hinaus insbesondere vom Kopenhagen-Prozess und vom Europäischen Qualifikationsrahmen (EQF) befördert worden, zu dessen wichtigsten Zielen neben der Verbesserung der internationalen Vergleichbarkeit der Abschlüsse eine größere Durchlässigkeit zwischen beruflicher Bildung und Hochschulbildung zählt, die u. a. durch das Prinzip der Kompetenzorientierung erreicht werden soll. Anrechnung, obgleich bereits im Jahr 2002 durch KMK-Vereinbarung etabliert, ist in der deutschen Hochschulszene aber immer noch ein Fremdkörper. „Gleichwertigkeit" von Bildungswegen wird hier häufig immer noch mit „Gleichartigkeit" verwechselt. Das zeigt insbesondere die deutsche Kontroverse über die Einordnung der Abschlüsse der beruflichen Erstaus- und Fortbildung im Verhältnis zu den allgemeinbildenden und akademischen Abschlüssen.

3. Überfüllung der Hochschulen durch Öffnung des Hochschulzugangs?

Die Neuregelung des Hochschulzugangs hat eine erhebliche Erweiterung des Kreises der Studienberechtigten zur Folge. Neben den Personen mit einer „regulären" Studienberechtigung – aus der gymnasialen Oberstufe oder der Fachoberschule – kommen die Absolventinnen und Absolventen beruflicher Fortbildungsprüfungen und qualifizierter Berufsausbildungsgänge hinzu. Es kann vorsichtig geschätzt werden, dass in Zukunft etwa 60 % der nachwachsenden Generationen über eine Studienberechtigung verfügen werden, die Mehrzahl mit einer schulischen Studienberechtigung bereits im Alter zwischen 18 und 23, die Meister bzw. Inhaber von Fortbildungsabschlüssen in einem etwas höheren Lebensalter.

Damit ist man der Gleichrangigkeit von allgemeiner und beruflicher Bildung ein Stück näher gekommen. Welche Konsequenzen diese Entwicklung für die Nachfrage nach Hochschulbildung hat, ist schwer abzusehen, da nicht bekannt ist, wie hoch das Studierinteresse gerade in den neu erschlossenen Gruppen tatsächlich ausfällt. Insbesondere unter den beruflich qualifizierten Personen bedeutet das prinzipielle Studienrecht noch lange nicht, dass dieses tatsächlich auch realisiert wird. Die insbesondere an den Hochschulen vorhandene Befürchtung, die Öffnung des Hochschulzugangs werde zu einem zusätzlichen Schub an Studienanfängern führen, der die Hochschulen von ihren Kapazitäten her überfordert, ist weit überzogen. Die äußerst geringe Zahl der Meister, die in den letzten Jahren ein Studium aufgenommen haben, verdeutlicht das. Die Wirksamkeit von Mechanismen der Selbstselektion ist nicht zu unterschätzen.

Dennoch zeichnen sich statistische Bewegungen ab (vgl. Abb. 2). Während zwischen 1995 und 2008 der Anteil der über den Dritten Bildungsweg zugelassenen Studienanfängerinnen und -anfänger (an allen Studienanfängern) bei einem Prozent lag, ist er im Jahr 2010 auf 2,1 % angestiegen. Er liegt damit immer noch auf einem sehr niedrigen Niveau, hat sich aber immerhin verdoppelt. Besonders deutlich ist der Anstieg im Bereich der Universitäten. Hier betrug der Anteil jahrelang etwa ein halbes Prozent und ist 2010 auf 1,9 % gestiegen. An den Fachhochschulen lag er mit ca. 2 % schon immer höher und hat sich aktuell auf 2,5 % erhöht. Mit gut 90–94 % ist im Universitätsbereich aber die Dominanz des Abiturs als „Königsweg" ungebrochen (Autorengruppe Bildungsberichterstattung 2012, S. 297). Empirisch ist jedoch bislang wenig bekannt über die Studienverläufe und den Studienerfolg von Studierenden dieses Zugangsweges. Diese Fragen wird in den nächsten Jahren in einem gemeinsamen Forschungsprojekt der Humboldt-Universität und des HIS-Instituts für Hochschulforschung auf der Grundlage der Daten des Nationalen Bildungspanels (NEPS) untersucht.

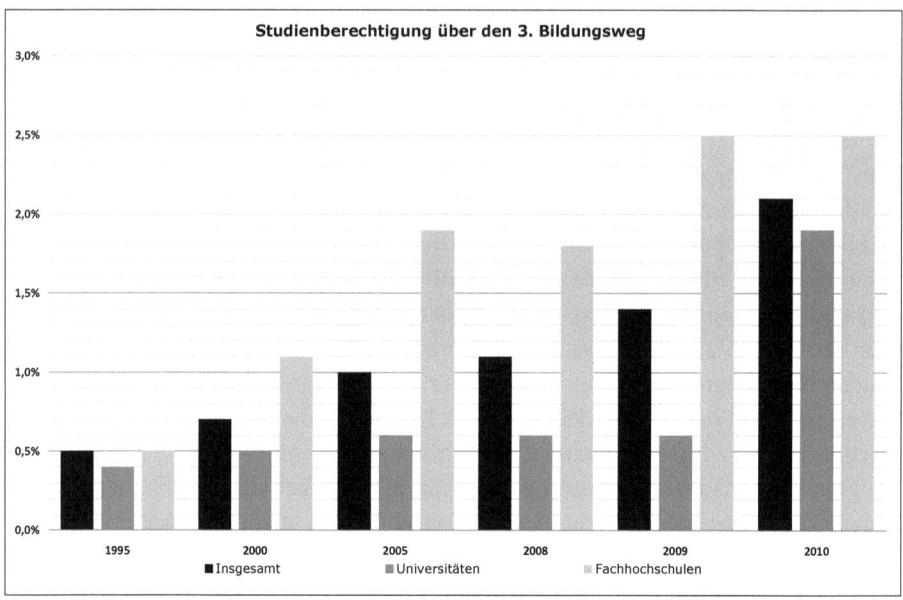

Abbildung 2: Anteil der Studienanfängerinnen und -anfänger aus dem Dritten Bildungsweg an allen Studienanfängern, 1995–2010 (Quelle: Sonderauswertung des Statistischen Bundesamtes)

4. Konsequenzen und Herausforderungen

Worin liegen die Gründe und Ursachen, dass der Dritte Bildungsweg bislang nicht so recht auf eine höhere Nachfrage stößt? Dafür lassen sich verschiedene Bedingungen identifizieren. Erstens zeichnet sich dieser Bildungsweg trotz der neuen KMK-Vereinbarung immer noch durch eine ausgeprägte Intransparenz und Heterogenität der Regelungen zwischen den Bundesländern aus. Die Umsetzung in den Ländern ist uneinheitlich und führt zu einer Vielzahl an schwer überschaubaren Detailregelungen. Zweitens erweisen sich die vorhandenen Zulassungsregelungen oft noch als unflexibel und restriktiv. Ein Beispiel dafür ist die sogenannte Affinitätsregelung, wonach viele Berufstätige eine Zulassung nur in einem ihrer beruflichen Qualifikation entsprechenden Studienfach erhalten. Eine Vielzahl von Ausbildungsberufen lässt sich aber gar keinem Studienfach oder Studiengang zuordnen, und für viele

Studienfächer und -gänge finden sich keine Vorbildungsberufe. Von daher wirkt diese Affinitäts- oder Kongruenzregelung eindeutig limitierend.

Drittens zeichnet sich Deutschland im internationalen Vergleich durch ein erhebliches Angebotsdefizit an flexiblen Studienformen zum Beispiel durch berufsbegleitendes Teilzeitstudium, Fernstudium oder neue online-basierte Studienformate aus. Diese sind aber gerade für Bewerberinnen und Bewerber aus dem Beruf sehr attraktiv, weil sie ein flexibles Studieren ermöglichen, das Berufstätigen ein ihrem Zeitbudget angepasstes Studierenden ermöglicht und sie nicht zwingt, für das Studium aus dem Beruf ausscheiden zu müssen. Viertens sind auch studienzeitsparende Verfahren zur Anrechnung beruflicher Leistungen auf das Hochschulstudium in Deutschland noch unterentwickelt.

Damit zeichnen sich die wesentlichen Herausforderungen ab, die mit einer stärkeren beruflichen Öffnung der Hochschulen verbunden sind. Erstens gilt es, die noch vorhandenen restriktiven Regelungen bei der Hochschulzulassung abzubauen. Zweitens lässt sich der Hochschulzugang aus dem Beruf nicht als „Sprung ins kalte Wasser" organisieren. Es bedarf der Entwicklung hochschuldidaktischer Unterstützungsstrukturen zur Studienvorbereitung und für den Studieneinstieg. Drittens müssen Studienformate entwickelt und implementiert werden, die eine Parallelität von Erwerbstätigkeit und Studium ermöglichen, insbesondere Formen des berufsbegleitenden Teilzeitstudiums. Viertens würde die Durchlässigkeit zwischen beruflicher Bildung und Hochschulbildung durch Anrechnungsverfahren erheblich gefördert, von denen im Übrigen alle Studierenden mit beruflicher Qualifikation – auch diejenigen mit einem herkömmlichen Abitur – profitieren.

Ein wesentlicher Punkt ist sicher auch, dass die Bereitschaft der Hochschulen, sich für Berufstätige zu öffnen, stark variiert. Auf der einen Seite finden sich Hochschulen, die hier vorangehen, die sich mehr oder weniger explizit als Hochschulen des lebenslangen Lernens verstehen und sich dadurch gegenüber anderen Hochschulen zu profilieren versuchen. Neben den Fernhochschulen sind es oft private Hochschulen, die sich hier hervortun. Aber es finden sich durchaus auch staatliche Hochschulen, die lebenslanges Lernen als Teil ihrer Entwicklungsstrategie begreifen. Auf der anderen Seite fühlen sich insbesondere Universitäten, die in Metropolregionen liegen, oft infolge ihrer ohnehin schon hohen Auslastung durch eine solche Öffnung zusätzlich überfordert. Schließlich konstruieren viele Universitäten einen Gegensatz zwischen Öffnung und Exzellenz und sehen nicht traditionelle Studierende oft als Bedrohung ihrer akademischen Exzellenzbestrebungen.

Literatur

Autorengruppe Bildungsberichterstattung (2012): *Bildung in Deutschland 2012*. Bielefeld.

Banscherus, U. (2010): Lebenslanges Lernen im Bologna-Prozess. In: Wolter, A./Wiesner, G./Koepernik, C. (Hrsg.): *Der lernende Mensch in der Wissensgesellschaft. Perspektiven lebenslangen Lernens.* München. S. 221–237.

KMK, Kultusministerkonferenz (2009): *Hochschulzugang für beruflich qualifizierte Bewerber ohne schulische Hochschulzugangsberechtigung.* Beschluss der Kultusministerkonferenz vom 06.03.2009.

Schuetze, H. G./Slowey, M. (eds.): *Global Perspectives on Higher Education and Lifelong Learners.* London.

Wolter, A. (2012): From Individual Talent to Institutional Permeability – Changing Policies for Non-traditional Access Routes in German Higher Education. In: Schuetze, H. G./Slowey, M. (Eds.): *Global Perspectives on Higher Education and Lifelong Learners.* London. S. 43–59.

Wolter, A. (2013): Gleichrangigkeit beruflicher Bildung beim Hochschulzugang? Neue Wege der Durchlässigkeit zwischen beruflicher Bildung und Hochschule. In: Teichler, U./Alesi, B. (Hrsg.): *Akademisierung der Berufswelt?* Kassel/Wien. I.E.

Der Übergang von der Schule zur Hochschule – Eindrücke aus der Talentförderung

Suat Yilmaz und Marcus Kottmann

1. Einleitung

Die Westfälische Hochschule (ehemals Fachhochschule Gelsenkirchen) wurde 1992 mit einem regionalbezogenen Auftrag gegründet. Durch Lehre und anwendungsnahe Forschung soll die Hochschule einerseits zur beruflichen Befähigung junger Menschen beitragen, andererseits die im Umfeld liegenden Industrie- und Dienstleistungsbetriebe in ihrer Entwicklung unterstützen. Diesem Selbstverständnis folgend wurde das Spektrum der Studiengänge an den drei Standorten in Gelsenkirchen, Bocholt und Recklinghausen jeweils eng an den Bedürfnissen der regionalen Wirtschaft orientiert. Die regionale Verortung als bildungspolitischer Auftrag schlägt sich in der Studierendenschaft der Westfälischen Hochschule recht deutlich nieder: Annähernd 95 Prozent der Studierenden stammen aus Nordrhein-Westfalen – davon der dominante Anteil aus den direkten Einzugsgebieten der drei Standorte.

Schaut man sich die Studien zur Ausprägung spezifischer soziostruktureller Bestimmungsfaktoren für das nördliche Ruhrgebiet an, fallen für weite Teile des Einzugsgebietes der Westfälischen Hochschule „markante Disparitäten" im Vergleich zu allen anderen Kreisen und kreisfreien Städte in Nordrhein-Westfalen auf. So ergibt der soziostrukturelle Vergleich von Kreisen und kreisfreien Städten in NRW auf Basis des A-Faktors [„Der A-Faktor gibt Auskunft über die Altersstruktur, den Ausländeranteil, Armut (Sozialhilfebezug) und Arbeitslosigkeit sowie die Bevölkerungsentwicklung."[1]] und des Wohlstandsfaktors [verfügbares Einkommen pro Kopf] Hinweise auf deutlich unterschiedliche Rahmenbedingungen für die Gestaltung erfolgreicher Bildungsprozesse in Nordrhein-Westfalen. Dies gilt – wenngleich mit anderen Ausprägungen – auch mit Blick auf den Standort der Westfälischen Hochschule in Bocholt. Das relevante Einzugsgebiet dieses Standortes liegt im Kreis Borken, welcher mit 23,2 Prozent die niedrigste Abiturientenquote in ganz Nordrhein-Westfalen aufweist. (Information und Technik Nordrhein-Westfalen, 2011, S. 37f.)

Es lässt sich also festhalten, dass die Westfälische Hochschule in ihrem Einzugsgebiet einen überproportional hohen Anteil an Jugendlichen aus sozioökonomisch

---

1   Entnommen aus Institut für Landes- und Stadtentwicklungsforschung und Bauwesen des Landes Nordrhein-Westfalen 2006, S. 2.

schwierigen Herkunftsgruppen bzw. aus Nicht-Akademiker-Familien hat. Wenn wir uns auf den akademischen Teil konzentrieren, zeigt sich, dass in der Region viele Menschen aus dem Arbeitermilieu stammen. Die Übergangsquote in die Hochschulen ist bei dieser Gruppe auffallend niedrig. Von 100 Akademiker-Kindern erreichen in Deutschland heute 81 die Sekundarstufe II, 71 nehmen nach der Schule ein Studium auf. Sind die Eltern Akademiker und verbeamtet oder selbstständig, studieren sogar weit über 80 Prozent der Kinder. In diesem Bereich liegen nur begrenzte zusätzliche Reserven für einen Übergang in akademische Ausbildungsstrecken. Demgegenüber erreichen von 100 Kindern aus Nicht-Akademiker-Familien lediglich 45 die Sekundarstufe II, nur 24 nehmen ein Studium auf. Von 100 Kindern aus Arbeiterfamilien nehmen sogar nur 17 ein Studium auf – oder anders gesagt: 83 nehmen kein Studium auf (vgl. BMBF, 2010).

Eine weitere relevante Gruppe im Einzugsgebiet der Westfälischen Hochschule bilden junge Menschen mit Zuwanderungsgeschichte. Am Hauptstandort Gelsenkirchen – sowie in etwas abgeschwächter Form am Standort Recklinghausen – nehmen ausländische Jugendliche bzw. Jugendliche mit deutscher Staatsbürgerschaft und Zuwanderungsgeschichte einen hohen Anteil ein. Gelsenkirchen stellte im Jahre 2009 als größter Standort der Westfälischen Hochschule mit einem Ausländeranteil unter den Schülerinnen und Schülern (inkl. Schülerinnen und Schüler aus Aussiedlerfamilien) von 23,6 Prozent den zweithöchsten Wert aller Städte und Gemeinden in NRW und den höchsten Wert aller Fachhochschulstandorte in NRW. Dieses Niveau liegt deutlich über dem Landesdurchschnitt von 13,8 Prozent (vgl. Ministerium für Schule und Weiterbildung des Landes Nordrhein-Westfalen, 2010).

Die oben dargestellte Ausgangssituation ist nicht nur für die betroffenen Individuen, sondern auch für eine innovative Wirtschaft problematisch. Gleichzeitig machen diese Zahlen auch deutlich, dass Ballungsgebiete wie das Ruhrgebiet in der Tendenz noch über erhebliche unerschlossene Talentreserven verfügen. Die Diversität und die geringeren Übergangsquoten von der Schule in die Hochschule, die sich im Ruhrgebiet zeigen, sind auch mit großen Chancen verbunden, Fachkräftepotenziale für morgen zu aktivieren.

2.　Übergang als Herausforderung für die Hochschule

Wenn die Übergangsquoten von der Schule in die Hochschule in einkommensschwachen bzw. hochschulfernen Bevölkerungsgruppen deutlich geringer sind, bedeutet dies für die in diesen Regionen agierenden Hochschulen einen höheren Aufwand, junge Talente ohne akademische Vorbilder im eigenen Umfeld für ein Studium zu gewinnen, als dies in bildungsbürgerlich geprägten Regionen der Fall ist. Es gibt mithin Regionen, in denen der akademische Nachwuchs geradezu selbstverständlich ein Hochschulstudium aufnimmt und solche, in denen man potenzielle Talente mühsam mobilisieren und ermutigen muss. Positiv gewendet ist jedoch gerade hier das größere unerschlossene Talentreservoir zu vermuten, das allerdings nur durch ein breites Spektrum an Zugangswegen erschlossen werden kann.

Angesichts der oben dargelegten empirischen Befunde ist davon auszugehen, dass im regionalen Umfeld der Westfälischen Hochschule zahlreiche Talente sozialisationsbedingt nicht den Weg in die Hochschule finden. Dabei sind die unterschiedlichen Bedingungen im ländlichen Raum des Standortes Bocholt und die Rahmenbedingungen des nördlichen Ruhrgebiets für die Standorte Gelsenkirchen und Recklinghausen zu berücksichtigen. Diese Klientel für ein Studium zu gewinnen, wird ab 2015 eine zentrale strategische Herausforderung für die Westfälische Hochschule sein, da infolge des demografischen Wandels rückläufige Studienanfängerzahlen zu erwarten sind. Es bestehen jedoch erhebliche Schwierigkeiten, den Zugang zu hochschulfernen Schichten zu finden. So fehlen vielfach Vorbilder mit akademischem Hintergrund, die aus dem eigenen sozialen Umfeld stammen. Fehlende Vorstellungen davon, „was Studium ist", Zweifel an der eigenen Studieneignung, Finanzierungsfragen etc. führen dazu, dass ein Studium oft gar nicht in das Alternativenspektrum für die eigene berufliche Entwicklung aufgenommen wird. Darüber hinaus werden traditionelle Informationsangebote häufig nicht wahrgenommen bzw. überzeugen nicht. Folglich muss man neue Wege gehen, um diese Zielgruppe zu erreichen.

Einen neuen Weg hat die Westfälische Hochschule eingeschlagen und die stärkere, frühzeitige und gezieltere Aktivierung von Potenzialen in ihrem Einzugsgebiet zu einem strategisch wichtigen Ziel erklärt. Mit dem Strategieprogramm FH-INTE-GRATIV hat die Hochschule schon im Jahre 2009 damit begonnen, systematisch Aktivitäten zur besseren und nachhaltigen Aktivierung der vielfältigen Talentpotenziale in den Einzugsbereichen der Hochschulstandorte Gelsenkirchen, Bocholt und Recklinghausen einzuleiten. Dafür hat sie als erste Hochschule in Deutschland eine Talentförderung jenseits von Projektförderungen etabliert, die die Qualität der Zusammenarbeit mit den Schulen der Standortregionen auf ein neues Niveau hebt und eine Basis bildet, um Übergangsbarrieren zwischen Schule und Hochschule nicht mehr vorwiegend über Reparaturmaßnahmen, sondern gemeinsam und präventiv anzugehen.

3. Ausgewählte Module der Talentförderung an der Westfälischen Hochschule

Angesichts der oben skizzierten Spezifika des Einzugsgebietes und der damit verbundenen Heterogenität der Studierendenschaft müssen an der Westfälischen Hochschule besondere (bildungs-)biographische Ausprägungen Berücksichtigung finden, denen nicht nur gravierende Auswirkungen auf den Eintritt, sondern auch auf den Verlauf und den Abschluss akademischer Ausbildungsgänge sowie anschließende Übergänge in den Arbeitsmarkt zuzuweisen sind. Eine verstärkte Auseinandersetzung mit dieser strategisch bedeutsamen Studierendenklientel ist folglich insbesondere am Standort Gelsenkirchen (aber mit Blick auf die Eintrittsphase auch für den Standort Bocholt) ohne Alternative und impliziert die Notwendigkeit integrativer Maßnahmenbündel, die intensivierte bzw. völlig neue zielgruppenspezifische Beratungs- und Betreuungsangebote im Vorfeld der Ausbildungsentscheidung, in der Studieneingangsphase, im Studienverlauf und zum Teil auch beim Berufseinstieg beinhalten müssen. In Summe ergeben sich für die Westfälische Hochschule die Notwendigkeiten, neue Zielgruppen zu erschließen und mit zunehmend weiter gespreizten Eingangsqualifikationen umgehen zu müssen. Das setzt die Entwicklung und Umsetzung spezifischer Beratungs- und Unterstützungsangebote schon im Bereich der Berufs- und Studienorientierung sowie in der Studieneingangsphase voraus.

Die Westfälische Hochschule möchte mit ihrer Talentförderung einen Beitrag zur Entdeckung und Gewinnung sowie zur Förderung unentdeckter Talente in ihrem Einzugsgebiet leisten, um so neue Perspektiven für die Region zu ermöglichen. Insbesondere die Aktivierung von bisher bildungsbenachteiligten Studierenden ist ein wichtiges Ziel dieser Bemühungen. Ziel der Talentförderung der Westfälischen Hochschule ist es daher,

- auf der einen Seite in stärkerem Maße Studienanfänger aus hochschulfernen Schichten zu akquirieren, die zwar über das Potenzial, aber nicht über akademische Erfahrungsträger in ihrem sozialen Umfeld verfügen und
- auf der anderen Seite die Bedingungen gerade in der Studieneingangsphase so zu gestalten, dass der Studienerfolg einer zunehmend heterogenen Studierendenklientel gesteigert werden kann.

4. Module der Talentförderung im Übergang Schule – Hochschule

In der Umsetzung sind insbesondere die Schulen (Berufskollegs, Gesamtschulen und Gymnasien) wichtige Akteure im *Talentscouting* der Westfälischen Hochschule. In den Partnerschulen der Talentförderung werden regelmäßig Veranstaltungen organisiert. Es werden beispielsweise Infoveranstaltungen in kleinen Gruppen in den Schulen abgehalten und Lehrerinnen und Lehrer über die Möglichkeiten der Begabtenförderung informiert. Daneben spielt die individuelle Beratung und Begleitung von Schülerinnen und Schülern ab der 11. Klasse bis in die Hochschule eine wichtige Rolle. Mit den teilnehmenden Schülerinnen und Schülern werden individuelle Förderpläne erstellt und die Leistung in der Schule beobachtet. In

Absprache mit dem Schüler und dem zuständigen Lehrer kann jederzeit positiv interveniert werden. Ferner können die Schülerinnen und Schüler im Rahmen dieser Talentförderung über wichtige Angebote direkt informiert werden. Bei besonders begabten Schülerinnen und Schülern wird schon in der Schule das Thema Stipendium behandelt und eine Bewerbung für ein Schülerstipendium vorgenommen. Wir konnten feststellen, dass bisher sowohl das Ruhrgebiet als Region als auch talentierte Jugendliche aus Zuwandererfamilien bzw. Jugendliche aus einkommensschwächeren Familien sowie die Fachhochschulen insgesamt in den Begabtenförderungswerken unterdurchschnittlich vertreten sind. Daher ist es unser Ziel, mehr Studierenden unserer Einzugsgebiete den Zugang zur Begabtenförderung zu eröffnen. Mit der Talentförderung hat die Westfälische Hochschule erste Schritte eingeleitet, um bestehende Vorschlagsrechte an den Schulen und in der Hochschule auszuschöpfen und solche Talente gezielt zu einer Bewerbung zu ermutigen, die bislang trotz hervorragender Leistungen keinen Zugang zu den Begabtenförderungswerken erhalten haben.

Ein wichtiger Ansatz unserer Arbeit ist, dass mit den Menschen gemeinsam und vor Ort gearbeitet wird. Mitarbeiter der Westfälischen Hochschule sind regelmäßig in den Schulen. Hierbei spielen auch unsere studentischen Talentscouts eine wichtige Rolle. Sie halten ausgehend vom „Peer-to-Peer"-Ansatz den Kontakt zu den Schülerinnen und Schülern, besuchen sie auf dem Pausenhof und stehen für Fragen und bei Besuchen in der Hochschule zur Verfügung.

Ein weiterer wichtiger Teil unserer Arbeit ist die *Elternakademie*, da in vielen Familien nach wie vor die Eltern für die Ausbildungsentscheidung der Kinder prägend sind. Dabei übertragen sie oft eigene Erfahrungen oder tradierte Rollenbilder auf ihre Kinder. Wenn ein Hochschulstudium als Entwicklungsperspektive dabei nicht im Blick ist, bleiben Talente unerschlossen. Hier setzt das Konzept der „Elternakademie" an. Dabei geht es um die gezielte „vor Ort-Beratung" von Eltern in den Schulen, in der Hochschule oder in anderen der Aktivierung dieser Zielgruppe dienlichen Settings (z.B. Kulturvereine). In Kooperation mit Lehrerinnen und Lehrern, die an den Schulen für die Studien- und Berufsorientierung zuständig sind, sollen Studienmöglichkeiten gerade für solche Eltern aufbereitet werden, die aus der eigenen Biografie nicht über entsprechende Erfahrungen verfügen.

Neben den Eltern sind die Lehrerinnen und Lehrer ein wichtiges Verbindungselement zur Hochschule. Sie können studierfähige und -bereite Schülerinnen und Schüler erkennen und bei der Zukunftsgestaltung unterstützen. Vielfach fehlt jedoch noch das wechselseitige Verständnis für die jeweils andere „Welt". Die Westfälische Hochschule verstärkt daher ihre Bemühungen, durch frühzeitige Kontakte zu Schulen im Einzugsbereich auf ihre Studienangebote aufmerksam zu machen und spezifische Eintrittsbarrieren zu identifizieren. Da Lehrerinnen und Lehrer als Multiplikatoren für akademische Entwicklungsperspektiven bzw. als Know-how-Träger gewonnen werden müssen, wird zudem das Konzept eines „Teachers Day" entwickelt. Dieses Konzept richtet sich an Lehrerkollegien regionaler Schulen und soll es innerhalb eines Tages ermöglichen, die Infrastruktur, die Studiengänge und Studienanforderungen der Westfälischen Hochschule sowie relevante Ansprechpartner und Netzwerkkontakte persönlich kennen zu lernen. Über die Aktivierung von Schülerinnen und Schülern hinaus bietet der intensivierte Kontakt mit Lehrerinnen und Lehrern auch die Möglichkeit, das Verständnis für fachliche Fragen zu schärfen: Welche Kompetenzen bringen die Schülerinnen und Schüler in Abhängigkeit von den unterschiedlichen Schulformen mit, was wird an der Hochschule in den unterschiedlichen Studiengängen vorausgesetzt?

Als ein weiteres Kernelement der Talentförderung ist die Etablierung einer „*Einstiegs-Akademie*" zu betrachten, die für eine Verbesserung von Übergängen von der Schule in die Hochschule sorgt, eine verbesserte Orientierung auf akademische Ausbildungsstrecken ermöglicht und gezielt bestehende Defizite in den Eingangsvoraussetzungen und Lernstrategien sichtbar machen soll. Dazu will die Hochschule einerseits Orientierungstests aufbauen, die Schülerinnen und Schülern bei der Einschätzung helfen, ob ein Studiengang den individuellen Stärken entspricht und wo mögliche Defizite bspw. in mathematisch-naturwissenschaftlichen oder auch sprachlichen Grundlagen bestehen. Abgestimmt auf das Profil der Westfälischen Hochschule geht es darüber hinaus insbesondere darum, für einen Studienstart nicht ausreichende Leistungsniveaus im Bereich sprachlicher und mathematisch-naturwissenschaftlicher Kompetenzen mit bedarfsgerechten Angeboten anzuheben. Hierbei ist das traditionelle Modell von Vorkursen als weiterhin wichtiger, aber nicht mehr ausreichender Bestandteil der Angebotspalette aufzufassen.

Durch die Ausdifferenzierung der Hochschulzugangswege hat die Spreizung der Einstiegsvoraussetzungen für den Studienerfolg erheblich zugenommen. Der Anteil der Studierenden von Berufskollegs ohne allgemeine Hochschulreife beispielsweise beträgt an der Westfälischen Hochschule etwa 60 Prozent. Es ist also kaum möglich, in einigen Wochen vor Studienbeginn die Differenz zwischen einer an einem Gymnasium erworbenen allgemeinen Hochschulreife mit Leistungskurs in Mathematik und einer z. B. auf der Basis eines Realschulabschlusses und daran angeschlossener fachschulischer Ausbildung mit Praxisphasen erlangten Fachhochschulzugangsberechtigung so auszugleichen, dass die Lehrveranstaltungen auf einem für die einen nicht unterfordernden und für die anderen nicht überfordernden Anspruchsniveau gehalten werden können.

Da andere Startvoraussetzungen aber nicht mit fehlenden Leistungspotenzialen gleichzusetzen sind, hat sich die Westfälische Hochschule entschlossen, zusätzliche zielgruppenspezifische Förderangebote in Kernkompetenzbereichen sowohl vor Studienbeginn als auch im Studium zu entwickeln (insbesondere in den ersten beiden Fachsemestern).

5. Fazit und Ausblick

Während in bildungsbürgerlich geprägten Regionen mit einer traditionell hohen Dichte akademischer Karrieren fast alle Talente erschlossen sind, bieten Regionen wie das Ruhrgebiet die Talentreservoire für die Zukunft. Hier ist der höchste Wirkungsgrad für Bildungsinvestitionen zu erwarten. Die oben vielfach beschriebenen Herausforderungen, die insbesondere durch die Bildungsschwäche der Region gekennzeichnet sind, können und müssen auch aus der Potenzialperspektive betrachtet werden. Nur durch eine offensive Herangehensweise der relevanten Bildungsakteure wie beispielsweise Schule und Hochschule, aber auch durch die Einbindung von Wirtschaft, Politik und Verbänden können positive Impulse in Richtung einer wirtschaftlichen und gesellschaftlichen Entwicklung gesetzt werden. Dies erreichen wir, wenn es uns gelingt, die Talente unabhängig von Geschlecht, Nationalität, ethnischer Herkunft, Religion, Bildungsbiografie und Einkommen der Eltern zu aktivieren. Bildung ist und wird in Zukunft noch mehr über die Zukunftsfähigkeit des Ruhrgebiets entscheiden, denn Bildung ist ein wichtiger Standortfaktor.

Literatur

BMBF (Hrsg.) (2010): *Die wirtschaftliche und soziale Lage der Studierenden in der BRD 2009*, Berlin.

Information und Technik Nordrhein-Westfalen (Hrsg.) (2011): *Gesellschaft im Wandel. Demografische und soziale Entwicklungen in Nordrhein-Westfalen und seinen Regionen 1999–2009*, Düsseldorf, S. 37f.

Institut für Landes- und Stadtentwicklungsforschung und Bauwesen des Landes Nordrhein-Westfalen (ILS NRW) (Hrsg.): IS trends, Ausgabe 2/2006, S. 2.

Kriegesmann B./Kottmann M./Schmidt M. (2013): TalentMetropole Ruhr als regionaler Ansatz zur Überwindung der Fachkräftelücke. In: F. Otmar (Hrsg.) *Fachkräftemangel im deutschen Mittelstand und Integration*. Sternenfels, S. 61–69.

Der Übergang vom Beruf bzw. der beruflichen Bildung zur Hochschule – 6 Thesen aus der Perspektive der Wirtschaft

Henning Dettleff

1. In Zeiten des demografischen Wandels konkurrieren berufliche und hochschulische Bildung zunehmend um gute Schulabgänger.

Die quantitative Auslastung der Bildungseinrichtungen hängt maßgeblich von zwei Faktoren ab: der Zahl der in Deutschland geborenen Kinder und der durchschnittlichen Verweildauer der Bildungsteilnehmer im Bildungssystem. Beide Größen entwickeln sich in Deutschland – ebenso wie auch in vielen anderen Industrieländern – gegenläufig. Auf der einen Seite findet bereits seit Jahrzehnten ein zunächst schleichender, nun aber immer offensichtlicher werdender demografischer Wandel statt. Die Zahl der Geburten ist von 1990 bis 2000 um 15,3 %, von 2000 bis 2011 um weitere 13,6 % gesunken. Gleichzeitig verlassen junge Menschen das Bildungssystem heutzutage mit einem höheren Lebensalter und erreichen ein höheres formales Qualifikationsniveau als in früheren Zeiten. Insbesondere die Studierneigung hat gerade in den letzten Jahren erheblich zugenommen. Aktuell beginnt etwa die Hälfte der jüngeren Altersjahrgänge ein Studium an einer Hochschule, während dies zwanzig Jahre zuvor nur etwa 30 % waren.

Je weniger junge Menschen es in Deutschland gibt und je mehr von ihnen direkt nach Abschluss ihrer Schullaufbahn studieren, desto schwieriger wird es allerdings für ausbildende Betriebe, gut qualifizierte Nachwuchskräfte für eine duale Ausbildung zu gewinnen. Bereits jetzt gibt es in der Summe mehr Ausbildungsstellen, die nach Abschluss der Vermittlung unbesetzt bleiben, als noch unversorgte Ausbildungsplatzbewerber. Verfestigt sich diese Situation in bestimmten Berufsgruppen, so führt dies mittel- bis langfristig zu Fachkräfteengpässen im mittleren Qualifikationssegment. Insbesondere bei Pflegekräften sowie in bestimmten gewerblich-technischen Berufen ist dies bereits jetzt zu beobachten.

Auch wer sich zunächst für eine berufliche Ausbildung entschieden hat, nimmt später oft ein Studium auf und steht für typische Zielpositionen des dualen Systems nicht mehr zur Verfügung. Der Übergang ins Studium nach einer abgeschlossenen Berufsausbildung war bisher insbesondere bei Abiturienten gängig. Wenn jedoch zukünftig mehr Übergangsmöglichkeiten zwischen beruflicher und hochschulischer Bildung auch für Personen ohne Abitur geschaffen werden, könnte – so eine Befürchtung – das mittlere Qualifikationssegment weiter erodieren. Denn während der früher obligatorische mehrjährige Besuch eines Abendgymnasiums noch eine enorme Hürde darstellte und für berufstätige Menschen nur in seltenen Fällen zu meistern war, ist der Direkteinstieg in ein berufsbegleitendes Studium eine greifbare Option – und zwar umso greifbarer, je flexibler die Studienangebote der Hochschulen gestaltet sind.

Zwei gleichsam wichtige Bildungsbereiche im Wettbewerb um eine begrenzte Anzahl von Personen – führt mehr Durchlässigkeit in einer solchen Konstellation nicht automatisch zur Kannibalisierung?

2.   Übergänge sind ein Gewinn für das gesamte Bildungssystem, denn sie
       ermöglichen bessere Entscheidungen über Bildungswege.

Zwar ist die Befürchtung einer solchen Kannibalisierung immer wieder vereinzelt zu hören. Doch hat dies den großen gesellschaftlichen Konsens über die Notwendigkeit einer verstärkten Durchlässigkeit zwischen den Bildungsbereichen nie gefährdet. Auch die Unternehmen und ihre Verbände sowie die übrigen Träger der beruflichen Bildung begrüßen die Bemühungen, beruflich qualifizierten Menschen den Weg an die Hochschule zu ebnen.

Ein zentraler Grund hierfür, den auch Andrä Wolter in seinem Beitrag nennt, sind die steigenden Qualifikationsanforderungen des Arbeitsmarktes. Gerade der Bedarf an wissenschaftlich ausgebildeten Fachkräften ist erheblich gestiegen und wird auch in Zukunft aller Voraussicht nach weiter steigen. Bessere Zugangsmöglichkeiten zur Hochschule eröffnen mehr Menschen den Weg zu einer Höherqualifizierung, mit der sie diesen steigenden Anforderungen gerecht werden können. Gerade in den sozialen und Pflegeberufen ist ein deutlicher Trend zur Akademisierung erkennbar, viele Berufstätige entscheiden sich hier für ein weiterbildendes Studium.

Daneben könnte eine stärkere Durchlässigkeit zwischen den Bildungsbereichen aber auch zu einem besseren Entscheidungsverhalten der Bildungsteilnehmer führen. Wo es nämlich nur wenige traditionelle Bildungswege mit klar definierten Endstufen gibt, besteht eine nachvollziehbare Tendenz zur Bildung „auf Vorrat": Um sich keine Chancen zu verbauen, streben junge Menschen von Anfang an den höchsten formalen Bildungsabschluss an. Eine größere Vielfalt an Bildungsoptionen mit ständig neuen Anschlussmöglichkeiten könnte hingegen dazu führen, dass Entscheidungen sich stärker an der individuellen Ausgangslage sowie den persönlichen Zielen der Bildungsteilnehmer orientieren. Spätere Auf- und Wiedereinstiege nicht nur innerhalb eines Bildungsbereichs, sondern auch als Quereinstiege in andere Bildungsbereiche bleiben in einem durchlässigen System möglich. Diese Möglichkeit, auf verschiedensten Wegen und in verschiedenen Lebensabschnitten zu Bildungsabschlüssen zu kommen, begünstigt also eine Entscheidungsfindung, die stets den optimalen nächsten Schritt im Auge hat, ohne dabei Sackgassen befürchten zu müssen.

3.   Unternehmen interessieren sich für optimale Potenzialentwicklung –
        nicht für Zugangsberechtigungen.

Solch vielfältige Entscheidungsmöglichkeiten wünschen sich Unternehmen auch im Rahmen ihrer Personalentwicklung. Die berufsbegleitende und berufsbezogene Qualifizierung der Mitarbeiter hängt im Idealfall allein von den betrieblichen Anforderungen, dem persönlichen Potenzial, den zukünftigen beruflichen Herausforderungen bzw. der angestrebten Zielposition und den Interessen des Arbeitnehmers ab. Eine stärkere Durchlässigkeit erweitert das in Frage kommende Angebotsspektrum und ermöglicht eine wesentlich passgenauere Weiterqualifizierung der Berufstätigen. Beschränkungen durch formale und sachlich unbegründete Zugangsvoraussetzungen haben in einem durchlässigen System hingegen keinen Platz.

Die berufliche Fort- und Weiterbildung wird dabei stets ihren Platz im Rahmen der betrieblichen Personalentwicklung behalten, da sie auf andere Zielpositionen vorbereitet und damit andere Qualifikationsziele verfolgt als ein Hochschulstudium. Ein offener Hochschulzugang ersetzt die berufliche Fort- und Weiterbildung also nicht, sondern ergänzt sie je nach beruflicher Perspektive und Weiterbildungsinteresse der Mitarbeiter.

4.   Studieren dürfen vs. studieren können: Engpassfaktor sind die schmalen
        Brücken ins Studium.

Die Öffnung der Hochschulen insbesondere durch den KMK-Grundsatzbeschluss vom März 2009 folgte dem Prinzip, dass formale Qualifikationsanforderungen auf ein Minimum zu beschränken sind und dass das individuelle Potenzial und die Erfolgsperspektive der Studieninteressierten das zentrale Zugangskriterium für einen Studiengang sein muss.

Nachdem dieser Beschluss inzwischen in den Hochschulgesetzen umgesetzt ist, folgt die Rechtslage in den Ländern weitgehend dieser Logik. Formal haben daher etwa 60 % der Deutschen das Recht, entweder direkt ein Studium aufzunehmen oder sich zumindest für einen Studiengang zu bewerben und an einer individuellen Zugangsprüfung teilzunehmen. Dies hat in den letzten Jahren bereits zu einer beträchtlichen Zunahme an beruflich qualifizierten Studierenden geführt: 2,3 % der Studienanfänger haben 2011 den Weg an die Hochschulen nicht über ein Schulzeugnis, sondern über ihre berufliche Qualifikation gefunden. Vier Jahre zuvor waren dies nur etwa 1 %.

Beruflich Qualifizierte scheitern also kaum noch am Gesetz. Der Grund dafür, dass nicht noch mehr von ihnen ein Studium aufnehmen, liegt in erster Linie in der schlechten Vereinbarkeit von Studium und Beruf aufgrund der geringen Anzahl berufsbegleitender Studienprogramme sowie in den fehlenden Vorbereitungs-, Beratungs- und Betreuungsangeboten. Denn viele Studieninteressierte benötigen neben einer geeigneten Organisationsform für ihr Studium auch gezielte Unterstützung, um Qualifikationsdefizite auszugleichen. Insbesondere fehlen ihnen oft das erforderliche mathematische Vorwissen sowie Kenntnisse über Methoden des wissenschaftlichen Arbeitens, die bei Abiturienten im Allgemeinen vorausgesetzt werden können. Derzeit ist weitgehend ungeklärt, welche Bildungseinrichtungen – ob diejenigen der beruflichen Bildung, die Hochschulen oder Einrichtungen in freier Trägerschaft – am ehesten und am besten solche Zusatzangebote zur Studienvorbereitung schaffen könnten. Staatliche Hochschulen sind hier bisher noch wenig aktiv geworden, während diejenigen in privater Trägerschaft die beruflich Qualifizierten bereits vielfach als Kundengruppe entdeckt haben und (kostenpflichtige) Vorkurse zum Studium anbieten. Damit sind diese Einrichtungen besonders attraktiv für Unternehmen, die großen Wert darauf legen, dass Maßnahmen der Personalentwicklung gut vorbereitet sind und damit besser gelingen können.

5.   „Eigentlich ist das nicht unsere Aufgabe" entbindet nicht von der Verantwortung für gelingende Übergänge.

Die Diskussion um Durchlässigkeit bezieht sich nicht allein auf die Zukunft. Vielmehr sind Übergänge von Nicht-Abiturienten an die Hochschule zwar noch ungewöhnlich, aber bereits Realität. Die notwendige und sinnvolle Diskussion darüber, welche Voraussetzungen die Studierenden mitbringen müssen und welcher Bildungsbereich welchen Teil der Studienvorbereitung am besten übernehmen kann, darf nicht dazu führen, dass einstweilen gar keine organisierte Studienvorbereitung stattfindet und die Betroffenen mit ihren Qualifikationslücken und Lernbedürfnissen allein gelassen werden. Vielmehr trägt jede einzelne Hochschule, die beruflich qualifizierte Studierende aufgenommen hat, auch die Verantwortung dafür, dass diese Studierenden – wann immer möglich – zu einem erfolgreichen Abschluss geführt werden. Der häufig zu hörende Verweis darauf, dass Personen ohne Abitur generell mangelhaft auf das Studium vorbereitet seien und die Hochschule hieran auch nichts mehr ändern könne, ist als Argument für eigenes Nichtstun unzulässig. Denn strukturelle Probleme dürfen nicht auf dem Rücken der Einzelnen ausgetragen werden.

6.   Motivation kann Berge versetzen – wenn man weiß, wo sie stehen, wo
       sie hin müssen und wo die Schaufel ist.

Übergänge ins Studium und das Studium selbst erfordern gerade von nicht traditionellen Studierenden und Berufstätigen Motivation und Selbstgewissheit. Je
ungewöhnlicher Übergänge sind, desto mehr davon ist notwendig, um der Belastung gewachsen zu sein. Mangelnde Motivation und Selbstzweifel hingegen sind
typische Kennzeichen dafür, dass Studierende kurz vor dem Abbruch stehen. Studieninteressierte benötigen daher gute Information und Beratung über Studieninhalte, Methoden und berufliche Perspektiven sowie ehrliches Feedback über Stärken,
Schwächen und Erfolgschancen – und Verständnis und Hilfsbereitschaft nach der
Einschreibung.

Autorinnen und Autoren

Dr. Manfred Beck ist als Stadtrat der Stadt Gelsenkirchen tätig. Im Bereich des Verwaltungsvorstands liegt sein Fokus auf Kultur, Bildung, Jugend und Sport.

Prof. Dr. Gabriele Bellenberg hat den Lehrstuhl für Schulforschung und Schulpädagogik an der Ruhr-Universität Bochum inne und ist derzeit geschäftsführende Direktion am Institut für Erziehungswissenschaft. Neben Forschungstätigkeiten im Bereich der Schulentwicklungs- und Lehrerbildungsforschung beschäftigt sie sich insbesondere mit Fragen der Chancengleichheit und Durchlässigkeit im Bildungswesen.

Prof. Dr. Silvia-Iris Beutel ist Professorin für Schulpädagogik und Allgemeine Didaktik mit dem Schwerpunkt Lehr-/Lernprozesse und empirische Unterrichtsforschung an der Technischen Universität Dortmund. Ihre Arbeits- und Forschungsschwerpunkte sind u. a. Übergänge im Bildungswesen, Individualisierung und Differenzierung. Sie ist zudem Mitglied im Expertenkreis des Deutschen Schulpreises.

Prof. Dr. Wilfried Bos ist Professor für Bildungsforschung und Qualitätssicherung an der Technischen Universität Dortmund. Gleichzeitig ist er dort als Direktor des Instituts für Schulentwicklungsforschung tätig. Hierbei liegt sein Fokus u.a. auf empirischen Forschungsmethoden, Qualitätssicherung im Bildungswesen sowie in der internationalen Bildungsforschung.

Monika von Brasch ist Projektgruppenleiterin am Offenbacher Institut INBAS. Sie hat die OloV-Qualitätsstandards verfasst und ist seit 2007 verantwortlich für die landesweite Koordination der OloV-Strategie zur Optimierung des Übergangs Schule-Beruf in Hessen.

Dr. Ursula Bylinski ist wissenschaftliche Mitarbeiterin im Bundesinstitut für Berufsbildung (BIBB) im Arbeitsbereich „Qualität, Nachhaltigkeit, Durchlässigkeit" in Bonn. Ihre Arbeitsschwerpunkte liegen im Übergang Schule-Beruf sowie Professionalisierung des pädagogischen Personals.

Henning Dettleff ist seit 2008 Referent für Hochschulpolitik bei der Bundesvereinigung der Deutschen Arbeitgeberverbände (BDA) in Berlin und beschäftigt sich dort u. a. mit Fragen der Durchlässigkeit zwischen beruflicher und hochschulischer Bildung. Darüber hinaus vertritt er auch den europäischen Dachverband BUSINESSEUROPE in Beiräten verschiedener europäischer Projekte sowie in Arbeitsgruppen der Bologna Follow-up-Group.

Prof. Dr. Manfred Eckert ist Professor im Fachbereich Berufspädagogik an der Universität Erfurt. Seine Forschungsschwerpunkte liegen in der beruflichen Integrationsförderung sowie in der berufsbezogenen Lehr-Lern-Forschung und Lernförderung.

Prof. Dr. Gabriele Faust ist Professorin für Grundschulpädagogik und -didaktik an der Otto-Friedrich-Universität Bamberg. Im Rahmen der Längsschnittstudie „BiKS" (Bildungsprozesse, Kompetenzentwicklung und Selektionsentscheidungen im Vor- und Grundschulalter, 2005–2013) hat sie sich insbesondere mit den Übergängen am Anfang und am Ende der Grundschule befasst.

Matthias Forell ist Wissenschaftlicher Mitarbeiter der Arbeitsgemeinschaft Schulforschung am Institut für Erziehungswissenschaft an der Ruhr-Universität Bochum. Zuvor arbeitete er als Fellow und Trainer bei Teach First Deutschland, einer Bildungsinitiative, die sich für mehr Chancengerechtigkeit im deutschen Bildungssystem einsetzt.

Werner Fuchs ist als Regionaldezernent der Schulaufsicht für die Stadt Duisburg und Co-Leiter der Lenkungsgruppe und des Bildungsrats des Regionalen Bildungsnetzwerks Duisburg tätig. Er leitet dort das Handlungsfeld Bildungsübergänge. In diesen Aufgaben wie zuvor in seiner Zeit als Lehrer war ihm die Berufsorientierung und die Kooperation Schule-Wirtschaft ein wichtiges Anliegen.

Dr. Mona Granato ist wissenschaftliche Mitarbeiterin im Bundesinstitut für Berufsbildung (BIBB) im Arbeitsbereich „Kompetenzentwicklung" in Bonn. Ihre Arbeits- und Forschungsschwerpunkte liegen u.a. bei der beruflichen Ausbildung junger Menschen mit Migrationshintergrund sowie Rahmenbedingungen des Kompetenzerwerbs.

Oliver Gunter ist Rektor der Primarstufe an der Internationalen Gesamtschule Heidelberg (IGH). Als Mitglied des Leitungsteams der IGH liegen seine Schwerpunkte u.a. in der Erarbeitung und Einführung der Ganztagskonzeption der Primarstufe sowie bei der Einführung von Sprachförderkonzepten in Vorbereitungsklassen in Kooperation mit der Universität Heidelberg.

Jun.-Prof. Dr. Grit im Brahm ist Juniorprofessorin für Empirische Bildungsforschung und Unterrichtsentwicklung an der Ruhr-Universität Bochum. Ihre zentralen Forschungsschwerpunkte umfassen den Übergang von Real- und Hauptschülern in gymnasiale Oberstufen, Abitur nach 12 bzw. 13 Jahren sowie die einzelschulische Begleitung bezogen auf Unterrichtsentwicklungsvorhaben.

Hanna Järvinen ist wissenschaftliche Mitarbeiterin am Institut für Schulentwicklungsforschung an der Technischen Universität Dortmund und Leiterin des Projekts „Schulen im Team". Ihre Arbeits- und Forschungsschwerpunkte sind: Schulentwicklungsforschung, Netzwerke im Bildungsbereich, Regionalisierung, Professionalisierung von Lehrkräften.

Klaus Kohlmeyer ist Projektleiter der Kampagne „Berlin braucht dich!" bei BQN Berlin e.V. und hat den Evaluationsschwerpunkt bei ProBeruf e.V. entwickelt. Des Weiteren war er an Forschungsarbeiten und Publikationen im Bereich der Berufsbildungs-, Integrations- und Arbeitsmarktpolitik, insbesondere zum Aspekt des Übergangs Schule–Arbeitswelt mit dem Schwerpunkt Migration beteiligt.

Marcus Kottmann ist Leiter der Abteilung Strategische Projekte der Westfälischen Hochschule Gelsenkirchen Bocholt Recklinghausen. Er ist Autor zahlreicher Publikationen im Themenfeld „Innovationsorientierte Personal- und Organisationsentwicklung". Der Chemiker und Arbeitswissenschaftler engagiert sich ehrenamtlich als Kuratoriumsmitglied des Instituts für angewandte Innovationsforschung (IAI) e.V. an der Ruhr-Universität Bochum und ist Mitinitiator der Initiative „Talent-Metropole Ruhr".

Prof. Dr. Rolf-Torsten Kramer ist Professor für Erziehungswissenschaft mit dem Schwerpunkt Schulpädagogik der Sekundarstufe I an der Universität Kassel. Seine Forschung fokussiert sich u.a. auf Pädagogische Professionalität und Pädagogisches Arbeitsbündnis und die Rekonstruktionen zur Schulkultur und Schülerbiografie sowie schulische Selektion und Schulkarriere.

Prof. Dr. Jens Kratzmann ist Professor für Pädagogik mit Schwerpunkt frühe Kindheit an der Kath. Universität Eichstätt-Ingolstadt. Dort leitet er den Studiengang Bildung und Erziehung in Kindheit und Jugend. Zuvor war er wissenschaftlicher Mitarbeiter in der Forschergruppe „Bildungsprozesse, Kompetenzentwicklung und Selektionsentscheidungen im Vor- und Schulalter (BiKS)" an der Otto-Friedrich-Universität Bamberg. Seine Arbeitsschwerpunkte sind der Übergang vom Kindergarten in die Grundschule, empirische Bildungsforschung im Vor- und Grundschulalter sowie soziale und migrationsgekoppelte Ungleichheit in der frühen Kindheit.

Maresi Lassek ist Schulleiterin der Grundschule am Pfälzer Weg in Bremen. Die Schule wurde 2012 mit dem Deutschen Schulpreis ausgezeichnet. Des Weiteren ist sie Vorsitzende des Grundschulverbands e.V. Ihre Praxiserfahrung bezieht sich auf den Übergang am Schulanfang und den Übergang von der Primar- in die Sekundarstufe I.

Kerstin László ist im Bereich der Schulprojekte und Berufsorientierung an der Berufsausbildungs- und Qualifizierungsagentur Lübeck GmbH (BQL) tätig. Neben der Zertifizierung als Coaching-Fachkraft leitet und koordiniert sie das Handlungskonzept „Schule und Arbeitswelt".

Prof. Dr. Katrin Liebers ist Professorin an der Universität Leipzig für Schulpädagogik der Primarstufe. Zuvor war sie als wissenschaftliche Mitarbeiterin u.a. mit den Schwerpunkten Übergang KiTa-Grundschule, flexible Schuleingangsphase und Lernstandanalysen am Schulanfang sowie an der Universität Halle mit dem Forschungsprojekt „Individuelle Lern-Entwicklungs-Analyse Transition" befasst.

Prof. Dr. Dieter Münk ist Professor an der Fakultät für Bildungswissenschaften am Institut für Berufs- und Weiterbildung der Universität Duisburg-Essen. Er fungiert dort zudem als Geschäftsführender Direktor des Instituts für Berufs- und Weiterbildung.

Dr. Jutta Obbelode ist Leiterin des Oberstufen-Kollegs an der Universität Bielefeld. Zuvor leitete sie 13 Jahre die Anne-Frank-Gesamtschule in Gütersloh.

Manfred Paul ist Schulleiter der Hauptschule Aretzstraße, die neben der der Hugo-Junkers-Realschule und dem Geschwister-Scholl-Gymnasium im Kooperationsprojekt *Schulverband Aachen-Ost* Schülerinnen und Schülern durch ein vernetztes Schulangebot im umliegenden Stadtteil ermöglicht, alle Abschlüsse zu erreichen.

Dr. Sanna Pohlmann-Rother ist Akademische Rätin am Lehrstuhl für Grundschulpädagogik und Grundschuldidaktik der Otto-Friedrich-Universität Bamberg. Hierbei liegt ihr Fokus u.a. auf der empirischen Bildungsforschung im Vor- und Grundschulalter, in der Kooperation zwischen Kindergarten und Grundschule sowie bei den Übergängen am Anfang und Ende der Grundschulzeit.

Dr. Ernst Rösner ist Wissenschaftlicher Mitarbeiter im Institut für Schulentwicklungsforschung der Technische Universität Dortmund. Seit 2007 ist er zudem Vorsitzender des Beirats zur Einführung von Gemeinschaftsschulen in Berlin.

Katharina Sartory ist wissenschaftliche Mitarbeiterin am Institut für Schulentwicklungsforschung an der Technischen Universität Dortmund und Mitarbeiterin im Projekt „Schulen im Team". Ihre Arbeits- und Forschungsschwerpunkte sind: Schulentwicklungsforschung, Übergang von der Grund- zur weiterführenden Schule, Netzwerke im Bildungsbereich, Regionalisierung.

Gisela Schultebraucks-Burgkart ist Schulleiterin der Grundschule Kleine Kielstraße in Dortmund. Die mehrfach ausgezeichnete Schule war 2006 Hauptpreisträgerin des ersten Deutschen Schulpreises u.a. auch für ihre systemisch ausgerichtete konzeptionelle Arbeit in der Schuleingangsphase und beim Übergang KiTa-Grundschule.

Gabriele Spengler ist Programmleiterin von „Chance hoch 2", dem Programm für Bildungsaufsteiger/-innen an der Universität Duisburg-Essen. Davor war sie als Kuratorin und Lehrbeauftragte im Bereich der kulturellen Bildung in Berlin und NRW tätig, zuletzt als Gründungsvorstand der Stiftung *Jedem Kind ein Instrument*.

Prof. Dr. (em) Klaus-Jürgen Tillmann ist emeritierter Professor für Schulpädagogik an der Universität Bielefeld und zugleich Wissenschaftlicher Leiter der Laborschule Bielefeld. Er war u.a. von 1998–2004 Mitglied des nationalen Konsortiums PISA 2000 und von 2000–2004 Vorsitzender des Fachausschusses Pädagogik der Deutschen Forschungsgemeinschaft (DFG). Seit 2008 leitet er das DFG-Forschungsprojekt „externe Schulberatung" an der Universität Bielefeld.

Prof. Dr. Ulrich Trautwein ist Professor für Empirische Bildungsforschung an der Eberhard Karls Universität Tübingen. Seine Forschungsschwerpunkte umfassen u.a. die Leistungsfähigkeit der gymnasialen Oberstufe, die Untersuchung von Übergängen unter besonderer Berücksichtigung der Struktur des Bildungssystems sowie der familiären Herkunft. Er ist zudem u.a. Sprecher der Graduiertenschule LEAD sowie Principal Investigator der Internationalen Post-Doktoranden-Schule PATHWAYS, die sich mit den Folgen von Übergängen beschäftigt.

Katja Urbatsch ist Gründerin und Geschäftsführerin der gemeinnützigen Initiative „ArbeiterKind.de", welche u.a. mit dem Deutschen Engagementpreis und dem Deutschen Studentenwerkspreis ausgezeichnet wurde. Sie promoviert derzeit im Fach Amerikanistik an der Justus-Liebig-Universität Gießen.

Prof. Dr. (em) Johannes Wildt ist emeritierter Professor der Technische Universität Dortmund. Von 1997 bis März 2012 war er Hochschullehrer am Hochschuldidaktischen Zentrum für allgemeine Hochschuldidaktik mit Schwerpunkt auf fachübergreifende Fragen der Lehrerbildung.

Prof. Dr. Andrä Wolter ist Professor für Hochschulforschung an der Humboldt-Universität zu Berlin sowie als Co-Autor des Nationalen Bildungsberichts tätig.

Suat Yilmaz ist in der Stabstelle Strategische Projekte der Westfälischen Hochschule Gelsenkirchen Bocholt Recklinghausen als Koordinator Talentförderung mit dem Schwerpunkt auf dem Übergang Schule-Hochschule tätig. Darüber hinaus ist er Vorstandsmitglied der Türkisch-Deutschen Akademiker- und Studierenden-Plattform e.V.. Zuvor war er Hauptamtlicher Geschäftsführer eines bildungspolitischen Trägers in Dortmund.